U0573095

集刊

集人文社科之思 刊专业学术之声

集 刊 名：中国经济学
主管单位：中国社会科学院
主办单位：中国社会科学院数量经济与技术经济研究所

JOURNAL OF CHINA ECONOMICS

2023年第3辑（总第7辑）

集刊序列号：PIJ-2022-449
中国集刊网：www.jikan.com.cn / 中国经济学
集刊投约稿平台：www.iedol.cn

创刊时间：2022 年 1 月
封面题字：郭沫若书法集字
社会科学文献出版社“优秀新创集刊”（2022）
中国人文社会科学学术集刊 AMI 综合评价期刊报告（2022）“入库”期刊

中國經濟學

JOURNAL OF CHINA ECONOMICS

2023 年第 3 辑（总第 7 辑）

中国社会科学院　主管
中国社会科学院数量经济与技术经济研究所　主办

社会科学文献出版社
SOCIAL SCIENCES ACADEMIC PRESS (CHINA)

中国经济学 2023 年第 3 辑（总第 7 辑）

Journal of China Economics 2023 年 9 月出版

中国式现代化的实践历程与重大成就

安博文　许培源　肖　义*

摘　要：中国式现代化是中国共产党领导的社会主义现代化，既有各国现代化的共同特征，更有基于自己国情的中国特色。本文在全面深入学习党的二十大精神的基础上，以中国式现代化为中心议题贯穿新中国成立以来的历届党代会报告、历年政府工作报告和历次五年规（计）划，围绕“为什么做、怎么做、做了什么、未来如何做”四个问题展开。全面阐释“中国式现代化”提出的时代背景、中国特色社会主义现代化实践的发展历程以及新时代中国特色社会主义现代化建设的战略举措，遵循“让数据讲好中国故事”的原则，从人口规模巨大的现代化、全体人民共同富裕的现代化、物质文明和精神文明相协调的现代化、人与自然和谐共生的现代化以及走和平发展道路的现代化等维度选取22个指标，结合非平衡面板数据量化分析中国式现代化的实践历程与重大成就。历史数据显示，新中国成立以来，中国特色社会主义现代化建设持续推进，在物质文明、社会文明、精神文明、生态文明和大同文明等领域取得一系列显著成就，打破了现代化只属于西方资本主义的神话。历史经验表明，中国共产党对人民是信守承诺的，对发展是锐意进取的，对政策是延续不断的，对自然是和谐共生

---

* 安博文，博士研究生，华侨大学经济与金融学院，电子邮箱：444097234@qq.com；许培源（通讯作者），教授，华侨大学经济与金融学院，电子邮箱：22690702@163.com；肖义，研究员，成都理工大学商学院，电子邮箱：benbenyi93@163.com。本文获得国家社会科学基金项目（21BJY008）的资助。感谢华侨大学马克思主义学院王轲副教授对“中国特色社会主义现代化实践的发展历程”部分提出的宝贵意见，感谢华侨大学海上丝绸之路研究院何光强博士对“走和平发展道路的现代化”部分提出的宝贵意见，感谢匿名审稿专家的宝贵意见，感谢《中国经济学》提供平台全文刊发，文责自负。

的，对世界是命运与共的；中国式现代化必须从自己国情出发，以人民为中心，坚持中国共产党的领导，将系统观念一以贯之。总之，中国式现代化顺应了全国人民所需和世界发展之变，以中国式现代化全面推进中华民族伟大复兴必将成功。

关键词： 中国式现代化　中国特色社会主义　中国发展道路　民族复兴

一　引言

现代化是人类社会步入现代文明的重要标志，中国式现代化作为众多现代文明的一种，既有各国现代化的共同特征，更有基于自己国情的中国特色。因此，中国式现代化既是中国社会发展的必经之路，也是实现中华民族伟大复兴的必由之路。2021年11月，党的十九届六中全会系统提出“中国式现代化”，《中共中央关于党的百年奋斗重大成就和历史经验的决议》指出，中国式现代化是党带领人民成功走出的中国式道路，创造了历史上人类文明新形态。2022年10月召开的党的二十大对中国式现代化的本质要求作了科学、严谨的表述，中国式现代化是中国共产党领导下的社会主义现代化，包括物质文明、社会文明、精神文明、生态文明和大同文明五个方面（韩保江和李志斌，2022）。中国共产党自诞生之日起，就把为中国人民谋幸福、为中华民族谋复兴确立为自己的初心使命，中国共产党从未停止对中国特色社会主义现代化道路的探索（吴忠民，2022）。百年历史沧桑，党领导人民走出了一条不同于西方发达国家的现代化道路，打破了现代化只属于资本主义的神话，这是中国共产党带领中国人民给世界带来的伟大创造与深刻变革（洪银兴，2022）。作为中国共产党团结带领全国各族人民的中心任务，中国式现代化探索在哪些方面进行了实践？这些实践取得了哪些重大成就？未来如何深入推进中国式现代化发展？对于这一系列问题迫切需要全面总结与系统回答。立足全面建成小康社会的新起点，在迈向实现第二个百年奋斗目标的重要关头，总结好中国式现代化的实践历程与重大成就，对于提升中国国际话语权、建设社会主义现代化强国、实现中华民族伟大复兴的中国梦具有重要参考价值。

现代化是近代以来全国各族人民的梦想与期盼，是所有中国共产党人的初心和使命，大量文献对“中国现代化”的实践基础与发展目标进行全方位总结和阐释。首先，无可否认的是，中国现代化始终依靠中国共产党领导，根源在于中国共产党的现代化观。中国共产党是鲜明的马克思主义政党，马克思主义恰恰具备强大的真理力量和思想伟力（于安龙，2022）。中国共产党的现代化观以人民为中心，包括社会生产力、全面协调、系统风险防范、对外开放与和平发展等多个方面（吴忠民，2022）。特别是，中国共产党的现代化观能够与时俱进，始终保持鲜明的时代特色（张来明和侯永志，2021）：从新中国成立到改革开放，现实条件是底子薄、基础差，该阶段以迅速建立国家现代化的物质技术人才基础为目标；从改革开放到党的十八大，中国与西方发达国家存在巨大差距，发展目标是迅速提高国家经济实力；从党的十八大到党的二十大，中国特色社会主义进入新时代，目标是在中华大地上全面建成小康社会；党的二十大以来，立足全面建成小康社会的新起点与实现第二个百年奋斗目标的转折点，全面建成社会主义现代化强国是现阶段中国共产党的中心任务。其次，中国现代化包括经济、政治、文化、社会、生态多个层面，如现代化经济体系是社会经济发展的全面转型，转型目标是产业体系现代化和经济体制现代化（刘伟，2017；高培勇等，2019）；现代化对外开放是适应世界百年未有之大变局的重要举措，以“一带一路”建设为代表的中国主导的国际合作倡议，始终以推动经济全球化与构建人类命运共同体为崇高目标（吕越等，2022）；现代化国家治理以保障高质量发展和高品质生活为目标，既要主动适应国际局势新变化，又要保证国内治理体系的完备性、科学性和有效性（张来明，2022；钟开斌和薛澜，2022）；现代化社会保障是连接社会经济发展与民生福祉的重要桥梁，中国共产党领导下的社会保障事业始终将时代背景作为条件约束、民生福祉作为目标约束，以期实现人民群众的获得感、幸福感、安全感持续提高（席恒等，2021；刘晓梅等，2022）；现代化生态文明表现为人与自然和谐共生，与西方的人类中心主义或生态中心主义不同，中国共产党领导的现代化生态文明将人民至上作为价值追求，最终实现人与自然永续发展（黄承梁等，2022）。

中国共产党的现代化观促进了中国现代化发展持续推进，相关文献从多个维度对中国现代化发展取得的成就进行量化分析。国务院新闻办公室2021年9月发布的《中国的全面小康》白皮书从经济发展、人民民主、文化繁荣、民生福祉、生态环境以及共同富裕等方面展示从新中国成立到中国共产党成立100周年中国现代化发展取得的重大成就，表明中华民族的发展始终兼济天下，中国人民毫不吝啬地将中国经验供世界各国参考。物质基础方面，衣食住行与医疗是人类赖以生存的根本，国务院新闻办公室发布多部白皮书对中国物质基础现代化进行量化阐释：《中国健康事业的发展与人权进步》（2017）从健康环境、公共卫生、医疗卫生和全民医保等方面展示中国医疗保障事业取得的一系列成就，《中国的粮食安全》（2019）从粮食生产、粮食监管和粮食科技等方面展示中国粮食产业现代化发展水平，《中国交通的可持续发展》（2020）从基础设施、运输服务和交通科技等方面展示中国由交通大国迈向交通强国的现代化道路，《携手构建网络空间命运共同体》（2022）从数字经济、平台运营和网络安全等方面展示中国科技创新成果与应用的现代化水平。精神生活方面，精神层面的价值追求是包括人民民主、文化素质和社会奉献等因素在内的人的全面发展。国务院新闻办公室发布的《中国的民主》（2021）从“12345热线”接通率与通话时长、人民监督员的选任与监督案件数量以及基层立法联系点与收集意见数量等方面反映中国人民民主的广泛性和真实性；王亚南主编的《中国文化产业供需协调检测报告（2020）》，通过供需协调与最佳比例等测算方法量化人民群众的文教消费需求；黄海燕撰写的《走向强国：新时代体育产业》（2021）从体育产业与体育消费两大方面反映新时代体育强国的现代化之路；杨团和朱健刚主编的《中国慈善发展报告（2022）》从社会捐赠和志愿服务等方面揭示中国慈善事业的现代化新道路。生态文明方面，气候变化与生态环境是人与自然和谐共生的重要表现。国务院新闻办公室发布的《中国应对气候变化的政策与行动》（2021），从经济—降碳—减污协同发展、能源生产与消费以及生态系统碳汇等方面展示中国应对全球气候变化所做的努力与取得的成效；李群和于法稳主编的《中国生态治理发展报告（2019~2020）》从水环境、空气环境和污染处理等维度量化中国生态治理绩效；刘举科等主编的《中国生态城市建设发展报告（2020~2021）》从环境友好、绿色生产和绿色生活等维度量化中国生态城市发展水平；蒋建清和缪子梅主编的《中国特色生态文明建设报告（2022）》从绿色发展与自然生态高质量发展两个方面反映出中国特色生态文明建设水平稳步提高。和平发展方面，国务院新闻办公室发布多部白皮书以展示中国在推动构建人类命运共同体的宏伟目标下取得的一系列成就：《中国与世界贸易组织》（2018）从非关税壁垒、外贸经营权和为全球提供公共产品等方面反映中国对世界经济增长作出的重要贡献，《新时代的中国与世界》（2019）从货物进出口、营商环境和中国创新技术惠及世界等方面反映新时代中国对外开放的决心与诚意，《中国军队参加联合国维和行动30年》（2020）从维和官兵数量与类型以及国际救援速度与质量等方面展示中国为维护世界和平作出的巨大贡献，《新时代的中国国际发展合作》（2021）通过对外援助项目与资金、人力资源开发合作和响应国际公共卫生事件等方面展现中国在国际合作中的大国担当。

在中国共产党第二十次全国代表大会上，习近平同志向全国人民乃至全世界人民庄严宣告："从现在起，中国共产党的中心任务就是团结带领全国各族人民全面建成社会主义现代化强国、实现第二个百年奋斗目标，以中国式现代化全面推进中华民族伟大复兴。"中国式现代化作为中国现代化发展的必然趋势和实现中华民族伟大复兴的历史选择，既是马克思主义与中国国情相结合的又一次理论创新与实践突破，也是中国共产党团结带领全国各族人民建设和发展中国特色社会主义的代名词（于安龙，2022；臧峰宇，2022）。部分学者以习近平新时代中国特色社会主义思想为指导，紧跟最新理论成果，围绕中国式现代化相关问题展开深入研究。沈湘平（2022）基于中华传统文化阐释中国式现代化的内在底蕴与文化传承，中国式现代化与"中和位育、安所遂生"传统文化思想一脉相承，始终将"生命至上与美好生活"作为崇高理想，因此，践行中国式现代化发展模式，不仅能够达到并超越西方现代化的繁盛时期，还能避免中国社会陷入西方现代化的发展困境；李培林（2021）和应星（2022）从社会学视角阐释中国式现代化的时代特点与历史地位，中国式现代化是罕见的巨大社会变迁，将传统与现代紧密联系起来，具备跨越式发展与发展阶段叠加的双重特性，在中国经济体制变革与社会结构转型中发挥着至关重要的作用；杨清媚（2022）从人类学视角对中国式现代化进行理论探索，中国式现代化基于国族建构、经济建设与精神启蒙三个维度给出了具有中国特色的创新性方案；洪银兴（2022）、韩保江和李志斌（2022）从经济学视角阐释中国式现代化的总体特征，中国式现代化比西方现代化更加丰富，中国式现代化不仅具有西方现代化的一般特征，更重要的是能够体现中国国情、满足中国特色社会主义发展的本质要求。

中国作为当今世界上最大的社会主义国家，中国式现代化道路与以往的西方国家现代化道路存在明显区别，故中国式现代化的发展经验无从借鉴。需要明确的是，虽然发展模式没有经验可循，但发展之路必须走下去。因此，只有基于中国国情、从切身实际出发，全方位系统总结中国共产党带领全国人民在中国特色社会主义现代化道路上的实践历程，从历史成就中总结经验、凝练理论，才能使中国式现代化发展得更好、更快、更强。以上文献加深了对中国式现代化发展的理解，深化了对中国特色社会主义现代化重大成就的主观感受，但系统总结、梳理、阐释中国式现代化实践历程的研究相对较少，并且量化分析中国式现代化重大成就的研究更是少之又少。基于此，本研究将中国式现代化作为中心议题，围绕“为什么做、怎么做、做了什么、未来如何做”四个问题，以“用理论指导实践，以数据彰显事实，从实践总结经验，由经验凝练理论”为研究思路，运用多元化的量化分析工具，以期展示好、阐释好、总结好中国式现代化的实践历程与重大成就。这既是作为“讲好中国故事”的科研人员的重要任务，也是将“理论—实践—经验”循环系统应用于中国式现代化伟大事业的集中体现。

本文的边际贡献如下。第一，“无论我们走得多远，都不能忘记来时的路”。本研究以党的二十大精神为指导，立足新中国成立以来的历史长镜头，全面阐释“中国式现代化”提出的时代背景、中国特色社会主义现代化实践的发展历程以及新时代中国特色社会主义现代化建设的战略举措。第二，中国式现代化是具有中国特色的社会主义现代化。中国式现代化是人口规模巨大的现代化，以创新能力、教育规模、粮食产量、能源生产和医疗保障为基础，推动14亿多人口整体迈进现代化社会；中国式现代化是全体人民共同富裕的现代化，通过扩大就业、提高工资水平和收入增速，促进各地区人民共同富裕、城乡人民共同富裕和不同收入群体共同富裕，以扎实推进全体人民的共同富裕；中国式现代化是物质文明和精神文明相协调的现代化，通过扩大与提升文化产业和体育产业的发展规模与供给质量，不断满足人民群众的精神消费需求；中国式现代化是人与自然和谐共生的现代化，基于马克思主义系统观将人与自然视作一个复合系统，通过“能源—经济—环境”、“城镇化—耕地—粮食”和“水资源—能源—粮食”等系统协调发展，推动人与自然复合系统朝着不偏不倚的相对平衡的方向发展；中国式现代化是走和平发展道路的现代化，通过实施高水平对外开放、开展对外援助、推进国防军队改革、积极参加世界维和与国际救援、广泛参与全球治理等措施，走“在坚定维护世界和平与发展中谋求自身发展，又以自身发展更好维护世界和平与发展”的中华民族伟大复兴之路。本研究基于上述方面选取特征鲜明、操作简便且含义明确的统计指标量化中国式现代化的发展成就，指标计算时尽可能少地进行统计处理，保障量化指标具备原始含义与信息。第三，在有限平面内，用更形象的图表展示更翔实的内容，用数据讲好中国故事。本研究运用多形式的量化分析图表，使数据结果能够更加形象、直观地展示中国式现代化在各个方面取得的重大成就。

二　中国特色社会主义现代化的实践历程

中国共产党奋斗历程与中国式现代化新道路同频共振，“党领导人民成功走出中国式现代化道路，创造了人类文明新形态”。本部分系统梳理了党的二十大报告提出“中国式现代化”的时代背景、新中国成立以来党带领人民践行“中国式现代化”的历程以及新时代中国全面建设社会主义现代化强国的战略举措。

（一）“中国式现代化”提出的时代背景

习近平总书记在庆祝中国共产党成立100周年大会上指出，“中国特色社会主义是党和人民历经千辛万苦、付出巨大代价取得的根本成就，是实现中华民族伟大复兴的正确道路”。中国式现代化的提出绝非偶然，既表现了对党带领人民取得重大成就的肯定与敬意，也体现了党对未来奋斗目标的展望，是人类社会发展的必然，是中国特色社会主义发展的必然。下文从实践基础、核心问题、发展机遇与中国担当等方面阐释中国式现代化提出的时代背景。

第一，全面建成小康社会——阶段成就与实践基础。首先，全面建成小康社会是中国特色社会主义现代化的阶段成就。邓小平同志提出“小康社会”战略构想以来，中国共产党人以“全面建成小康社会”为发展目标在中国特色社会主义道路上进行了一系列探索，积极发展中国式的四个现代化，通过“三步走”战略和21世纪“三步走”设想明确全面建设小康社会的阶段目标。中国共产党成立100周年之际，习近平总书记庄严宣告：“在中华大地上全面建成了小康社会，历史性地解决了绝对贫困问题”，“全国832个贫困县全部摘帽，近1亿农村贫困人口实现脱贫，960多万贫困人口实现易地搬迁”，创造了人类发展史上的伟大奇迹，创造了中华民族、中国人民和中国共产党的伟大光荣。其次，全面建成小康社会是全面建设社会主义现代化强国的实践基础。中国式现代化是人口规模巨大的现代化，人口规模巨大既是中国式现代化的挑战也是中国式现代化的优势：让14亿多中国人民携手跨入现代化并非易事，需要强大的物质基础与保障，全面建成小康社会恰恰为新时代开启中国式现代化奠定了物质基础；“大鹏之动，非一羽之轻也”，14亿多人民的艰苦奋斗创造了中国的全面小康，14亿多人民的责任担当为中国式现代化注入了人才红利（韩保江和李志斌，2022）。中国式现代化是全体人民共同富裕的现代化，共同富裕与全面小康的发展思想都是以人民为中心，都体现了特定时代下人民对美好生活的向往。“实现共同富裕不仅是经济问题，而且是关系党的执政基础的重大政治问题”，从全面小康到共同富裕，体现了中国式现代化的社会文明，是中国式现代化与西方现代化的根本区别（王灵桂，2022）。因此，共同富裕是全面小康的继承与深化，全面小康是进军第二个百年奋斗目标的新起点。

第二，发展不平衡不充分问题仍然突出——现实困难与核心问题。中国是一个处于社会主义初级阶段的发展中大国，社会发展的主要矛盾仍然是人民日益增长的美好生活需要和不平衡不充分发展之间的矛盾。发展不充分是社会发展过程中始终存在的绝对问题，全面建成小康社会是在发展不充分基础上取得的巨大成绩；发展不平衡是特定历史阶段下存在的相对问题，可以通过外力作用减弱（张顺洪，2018）。结合发展不平衡的表征来看，一是领域发展不平衡。党的十八大以来中国经济快速发展，人民对美好生活的向往不再局限于对物质财富的需要，还包括政治、文化、社会和生态在内的多方面需要。与经济领域相比，政治领域、文化领域、社会领域和生态领域的发展略显薄弱，其中生态环境保护任务依然艰巨（李海舰等，2022）。二是区域发展不平衡。从地理空间来看，以胡焕庸线为界的东西部地区经济总量依然悬殊，以秦岭—淮河一线为界的南北方地区经济总量差距持续扩大；从城乡二元结构来看，城乡收入差距有所缩小但城镇居民收入依然是农村居民收入的两倍以上，城乡一体化扎实推进但农村地区在医疗卫生与社会保障等方面依然落后于城镇（李海舰和杜爽，2022）。三是群体发展不平衡。“不患寡而患不均，不患贫而患不安”，群体发展不平衡是亟须解决的经济问题和社会问题。2020年统计数据显示，中国41%的人口月收入低于1000元、近27%的人口处于中等收入水平，建立橄榄形社会分配结构任重道远（李海舰和杜爽，2022）。因此，党的二十大报告强调，要走物质文明和精神文明相协调的现代化道路，立足“五位一体”全面推进高质量发展；要走全体人民共同富裕的现代化道路，深入实施区域协调发展与新型城镇化战略，构建初次分配、再分配、第三次分配协调配套的制度体系。

第三，数字化智能化时代已经到来——时代特点与发展机遇。“当今时代，以信息技术为核心的新一轮科技革命正在孕育兴起，深刻改变着人们的生产生活，有力推动着社会发展”；“当今世界，互联网、云计算、大数据等现代信息技术深刻改变着人类的思维、生产、生活、学习方式，深刻展示了世界发展的前景”。数字化智能化的基础是数据要素，21世纪以来，数据成为继土地、劳动力、资本和技术之后的第五类生产要素。国家工业信息安全发展研究中心发布的《中国数据要素市场发展报告（2020~2021）》表明，中国数据要素市场正处于高速发展阶段，国内数据要素市场规模从2016年的62亿元增长到2020年的545亿元，预计“十四五”期间将突破1749亿元；当然，世界范围内以美国、德国和英国为代表的西方发达国家也都在紧紧把握数字化发展契机、拓展数据要素市场。世界近现代史经验表明，中国只有尽快突破数字化智能化新技术的瓶颈，才能以最快速度实现弯道超车，实现2035年人均国内生产总值达到中等发达国家水平的目标，因为这一时期的中等发达国家也在紧追慢赶的发展（洪银兴，2022）。英国率先完成第一次工业革命，成为世界上第一个工业化国家；德国、美国和日本依托第二次工业革命在世界众多国家中脱颖而出；美国通过第三次科技革命成为世界领先的霸主；中国人民在中国共产党的领导下搭乘第三次科技革命快车，开辟“四化并联”等具有中国特色的社会主义发展道路，用几十年时间走完发达国家几百年走过的工业化历程。因此，数字化智能化对开启中国式现代化、建设社会主义现代化强国至关重要，习近平总书记在党的二十大报告中指出，要实现高水平科技自立自强，进入创新型国家前列，建成现代化经济体系，发挥数字技术对经济发展的放大、叠加、倍增作用。

第四，气候变化与“双碳”目标——世界难题与中国担当。世界气象组织发布的《2021年全球气候状况》显示，全球温室气体浓度不断提高，2020年二氧化碳浓度达到工业化前的1.5倍，地表平均温度比第二次工业革命前期高出1.2℃。这导致世界范围内生态系统出现高速退化，1980年至今世界基准冰川平均变薄25.5米，2013~2021年全球平均海平面上升31.5毫米，珠穆朗玛峰海拔6159米处发现植物存活，2021年8月格陵兰岛海拔3216米处出现有史以来的首次降雨。马克思指出，整个所谓世界历史不外是人通过劳动而诞生的过程，是自然界对人来说的生成过程。“地球是个大家庭，人类是个共同体”“应对气候变化是全人类的共同事业”“在气候变化挑战面前，人类命运与共”。中国作为世界第二大经济体，习近平同志在第七十五届联合国大会一般性辩论上率先作出庄严承诺，中国二氧化碳排放力争于2030年前达到峰值、努力争取2060年前实现碳中和。“双碳”目标是中国用实际行动践行多边主义，为保护世界共同家园、实现人类可持续发展作出的重要贡献。“实现‘双碳’目标，不是别人让我们做，而是我们自己必须要做”。党的十八大以来，中国全面推进能源革命，2012~2021年以年均3%的能源消费增速支撑了平均6.5%的经济增长；举国上下协同推进减污降碳，2021年碳排放强度比2012年下降34.4%，全国地级及以上城市优良天数比例达87%，超额完成2.96个百分点。这是中国履行全球气候治理承诺的重要表现，是中国共产党建设“美丽中国”的具体实践。尽管如此，绿色低碳发展仍是经济社会发展全面转型的复杂工程和长期任务，

“实现碳达峰碳中和，不可能毕其功于一役”。为应对全球气候变化与实现中国“双碳”目标，习近平总书记在党的二十大报告中提出，要开辟人与自然和谐共生的现代化新道路，站在人与自然和谐共生的高度谋划发展。

第五，百年未有之大变局——世界共性与中国机遇。“当今世界正处于大发展大变革大调整时期”，“百年未有之大变局”是习近平总书记对当今全球态势做出的科学判断。“新兴市场国家和发展中国家的崛起速度之快前所未有”，促使世界经济格局与产业链供应链面临调整；“新一轮科技革命和产业变革带来的新陈代谢和激烈竞争前所未有”，促使世界创新版图和经济结构面临重塑；“全球治理体系与国际形势变化的不适应、不对称前所未有”，促使现行国际秩序面临瓦解与重构；“新冠疫情大流行影响广泛深远”，促使国际格局调整速度不断加快（张宇燕，2019；王一鸣，2020）。百年未有之大变局下的中国挑战与机遇并存，世界动荡变革期“中国发展呈现出‘风景这边独好’的局面”，使得以美国为首的西方资本主义国家感到惊讶与恐慌。中国依托社会主义制度的优越性跃升为世界第二大经济体，继苏联、日本之后中国GDP达到美国的2/3，美国企图通过发起贸易摩擦等举措制裁中国；中国在新一轮科技革命与产业变革中进入创新型国家行列，为此美国制定《2021年美国创新与竞争法案》和《美国2022年芯片和科学法案》等一系列法案以期封锁中国高科技产业，抑制中国高精尖产业发展；中国在抗击新冠疫情中积极开展国际合作并无私地向世界防疫工作提供物资、救援专家和防控方案，赢得广泛国际赞誉，但美国在病毒溯源问题上针对中国多次炮制谎言谣言。“没有和平就没有发展，没有稳定就没有繁荣”，习近平同志在国内外演讲中多次谈到，中国永不称霸、永不扩张，更不会给世界造成混乱。“一带一路”倡议与中非合作等中国行动都证实着中国坚持和平发展的承诺，“走和平发展道路的现代化”，既是应世界之变，也是应中国之需。

（二）中国特色社会主义现代化实践的发展历程

中国特色社会主义现代化是中国共产党百年辉煌的真实写照。新中国成立以来，中国特色社会主义现代化历经“四个现代化”“中国式的现代化”“中国式现代化”三个阶段，体现了中国特色社会主义现代化从单一现代化向全面高质量现代化的演变（张占斌和王学凯，2021）。图1和图2基于国务院政府工作报告（1954~2022年）、中国共产党全国代表大会报告（1945~2022年）和五年规（计）划（“一五”至“十四五”）三个维度详细梳理中国特色社会主义现代化发展历程，国务院政府工作报告维度旨在体现前一年现代化建设取得的成就以及当年现代化的建设重点，五年规（计）划维度旨在展现未来五年或十年中国特色社会主义现代化的建设内容，中国共产党全国代表大会报告维度旨在揭示党中央对中国特色社会主义现代化作出的思想性、战略性、全局性判断。

图1 1954~2022年中国特色社会主义现代化发展历程：国务院政府工作报告

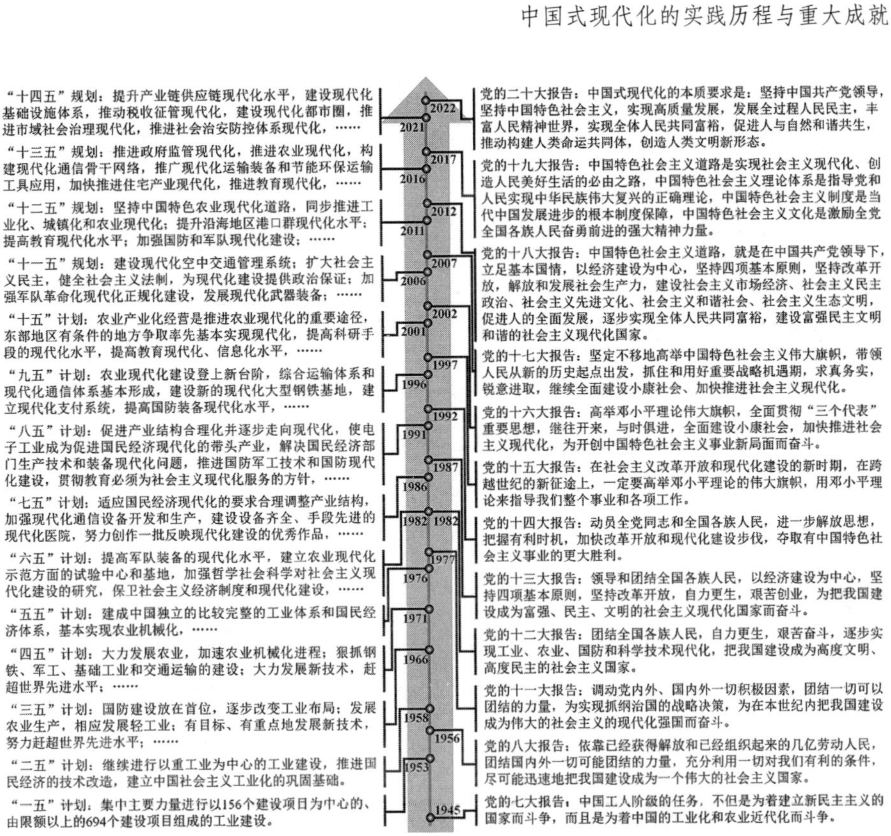
“十四五”规划：提升产业链供应链现代化水平，建设现代化基础设施体系，推动税收征管现代化，建设现代化都市圈，推进市域社会治理现代化，推进社会治安防控体系现代化，……
2021
“十三五”规划：推进政府监管现代化，推进农业现代化，构建现代化通信骨干网络，推广现代化运输装备和节能环保运输工具应用，加快推进住宅产业现代化，推进教育现代化，……
2016
“十二五”规划：坚持中国特色农业现代化道路，同步推进工业化、城镇化和农业现代化；提升沿海地区港口群现代化水平；提高教育现代化水平；加强国防和军队现代化建设；……
2011
“十一五”规划：建设现代化空中交通管理系统；扩大社会主义民主，健全社会主义法制，为现代化建设提供政治保证；加强军队革命化现代化正规化建设，发展现代化武器装备；……
2006
“十五”计划：农业产业化经营是推进农业现代化的重要途径，东部地区有条件的地方争取率先基本实现现代化，提高科研手段的现代化水平，提高教育现代化、信息化水平，……
2001
“九五”计划：农业现代化建设登上新台阶，综合运输体系和现代化通信体系基本形成，建设新的现代化大型钢铁基地，建立现代化支付系统，提高国防装备现代化水平，……
1996
“八五”计划：促进产业结构合理化并逐步走向现代化，使电子工业成为促进国民经济现代化的带头产业，解决国民经济部门生产技术和装备现代化问题，推进国防军工技术和国防现代化建设，贯彻教育必须为社会主义现代化服务的方针，……
1991
“七五”计划：适应国民经济现代化的要求合理调整产业结构，加强现代化通信设备开发和生产，建设设备齐全、手段先进的现代化医院，努力创作一批反映现代化建设的优秀作品，……
1986
“六五”计划：提高军队装备的现代化水平，建立农业现代化示范方面的试验中心和基地，加强哲学社会科学对社会主义现代化建设的研究，保卫社会主义经济制度和现代化建设，……
1982
“五五”计划：建成中国独立的比较完整的工业体系和国民经济体系，基本实现农业机械化，……
1976
“四五”计划：大力发展农业，加速农业机械化进程；狠抓钢铁、军工、基础工业和交通运输的建设；大力发展新技术，赶超世界先进水平；……
1971
“三五”计划：国防建设放在首位，逐步改变工业布局；发展农业生产，相应发展轻工业；有目标、有重点地发展新技术，努力赶超世界先进水平；……
1966
“二五”计划：继续进行以重工业为中心的工业建设，推进国民经济的技术改造，建立中国社会主义工业化的巩固基础。
1958
“一五”计划：集中主要力量进行以156个建设项目为中心的、由限额以上的694个建设项目组成的工业建设。
1953
2022
党的二十大报告：中国式现代化的本质要求是：坚持中国共产党领导，坚持中国特色社会主义，实现高质量发展，发展全过程人民民主，丰富人民精神世界，实现全体人民共同富裕，促进人与自然和谐共生，推动构建人类命运共同体，创造人类文明新形态。
2017
党的十九大报告：中国特色社会主义道路是实现社会主义现代化、创造人民美好生活的必由之路，中国特色社会主义理论体系是指导党和人民实现中华民族伟大复兴的正确理论，中国特色社会主义制度是当代中国发展进步的根本制度保障，中国特色社会主义文化是激励全党全国各族人民奋勇前进的强大精神力量。
2012
党的十八大报告：中国特色社会主义道路，就是在中国共产党领导下，立足基本国情，以经济建设为中心，坚持四项基本原则，坚持改革开放，解放和发展社会生产力，建设社会主义市场经济、社会主义民主政治、社会主义先进文化、社会主义和谐社会、社会主义生态文明，促进人的全面发展，逐步实现全体人民共同富裕，建设富强民主文明和谐的社会主义现代化国家。
2007
党的十七大报告：坚定不移地高举中国特色社会主义伟大旗帜，带领人民从新的历史起点出发，抓住和用好重要战略机遇期，求真务实，锐意进取，继续全面建设小康社会、加快推进社会主义现代化。
2002
党的十六大报告：高举邓小平理论伟大旗帜，全面贯彻“三个代表”重要思想，继往开来，与时俱进，全面建设小康社会，加快推进社会主义现代化，为开创中国特色社会主义事业新局面而奋斗。
1997
党的十五大报告：在社会主义改革开放和现代化建设的新时期，在跨越世纪的新征途上，一定要高举邓小平理论的伟大旗帜，用邓小平理论来指导我们整个事业和各项工作。
1992
党的十四大报告：动员全党同志和全国各族人民，进一步解放思想，把握有利时机，加快改革开放和现代化建设步伐，夺取有中国特色社会主义事业的更大胜利。
1987
党的十三大报告：领导和团结全国各族人民，以经济建设为中心，坚持四项基本原则，坚持改革开放，自力更生，艰苦创业，为把我国建设成为富强、民主、文明的社会主义现代化国家而奋斗。
1982
党的十二大报告：团结全国各族人民，自力更生，艰苦奋斗，逐步实现工业、农业、国防和科学技术现代化，把我国建设成为高度文明、高度民主的社会主义国家。
1977
党的十一大报告：调动党内外、国内外一切积极因素，团结一切可以团结的力量，为实现抓纲治国的战略决策，为在本世纪内把我国建设成为伟大的社会主义的现代化强国而奋斗。
1956
党的八大报告：依靠已经获得解放和已经组织起来的几亿劳动人民，团结国内外一切可能团结的力量，充分利用一切对我们有利的条件，尽可能迅速地把我国建设成为一个伟大的社会主义国家。
1945
党的七大报告：中国工人阶级的任务，不但是为着建立新民主主义的国家而斗争，而且是为着中国的工业化和农业近代化而斗争。

图2　1945~2022年中国特色社会主义现代化发展历程：中国共产党全国代表大会报告和五年规（计）划

“四个现代化”——社会主义革命和建设时期的兴国之路。新中国成立之初，长期战争导致国内经济凋敝、百废待兴，实现兴国大业是该时期中国共产党的中心任务（曲青山，2021）。为此，在解放战争取得全面胜利前夕，毛泽东同志在党的七大报告中指出，“中国工人阶级的任务，不但是为着建立新民主主义的国家而斗争，而且是为着中国的工业化和农业近代化而斗争”。新中国成立后，以工业为中心的现代化建设逐步展开。“一五”计划将建立社会主义工业化的初步基础确立为基本任务，“集中主要力量进行156个建设项目为中心的、由限额以上的694个建设项目组成的工业建设”。1954年5月，周恩来同志在全国人大一届一次会议的《政府工作报告》中提到，“如果我们不建设起强大的现代化的工业、现代化的农业、现代化的交通运输业和现代化的国防，我们就不能摆脱落后和贫困，我们的革命就不能达到目的”，“四个现代化”的概念由此提出。“四个现代化”以工业现代化为基础，“只有建立强大的重工业，才能制造现代化的各种工业设备，才能供给农业以现代化的农业机械，才能生产现代化的交通工具，才能制造现代化的武器”。因此，以重工业为中心的工业建设被确立为“二五”时期的基本任务。1964年12月，周恩来同志在《政府工作报告》中强调，“我们必须打破常规，尽量采用先进技术”，“争取在不太长的历史时期内，把我国建成一个具有现代农业、现代工业、现代国防和现代科学技术的社会主义强国”。科学技术在现代化建设中的作用得到前所未有的重视，“四个现代化”也被重新表述为农业现代化、工业现代化、国防现代化和科学技术现代化。此后，“三五”计划和“四五”计划紧紧围绕“四个现代化”进行制订，“四个现代化”成为社会主义革命和建设时期的伟大历史任务。受“文化大革命”影响，“四个现代化”建设道路被阻断。1975年1月，周恩来同志在第四届全国人民代表大会上再次提到，“在本世纪内，全面实现农业、工业、国防和科学技术的现代化，使我国国民经济走在世界的前列”。以重工业为中心的“四个现代化”是中国特色社会主义现代化的第一阶段，是建设社会主义现代化国家的兴国之路。

“中国式的现代化”——改革开放和社会主义现代化建设时期的富国之路。如何在一个经济文化落后的国家中实现富国大业，成为该时期中国共产党的中心任务（曲青山，2021）。为此，1978年党的十一届三中全会把全党工作重心转移到实现四个现代化上。次年3月，邓小平同志会见英中文化协会执委会代表团时谈道，“我们定的目标是在本世纪末实现四个现代化。我们的概念与西方不同，我姑且用个新说法，叫做中国式的四个现代化”；同年，邓小平同志在中央政治局会议上指出，“现在搞建设，也要适合中国情况，走出一条中国式的现代化道路”。“中国式的现代化”必须从中国特点出发，必须坚持党的领导和社会主义制度，这是中国现代化与西方现代化出现本质区别的重要标志。1979年12月，邓小平同志会见日本首相大平正芳时谈道，“我们的四个现代化的概念，不是像你们那样的现代化的概念，而是‘小康之家’”。“中国式的现代化”以“小康”为建设目标，其内涵更加丰富，不仅包括“四个现代化”的内容，还包括政治、经济、文化、法制和外交等多个方面。党的十五大报告指出，“在中国这样一个十多亿人口的国度里，进入和建设小康社会，是一件有伟大意义的事情”，这是“建设小康社会”第一次出现在中国共产党全国代表大会报告中。党的十六大、十七大报告表明，以“中国式的现代化”全面建设小康社会是改革开放和社会主义现代化建设时期的伟大历史任务。这一阶段中，中国开辟了一条与西方国家截然不同的“并联式”发展模式，“十五”至“十二五”时期，工业化、信息化、城镇化、农业现代化同步推进。“十五”计划纲要强调，“以信息化带动工业化”“随着农业生产力水平的提高和工业化进程加快，要不失时机地实施城镇化战略”；“十一五”规划纲要强调，“以信息化带动工业化，以工业化促进信息化”“实行工业反哺农业，推进社会主义新农村建设，促进城镇化健康发展”；“十二五”规划纲要强调，“推动信息化和工业化深度融合”“在工业化、城镇化深入发展中同步推进农业现代化”。总之，以全面建设小康社会为中心的“中国式的现代化”是中国特色社会主义现代化的第二阶段，是建设社会主义现代化国家的富国之路。

“中国式现代化”——中国特色社会主义新时代的强国之路。“全面建成小康社会，加快推进社会主义现代化，实现中华民族伟大复兴，必须坚定不移走中国特色社会主义道路。”新时代中国特色社会主义道路到底是什么样的，如何以中国特色社会主义实现中华民族的强国大业，回答这两个问题成为该时期中国共产党的中心任务（曲青山，2021）。为回答第一个问题，党的十八大报告指出，“中国特色社会主义道路，就是在中国共产党领导下，立足基本国情，以经济建设为中心，坚持四项基本原则，坚持改革开放，解放和发展社会生产力，建设社会主义市场经济、社会主义民主政治、社会主义先进文化、社会主义和谐社会、社会主义生态文明，促进人的全面发展，逐步实现全体人民共同富裕，建设富强民主文明和谐的社会主义现代化国家”。中国特色社会主义道路就是实现社会主义物质文明、政治文明、精神文明、社会文明、生态文明的康庄大道。伴随中国特色社会主义进入新时代，中国特色社会主义道路、理论、制度、文化不断发展。党的十九大报告对中国特色社会主义作出科学论断，“中国特色社会主义道路是实现社会主义现代化、创造人民美好生活的必由之路……”。对于第二个问题，为将新时代中国特色社会主义落到实处，“十三五”和“十四五”时期将国家治理体系和治理能力现代化、通信骨干网络现代化、运输装备和节能环保运输工具现代化、住宅产业现代化、产业链供应链现代化、基础设施体系现代化、税收征管现代化、市域社会治理现代化等列入发展目标。习近平同志在党的十九届六中全会和党的二十大中多次提到，“以中国式现代化推进中华民族伟大复兴”。“中国式现代化的本质要求是：坚持中国共产党领导，坚持中国特色社会主义，实现高质量发展，发展全过程人民民主，丰富人民精神世界，实现全体人民共同富裕，促进人与自然和谐共生，推动构建人类命运共同体，创造人类文明新形态”，“中国式现代化”涉及政治文明建设、物质文明建设、社会文明建设、精神文明建设、生态文明建设和大同文明建设的方方面面（韩保江和李志斌，2022）。总之，“中国式现代化”是新时代中国特色社会主义的具体实践，是建设社会主义现代化国家的强国之路。

（三）新时代中国特色社会主义现代化建设的战略举措

伴随社会主要矛盾由“人民日益增长的物质文化需要同落后的社会生产之间的矛盾”转化为“人民日益增长的美好生活需要和不平衡不充分的发展之间的矛盾”，中国特色社会主义进入新时代。从“十二五”时期全面建设小康社会到“十三五”时期全面建成小康社会，再到“十四五”时期开启全面建设社会主义现代化国家新征程，党的十八大以来，紧紧把握社会主要矛盾的历史性转变，全面践行习近平新时代中国特色社会主义思想，多措并举，不断加强中国式现代化道路的顶层设计。

1.协同推进教育、科技、人才发展

“教育、科技、人才是全面建设社会主义现代化国家的基础性、战略性支撑，科技是第一生产力、人才是第一资源、创新是第一动力”，党的二十大报告首次将教育、科技、人才作为专章系统阐述。党的十八大以来，中国深入贯彻科教兴国战略、人才强国战略和创新驱动发展战略。坚持办好人民满意的教育，围绕“培养什么人、怎样培养人、为谁培养人”的问题，出台《国家教育事业发展第十二个五年规划》《国家教育事业发展“十三五”规划》《“十四五”时期教育强国推进工程实施方案》；围绕教育公平和资源配置等问题，出台《关于加快中西部教育发展的指导意见》《关于统筹推进县域内城乡义务教育一体化改革发展的若干意见》《教育部直属师范大学师范生公费教育实施办法（试行）》等专项文件；围绕职业教育、高等教育、继续教育协同创新等问题，出台《关于加快发展现代职业教育的决定》《国家职业教育改革实施方案》《统筹推进世界一流大学和一流学科建设总体方案》等专项文件。完善科技创新体系，发布《关于改进加强中央财政科研项目和资金管理的若干意见》《关于改革完善中央财政科研经费管理的若干意见》，加快科技经费分配使用机制改革；发布《促进科技成果转移转化行动方案》《关于深化产教融合的若干意见》，促进科技成果转化和产业化；发布《关于新形势下加快知识产权强国建设的若干意见》《关于优化科研管理提升科研绩效若干措施的通知》《关于完善科技成果评价机制的指导意见》，优化科技评价与知识产权保护；发布《关于全面加强基础科学研究的若干意见》《积极牵头组织国际大科学计划和大科学工程方案》，增强科技基础能力建设。强化现代化建设人才支撑，人才培养方面，印发《关于进一步加强高技能人才与专业技术人才职业发展贯通的实施意见》《关于全面推行中国特色企业新型学徒制加强技能人才培养的指导意见》《国家级高技能人才培训基地和技能大师工作室建设项目实施方案》等文件，努力培养青年科技人才、卓越工程师、大国工匠和高技能人才等；人才评价方面，印发《关于开展科技人才评价改革试点的工作方案》，在上海、山东和深圳等地开展科技人才评价改革试点工作。

2. 全面推进乡村振兴和城乡一体化发展

“全面建设社会主义现代化国家，最艰巨最繁重的任务仍然在农村。”乡村振兴和城乡一体化是客观认识“不平衡不充分”问题在乡村的突出表现，是从根本上改变乡村从属城市的具体实践（王露璐，2021）。党的十八大以来，中国全面贯彻乡村振兴战略、数字乡村发展战略和城乡融合发展战略。从城乡基础设施一体化到城乡社会保障一体化，陆续出台《关于进一步做好城镇棚户区和城乡危房改造及配套基础设施建设有关工作的意见》《关于建立统一的城乡居民基本养老保险制度的意见》《关于整合城乡居民基本医疗保险制度的意见》等，扎实推进城乡融合，畅通城乡要素流动；从粮食数量安全到粮食质量安全，陆续出台《关于切实加强高标准农田建设提升国家粮食安全保障能力的意见》《关于防止耕地“非粮化”稳定粮食生产的意见》《关于加强农业种质资源保护与利用的意见》等，深入实施高标准农田建设和种业振兴行动；从加强乡村基础设施建设到统筹乡村基础设施与公共服务，陆续出台《关于创新农村基础设施投融资体制机制的指导意见》《关于深化农村公路管理养护体制改革的意见》《关于加快农村寄递物流体系建设的意见》等，全面建设宜居宜业和美乡村；从现代农业发展到农业农村现代化深入推进，陆续出台《全国现代农业发展规划（2011—2015年）》《全国农业现代化规划（2016—2020年）》《“十四五”推进农业农村现代化规划》等，坚持中国特色农业农村现代化道路，加快建设农业强国；从乡村产业融合到乡村产业振兴，陆续出台《关于推进农村一二三产业融合发展的指导意见》《关于促进农村电子商务加快发展的指导意见》《关于促进乡村旅游可持续发展的指导意见》《关于促进乡村产业振兴的指导意见》等，同时印发《乡村振兴科技支撑行动实施方案》和《创新驱动乡村振兴发展专项规划（2018—2022年）》，体现科技创新在乡村产业振兴中的关键作用。此外，为支持和鼓励农民就业创业、拓宽农民增收致富渠道、保障农民工工资权益，陆续出台《关于支持农民工等人员返乡创业的意见》《关于完善支持政策促进农民持续增收的若干意见》《保障农民工工资支付条例》等政策文件。

3.深入推进区域协调发展

区域协调发展既是高质量建设国土空间体系的客观需要，也是构建新发展格局的重要途径（尹艳林，2020）。党的十八大以来，中国持续贯彻区域协调发展战略、区域重大战略、主体功能区战略和新型城镇化战略。优化区域经济布局，制定西部大开发“十二五”“十三五”规划，发布《关于新时代推进西部大开发形成新格局的指导意见》，努力推进西部大开发形成新格局；贯彻实施新一轮东北振兴战略，发布《东北地区与东部地区部分省市对口合作工作方案》《东北全面振兴“十四五”实施方案》，推动东北地区全面振兴；制定中部崛起“十三五”规划，发布《关于新时代推动中部地区高质量发展的意见》，促进中部地区加快崛起。支持重点地区加速发展，发布《关于新时代支持革命老区振兴发展的意见》等，增强大别山、川陕、赣州、闽西等革命老区发展活力；发布《“十三五”促进民族地区和人口较少民族发展规划》，推进民族地区经济、民生、文化、团结等多方面建设；发布《关于支持沿边重点地区开发开放若干政策措施的意见》《兴边富民行动“十三五”规划》，加快边疆地区经济社会发展。落实重大区域战略，发布《京津冀系统推进全面创新改革试验方案》等系列文件，推进京津冀创新改革、公务员管理协同发展；发布《长江三角洲区域一体化发展规划纲要》等系列文件，推进长三角生态环境、科技创新、交通运输、公共资源交易一体化发展；发布《黄河流域生态保护和高质量发展科技创新实施方案》等系列文件，推动黄河流域生态保护和高质量发展；发布《成渝地区双城经济圈综合交通运输发展规划》等系列文件，推进成渝地区双城经济圈建设。为加强城市群与经济带建设，国务院批复或国务院办公厅批准城市总体规划80个（2013~2017年），批复洞庭湖生态经济区、长江中游城市群、环渤海地区、淮河生态经济带、辽宁沿海经济带等地区协调发展规划；为推进新型城镇化建设，发布《关于深入推进新型城镇化建设的若干意见》《关于加快推进城镇环境基础设施建设的指导意见》等专项文件；为加快建设海洋强国，出台《全国海洋主体功能区规划》和海洋经济发展“十二五”“十三五”“十四五”规划。

4.推动人与自然和谐发展

“尊重自然、顺应自然、保护自然，是全面建设社会主义现代化国家的内在要求”，为实现中华民族永续发展，就必须要站在人与自然和谐共生的高度谋发展。党的十八大以来，中国深入贯彻可持续发展战略、绿色发展理念和习近平生态文明思想。协同推进降碳、减污、扩绿、增长。积极稳妥推进碳达峰碳中和，出台《2030年前碳达峰行动方案》等系列方案，在有色金属行业、建材行业、信息通信行业、工业、电力装备以及城乡建设领域开展碳达峰行动，发布《科技支撑碳达峰碳中和实施方案（2022—2030年）》，发挥科学技术在降碳行动中的支撑作用；持续打好蓝天、碧水、净土保卫战，围绕空气污染防治出台《大气污染防治行动计划》《打赢蓝天保卫战三年行动计划》，围绕水污染防治出台《关于推进污水资源化利用的指导意见》《“十四五”重点流域水环境综合治理规划》，围绕土壤污染防治出台《关于深入推进园区环境污染第三方治理的通知》《农药包装废弃物回收处理管理办法》；积极开展国土绿化行动，出台《关于积极推进大规模国土绿化行动的意见》《关于加快推进长江两岸造林绿化的指导意见》《关于科学绿化的指导意见》等专项文件；推动经济社会绿色化、低碳化发展，出台《关于加快建立健全绿色低碳循环发展经济体系的指导意见》等实施意见，促进各地发展方式绿色转型。提升生态系统的多样性、稳定性、持续性。实施生态系统保护和修复工程，发布《全国重要生态系统保护和修复重大工程总体规划（2021—2035年）》等规划，在北方防沙带、东北森林带、南方丘陵山地带等地实施生态保护和修复工作；实施生物多样性保护工程，发布《重点流域水生生物多样性保护方案》《关于进一步加强生物多样性保护的意见》等政策文件；陆续出台《关于推进山水林田湖生态保护修复工作的通知》《创建全国防沙治沙综合示范区实施方案》《关于加强草原保护修复的若干意见》，逐渐形成山水林田湖草沙一体化保护与系统治理的中国方案。此外，出台《关于建立健全生态产品价值实现机制的意见》，建立生态产品价值实现机制，在安徽、福建等10个省份开展生态综合补偿试点工作，逐步完善生态保护补偿制度。

5.加强社会主义精神文明建设

“人无精神则不立，国无精神则不强。唯有精神上站得住、站得稳，一个民族才能在历史洪流中屹立不倒、挺立潮头。”党的十八大以来，从“推动社会主义精神文明和物质文明全面发展”到“推动社会主义精神文明和物质文明协调发展”，再到“物质文明和精神文明相协调的现代化”，中国精神文明建设不断加强。在意识形态方面，将习近平新时代中国特色社会主义思想等党的创新理论融入大中小学课堂，坚持党对教育工作的全面领导；深入开展马克思主义理论研究并建设哲学社会科学人才队伍，发布《新时代马克思主义理论研究和建设工程教育部重点教材建设推进方案》《新时代高等学校思想政治理论课教师队伍建设规定》等系列文件，构建中国特色哲学社会科学学科体系、学术体系和话语体系。在社会文明程度方面，开展全民科学素质行动和全民阅读活动，加强国家科普能力建设；用社会主义核心价值观铸魂育人，发布《关于新时代推进普通高中育人方式改革的指导意见》等系列文件，推动理想信念教育常态化制度化；培育时代新风新貌，发布《关于促进慈善事业健康发展的指导意见》《深化新时代教育评价改革总体方案》等系列文件，弘扬劳动精神、奋斗精神、奉献精神、创造精神和勤俭节约精神等；开展健康中国行动和爱国卫生运动，发布《关于深入开展爱国卫生运动的意见》《“健康中国2030”规划纲要》等系列文件，推进健康中国建设。在文化繁荣方面，出台《关于促进文化和科技深度融合的指导意见》《关于推动数字文化产业高质量发展的意见》，贯彻落实国家文化数字化战略；出台《关于推进文化创意和设计服务与相关产业融合发展的若干意见》《关于推动文化文物单位文化创意产品开发的若干意见》，健全现代文化产业体系和市场体系；出台《关于支持戏曲传承发展的若干政策》《中国传统工艺振兴计划》《革命文物保护利用“十四五”专项规划》，加大文物和文化遗产保护力度；出台《关于进一步激发文化和旅游消费潜力的意见》《关于开展国家文化产业和旅游产业融合发展示范区建设工作的通知》，促进文旅产业深度融合；出台《关于促进全民健身和体育消费推动体育产业高质量发展的意见》《体育强国建设纲要》，加快建设体育强国。

6. 实行高水平对外开放

对外开放既是中国始终坚持的基本国策，也是中国走向繁荣的必由之路。“中国的发展离不开世界，世界的繁荣也需要中国”，党的十八大以来，中国坚定奉行互利共赢的开放战略，深入贯彻贸易强国战略和自由贸易区战略。面对世界经济模式重构与中国经济结构调整等问题，习近平总书记在中央财经委员会第七次会议上指出，要构建以国内大循环为主体、国内国际双循环相互促进的新发展格局；次年，国务院办公厅印发《关于促进内外贸一体化发展的意见》，以加强国内国际两个市场两种资源的联动效应。中国由贸易大国过渡到贸易强国，党中央从三个方面作出战略部署：一是推动货物贸易优化升级，发布《关于支持外贸稳定增长的若干意见》《关于加快培育外贸竞争新优势的若干意见》等专项文件，从“保持货物贸易稳定增长”转化为“推动外贸商品结构调整”；二是创新服务贸易发展机制，从《服务贸易创新发展试点方案》到《深化服务贸易创新发展试点总体方案》再到《全面深化服务贸易创新发展试点总体方案》，试点范围逐步扩大、试点内容不断丰富；三是发展数字贸易，2015年在杭州设立首个跨境电子商务综合试验区，次年在天津等12个城市设立跨境电子商务综合试验区，2018~2022年累计设立152个跨境电子商务综合试验区。此外，国家发改委多次发布《市场准入负面清单》以缩减外资准入负面清单，国务院或国务院办公厅等部门针对纳税缴费、知识产权、互联网上网服务、跨境贸易、服务市场主体、国内贸易流通等问题发布相关文件，以营造市场化、法治化、国际化的一流营商环境；发布《关于推进共建“一带一路”绿色发展的意见》等专项文件，从能源合作、工业通信业合作、中医药融入和绿色发展等领域推动“一带一路”高质量发展；发布《西部陆海新通道总体规划》等专项文件，加快西部陆海新通道建设；先后建立21个自由贸易试验区和海南自由贸易港，发布《关于支持自由贸易试验区深化改革创新若干措施的通知》和《关于推进自由贸易试验区贸易投资便利化改革创新的若干措施》以加快自由贸易试验区建设，从交通工具及游艇、原辅料、自用生产设备“零关税”，以及放宽市场准入、企业所得税优惠等方面加快海南自由贸易港建设。

三 中国式现代化重大成就的量化分析

在新中国成立特别是改革开放以来长期探索和实践基础上，中国共产党成功推进和拓展了中国式现代化，物质文明领域、社会文明领域、精神文明领域、生态文明领域和大同文明领域在时间和空间维度上都持续向好发展，始终为全面建成社会主义现代化强国而奋斗。本文基于新中国成立以来的非平衡面板数据，从人口规模巨大的现代化、全体人民共同富裕的现代化、物质文明和精神文明相协调的现代化、人与自然和谐共生的现代化以及走和平发展道路的现代化等五个方面选取特征指标，从全国层面、区域层面和省际层面展示中国式现代化的重大成就。

（一）人口规模巨大的现代化

中国式现代化是人口规模巨大的现代化，14亿多人口整体迈进现代化社会，其艰巨性和复杂性前所未有。创新是一个民族进步的灵魂，是一个国家兴旺发达的不竭源泉，14亿多人口整体迈进现代化离不开创新；创新的基础在于教育，党的二十大报告将“教育、科技、人才”中的“教育”摆在首位，并在报告中明确指出，要坚持教育优先发展，因此教育是打开14亿多人口人才红利的金钥匙；“悠悠万事，吃饭为大”“十几亿人口要吃饭，这是我国最大的国情”，粮食安全关乎14亿多人口能否整体迈进现代化；中国作为世界上最大的能源生产国和消费国，拥有着14亿多人口，这导致中国人均能源资源相对匮乏，能源供需与14亿多人口整体迈进现代化息息相关；“没有全民健康，就没有全面小康”，同样，没有14亿多人口的医疗保障，就没有14亿多人口的现代化。基于此，本部分从创新能力、教育规模、粮食产量、能源生产、医疗保障等五个维度对人口规模巨大现代化取得的重大成就进行量化分析。

1.创新能力的发展成效

图3分五大国家战略区展示了中国创新能力的发展成效。① 改革开放以来，五大国家战略区的专利申请授权量不断增加。从时间维度来看，全国每亿人专利申请授权量从1985年的10.5项增长至2020年的249334.4项，年均增长33.36%。“七五”时期年均增长率高达61.46%，得益于国家安排的76项重点科技攻关项目，涉及重大新技术、新装备、重要新产品开发以及新兴技术开发等领域的科技攻关，实现了中国创新从无到有的飞跃；“十一五”时期年均增长率为34.20%，2006年胡锦涛同志在全国科技大会上首次提出“创新型国家”的概念，着力增强自主创新能力成为“十一五”规划纲要的重要特点，启动了一批涉及信息、生物等战略产业领域的重大科技专项；党

① 五大国家战略区为京津冀协同发展战略区（北京、天津、河北）、长三角一体化发展战略区（上海、浙江、江苏、安徽）、长江经济带发展战略区（上海、浙江、江苏、安徽、重庆、湖北、湖南、四川、江西、云南、贵州）、黄河流域生态保护和高质量发展战略区（山东、山西、河南、陕西、青海、甘肃、宁夏、内蒙古）和粤港澳大湾区战略区（广东、香港、澳门）。为避免加总时长三角地区和长江经济带出现重复省份，图3中的长江经济带不包含上海、浙江、江苏、安徽。原始数据来源于《中国统计年鉴》，统计数据方面，1985~1987年不包含香港、澳门、重庆和海南，1988~1996年不包含香港、澳门和重庆，1997~1999年不包含香港和澳门，2000~2020年包含全国34个省份。

的十八大以来，不断加强创新驱动发展的顶层设计，将创新驱动发展上升到国家战略，完成了从“中国制造”到“中国创造”的跨度，实现了从“跟跑”到部分领域“并跑”“领跑”的新突破；2020年全国专利申请授权量突破350万项，创新指数居世界第14位，中国正式迈入创新型国家行列；党的二十大报告指出，2035年中国将实现高水平科技自立自强，进入创新型国家前列。从空间维度来看，五大国家战略区专利申请授权量占比以1999年为拐点呈“U”形发展趋势，21世纪以来，五大国家战略区专利申请授权量占比从2001年的77.28%上升至2020年的90.64%，增长了13.36个百分点。在五大国家战略区中，长江经济带和长三角地区的专利申请授权量占比相对较高，1985~2020年，这两大国家战略区专利申请授权量分别增长37.15%和39.51%，都高出全国平均增长水平，特别是2008年以来，长江经济带（含长三角地区）专利申请授权量占据全国的“半壁江山”，创新引领长江经济带高质量发展成为新时代的重要特点；京津冀地区协同创新发展有待加强，尽管京津冀地区专利申请授权量增长27.97%，但在此期间专利申请授权量占比整体呈现下降趋势，京津冀地区迫切需要优化创新资源配置与加快科技成果转化，促进创新链精准对接；党的十八大以来，黄河流域专利申请授权量占比从2012年的11.39%增长到2020年的14.22%，逐步实现科技赋能黄河流域生态保护与高质量发展。

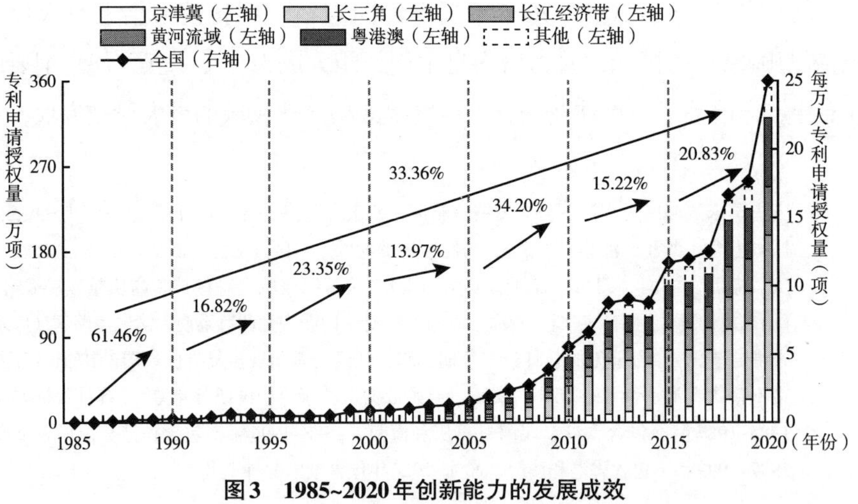

图3 1985~2020年创新能力的发展成效

2. 教育规模的发展成效

图4分教育阶段展示了中国教育规模的发展成效。① 新中国成立至今，建成世界上规模最大的教育体系，实现了教育普及水平的历史性跨越。1952~1977年是中国教育事业的初步探索期，全国教师数量迅速上升，中等学校和学前教育的教师数量增速相对较快，年均增长率分别为12.81%和9.98%。1954年，公民受教育权被写入《中华人民共和国宪法》，公民受教育权利得到有效保障；1961~1963年，党中央陆续发布《高校六十条》《中学五十条》《小学四十条》，涵盖初等教育、中等教育和高等教育三个阶段，教育体系日趋完善；与1952年相比，1964年小学、初中、高中和高等学校在校学生分别增长82%、227%、380%和259%，在校生规模持续扩大。1978~1995年中国教育事业进入改革开放新时期，全国教师数量增长超过20%，其中，特殊教育和普通高等学校的教师数量分别增长350%和95%。1979年高考制度恢复，打开了中国教育事业的新局面，普通高等学校规模逐步扩大；党的十二大报告首次将教育摆在现代化建设战略的重点位置，将普及教育作为建设物质文明和精神文明的重要前提；1986年颁布的《中华人民共和国义务教育法》将“为盲、聋哑和弱智的儿童、少年举办特殊教育学校”写入法律，既是以人为本教育理念的重要体现，又是促进教育公平的重要手段；“七五”时期基础教育、职业技术教育、普通高等教育和成人教育取得长足发展，“八五”时期继续将教育事业放在重要战略地位。1995年，科教兴国战略在中国全面实施，此后，教育成为经济社会发展的重要支撑。受教育程度方面，科教兴国战略有效实施，促使各行业工作人员平均受教育年限从1996年的7.33年增长至2020年的10.57年，实现了人才强国与科教兴国的有机结合。高等教育方面，1996年以来，普通高等学校教师数量不断提高，所占比例持续攀升；党的十八大以

① 按照学前教育、小学、中等学校、普通高等学校和特殊教育五种类型统计教师数量。依据《中国统计年鉴》，1996~1999年受教育层次分为未上过学、小学、初中、高中、大专及以上，将受教育年限对应取为0年、6年、9年、12年、17年；2001~2020年受教育层次分为未上过学、小学、初中、高中、大专、大学本科、研究生，将受教育年限对应取为0年、6年、9年、12年、15年、16年、20年。就业人员中各教育层次人口占比乘以对应受教育年限并求和，即得平均受教育年限。

来，高校成为科技创新的重要阵地，普通高等学校教师数量占比超过10%。学前教育方面，《面向21世纪教育振兴行动计划》提出“实施素质教育，要从幼儿阶段抓起”，党的十七大报告将重视学前教育作为“优先发展教育，建设人力资源强国”的重要举措，党的十八大以来，学前教育在校生和教师数量的年均增长率分别为3.64%和8.34%，学前教育得到前所未有的重视。党的二十大报告指出，中国坚持教育优先发展，坚持为党育人、为国育才，全面提高人才自主培养质量，将在2035年建成教育强国。

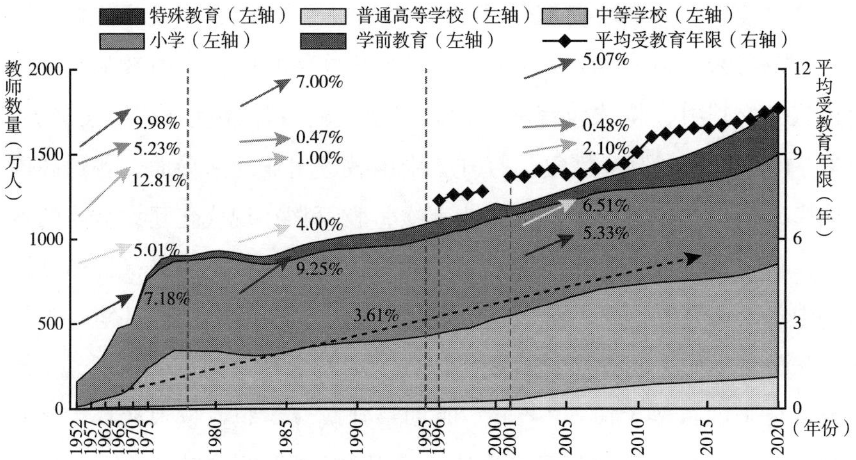

图4 1952~2020年教育规模的发展成效

3.粮食产量的发展成效

图5分13个粮食主产区展示了中国粮食产量的发展成效。[①] 新中国成立以来，13个粮食主产区粮食产量大幅提高。从时间维度来看，全国人均粮食产量从1949年的208.9公斤增长至2020年的474.1公斤，14亿

① 13个粮食主产区包括：东部三省（山东、河北、江苏）、中部五省（河南、安徽、湖南、湖北、江西）、西部两省（四川、内蒙古）和东北三省（黑龙江、辽宁、吉林）。原始数据来源于《中国统计年鉴》，统计数据方面，1981~1987年不包含香港、澳门、台湾、重庆和海南，1988~1996年不包含香港、澳门、台湾和重庆，1997~2020年不包含香港、澳门和台湾。

多人的粮食安全得到了有效保障。1949~1978年，粮食产量增长169%，1973年和1978年分别迈上5000亿斤和6000亿斤的新台阶，在此期间，人均耕地面积不断下降，在播种面积扩大以及现代化农业技术、机械的配合使用下，粮食单产实现年均2.82%的增长。家庭联产承包责任制作为中国农村改革的重要开始，既激发广大农民的生产积极性，也使中国农业得到前所未有的发展，同时还带来粮食增产。1982年粮食平均亩产突破200公斤，比1949年增长20%以上；1984年粮食产量达到有史以来的第一个峰值，即8146.2亿斤，比1978年增长33.65%。“七五”时期，国家进一步完善和发展多种形式的联产承包责任制，通过改良土壤、改进技术和提高机械化水平等措施促进农业生产，粮食产量实现年均3.33%的增长。“八五”时期，国家积极改革农产品流通体制，通过实施鼓励发展粮食生产的购销体制和价格政策，调动粮食主产区和粮农种粮的积极性，1996年粮食产量突破10000亿斤大关。21世纪以来，大量农村劳动力流向城市，使得农业机械化投入大幅增加，劳动生产率快速提高。党的十八大以来，“藏粮于技、藏粮于地”战略落地实施，人均粮食产量稳定在450公斤以上，2021年突破480公斤，远超国际公认的粮食安全线。党的二十大报告指出，要全方位夯实粮食安全根基，确保2035年基本实现农业现代化。从空间维度来看，13个粮食主产区粮食产量占全国总产量的七成以上，所占比例从1981年的70.64%上升至2020年的78.56%，承担着全国主要的粮食供给任务。在13个粮食主产区中，东北三省的粮食产量占比不断提高，1981~2000年增长1.26个百分点，21世纪以来增长近10个百分点，2020年粮食产量占比超过20%，机械化生产规模位居全国前列，为国家粮食安全做出了重要贡献。此外，西部两省的粮食产量占比从1981年的12.23%下降至2020年的10.74%，东部三省和中部五省的粮食产量占比分别基本保持在20%和28%，10个省份中，四川、湖南和江苏的粮食产量占比下降幅度较大，内蒙古、河南和山东的粮食产量占比增长趋势明显，中国粮食产量重心逐步向北移动。

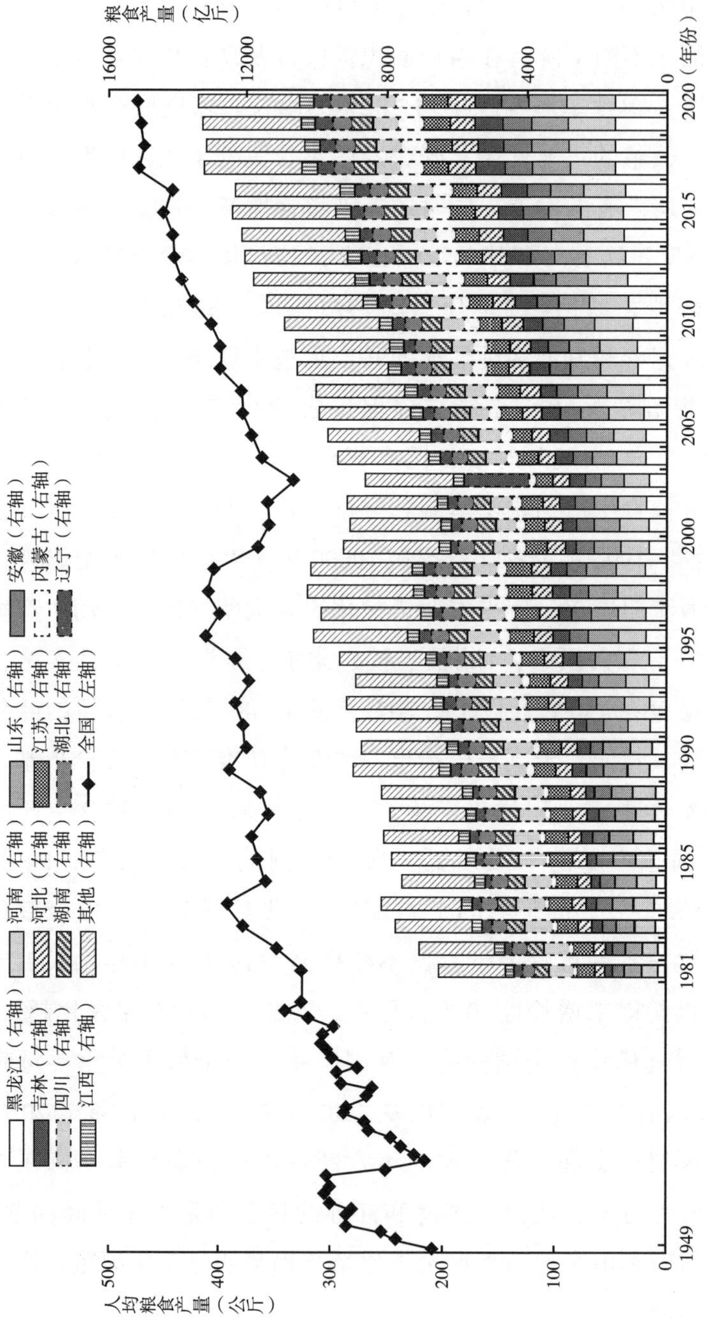

图 5　1949~2020 年粮食产量的发展成效

4.能源生产的发展成效

图6分能源结构展示了中国能源生产的发展成效。[①] 新中国成立以来，能源基础设施建设取得了巨大成就，能源安全得到了有效保障。从生产规模来看，中国能源生产实现跨越式发展，人均一次能源生产量从1949年的0.04吨标准煤增长至2020年的2.88吨标准煤，人均发电量从1952年的12.63千瓦时增长至2020年的5508.77千瓦时。改革开放以来，一次能源生产量和发电量持续上升，1980~2000年，人均一次能源生产量和人均发电量年均增长率分别达2.67%和6.30%。“六五”至“九五”时期，煤炭生产上，采取旧矿井技术改造和新矿井建成投产等措施，以提高机械化水平和扩大生产规模；原油生产上，分批开展陆地油田的勘探和开发，逐步实现从陆地到海上的拓展；天然气生产上，形成了从“以四川地区为重点”到“陕甘宁盆地、东北松辽盆地和南海海域等地并举”的开发格局；电力生产上，从“水电和火电为重点、核电为初探”转变为“水火并举、适当发展核电”，“九五”时期将“风能、海洋能、地热能等新能源发电”列为建设计划。进入21世纪后，一次能源生产量和发电量增长速度之快前所未有，2001~2010年人均一次能源生产量和人均发电量年均增长率分别达8.10%和11.45%；2011年一次能源生产量超过34亿吨标准煤，位居世界第一；截至2021年，中国一次能源生产量突破40亿吨标准煤，发电量超过8万亿千瓦时。从生产结构来看，中国已经基本形成煤、油、气、电、核、新能源和可再生能源多轮驱动的能源生产体系，清洁能源占比稳步提高。一次能源生产中原煤和原油占比从1980年的93.2%下降到2020年的74.3%，其中，原油所占比重下降幅度最大，约17个百分点。党的十八大以来，中国能源革命持续推进，核电技术与新能源技术取得重大成果。原煤生产量占比由76.2%下降到67.5%，仍然是保障能源供应的基础能源；天然气和一次电力及其他能源占比迅速提高，两类能源占比增长10.4个百分点；核能发电量和风力发电

① 依据《中国统计年鉴》，一次能源生产包括原煤、原油、天然气、一次电力及其他能源，各类型能源生产量已折算成标准煤量；1952~2012年仅统计水力和火力发电量，2013~2014年仅统计火力、水力、核能和风力发电量，2015~2020年统计火力、水力、核能、风力和太阳能发电量。

量占比分别从2013年的2.06%和2.61%增长至2020年的4.71%和6.00%，太阳能发电量占比从2015年的0.67%增长至2020年的3.35%。党的二十大报告提出中国能源的发展目标，要加快规划建设新型能源体系，将新能源打造成新的增长引擎，确保能源资源产业链供应链安全。在现有基础上，中国能源目标必将实现。

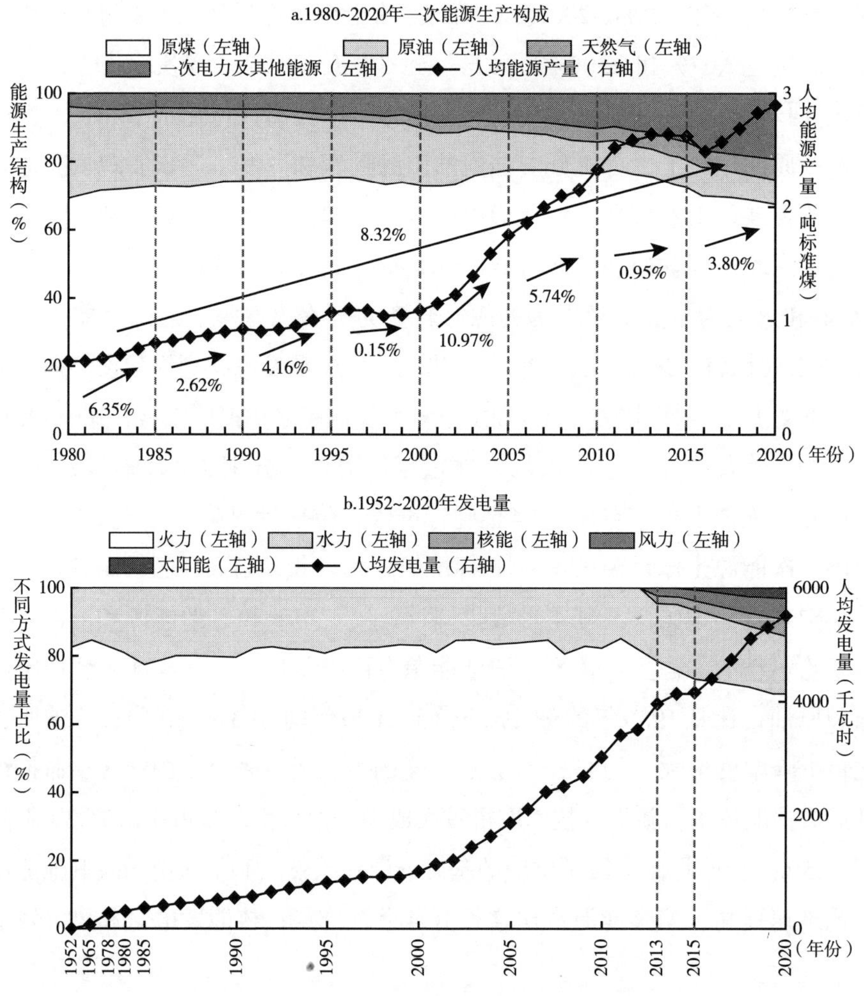

图6　1952~2020年能源生产的发展成效

5. 医疗保障的发展成效

图7分四大板块展示了中国医疗保障的发展成效。① 新中国成立以来，建成世界上规模最大的医疗卫生体系，被世界卫生组织誉为“发展中国家的典范”。从时间维度来看，每千人卫生技术人员数和每千人医疗卫生机构床位数分别从1949年的0.93人和0.16张增长到2020年的7.55人和6.44张，人均预期寿命从1949年的35岁左右增加到2021年的78.2岁。20世纪50年代到70年代末，按照“面向工农兵、预防为主、团结中西医、卫生工作和群众运动相结合”的卫生工作方针，在全国广泛开展爱国卫生运动，在城市和农村分别设立三级公立医院网络和三级医疗卫生服务网络，“烈性传染病被消灭或基本消灭，城乡人民的健康水平大大提高，平均寿命大大延长”。党的十一届三中全会后，医疗保障事业成为改革开放的重要组成部分，多种形式的责任制被推广到医疗卫生机构，民间资本逐步进入医疗机构，医疗装备和技术水平大幅提高（费太安，2021）。“以农村为重点，预防为主，中西医并重，依靠科技与教育，动员全社会参与，为人民健康服务，为社会主义现代化建设服务”被确立为新时期的卫生工作方针。1981~2000年，卫生技术人员数增长49.19%，人均预期寿命增加3.63岁，孕产妇死亡率、婴儿死亡率以及5岁以下儿童死亡率都持续下降。21世纪以来，中国医疗保障事业取得一系列成就。2003年，党领导人民在抗击“非典”的伟大斗争中取得重大胜利；党的十八大以来，党中央以人民为中心推进健康中国建设，深入推进医药卫生体制、公立医院、药品和医疗服务价格等方面的综合改革；新冠疫情全球蔓延，党和政府始终坚持人民至上、生命至上，“取得疫情防控重大决定性胜利，创造了人类文明史上人口大国成功走出疫情大流行的奇

① 四大板块为东部地区（北京、天津、河北、山东、江苏、浙江、上海、福建、广东、海南）、中部地区（山西、河南、安徽、江西、湖北、湖南）、西部地区（内蒙古、广西、重庆、四川、贵州、云南、西藏、陕西、甘肃、青海、宁夏、新疆）和东北地区（辽宁、吉林、黑龙江）。原始数据来源于《中国统计年鉴》，统计数据方面，1980~1987年不包含重庆和海南，1988~1996年不包含重庆，1997~2020年包含大陆31个省份；从2002年起，卫生技术人员数不包括高中等医学院校本部、药检机构、国境卫生检疫所和非卫生部门举办的计划生育指导站（中心）人员数。

迹”。从空间维度来看，1981~2020年，东部地区卫生技术人员数占比从34.61%增长至40.62%，东北地区卫生技术人员数占比从13.35%下降到7.23%，中部和西部地区卫生技术人员数占比分别维持在25%和26%左右。1981年、2012年和2020年东部、中部、西部、东北地区每千人卫生技术人员数之比分别是3.08：2.72：2.80：4.46、5.21：4.54：4.69：5.48和7.68：7.13：7.74：7.84，全国卫生技术人员数实现从“数量小、差异大”到“数量大、差异小”的重要转变，特别是党的十八大以来，持续推动医疗保障全国一盘棋，地域差距逐步缩小。

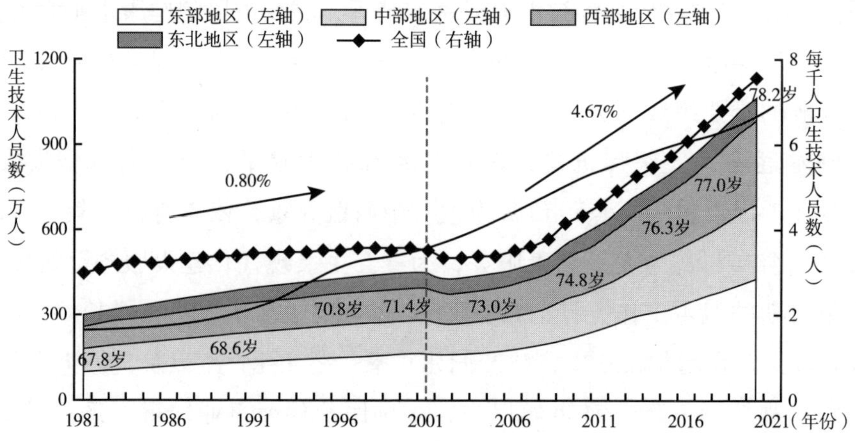

图7　1981~2021年中国医疗保障的发展成效

（二）全体人民共同富裕的现代化

中国式现代化是全体人民共同富裕的现代化，中国共产党始终把促进全体人民共同富裕摆在突出位置，坚决防止两极分化。“社会主义的特点不是穷，而是富，但这种富是人民共同富裕”“社会主义的本质，是解放生产力，发展生产力，消灭剥削，消除两极分化，最终达到共同富裕”。新时代的共同富裕以生产力发达、社会物质产品丰富为前提，劳动报酬作为居民群众收入的主要来源，提高工资水平是实现共同富裕的必要前提（韩喜平，2020）；居民收入增长和经济增长基本同步既是中国共产党“以人民为中心”的执政理念的体现，也是坚持“发展成果由人民共享”的具体实践；习近平总书记在中央财经委员会第十次会议上指出，实现全体人民共同富裕，不是所有人都同时富裕，也不是所有地区同时达到一个富裕水准，不同人群实现富裕的程度有高有低，不同地区富裕程度存在一定差异。基于此，本部分从就业规模与工资水平、收入增速、各地区人民共同富裕、城乡人民共同富裕、不同收入群体共同富裕五个维度对全体人民共同富裕现代化取得的重大成就进行量化分析。

1.就业规模与工资水平的发展趋势

图8分南北方地区展示了中国就业工资的变动趋势。[①] ①新中国成立以来，就业规模不断扩大，就业形势长期稳定。城镇失业率从1952年的13.2%下降至2020年的4.2%，降低了9个百分点。1949~1952年，以“公私兼顾、劳资两利”为原则，在优先发展国营经济的条件下，在原料分配和其他一些问题上对于私营经济基本上给予“一视同仁”的待遇，避免私营工厂的失业问题。“一五”时期，国家开始进行大规模经济建设，通过增加手工业、服务性行业和各种社会辅助劳动等岗位来扩大就业，使就业人数成倍增加，城镇失业率下降7.3个百分点。改革开放以来，党和政府坚持以人民为中心，陆续采取多种措施创造就业岗位，实现扩大就业与经济发展的良性循环，城镇失业率保持在5%以下。1980年提出“劳动部门介绍就业、自愿组织起来就业和自谋职业相结合”的就业方针；1997年实行“鼓励兼并、规范破产、下岗分流、减员增效和再就业工程”的国有企业改革；党的十七大报告提出“实施扩大就业的发展战略，促进以创业带动就业”；党的十八大以来，党和政府贯彻“劳动者自主就业、市场调节就业、政府促进就业和鼓励创业”的新时代就业方针；党的二十大报告提

① 参照盛来运等（2018）给出的经济地理划分方式，北方地区包括黑龙江、吉林、辽宁、内蒙古、河北、北京、天津、山西、陕西、宁夏、甘肃、新疆、青海，南方地区包括山东、河南、上海、江苏、浙江、安徽、福建、江西、湖北、湖南、广东、广西、海南、重庆、四川、贵州、云南、西藏；原始数据来源于《中国统计年鉴》，统计数据方面，1981~1987年不包含重庆和海南，1988~1996年不包含重庆，1997~2020年包含大陆31个省份；图8中，平均工资是指城镇非私营单位就业人员平均工资，失业率是指城镇登记失业率。

出“实施就业优先战略”。②改革开放以来，平均工资水平持续提升，分阶段交替出现“北高南低”与“北低南高”的空间格局。1981~1990年，全国平均工资水平从743元增加到2191元，南方地区平均工资低于北方地区，南北地区的年均增长率分别为13.04%和12.43%，二者差距从1.058：1缩小到1.008：1；1991~2007年，全国平均工资水平增加到25228元，南方地区平均工资高于北方地区，南北地区的年均增长率分别是15.94%和15.82%，1996年二者差距最大，为1.097：1；2008~2014年，全国平均工资水平增长到55218元，南方地区平均工资低于北方地区，南北地区的年均增长率分别是11.18%和11.09%，2012年二者差距最大，为1.047：1；2015~2020年，全国平均工资水平增长到94591元，南方地区平均工资高于北方地区，南北地区的年均增长率分别是8.96%和8.81%，2016年二者差距最大，为1.035：1。中国工资水平实现从“基数小、增长快、差距大”到“基数大、增长缓、差距小”的重要转变，特别是党的十八大以来，坚持劳动报酬增长与劳动生产率提高同步，全国工资水平在稳步提高中差距缩小。

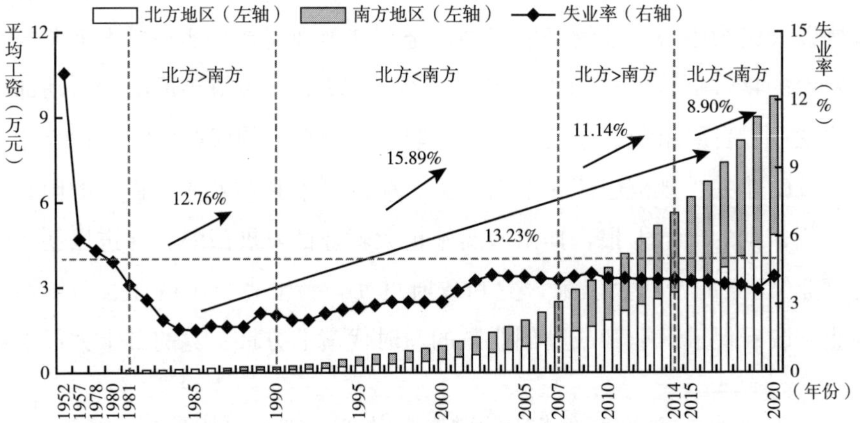

图8 1952~2020年就业规模与工资水平的发展趋势

2.收入增速的发展趋势

图9采用双对数模型与耦合协调度模型展示了中国居民收入增长与经

济增长的同步趋势。[①] 改革开放以来，居民收入水平持续提升，城乡居民收入增速超过经济增速。从居民收入水平的增长趋势来看，1992~1996年，居民收入从1125元增长到2814元，年均增长率超过25%，城镇地区通过提高企业经济效益等措施来增加职工收入，农村地区通过发展经济、保持乡镇企业持续增长等措施来增加农民收入；“十五”时期居民收入年均增长率为11.91%，建立健全与经济发展水平相适应的最低工资保障制度和最低工资标准调整机制；党的十七大报告首次提出，要逐步提高扶贫标准和最低工资标准，建立企业职工工资正常增长机制和支付保障机制；党的十八大以来，居民收入增长进入常态化阶段，年均增长率为8.39%；“十三五”时期将“到2020年城乡居民人均收入比2010年翻一番”作为社会经济发展的主要目标之一，2019年居民人均可支配收入突破30000元，2021年超过35000元；党的二十大报告指出，2035年中国居民人均可支配收入将再上新台阶，人民生活更加幸福美好。从收入增长与经济增长的协同程度来看，二者耦合协调系数从1992年的12.88持续上升至2020年的65.04。对比居民收入增速与人均GDP增速，以党的十八大为时间节点，1992~2011年总体呈现人均GDP增速高于居民收入增速，2011年后居民收入增速超过人均GDP增速；对比居民收入瞬时增速与人均GDP瞬时增速，1992~2004年居民收入瞬时增速仅为人均GDP瞬时增速的66%，2004年后二者之比超过70%，其中，2012年和2020年二者比值较大，分别是80.33%和80.18%，均超过80%。党的十八大以来，党和政府高度重视居民

---

① 双对数模型：用$x(t)$和$y(t)$分别表示t年人均GDP和人均收入，建立双对数模型$\ln y(t)=\alpha+\beta\ln x(t)$，对时间$t$求导，得到$\dot{y}(t)/y(t)=\beta\dot{x}(t)/x(t)$，$\beta$表示人均收入增速与人均GDP增速之比；用$t$年所有省份的截面数据估计参数$\beta$，则$\beta$表示$t$年全国人均收入瞬时增速与全国人均GDP瞬时增速之比。双变量耦合协调度模型：首先，计算人均收入与人均GDP的耦合系数，$C(t)=100\times 2\sqrt{x(t)y(t)/[x(t)+y(t)]^2}$；其次，计算二者的综合发展水平，$T(t)=[x(t)+y(t)]/2$；最后，计算耦合协调系数，$D(t)=\sqrt{C(t)T(t)}$。耦合协调系数越大，表示人均收入与人均GDP的同步程度越高。计算时，对人均GDP和人均收入作线性标准化处理，处理后数值介于1~100，则耦合协调系数$D(t)$介于1~100。原始数据来源于《中国统计年鉴》，统计数据方面，1992~1996年不包含重庆，1997~2020年包含大陆31个省份。

收入与经济发展的同步增长，党的十八大、十九大报告陆续提出“努力实现居民收入增长和经济发展同步”和“坚持在经济增长的同时实现居民收入同步增长”，将“居民人均可支配收入增长与国内生产总值增长基本同步”作为“十四五”时期的主要目标之一，表明中国共产党始终把发展成果由人民共享作为社会主义的本质要求，让广大居民充分享受发展红利。习近平总书记在党的二十大报告中再次强调，未来五年要实现居民收入增长和经济增长基本同步。

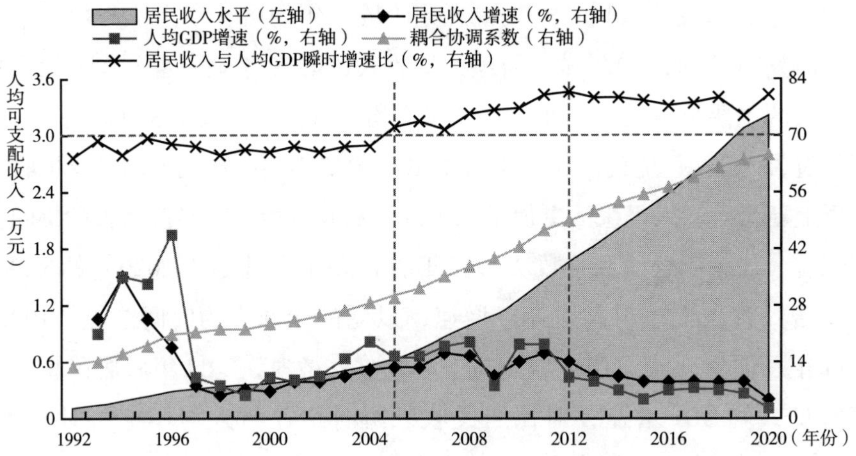

图9　1992~2020年收入增速的发展趋势

3.各地区人民共同富裕的发展趋势

图10采用基尼系数与箱线图展示了中国各地区人民共同富裕的变化趋势。① 就各地区居民收入的绝对差距而言，1980~2020年，人均可支配收入的箱线图长度不断增加，四分位差从79元增加到8076元，各地区居民收入的绝对差距不断拉大；1980~1995年、1996~2011年和

① 用$y_i(t)$表示t年i（i=1，2，⋯，n）省份人均收入，$\mu(t)$表示t年全国人均收入，基尼系数的计算公式为$G(t)=\frac{\sum_{i=1}^{n}\sum_{j=1}^{n}\left|y_i(t)-y_j(t)\right|}{2n^2\mu(t)}$；原始数据来源于《中国统计年鉴》，统计数据方面，1980~1987年不包含重庆和海南，1988~1996年不包含重庆，1997~2020年包含31个省份。

2012~2020年四分位差的年均增长率依次是17.31%、11.84%和4.45%，各地区居民收入绝对差距的扩大幅度逐渐缩小。就各地区居民收入的相对差距而言，1980~2020年人均可支配收入的地区相对差距大体分成三个阶段：快速上升期，基尼系数从1980年的0.1490上升到1994年的0.2223；平缓上升期，基尼系数从1995年的0.2210上升到2006年的0.2361；快速下降期，基尼系数从2007年的0.2255下降到2020年的0.1785。从空间维度来看，四大板块的居民收入相对差距先扩大后缩小。1980~1983年居民收入最高的东北地区是最低的西部地区的1.4倍，1984年后东部地区居民收入跃居第一位，东部地区和西部地区的差距从1984年的1.84∶1增长到2006年的2.23∶1；进入21世纪后，西部大开发、中部崛起和东北振兴等区域发展战略陆续实施，四大板块的居民收入相对差距持续缩小，2020年东部地区和西部地区的差距下降至1.79∶1。五大国家战略区中，京津冀地区和长三角地区的居民收入较高而黄河流域的居民收入较低。1980~2010年基本呈现京津冀地区居民收入高于长三角地区的状态。2010年5月，长三角一体化发展战略由国务院正式批准实施，2011年起，长三角地区居民收入开始超过京津冀地区，且绝对差距不断扩大；整个考察期内，居民收入最高地区与最低地区的比值以2001年为拐点先上升后下降，1980年、2001年和2020年的比值分别为1.65、2.22和1.86。总之，省际层面和区域层面都表现出，2007年以来居民收入的地区相对差距逐步缩小，特别是党的十八大以来，在重大区域战略稳步推进和四大板块交互融合中，居民收入的地区差距不断缩小。党的二十大报告指出，要推动西部大开发形成新格局，推动东北全面振兴取得新突破，促进中部地区加快崛起，鼓励东部地区加快推进现代化；要推进京津冀协同发展、长江经济带发展、长三角一体化发展，推动黄河流域生态保护和高质量发展。2035年，中国将形成区域协调发展新格局，各地区人民的共同富裕取得更为明显的实质性进展。

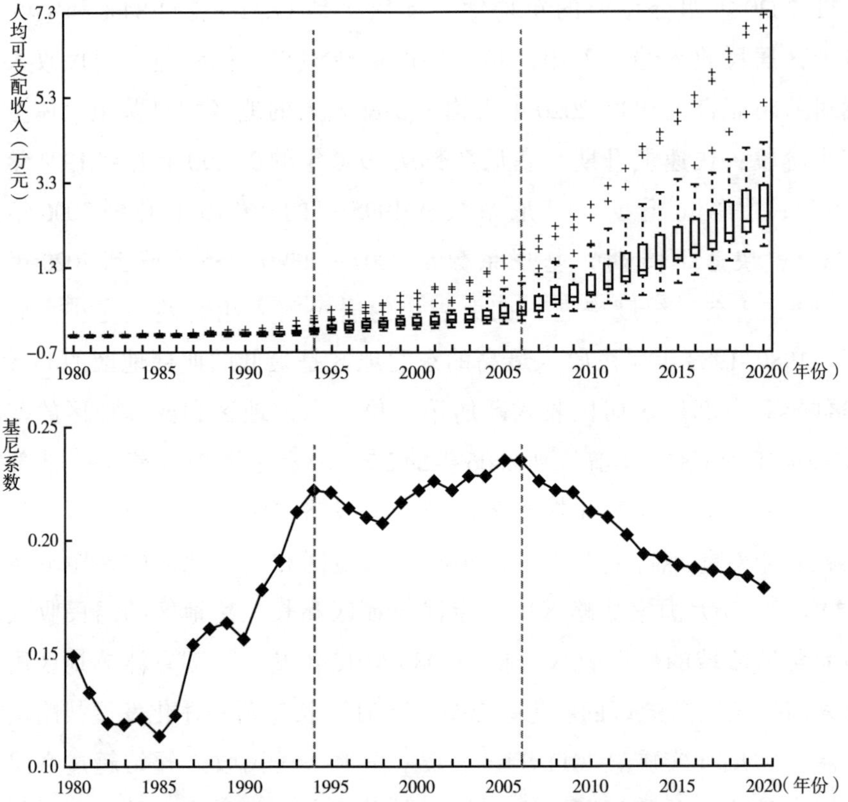

图10　1980~2020年各地区人民共同富裕的发展趋势

4.城乡人民共同富裕的发展趋势

图11采用泰尔指数与城乡收入比展示了中国城乡人民共同富裕的变化趋势。[①] 改革开放以来，城乡关系历经城乡关系趋好、城乡再度分离、城乡统筹发展和城乡全面融合四个阶段（吴丰华和韩文龙，2018）。1980~1983年城乡关系向好发展，城镇居民和农村居民人均可支配收入分别从502元和191元增长至552元和310元，年均增长率分别是3.18%和17.42%，农村居民人均可支配收入增速高于城镇地区，城乡收入比从2.62下降至

① 用$y(t)$、$y_u(t)$ 和$y_r(t)$ 分别表示t年全国居民总收入、城镇居民总收入和农村居民总收入，$p(t)$、$p_u(t)$ 和$p_r(t)$ 分别表示t年全国总人口数、城镇总人口数和农村总人口数，泰尔指数计算公式为$T(t)=\frac{y_u(t)}{y(t)}\ln\frac{y_u(t)}{y(t)}\Big/\frac{p_u(t)}{p(t)}+\frac{y_r(t)}{y(t)}\ln\frac{y_r(t)}{y(t)}\Big/\frac{p_r(t)}{p(t)}$。原始数据来源于《中国统计年鉴》。

1.78。家庭联产承包责任制使长期压抑的农业生产得到释放，为农民增收打下了坚实的基础；社会化大生产加快城乡要素流动和农村商品经济发展，农民的非农收入快速增加。1984~2003年城乡关系再度分离，城镇居民人均可支配收入和农村居民人均可支配收入的年均增长率分别是14.19%和11.09%，城镇居民人均可支配收入增长快而农村居民人均可支配收入增长慢，加剧了原本就“城镇高农村低”的差距格局，2003年泰尔指数达到有史以来的峰值0.162。党的十二届三中全会做出“改革重点从农村转向城市”的决定，收入分配体制改革、国有企业改革和非公有制企业发展直接或间接促进了城镇居民人均可支配收入提高。2004~2012年城乡关系再次缓和，城镇居民和农村居民人均可支配收入分别从9422元和2936元增长至24565元和7917元，年均增长率分别是12.73%和13.20%，农村居民人均可支配收入增速超过城镇居民，泰尔指数从0.159下降至0.132，城乡收入差距缩小。党的十六大、十七大报告陆续提出“统筹城乡经济社会发展”“建立以工促农、以城带乡长效机制，形成城乡经济社会发展一体化新格局”，这不仅能够促进农村经济繁荣发展，还能从社会救济、社会福利等方面缩小城乡发展差距。2013~2020年城乡关系进入全面融合新阶段，城镇居民和农村居民人均可支配收入分别从26955元和8896元增长至43834元和

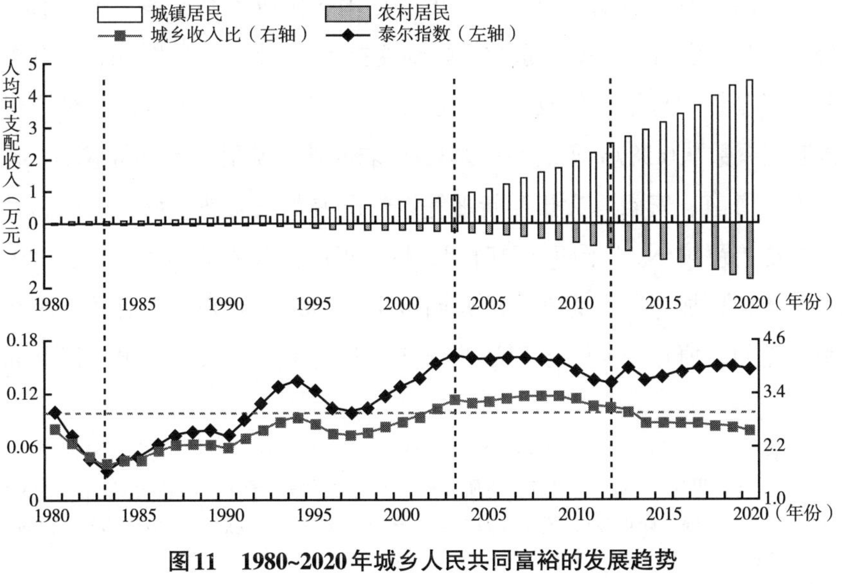

图11　1980~2020年城乡人民共同富裕的发展趋势

17132元，农村居民人均可支配收入增速始终高于城镇居民，城乡收入差距持续缩小。党的十八大以来，推动城乡发展一体化、建立健全城乡融合发展体制机制，2014年城乡收入比再次低于3，结束了持续12年的高差距格局。党的二十大报告提出“坚持城乡融合发展，畅通城乡要素流动”，强调在就业政策、社会保障、文化教育和民主法制等方面坚持统筹城乡发展，未来十年，城乡人民的共同富裕将取得更为明显的实质性进展。

5.不同收入群体共同富裕的发展趋势

图12基于五等份分组的基尼系数展示了中国不同收入群体共同富裕的变化趋势。[①] 21世纪以来，中国贫富差距整体呈现增速减缓的扩大趋势，部分年份贫富差距有所缩小，农村地区贫富差距明显大于城镇地区。2000~2020年，全国居民和农村居民收入的基尼系数超过理论最佳值1/3，农村地区贫富分化现象更为严重。“十五”时期，深化收入分配制度改革，调节过高收入，防止两极分化。全国居民收入基尼系数的年均增长率是2.52%，城镇地区增长幅度大而农村地区增长幅度小。“十一五”时期，加大收入分配调节力度，着力提高低收入者收入，逐步扩大中等收入群体，有效调节过高收入。全国居民收入基尼系数从0.3973下降至0.3921，下降0.52个百分点。“十二五”时期，加快完善再分配调节机制，减轻中低收入者税收负担，加大对高收入者的税收调节力度。全国居民收入基尼系数下降1.83个百分点，其中农村地区基尼系数下降幅度更大。“十三五”时期，健全再分配调节机制，明显增加低收入劳动者收入，扩大中等收入群体。全国居民收入基尼系数从0.3876增长至0.3943，但农村地区基尼系数有所减小。省际层面上，海南、安徽、贵州和新疆等地贫富差距较大而上海、山西和甘肃等地贫富差距较小。“十四五”时期，持续提高低收入群体收入，扩大中等收入群体，更加积极有为地促进共同富裕。2000年以来，为有效缩小贫富差距，党和政府作出了一系列战略部署：党的十六大报告提出“以共同富

① 基于五等份分组的基尼系数计算公式参见《基尼系数理论最佳值及其简易计算公式研究》（胡祖光，2004），另外，该研究还给出基尼系数的理论最佳值为1/3。原始数据来源于《中国统计年鉴》，统计数据方面，图12的雷达图中仅展示2020年部分省份的基尼系数。

裕为目标，扩大中等收入群体，提高低收入者收入水平”，这是“扩大中等收入群体”首次出现在党代会报告中；党的十七大报告提出，将“中等收入者占多数”作为实现全面建设小康社会奋斗目标的新要求，通过提高低收入者收入、调节过高收入，逐步扭转收入分配差距扩大趋势；党的十八大以来，陆续将“收入分配差距缩小，中等收入群体持续扩大”和“中等收入群体比例明显提高，城乡区域发展差距和居民生活水平差距显著缩小”作为奋斗目标；党的二十大报告提出，要构建初次分配、再分配、第三次分配协调配套的制度体系，增加低收入者收入，扩大中等收入群体，调节过高收入，不同收入群体的共同富裕将取得更为明显的实质性进展。

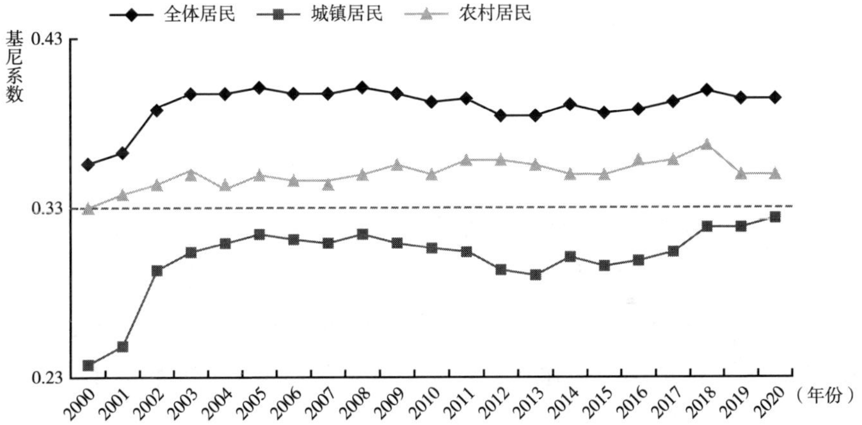

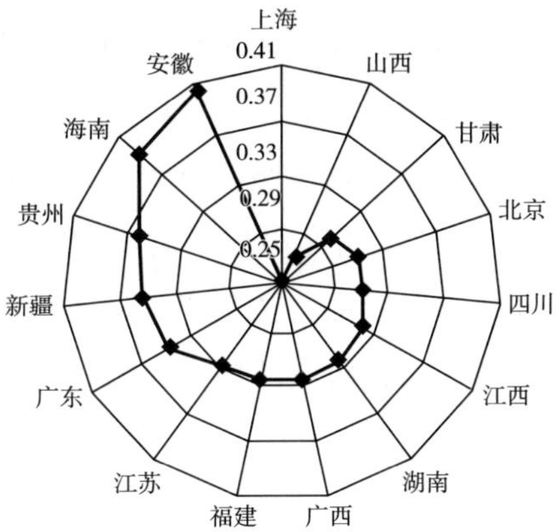

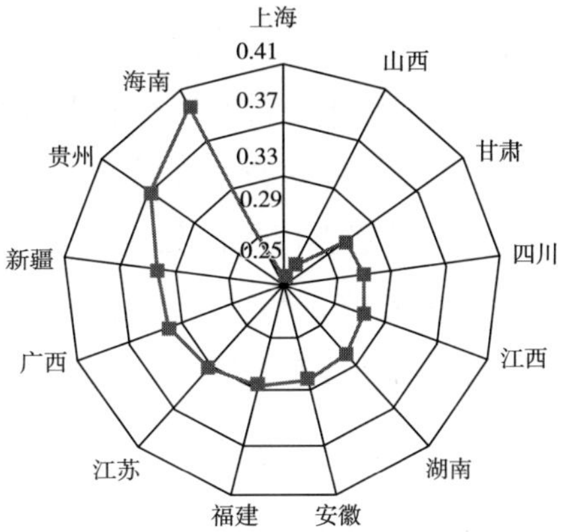

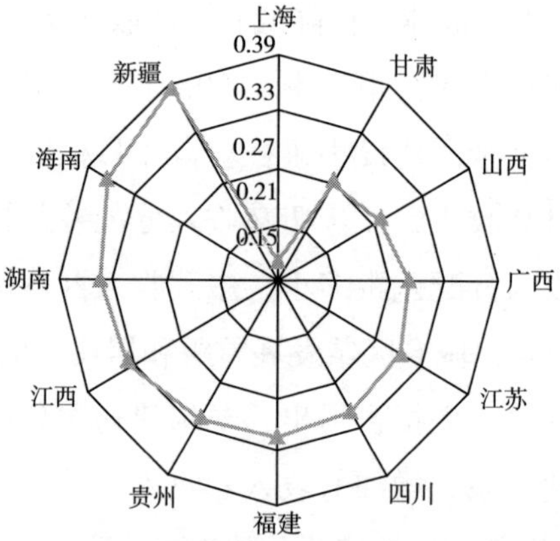

图12 2000~2020年不同收入群体共同富裕的发展趋势

（三）物质文明和精神文明相协调的现代化

中国式现代化是物质文明和精神文明相协调的现代化，物质贫困不是社会主义，精神贫乏也不是社会主义，只有物质富足和精神富有“双达标”，社会主义现代化才能持续推进。以资本逻辑为主导的西方现代化极力凸显物质财富的地位，忽视了人的精神层面的发展，因此，中国式现代化的本质要求之一就是实现人的全面发展（韩保江和李志斌，2022）。恩格尔系数下降、消费结构升级，预示着人们消费方式由“仓廪实、衣食足”的物质消费主导逐步转向“知礼节、知荣辱”的精神消费与物质消费并重；经济基础决定上层建筑，伴随社会生产力不断提高，物质基础逐渐丰实，人们在阅读、锻炼、休闲等方面的精神需求不断增加，文化产业和体育产业得到了前所未有的发展；慈善事业是社会文明进步的重要标志，慈善捐助作为第三次分配的主要形式，是人们通过自发自觉自愿参与的形式对社会资源和财富进行再次分配，是社会主义精神文明建设成果的重要体现（傅昌波和董培，2022）。基于此，本部分从消费结构、文化产业、体育产业和慈善捐助等四个维度对物质文明和精神文明相协调的现代化取得的重大成就进行量化分析。

1. 消费结构的变动趋势

图13分八大消费种类展示了中国居民消费结构的变动趋势。① 改革开放以来，城乡居民消费水平不断提升，恩格尔系数明显下降，居民消费结构逐步优化。城镇居民和农村居民人均消费支出分别从1992年的1672元和659元增长至2020年的27007元和13713元，年均增长率分别为10.45%和11.45%，居民消费意愿和能力持续提高。从消费构成来看，城乡居民的恩格尔系数分别从1992年的56.9%和61.8%下降至2020年的29.2%和32.7%，根据联合国划分的恩格尔系数等级标准，中国居民消费从改革开放之初的温饱或贫困水平提升至现今的富裕水平；1992~2020年，城镇居民人均衣着消费占比下降8.0个百分点，交通通信、医疗保健、教育文娱消费占比分别上涨10.2个百分点、5.6个百分点和0.8个百分点，农村居民人均衣着消费占比下降2.8个百分点，交通通信、医疗保健、教育文娱消费占比分别上涨11.6个百分点、6.7个百分点和2.9个百分点，城乡居民消费结构逐步由生存型消费向发展型、享受型消费转变，人们的精神消费需求不断增加；2013~2020年，城镇居民和农村居民人均服务性消费分别从7706元和2567元增加至12013元和5190元，占全部消费支出的比例分别增加2.8个百分点和3.5个百分点，2020年城乡居民人均服务性消费占比分别是44.5%和37.8%，中国居民消费逐步由实物型向服务型转变，多维度的服务性消费展现了人们对美好生活的追求。从时间维度来看，物质消费短缺和精神消费短缺的时代一去不复返。"六五"至"八五"时期，消费结构逐步改善，各项消费的内容日趋多样化，商品质量明显提高；"九五"时期，为适应城乡居民消费需求，开拓饮食服务业新领域，服务质量大幅提高；"十五"时期，在提高居民吃穿用等基本消费水平的基础上，重点改善居民居住和出行条件，刺激居民信息消费，鼓励居民服务性消费；"十一五"时期，培育消费热点，推进公众营养改善行动，继续提高电话、计算机等的普及率，促进文化、健身、旅游、休闲等服务性消费；党的十八大以来，不断扩大服务消费和培育新型消费，推动教育培训、医疗健康、养老托育、文旅体育等消费提质扩容，发展信息消费、数字消费和绿色消费，鼓励定制、体验、智能、时尚消费等新模式新业态发展。

① 根据《中国统计年鉴》，八大消费种类分别是食品烟酒、衣着、居住、生活用品及服务、交通通信、教育文娱、医疗保健、其他。

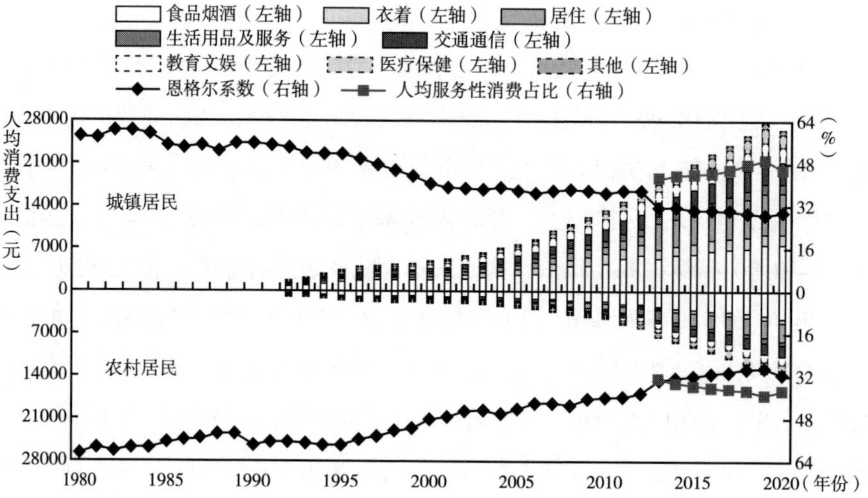

图13　1980~2020年消费结构的变动趋势

2. 文化产业的发展规模

图14以公共图书馆建成面积与馆藏量为例展示了中国文化产业的发展规模。[①] 改革开放以来，文化事业日益繁荣，文化产业快速发展，公共图书馆规模持续扩大。1993~2020年，公共图书馆覆盖率、万人公共图书馆面积、百人公共图书馆藏量分别从千万分之4.1、33.2平方米、27册增加到千万分之18.6、126.5平方米、84册，公共图书馆覆盖率相对人均GDP增速从1.69增长到2.91，意味着2020年人均GDP每增长1%，公共图书馆覆盖率就会增加2.91%，公共图书馆建成面积增加速度超过人均GDP增长速度；此外，百人公共图书馆藏量增加速度逐步接近人均GDP增长速度，万人公共图书馆面积增加速度约为人均GDP增长速度的一半。公共图书馆占地面积和馆藏量稳步增长且逐步与经济增长相适应，为居民阅读创造了良好的外部条件，逐步实现精神需求供给与物质需求供给相协调。在国家顶层设计上，始终坚持“社会效益放在首位、社会效益和经济效益相统一”，不断满足人民群众日益增长的精神文化需求，特别是党的十八大以来，将文化繁

① 图14中某指标增速与人均GDP相对增速比，分别将公共图书馆覆盖率、万人公共图书馆面积和百人公共图书馆藏量作为因变量，人均GDP作为自变量，利用双对数模型算出；原始数据来源于《中国统计年鉴》。

荣拓展到乡村振兴、生态保护和国际交流等多个领域，不断促进满足人民文化需求和增强人民精神力量相统一。文化发展与精神延续一脉相承（商志晓，2022），党的十八大以来，在党的领导下孕育出了一系列中国精神：以“和平合作、开放包容、互学互鉴、互利共赢”为核心的丝路精神，以“自主创新、开放融合、万众一心、追求卓越”为核心的新时代北斗精神，以“追逐梦想、勇于探索、协同攻坚、合作共赢”为核心的探月精神，以“增强爱国情怀、勇于创新、诚信守法、承担社会责任、拓展国际视野”为核心的企业家精神，以“生命至上、举国同心、舍生忘死、尊重科学、命运与共”为核心的抗疫精神，以“上下同心、尽锐出战、精准务实、开拓创新、攻坚克难、不负人民”为核心的脱贫攻坚精神，等等。党的二十大报告指出，未来五年，人民精神文化生活将更加丰富，中华民族凝聚力和中华文化影响力将不断增强，2035年国家文化软实力将显著增强。

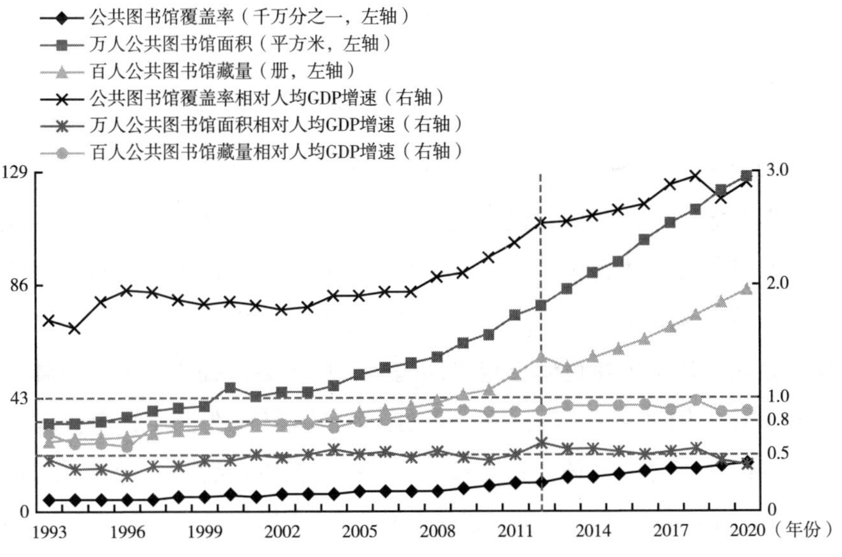

图14　1993~2020年文化产业的发展规模

3.体育产业的发展规模

图15从实物与产值两个方面展示了中国体育产业的发展规模。[①] 21

① 原始数据来源于《中国统计年鉴》和《全国体育场地统计调查数据》。

世纪以来，体育产业蓬勃发展，产业规模实现新突破。体育场地数量和人均体育场地面积分别从2003年的85.01万个和1.03平方米增长至2021年的397.14万个和2.41平方米，年均增长率分别是8.94%和4.84%，体育产业增加值从2006年的983亿元增长至2021年的12245亿元，年均增长率为18.31%。从时间维度来看，2001年北京申奥成功，中国体育迎来前所未有的发展机遇。次年，中共中央、国务院印发《关于进一步加强和改进新时期体育工作的意见》，对新时期体育工作作出战略部署。“十五”时期是中国体育服务业发展的启蒙阶段，“十五”计划纲要提出，要发展面向生活消费的服务业、发展体育产业，体育服务业由此诞生。“十一五”时期，以举办和参加2008年北京奥运会为契机，初步建成具有中国特色的全民健身体系，推动实施农民体育健身工程，加强城乡基层和各类学校体育设施建设，保护发展民族民间体育，鼓励社会力量兴办体育事业和投资体育产业，中国特色体育的大发展由此起步。党的十八大以来，中国体育服务业飞速发展。2015~2021年，体育服务业增加值从2704亿元增长至8576亿元，年均增长率为21.22%，超过该时期体育产业增加值的年均增速14.29%，2021年体育服务业增加值占体育产业增加值的比重为70.04%，高出2015年所占比重20.83个百分点。“十二五”时期，国家大力发展公共体育事业，加强公共体育设施建设，发展健身休闲体育，开发体育竞赛和表演市场，优化体育用品、体育中介和场馆运营等服务，促进体育事业和体育产业协调发展。“十三五”时期，将体育文化融入“一带一路”国际高峰论坛，让中国特色体育走出国门、面向世界；提高贫困地区体育服务水平，让贫困地区县级公共体育设施达到国家标准；实施全民健身战略，加强群众健身活动场地和设施建设，推行公共体育设施免费或低收费开放。“十四五”时期，加快建设体育强国，增加体育资源供给，发展健身休闲、户外运动等体育产业，因地制宜发展体育公园，促进体育服务业向高品质和多样化升级。党的二十大报告指出，2035年中国将建成体育强国。

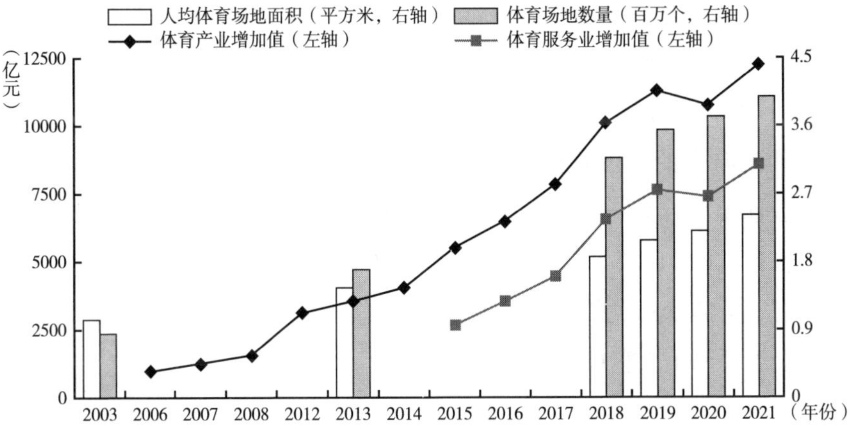

图15　2003~2021年体育产业的发展规模

4. *慈善捐助的发展规模*

图16分捐赠领域展示了中国慈善捐助的发展规模。① 党的十七大以来，慈善事业发展迅速，慈善捐助规模持续扩大。2011~2020年，捐赠总额从845.01亿元增长到2086.13亿元，占全国GDP的比重从0.17%增长至0.21%。从时间维度来看，“十二五”时期，捐赠总额年均增长率为7.02%，国家加快推动慈善事业发展，促进公益慈善类社会组织发展，增强全社会慈善意识，2014年全国慈善捐助总额突破千亿元大关；“十三五”时期，捐赠总额年均增长率超过10%，国家大力支持慈善事业发展，完善与老龄化相适应的福利慈善体系，2020年全国慈善捐助总额再上新台阶，超过2000亿元；“十四五”时期，国家通过多项措施从多个方面促进慈善事业发展，鼓励民营企业积极参与慈善事业，规范发展网络慈善平台，培育规范化公益慈善组织。从捐赠领域来看，2015~2020年，教育、医疗健康、扶贫与发展3个领域的捐赠占比从66%上升到74%，教育、医疗健康领域的捐赠占比相对较高。其中，教育领域的捐赠从346.87亿元增长到450.29亿元，所占比重基本维持在22%~31%，多数捐赠流向高等院校，反映了社会层面对教育事业特别是高等教育的重视；医疗健康领域的捐赠从268.72亿元增长到710.36亿元，2020年所占比重超过1/3，是社会层面对抗击疫情行动的支持，是“举国同心”抗

① 根据《中国慈善捐赠报告》，捐赠领域主要分为教育、医疗健康、扶贫与发展以及其他领域。

疫精神的重要体现；扶贫与发展领域的捐赠从124.16亿元增长到385.58亿元，2016~2020年所占比重在20%左右，体现了“脱贫攻坚不是哪一个人的责任，而是全国人民的共同责任”，是“上下同心”脱贫攻坚精神的重要表现。党和政府高度重视慈善事业发展，党的十七大报告强调，要以慈善事业、商业保险为补充，加快完善社会保障体系，“慈善事业”被首次写入党代会报告；党的十八大以来，完成了从“支持发展慈善事业”到“完善慈善事业制度”的转变；党的二十大报告强调，要引导、支持有意愿有能力的企业、社会组织和个人积极参与公益慈善事业。

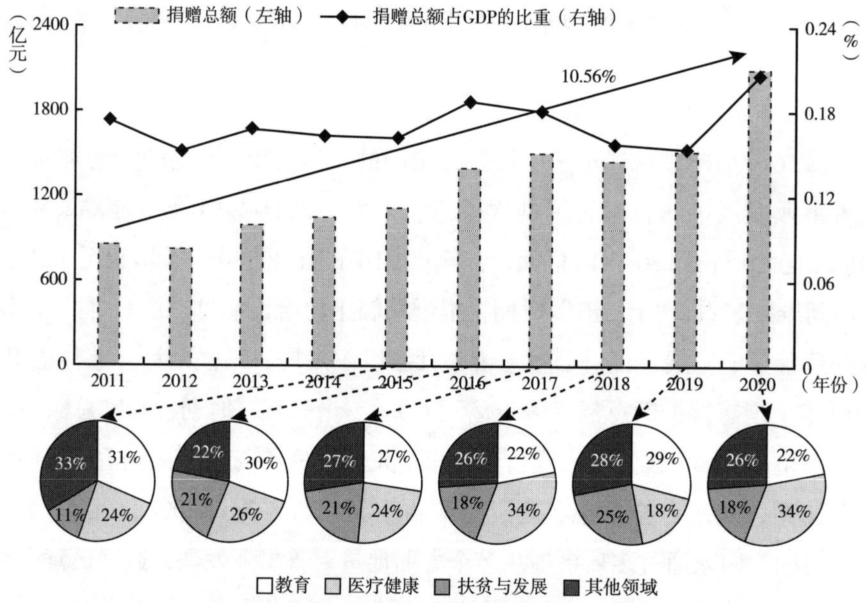

图16　2011~2020年慈善捐助的发展规模

（四）人与自然和谐共生的现代化

中国式现代化是人与自然和谐共生的现代化，人与自然是生命共同体，无止境地向自然索取甚至破坏自然必会遭到大自然的报复，因此必须坚持可持续发展，坚定不移地走生产发展、生活富裕、生态良好的文明发展道路。基于马克思主义系统观，将人与自然视作一个整体系统，人与自然和谐共生就是要实现人与自然整个系统的不偏不倚的相对平衡，避免出现

“守着资源不开发”的生态中心主义和“过度向自然索取”的人类中心主义。“能源—经济—环境”系统以经济增长为目标、环境改善为约束、能源消费为动力，表现为三者整体发展水平的动态变化（刘华军等，2022）；城市扩张导致耕地减少直接影响粮食生产，城镇化、耕地保护和粮食生产看似一个对立的过程，而“双重土地浪费”现象[①]使“城镇化—耕地—粮食”系统能够呈现良性循环（Wang等，2021）；水资源、能源、粮食是人类生存发展的基础性、战略性资源，人均拥有耕地、水资源和能源相对不足是中国的基本国情，故“水资源—能源—粮食”系统相协调对经济社会持续健康发展起着至关重要的作用。基于此，本部分从“能源—经济—环境”系统、“城镇化—耕地—粮食”系统和“水资源—能源—粮食”系统三个维度对人与自然和谐共生现代化取得的重大成就进行量化分析。

1.“能源—经济—环境”系统的协调发展

图17采用SBM模型和耦合协调度模型展示了中国“能源—经济—环境”系统的协调发展趋势。[②] 1998~2020年“能源—经济—环境”系统的生产效率水平与耦合协调系数分别从57.94%和48.06增长至70.62%和66.37，整个系统的协调性持续向好发展。从时间维度来看，“九五”时期，能源对经济增长的支撑作用进一步加强，能源开发与环境治理同步进行，虽然整个系统的生产效率水平有所下降，但能源、经济、环境三者的耦合协调性逐步增强；“十五”时期，优化能源结构，实行清洁生产，加强环境保护与大气污染防治，整个系统的生产效率水平基本维持在54%、耦合协调系数增长

① Wang等（2021）对“双重土地浪费”现象的解释为：一定程度上，流入城市的农村人口在城市缺乏社会保障体系，意味着这部分农村人口无法获得同城市人口一样的幸福感，甚至因城市生活压力过大而低于原本在农村生活的幸福感，为此他们更愿意将在城市挣到的钱在农村地区建造新房子，即这部分人口不愿意放弃农村宅基地。

② SBM模型计算过程可参考刘华军等（2022），投入变量为能源消费总量，期望产出为人均GDP，非期望产出为二氧化碳排放量与PM2.5浓度。三变量耦合协调度模型与双变量类似，这里不再赘述；人均GDP（正向指标）为经济子系统的代理变量，能源消费总量（正向指标）为能源子系统的代理变量，二氧化碳排放量与PM2.5浓度加权求和（逆向指标）为环境子系统的代理变量；对三个子系统的代理变量按正向指标与逆向指标两种方法作线性化处理，处理后数值介于1~100。原始数据来源于《中国统计年鉴》，统计数据方面，样本数据仅涵盖大陆30个省份（不包含西藏）。

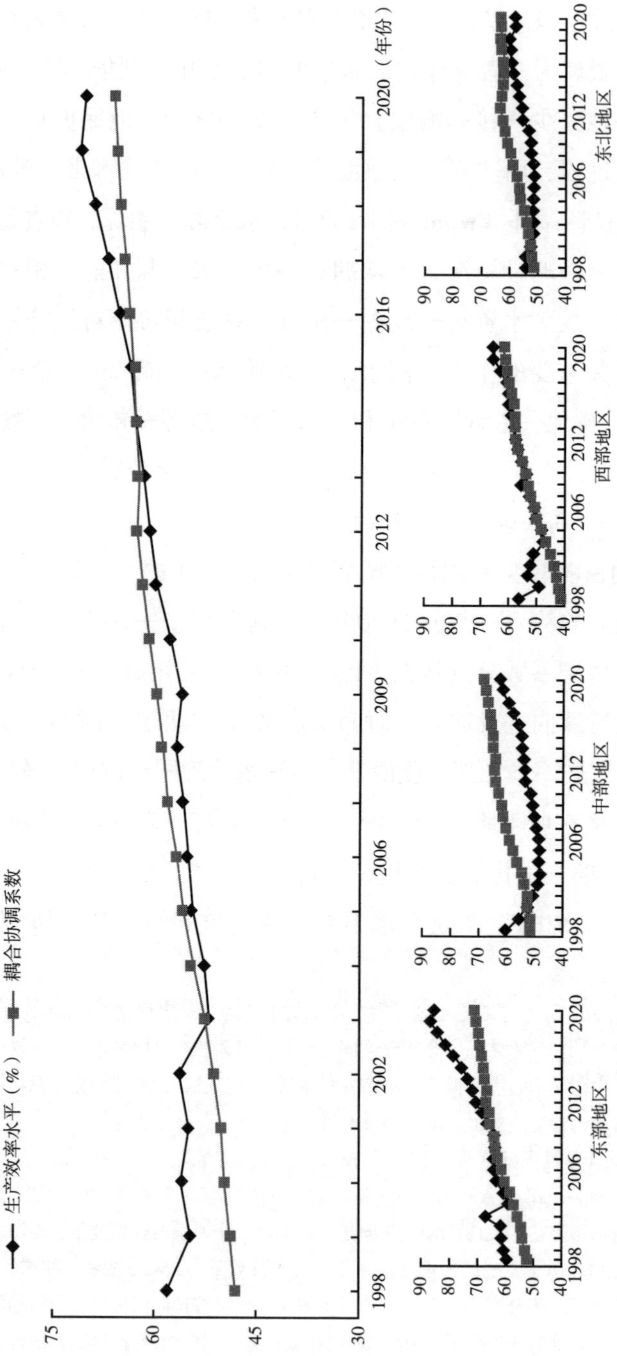

图 17　1998~2020 年“能源—经济—环境”系统的协调发展

11.13%；“十一五”时期，杜绝破坏资源和环境的煤矿开采活动，大力发展循环经济，加大环境保护力度，控制温室气体排放，强化能源高效利用的政策导向，整个系统的生产效率水平与耦合协调系数大幅提升，年均增长率分别为1.12%和1.79%；“十二五”时期，以提高资源产出效率为目标推动循环经济发展，在保证能源供给的前提下推进能源多元清洁发展，同时强化污染物减排和治理，整个系统的生产效率水平上升到63.66%、耦合协调系数增长至63.25；“十三五”时期，深入推进能源革命，以提高能源利用效率为目标推动能源生产利用方式变革，以实现环境质量总体改善为目标实行最严格的环境保护制度，并有效控制温室气体排放，能源、经济、环境三者的协调性愈发明显。党的十八大以来，逐步实现由“推动能源生产和消费革命”到“深入推进能源革命”的转变，由“打赢蓝天保卫战”到“持续深入打好蓝天、碧水、净土保卫战”的转变，由“建立健全绿色低碳循环发展的经济体系”到“协同推进降碳、减污、扩绿、增长”的转变。党的二十大报告指出，到2035年，中国将广泛形成绿色生产生活方式，碳排放达峰后稳中有降。在空间维度上，东部地区的整个系统协调性增长幅度较大而东北地区增长幅度较小，整体表现出东部地区的整个系统协调性较强而西部和东北地区的整个系统协调性较弱，虽然四大板块的整个系统协调性在发展水平和发展趋势上存在差距，但总体而言，四大板块的整个系统协调性基本相差不大，不同板块的“能源—经济—环境”系统协调性正朝着高水平收敛方向发展。

2.“城镇化—耕地—粮食”系统的协调发展

图18采用耦合协调度模型展示了中国“城镇化—耕地—粮食”系统的协调发展趋势。[①] 1982~2020年，“城镇化—耕地—粮食”系统的耦合协调系数从71.57增长至82.97，增长15.93%，整个系统的协调性持续向好发展。在时间维度上，1982~1990年整个系统的耦合协调系数年均增长1.13%，国

① 城镇化子系统的代理变量为城镇化水平（正向指标），用城镇人口占总人口的比重衡量；耕地子系统的代理变量为耕地集约利用水平（正向指标），由农业机械强度、耕地利用强度、化肥使用强度和有效灌溉面积加权得到（侯孟阳等，2022）；粮食子系统的代理变量为人均粮食产量（正向指标）。原始数据来源于《中国统计年鉴》，三个子系统的代理变量均作线性化处理，统计数据方面，样本数据仅涵盖大陆31个省份。

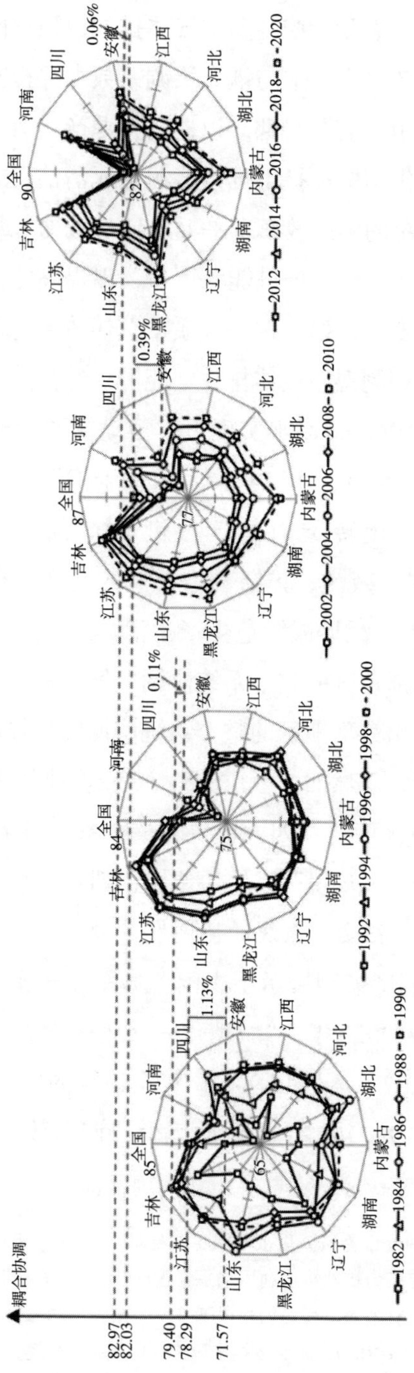

图18　1982~2020年“城镇化—耕地—粮食”系统的协调发展

家顶层设计中虽然未明确提出城镇化概念，但相关政策都以城镇化与耕地保护协调发展为出发点。该时期贯彻“控制大城市规模，合理发展中等城市，积极发展小城市”的建设方针，在特大城市和部分有条件的大城市开展卫星城镇建设，严格控制农村住房占用耕地。1992~2000年整个系统的耦合协调系数年均增长0.11%，国家顶层设计中首次提出城市化，① 并强调加大耕地保护力度。该时期推动城市化与国民经济发展相协调，依法保护耕地，严格控制非农业建设占用耕地，大力开垦宜农荒地、复垦工矿废弃地，保持粮食播种面积长期稳定。2002~2010年整个系统的耦合协调系数年均增长0.39%，国家顶层设计提出，在保护耕地的前提下妥善解决城镇建设用地，积极稳妥推进城镇化。该时期逐步形成永久耕地和生态功能区相间隔、高效协调可持续的城镇化空间格局，坚持保护耕地的基本国策，执行最严格的耕地保护制度，确保基本农田总量不少、质量不降。2012~2020年整个系统的耦合协调系数年均增长0.06%，党的十八大以来，城镇化与耕地的协调性不断增强，新型城镇化全面推进，耕地保护制度不断完善。该时期严格控制各类建设占用耕地，划定永久基本农田，全面推进建设占用耕地耕作层剥离再利用，开展耕地质量保护与提升行动。党的二十大报告指出，在牢牢守住十八亿亩耕地红线的基础上，加快推进新型城镇化建设。从空间维度来看，13个粮食主产区的整个系统协调性大多高于全国平均水平，1982~2020年河南、河北和安徽等地的整个系统协调性增长幅度较大而江西、吉林和辽宁等地增长幅度较小，在整个系统的协调程度上，黑龙江、吉林和江苏等地水平较高而安徽、四川和河南等地水平较低，总体表现出低水平增速快而高水平增速慢的收敛态势。党的十八大以来，国家高度重视粮食主产区的城镇化与耕地协调发展，通过以县城为载体推进城镇建设、加大中央财政转移支付力度等措施促进“城镇化—耕地—粮食”系统协调发展。

3.“水资源—能源—粮食”系统的协调发展

图19采用耦合协调度模型展示了中国“水资源—能源—粮食”系统的

① 《中华人民共和国国民经济和社会发展第八个五年计划纲要》指出，“有计划地推进我国城市化进程”。本文对城市化与城镇化的概念不做区分，原因详见丁守海（2014）。

协调发展趋势。[①] 2002~2020年，“水资源—能源—粮食”系统的耦合协调系数从70.54增长至78.12，增长10.75%，整个系统的协调性不断向好发展。从时间维度来看，2002~2012年是水资源综合利用阶段，整个系统的耦合协调系数年均增长0.97%。“十五”时期，以提高用水效率为核心，加强江河全流域水资源合理配置，调整工业布局与水资源分布相协调，减少农业灌溉用水损失；“十一五”时期，加强水资源统一管理，统筹生活、生产、生态用水，从注重水资源开发利用向水资源节约、保护和优化配置转变，基本实现灌溉用水总量零增长，单位工业增加值用水量降低30%。2013~2020年是水资源综合保护阶段，整个系统的耦合协调系数年均增长0.19%。“十二五”时期，加强水资源保护与用水总量控制，在保障灌溉面积和灌溉保证率的前提下建立健全工农业用水水权转换机制，提高工业用水效率；“十三五”时期，推进水资源科学开发、合理调配与高效利用，实施能源和水资源消耗双控行动，推进农业综合水价改革；“十四五”时期，完善水资源配置体系，建立水资源刚性约束制度，强化农业节水增效和工业节水减排。党和政府高度重视“水资源—能源—粮食”系统协调发展，党的十八大以来，同步完善最严格的耕地保护、水资源管理和环境保护制度，多次强调“绿水青山就是金山银山”的发展理念，党的二十大报告同时涉及水资源安全、能源安全和粮食安全，同步推进“三水”统筹治理、能源消耗总量和强度双调控以及健全耕地休耕轮作制度。从空间维度来看，受地形地貌、资源禀赋和气候条件等因素影响，四大板块的“水资源—能源—粮食”系统协调性存在较大差别。东北、中部和西部地区分别是中国粮食、水资源和能源的主要基地，2002~2020年三大板块的整个系统协调性明显高于全国平均水平，2020年耦合协调系数都超过80；东部地区的整个系统协调性相对较低，但2002年以来呈现增长趋势，年均增长率为0.51%。总体而言，四大板块的整个系统协调性都呈向好发展趋势。

① 水资源子系统的代理变量为水资源开发利用率（逆向指标），用供水量占水资源总量的比重衡量；能源子系统的代理变量为能源消费总量（正向指标）；粮食子系统的代理变量为人均粮食产量（正向指标）。原始数据来源于《中国统计年鉴》，三个子系统的代理变量均作线性化处理，统计数据方面，样本数据仅涵盖大陆30个省份（不包含西藏）。

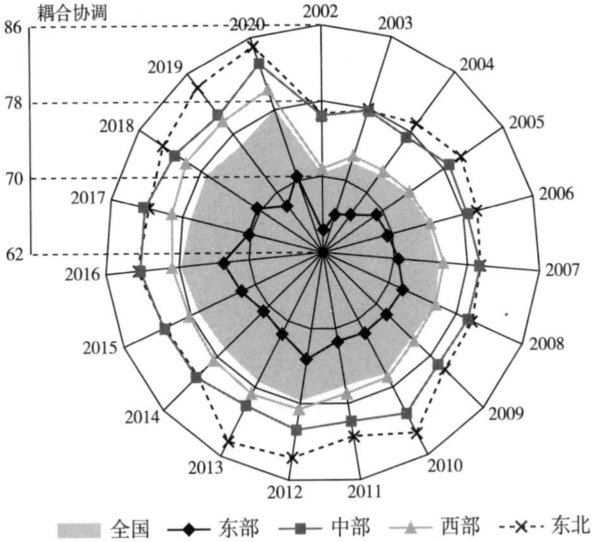

图19　2002~2020年“水资源—能源—粮食”系统的协调发展

（五）走和平发展道路的现代化

中国式现代化是走和平发展道路的现代化，中国坚定站在历史正确的一边、站在人类文明进步的一边，高举和平、发展、合作、共赢旗帜，在坚定维护世界和平与发展中谋求自身发展，又以自身发展更好维护世界和平与发展。国际贸易是各国参与国际分工的重要形式，通过对外开放和加入世界贸易组织，中国在实现对外贸易和经济增长的同时，成为全球贸易和经济增长的引擎，为世界发展与繁荣做出突出贡献；对外援助是天下大同理念的具体表现，中国始终秉持国际主义精神和人道主义精神，以实际行动支持其他发展中国家谋求发展和改善民生；促和平、求稳定、谋发展是世界人民的共同愿望，中国始终奉行防御性国防政策，在坚决捍卫国家主权、安全和发展利益的前提下，坚持走“不称霸、不扩张”的和平之路；参加联合国维和行动与国际救援行动是每个国家应有的责任与担当，以美国为代表的霸权主义国家为维护和谋求国际霸权地位不惜挑起国际争端，反观中国，积极承担世界维和与国际救援行动，始终践行“以自身发展更好维护世界和平与发展”；中国始终致力于推动构建人类命运共同体，坚持共商共建共享的基本原则，以负责任的大国姿态积极参与全球治理。基于此，本部分从对外贸易的发展规模、对外援助的发展规模、国防军队的建设规模、世界维和与国际救援的中国行动、全球治理中的中国作为五个维度对走和平发展道路现代化取得的重大成就进行量化分析。

1.对外贸易的发展规模

图20从货物贸易与服务贸易两个方面展示了中国对外贸易的发展规模。① 新中国成立特别是改革开放以来，对外贸易规模与质量不断扩大与提高，国际经贸合作持续推进。新中国成立之初，国家实施国营贸易和外汇管理的内向型贸易政策。1952~1978年货物贸易进出口总额从64.6亿元增长至355.0亿元，对外贸易依存度仅为8%左右。虽然内向型贸易保护政策未能使国内企业充分利用国际资源，但贸易进出口总额也实现了年均6.77%的增长。“一五”时期，对外贸易保证了国内建设对设备和器材的需要；截至1978年底，中国与超过110个国家建立外交关系、与超过160个国家和地区有经贸往来。党的十一届三中全会后，中国对外贸易格局不断打开、贸易结构逐步优化。1979~2000年货物贸易进出口总额年均增长率超过20%，对外贸易依存度从11.09%升至39.64%，服务贸易进出口总额从1982年的86.9亿元增长至2000年的5894.7亿元，年均增长率达到26.40%。加入世界贸易组织后，中国逐步由“全方位、多层次、宽领域”的对外开放向“更大范围、更广领域、更高层次”的国际经济合作转变，货物和服务贸易总额从2001年的4.9万亿元增加到2012年的27.5万亿元，2006年对外贸易依存度达到有史以来巅峰64.36%。中国坚持互利共赢的发展理念，实施以质取胜、市场多元化和科技兴贸战略，努力扩大货物和服务出口，同时实施“走出去”战略，拓展国际经济合作的领域、途径和方式，支持有条件企业对外直接投资和跨国经营。党的十八大以来，面对逆全球化、区域化和单边主义，中国积极维护多边贸易体制，推进贸易投资自由化便利化、贸易投资规则接轨和制度性开放，同时广泛开展区域经贸合作，推动共建“一带一路”高质量发展，倡议构建人类命运共同体。2013~2020年，货物贸易进出口总额从25.8万亿元增加到32.2万亿元，与“一带一路”沿线国家的贸易

① 原始数据来源于《中国统计年鉴》。

占比从25.0%上升至29.1%。2021年，中国货物和服务贸易总额达到39.1万亿元，继续保持世界第一贸易大国的位置。党的二十大报告指出，中国坚定不移推进高水平对外开放，积极参与全球经济治理。2021年、2022年、2023年相继提出全球发展倡议、全球安全倡议和全球文明倡议，从经贸、安全和文化等多个维度倡议和引领世界和平发展。

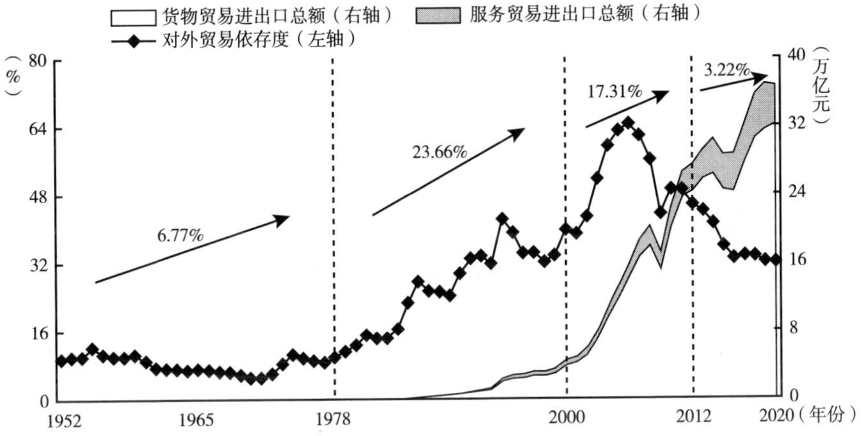

图20　1952~2020年对外贸易的发展规模

2. 对外援助的发展规模

图21通过对外援助支出展示了中国对外援助的发展规模。[①] 新中国成立以来，中国对低收入发展中国家的援助规模持续扩大、援助政策不断完善、援助方式日趋多样化。1950年是新中国成立的第二年，中国在自身财力和物质条件等方面都十分匮乏的情况下，毅然决然地作出向朝鲜和越南无私提供物资援助的重要决定，这是新中国首次以无私援助的形象登上世界舞台，中国对外援助由此拉开序幕。1993~2020年中国对外援助支出从18.5亿元增长至203.1亿元，年均增速接近10%，在此期间，对外援助资金占GDP和一般公共预算支出的比重分别从0.52‰和3.50‰下降到0.20‰和0.83‰，但对外援助方式实现了从单一化向多样化的转变。截至2021年，中国对外援助主要方式包括援建成套项目、提供一般物资、开展技术合作、开展人力资源开

① 原始数据来源于《中国统计年鉴》。

发合作、南南合作援助基金、派遣援外医疗队、派遣志愿者、提供紧急人道主义援助和减免有关国家债务等9种。“中国应当对于人类有较大的贡献”，中国共产党不仅为中华民族谋复兴，还为世界人民谋发展。“一切爱好和平、要求民族独立和争取社会进步的力量都会得到我们的同情和支持”，这是新中国成立后中国共产党首次以党代会的形式向世界人民作出的庄严承诺；党的十二大再次表明中国对外援助的决心，“我们一贯尽力援助与我们共命运、同呼吸的第三世界国家”，“无论是进行互利合作还是提供援助，我们都严格尊重对方的主权，从不附带任何条件，不要求任何特权”；党的十五大报告强调，中国要积极参与多边外交活动，充分发挥在联合国以及其他国际组织中的作用，一如既往地同广大发展中国家在各个方面相互支持；党的十七大首次将“缩小南北差距”写入党代会报告，中国在实现本国发展的同时兼顾对方特别是发展中国家的正当关切，支持国际社会帮助发展中国家增强自主发展能力、改善民生；党的十八大以来，中国通过努力实现“五通”打造国际合作新平台，通过加大对发展中国家特别是最不发达国家的援助力度促进缩小南北发展差距，通过倡导国际关系民主化支持提升发展中国家在国际事务中的代表性和发言权；党的二十大报告指出，中国愿加大对全球发展合作的资源投入，坚定支持和帮助广大发展中国家加快发展。

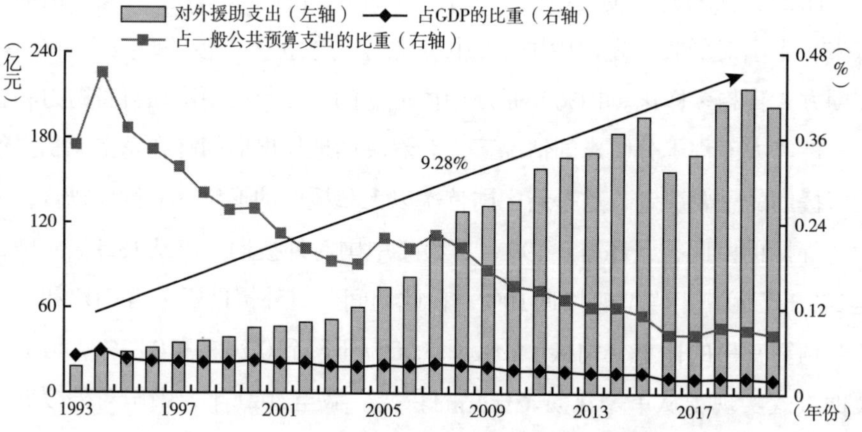

图21 1993~2020年对外援助的发展规模

3. 国防军队的建设规模

图22从军队人数和国防支出两个方面展示了中国国防军队的建设规模。[①] 新中国成立以来，中国坚持裁军与强军相统一、国防建设与经济建设相协调，国防和军队现代化水平显著提升。从中国经历的对外战争来看，中国始终奉行防御性国防政策，坚决捍卫国家主权和领土完整，坚定维护世界和平。1950~1953年，中国人民志愿军参加抗美援朝战争并取得胜利，为人类和平与正义事业做出了重要贡献；1962年，中国在中印边境自卫反击战中取得胜利后主动撤军，以实际行动表明中国坚持以和平谈判解决边界问题的坚定立场；1969年珍宝岛自卫反击战，1974年西沙群岛自卫反击战，1979年对越自卫反击战，中国人民解放军都取得了伟大胜利，保卫了国家领土，捍卫了民族尊严。从中国国防军队建设的演变过程来看，国防支出从1952年的57.8亿元增加到2020年的12918.8亿元，年均增长率为8.28%，现役军人数量从1964年的547万人缩减到2020年的200万人，裁减人数超过300万人。“一五”至“二五”期间，坚持以工业化促进国防建设的总体方针，使工业分布适合于巩固国防的条件。1964年《政府工作报告》首次提出国防现代化，并将国防现代化作为建设社会主义强国的四个重要方面之一。“六五”至“七五”期间，加强国防工业、国防科研和军事工程建设，研发新型常规武器和战略武器，提高军队装备的现代化水平，同时适当控制国防费增长；自上而下地组织实施百万大裁军，现役军人数量从424万人缩减至320万人，中国作为世界上为数不多的践行裁军的国家，为世界和平发展作出了重要贡献。“八五”至“九五”期间，坚持中国特色精兵之路，现役军人数量缩减至250万人，军队人员素质不断提高；国家高度重视国防科技研究，积极调整国防科技力量，把武器装备的发展放在依靠自己力量的基点上。“十五”至“十一五”期间，全面加强军队建设，贯彻积极防御的军事战略方针，实施科技强军战略，加快军队向质量效能型和科技密集型转变；优化国防科技工业，发展高新技术武器装备，加快国防科技工业转型升级，推进数字化军工建设。党的十八大以来，坚持走中国

① 原始数据来源于《中国统计年鉴》。

特色强军之路，建设强大的现代化陆军、海军、空军、火箭军和战略支援部队，构建中国特色现代作战体系，全面推进国防和军队现代化。党的二十大报告指出，2035年中国将基本实现国防和军队现代化，国家安全体系和能力全面提升。

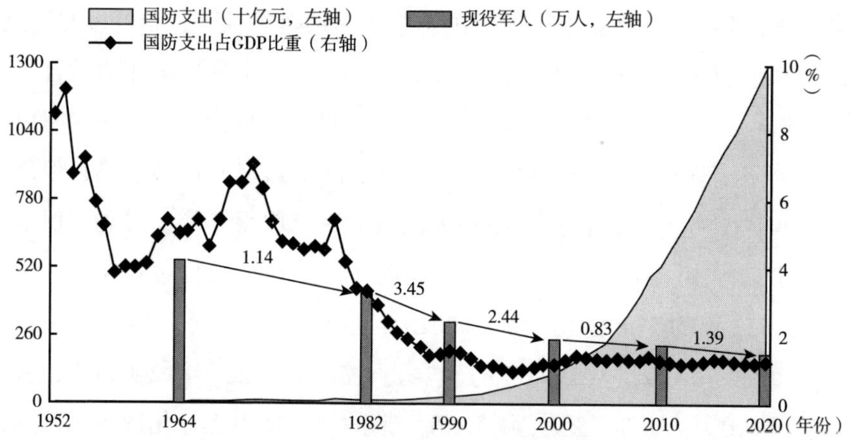

图22　1952~2020年国防军队的建设规模

4.世界维和与国际救援的中国行动

图23展示了世界维和与国际救援的中国行动。[①] 自1971年中国恢复联合国合法席位以来，世界维和与国际救援行动中的中国身影不断增加，中国行动由“逐步融入”转变为“走向引领”。1990年首次参加联合国维和行动“联合国停战监督组织”，2001年成立中国国际救援队并于2003年5月首次开展“阿尔及利亚地震”救援行动，1990~2023年中国参与世界维和与国际救援行动40余次，中国军队的派出速度、搜救能力等方面不断得到世界认可并逐步走向世界领先，“中国质量”“中国速度”“中国标准”等一系列中国品牌在世界闪亮；截至2017年9月，中国在联合国已经注册8000人规模维和待命部队，2020~2022年中国派遣的军事人员和警察数量占120个左

① 中国参与世界维和与国际救援情况来源于《中国军队参加联合国维和行动30年》白皮书和中国应急信息网（https：//www.emerinfo.cn）。

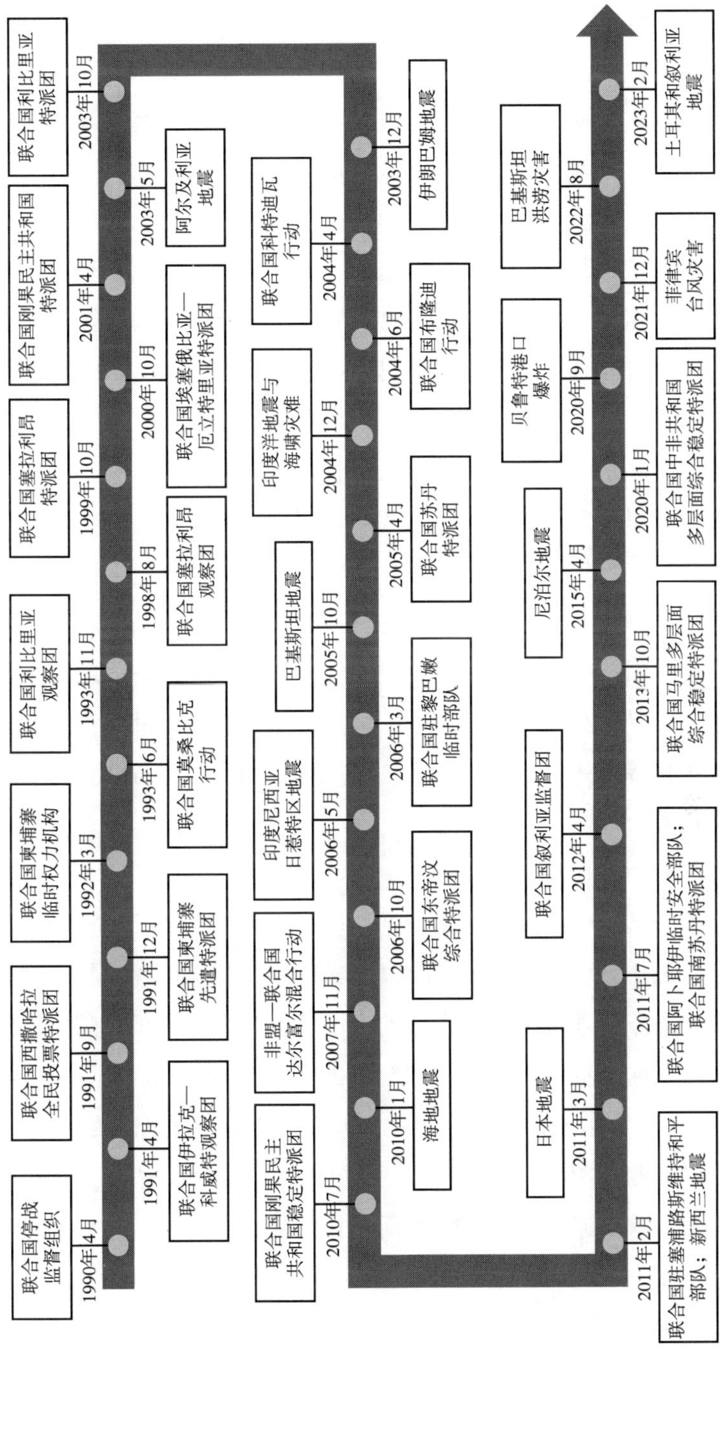

图23　1990~2023年世界维和与国际救援的中国行动

右派遣国的3%，位居前十；[①] 党的二十大报告指出，中国将在未来的全球治理中发挥更大作用。中华民族复兴不会走西方资本主义国家的战争、殖民、掠夺等老路，中国共产党带领中国人民坚持走和平发展之路。“中国的前途同世界的前途是息息相关的，我们是国际主义者，深深懂得中国民族利益的充分实现不能离开全人类的总体利益”是党的十二大作出的科学论断。党的十四大向世界表明“中国是维护世界和平的坚定力量，中国永远不称霸、永远不扩张”。党的十五大强调“我们不把自己的社会制度和意识形态强加于人，也决不允许别国把他们的社会制度和意识形态强加于我们”。党的十六大提出的“我们愿同各国人民共同推进世界和平与发展的崇高事业”，更加彰显中国积极推动世界和平发展的决心。党的十七大提出中国发展与世界发展是一个整体，“既要通过维护世界和平发展自己，又要通过自身发展维护世界和平”。“弱肉强食不是人类共存之道，穷兵黩武无法带来美好世界”。党的十八大以来，中国全面推进中国特色大国外交。“中国特色大国外交理念”于2016年首次被写入政府工作报告，党的十九大提出“全面推进中国特色大国外交”，指出“中国特色大国外交要推动构建新型国际关系，推动构建人类命运共同体”。党的二十大向世界宣告，“中国始终坚持维护世界和平、促进共同发展的外交政策宗旨，致力于推动构建人类命运共同体”。

5.全球治理中的中国作为

图24从深度参与、体系构建和大国担当三个方面展示了全球治理中的中国作为。党的十八大以来，中国致力推动构建人类命运共同体，坚持共商共建共享的全球治理观，以负责任的大国姿态为全球治理贡献中国智慧。①深度参与。全球经贸合作方面，截至2022年，中国与26个国家和地区签署19个自贸协定，自贸伙伴覆盖亚洲、大洋洲、拉丁美洲、欧洲和非洲；与相关国家共同推动RCEP签署，成为亚太区域一体化的里程碑事件；申请加入CPTPP，以更加主动姿态融入新一代国际经贸规则；主办G20峰会，同世界各国一道完善全球经济治理，提出《G20全球投资政策指导原则》。

① 中国军事人员和警察派遣数据来源于联合国维持和平官网（https：//peacekeeping.un.org/zh）。

全球金融治理方面，中国倡议筹建亚投行、金砖银行、上合组织银行和丝路基金；中国倡导国际货币基金组织（IMF）改革，积极推动IMF增加新兴市场和发展中国家代表性；中国人民银行与40个国家和地区签署双边本币互换协议。全球数字贸易方面，2015年中国成为全球最大“企业对消费者电子商务”市场；2016年中国启动跨境电商综合试验区建设；2018年以来，中国与其他国家签署一系列双边或多边数字贸易协定；2021年中国申请加入DEPA，积极参与全球数字经贸规则制定。②体系构建。“一带一路”倡议方面，2013年，习近平总书记提出“丝绸之路经济带”和“21世纪海上丝绸之路”重大倡议；截至2022年，中国与沿线149个国家、32个国际组织签署200多份共建“一带一路”合作文件，与沿线各国齐心协力推动务实合作，在构建互联互通网络、深化经贸合作、加强资金融通等方面取得显著成就，“一带一路”成为构建人类命运共同体的重要平台。气候和能源合作方面，签署《中美气候变化联合声明》，双方共同推动可再生能源技术发展；签署《中非应对气候变化合作宣言》，中国支持非洲国家更好利用太阳能、水电和风能等可再生能源；牵头连续举办三届全球能源互联网峰会，引领与各国能源部门的新能源合作；举办东亚峰会新能源论坛，持续推动新能源国际合作。③大国担当。应对全球气候变化方面，出台《国家应对气候变化规划（2014—2020年）》，率先做出“双碳”减排承诺——力争于2030年前达到峰值、努力争取2060年前实现碳中和；出台《中国应对气候变化的政策与行动》，推动构建公平合理、合作共赢的全球气候治理体系。对外援助与减贫合作方面，成立国家国际发展合作署，致力于向经济困难的其他发展中国家提供力所能及的援助；在联合国发展峰会上宣布设立“南南合作援助基金”，继续增加对最不发达国家的投资；在“一带一路”国际合作高峰论坛上宣布向“一带一路”沿线发展中国家提供援助；在世界卫生大会上宣布设立应急枢纽和落实“暂缓最贫困国家债务偿付倡议”；提出“东亚减贫合作倡议”，推进东亚地区乡村减贫并建立合作示范点。基于上述成就，党的二十大报告指出，构建人类命运共同体是世界各国人民的前途所在，中国将始终不渝地坚持胸怀天下，积极参与全球治理体系改革和建设。

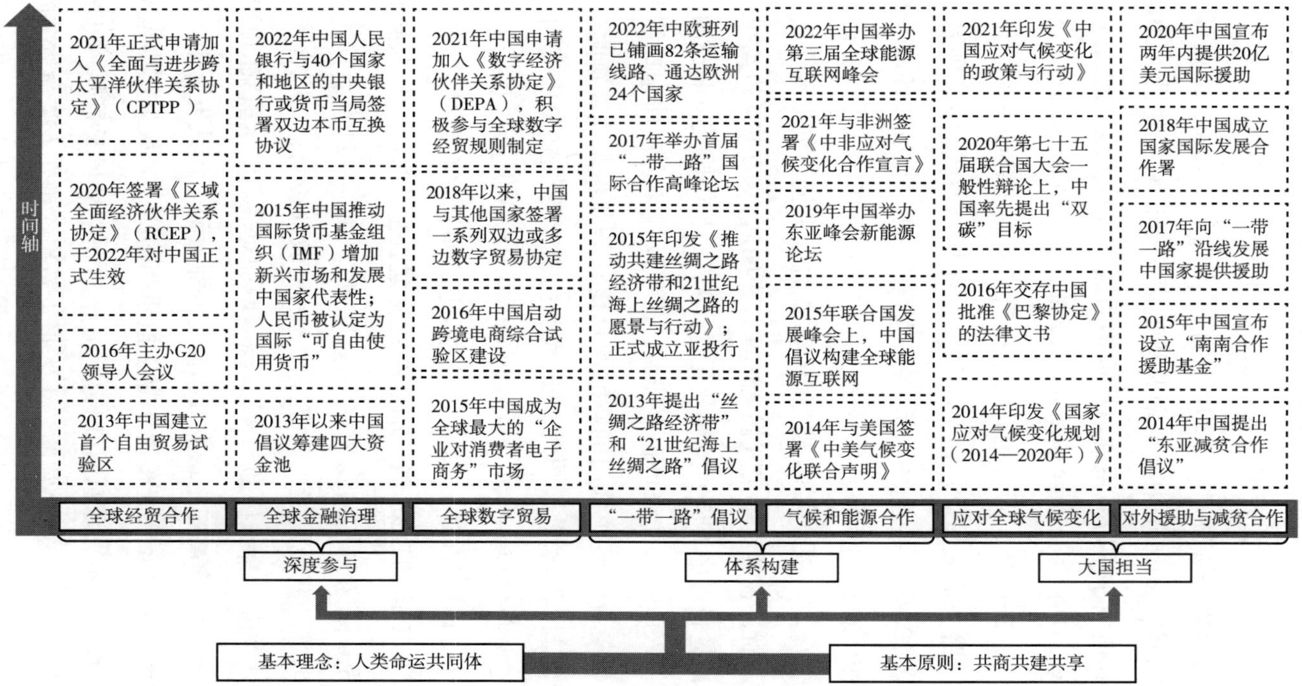

图24 2012~2022年全球治理中的中国作为

四 中国式现代化的经验启示

“学好党的二十大，讲好党的二十大”是科研工作者的责任和使命，本文在全面深入学习党的二十大精神的基础上，以中国式现代化为中心议题贯穿新中国成立以来的历届党代会报告、历年政府工作报告和历次五年规（计）划，基于人口规模巨大的现代化、全体人民共同富裕的现代化、物质文明和精神文明相协调的现代化、人与自然和谐共生的现代化、走和平发展道路的现代化等五个维度，从创新能力的发展成效、教育规模的发展成效、粮食产量的发展成效、能源生产的发展成效、医疗保障的发展成效、就业规模与工资水平的发展趋势、收入增速的发展趋势、各地区人民共同富裕的发展趋势、城乡人民共同富裕的发展趋势、不同收入群体共同富裕的发展趋势、消费结构的变动趋势、文化产业的发展规模、体育产业的发展规模、慈善捐助的发展规模、“能源—经济—环境”系统的协调发展、“城镇化—耕地—粮食”系统的协调发展、“水资源—能源—粮食”系统的协调发展、对外贸易的发展规模、对外援助的发展规模、国防军队的建设规模、世界维和与国际救援的中国行动、全球治理中的中国作为等方面，形象、全面、立体地展示中国特色社会主义现代化的实践历程与重大成就。历史数据显示，新中国成立以来，中国特色社会主义现代化建设持续推进，在物质文明、社会文明、精神文明、生态文明和大同文明等领域取得一系列显著成就，创造了人类文明新形态，[①] 打破了现代化只属于西方资本主义的神话。需要说明的是，本文所选指标虽无法涵盖中国特色社会主义现代化建设的方方面面，但足以彰显其伟大成就与宝贵经验。

党的十八大以来，以习近平同志为核心的党中央，采取一系列战略性举措，推进一系列变革性实践，实现一系列突破性进展，取得一系列标志性成果。党的二十大报告基于这一系列举措、实践、进展与成果，高度凝练概括出“中国式现代化”，并将中国式现代化作为实现中华民族伟大复兴

① 人类文明新形态的相关阐释可参阅孙熙国和陈绍辉（2022）以及刘建军（2023），本文在此不做重点阐述。

的根本道路。

中国特色社会主义现代化建设还面临不少困难和问题，如发展不平衡不充分问题仍然突出，城乡区域发展和收入分配差距仍然较大，科技创新能力还不够强，群众在就业、教育、医疗、托育、养老等方面面临不少难题，确保粮食、能源、产业链供应链可靠安全还须解决许多重大问题，等等。为持续全面推进中国式现代化，本文基于中国特色社会主义现代化实践与成就总结出以下经验。

第一，中国式现代化要坚持中国共产党的领导。中国共产党对人民是信守承诺的，全面建成小康社会是中国共产党向人民作出的庄严承诺，20世纪末总体小康目标如期实现，中国共产党成立100周年之际中国人民的全面小康梦再次实现；中国共产党对发展是锐意进取的，“对待新事物新做法，要加强鼓励和引导，让发展新动能加速壮大”，党的十一届三中全会作出改革开放的重要决定，党的十四大作出社会主义市场经济体制改革的重要决定，党的十八届三中全会作出全面深化改革的重要决定；中国共产党对政策是延续不断的，中国特色社会主义现代化建设取得的现有成效绝非一朝一夕之功，是中国共产党历尽多代领导集体，奔着同一个目标，将发展思想载入党章，发布一系列专项政策同时又对政策不断优化，才能取得如今的成绩；中国共产党对自然是和谐共生的，“中国共产党领导人民建设社会主义生态文明”是《中国共产党章程》的重要组成部分，党的十九大指出“人类只有遵循自然规律才能有效防止在开发利用自然上走弯路，人类对大自然的伤害最终会伤及人类自身”；中国共产党对世界是命运与共的，党的十九大提出“全面推进中国特色大国外交”，习近平同志在中华人民共和国恢复联合国合法席位50周年纪念会上呼吁世界各国，弘扬全人类共同价值，携手构建人类命运共同体。总之，新中国成立以来的无数经验事实证明，中国共产党对人民是信守承诺的、对发展是锐意进取的、对政策是延续不断的、对自然是和谐共生的、对世界是命运与共的，全面开启中国式现代化必须坚持中国共产党领导。

第二，中国式现代化要坚持以人民为中心。中国式现代化是人口规模巨大的现代化，让14亿多人口整体迈进现代化社会并非易事，如果能充分调动14亿多人口的积极性，让14亿多人口积极投身于社会主义现代化建设，充分发挥人口红利与人才红利的强大优势，中国式现代化何愁不能实现？中华民族伟大复兴何愁不能实现？无数历史经验也证实这一点：在脱贫攻坚战中，习近平总书记强调“不论是居住在深山、高寒地带，还是在灾害频发的区域，决胜全面小康不容一个人掉队”，无论是扶贫与发展的慈善捐助迅速增加，还是干部群众积极投身扶贫一线，都体现着14亿多人口齐心协力共战脱贫攻坚，“上下同心、不负人民”的脱贫攻坚精神由此诞生；在科技攻坚战中，“一代又一代科学家心系祖国和人民，不畏艰难，勇攀高峰，无私奉献，为科学技术进步、人民生活改善、中华民族发展作出了重大贡献”，全国9100万名科技工作者矢志报国、锐意攻关，取得了神舟飞天、蛟龙入海、高铁飞驰、人造太阳、北斗组网等一系列创造性成果，这是14亿多人口人才红利的有力体现；等等。“以人民为中心”的发展思想让全国人民信任党和政府，坚信党和政府一定能带领人民建成社会主义现代化强国。哈佛大学2020年国际调查结果显示，中国人民对中国共产党的满意度超过90%；爱德曼公司发布的《2022年度爱德曼信任晴雨表》显示，中国人民对政府信任度高达91%。“江山就是人民，人民就是江山”，广大人民群众就是中国共产党不竭不尽的力量源泉，全面开启中国式现代化必须坚持以人民为中心。

第三，中国式现代化要坚持高质量发展。党的二十大报告指出，实现高质量发展是中国式现代化的本质要求之一，高质量发展是全面建设社会主义现代化国家的首要任务。习近平总书记在党的十八届五中全会上提出“创新、协调、绿色、开放、共享”的高质量发展理念，系统回答了发展目的、发展动力、发展方式和发展路径等一系列重大问题。创新发展理念注重解决发展引擎问题，14亿多人口的物质基础离不开创新发展，人们对美好生活的精神需求离不开创新发展，提高资源利用效率与环境污染处理效率离不开创新发展，加快建设世界科技强国离不开创新发展；协调发展理念注重解决发展不平衡问题，统一发展质量和增长速度离不开协调发展（李海舰和李真真，2023），实现居民收入增长和经济增长基本同步离不开协调发展，实现劳动报酬提高与劳动生产率提高基本同步离不开协调发展，推进新型城镇化与乡村振兴离不开协调发展，实施区域重大战略与主体功能区战略离不开协调发展；绿色发展理念注重解决人与自然和谐问题，人与自然整个系统的相对平衡离不开绿色发展，能源的可持续利用离不开绿色发展，土地的可持续利用离不开绿色发展，水资源的可持续利用离不开绿色发展；开放发展理念注重解决发展内外联动问题，推进高水平对外开放离不开开放发展，全面推进中国特色大国外交离不开开放发展；共享发展理念注重解决社会公平正义问题，各地区人民的共同富裕离不开共享发展，城乡人民的共同富裕离不开共享发展，不同收入群体的共同富裕离不开共享发展。总之，全面建设社会主义现代化强国，以中国式现代化全面推进中华民族伟大复兴，都离不开高质量发展。

第四，中国式现代化要坚持从中国国情出发。建设中国特色社会主义现代化强国的过程，就是不断认识中国国情、不断改善中国国情的过程，从中国国情出发谋发展是问题导向的集中体现。党的二十大报告表明，是否基于中国国情谋发展是中国式现代化与西方现代化的根本区别。面对中国仍处于并将长期处于社会主义初级阶段的基本国情，党和国家陆续将全面建设小康社会和全面建设社会主义现代化强国作为奋斗目标；面对贫富差距较大的具体国情，党和国家采取区域协调发展、城乡融合发展和完善收入分配制度等措施从地区层面、城乡层面和不同收入群体层面扎实推进共同富裕；面对科技创新能力不强的具体国情，党和国家采取科教兴国战略、人才强国战略和创新驱动发展战略等一系列战略举措，以加快建设创新型国家；面对14亿多人口要吃饭的具体国情，党和国家实施藏粮于地、藏粮于技等战略，全面落实粮食安全党政同责，以全方位夯实14亿多人口的粮食安全；面对富煤贫油少气的具体国情，党和国家围绕“四个革命、一个合作”加快推进能源革命，立足能源资源禀赋有计划分步骤实施碳达峰行动，以确保国家能源安全；面对中国是世界上最大的发展中国家的具体国情，党和国家全面推进中国特色大国外交，推动构建人类命运共同体，以实现“在维护世界和平与发展中谋求自身发展，以自身发展更好维护世界和平与发展”的发展目标。总之，中国国情是急需解决的重大发展问题的根本来源，全面开启中国式现代化就是为了着力解决中国国情中切实存在的重大发展问题。

第五，中国式现代化要坚持系统观念。坚持系统观念是马克思主义中国化时代化新境界的重要表现，是贯穿中国特色社会主义现代化建设的重要思想和工作方法。党的二十大报告将教育、科技、人才作为一个整体系统，指出强化现代化建设人才支撑的重要途径，坚持教育优先发展、科技自立自强、人才引领驱动；人与自然和谐共生的现代化就是将人与自然当作一个整体系统对待，“能源消费、经济增长和环境改善”协调发展、“城镇化、耕地保护和粮食生产”协调发展以及“水资源利用、能源开采和粮食生产”协调发展，都证实了坚持系统观念的重要性；在高水平对外开放中，将国内市场与国际市场视为一个整体系统，构建以国内大循环为主体、国内国际双循环相互促进的新发展格局；在国土空间规划中，将城镇和农村视作一个整体系统，统筹推进新型城镇化战略和乡村振兴战略，将全国四大板块视作一个整体系统，统筹推进东部地区加快现代化、中部地区加快崛起、西部地区形成新格局、东北地区全面振兴；在新发展理念中，将创新、协调、绿色、开放和共享看作一个整体系统，将创新作为第一动力、协调作为内在要求、绿色作为普遍形态、开放作为永恒主题、共享作为根本目的，共同推进经济高质量发展；在人类文明中，物质文明、政治文明、精神文明、社会文明和生态文明构成一个整体系统，“五个文明”既是人类文明新形态的内在核心也是中国特色哲学社会科学体系的总抓手（郭楚晗和张燕，2023）。总之，坚持系统观念是以习近平同志为核心的党中央在总结各方面实践的基础上得出的宝贵经验，全面开启中国式现代化必须坚持系统观念。

以史为鉴、开创未来，埋头苦干、勇毅前行。中国式现代化必须坚持中国共产党的领导，团结一切可以团结的力量，调动一切可以调动的积极因素，坚持马克思主义与中国具体实际相结合，在现有基础上，21世纪中叶必将建成富强民主文明和谐美丽的社会主义现代化强国，中华民族伟大复兴终将实现。

参考文献

［1］丁守海，2014，《概念辨析：城市化、城镇化与新型城镇化》，《中国社会科学报》5

月30日。
［2］费太安，2021，《健康中国 百年求索——党领导下的我国医疗卫生事业发展历程及经验》，《管理世界》第11期。
［3］傅昌波、董培，2022，《发展新时代慈善事业》，《人民日报》6月8日。
［4］高培勇、杜创、刘霞辉、袁富华、汤铎铎，2019，《高质量发展背景下的现代化经济体系建设：一个逻辑框架》，《经济研究》第4期。
［5］郭楚晗、张燕，2023，《二十大报告蕴含的时代课题：五个文明协调发展如何塑造中国经济学》，《中国经济学》第1期。
［6］韩保江、李志斌，2022，《中国式现代化：特征、挑战与路径》，《管理世界》第11期。
［7］韩喜平，2020，《怎样把握新时代分配制度?》，《红旗文稿》第2期。
［8］洪银兴，2022，《论中国式现代化的经济学维度》，《管理世界》第4期。
［9］侯孟阳、邓元杰、姚顺波，2022，《城镇化、耕地集约利用与粮食生产——气候条件下有调节的中介效应》，《中国人口·资源与环境》第10期。
［10］胡祖光，2004，《基尼系数理论最佳值及其简易计算公式研究》，《经济研究》第9期。
［11］黄承梁、杨开忠、高世楫，2022，《党的百年生态文明建设基本历程及其人民观》，《管理世界》第5期。
［12］黄海燕，2021，《走向强国：新时代体育产业》，社会科学文献出版社。
［13］蒋建清、缪子梅主编，2022，《中国特色生态文明建设报告（2022）》，社会科学文献出版社。
［14］李海舰、杜爽，2022，《发展不平衡问题和发展不充分问题研究》，《中共中央党校（国家行政学院）学报》第5期。
［15］李海舰、李真真，2023，《中国经济高质量发展的路径研究——基于“新技术群”的加持》，《中国经济学》第1期。
［16］李海舰、朱兰、孙博文，2022，《新发展格局：从经济领域到非经济领域——加速启动“五位一体”新发展格局的构建》，《数量经济技术经济研究》第10期。
［17］李培林，2021，《中国式现代化和新发展社会学》，《中国社会科学》第12期。
［18］李群、于法稳主编，2021，《中国生态治理发展报告（2019~2020）》，社会科学文献出版社。
［19］刘华军、乔列成、郭立祥，2022，《减污降碳协同推进与中国3E绩效》，《财经研究》第9期。
［20］刘建军，2023，《论中国特色社会主义创造了人类文明新形态》，《中国社会科学》第3期。

[21] 刘举科、孙伟平、胡文臻主编，2022，《中国生态城市建设发展报告（2020~2021）》，社会科学文献出版社。
[22] 刘伟，2017，《坚持新发展理念，推动现代化经济体系建设——学习习近平新时代中国特色社会主义思想关于新发展理念的体会》，《管理世界》第12期。
[23] 刘晓梅、曹鸣远、李歆、刘冰冰，2022，《党的十八大以来我国社会保障事业的成就与经验》，《管理世界》第7期。
[24] 吕越、马明会、李杨，2022，《共建“一带一路”取得的重大成就与经验》，《管理世界》第10期。
[25] 曲青山，2021，《中国共产党百年辉煌》，《光明日报》2月3日。
[26] 商志晓，2022，《深刻领悟“中华文化和中国精神的时代精华”》，《光明日报》1月28日。
[27] 沈湘平，2022，《中国式现代化道路的传统文化根基》，《中国社会科学》第8期。
[28] 盛来运、郑鑫、周平、李拓，2018，《我国经济发展南北差距扩大的原因分析》，《管理世界》第9期。
[29] 孙熙国、陈绍辉，2022，《人类文明新形态的创造与世界意义》，《中国社会科学》第12期。
[30] 王灵桂，2022，《全面建成小康社会与中国式现代化新道路》，《中国社会科学》第3期。
[31] 王露璐，2021，《中国式现代化进程中的乡村振兴与伦理重建》，《中国社会科学》第12期。
[32] 王一鸣，2020，《百年大变局、高质量发展与构建新发展格局》，《管理世界》第12期。
[33] 王亚南主编，2020，《中国文化产业供需协调检测报告（2020）》，社会科学文献出版社。
[34] 吴丰华、韩文龙，2018，《改革开放四十年的城乡关系：历史脉络、阶段特征和未来展望》，《学术月刊》第4期。
[35] 吴忠民，2022，《论中国共产党的现代化观》，《中国社会科学》第7期。
[36] 席恒、余澍、李东方，2021，《光荣与梦想：中国共产党社会保障100年回顾》，《管理世界》第4期。
[37] 杨清媚，2022，《中国人类学对中国式现代化的理论探索》，《中国社会科学》第3期。
[38] 杨团、朱健刚主编，2022，《中国慈善发展报告（2022）》，社会科学文献出版社。
[39] 尹艳林，2020，《推动区域协调发展》，《光明日报》12月7日。
[40] 应星，2022，《社会学的历史视角与中国式现代化》，《中国社会科学》第3期。

[41] 于安龙，2022，《习近平关于中国式现代化重要论述的新贡献》，《经济学家》第3期。
[42] 臧峰宇，2022，《马克思的现代性思想与中国式现代化的实践逻辑》，《中国社会科学》第7期。
[43] 张来明，2022，《以国家治理体系和治理能力现代化保证和推进中国社会主义现代化》，《管理世界》第5期。
[44] 张来明、侯永志，2021，《中国共产党现代化思想历程》，《管理世界》第10期。
[45] 张顺洪，2018，《新时代要着力解决好发展不平衡问题》，《世界社会主义研究》第4期。
[46] 张宇燕，2019，《理解百年未有之大变局》，《国际经济评论》第5期。
[47] 张占斌、王学凯，2021，《中国式现代化：理论基础、思想演进与实践逻辑》，《行政管理改革》第8期。
[48] 中华人民共和国国务院新闻办公室，2022，《携手构建网络空间命运共同体》，人民出版社。
[49] 中华人民共和国国务院新闻办公室，2021，《新时代的中国国际发展合作》，人民出版社。
[50] 中华人民共和国国务院新闻办公室，2019，《新时代的中国与世界》，人民出版社。
[51] 中华人民共和国国务院新闻办公室，2019，《中国的粮食安全》，人民出版社。
[52] 中华人民共和国国务院新闻办公室，2021，《中国的民主》，人民出版社。
[53] 中华人民共和国国务院新闻办公室，2021，《中国的全面小康》，人民出版社。
[54] 中华人民共和国国务院新闻办公室，2017，《中国健康事业的发展与人权进步》，人民出版社。
[55] 中华人民共和国国务院新闻办公室，2020，《中国交通的可持续发展》，人民出版社。
[56] 中华人民共和国国务院新闻办公室，2020，《中国军队参加联合国维和行动30年》，人民出版社。
[57] 中华人民共和国国务院新闻办公室，2021，《中国应对气候变化的政策与行动》，人民出版社。
[58] 中华人民共和国国务院新闻办公室，2018，《中国与世界贸易组织》，人民出版社。
[59] 钟开斌、薛澜，2022，《以理念现代化引领体系和能力现代化：对党的十八大以来中国应急管理事业发展的一个理论阐释》，《管理世界》第8期。
[60] Wang S. T., Bai X. M., Zhang X. L., Reis S., Chen D. L., Xu J. M., Gu B. J. 2021. "Urbanization can Benefit Agricultural Production with Large-scale Farming in China." *Nature Food* 2(3): 183-191.

（责任编辑：唐跃桓）

产业融合化、成本效应与比较优势增进

张同斌　陈婷玉*

摘　要：产业融合化对于中国制造业比较优势提升及其迈向全球价值链中高端具有重要意义。本文在产业融合化成本效应理论的基础上，实证检验了不同类型的服务业融入制造业对中国制造业比较优势的作用模式及其传导机制。研究发现，整体服务业和国外服务业与中国制造业的融合有效促进了中国制造业比较优势的提升，而国内服务业的融入对制造业比较优势具有显著的抑制作用，产生了"产业融合悖论"现象，这与制造业现有优势产业较为低端以及国内服务业与国外市场的衔接匹配度不足等因素有关。进一步的机制检验结果表明，国内产业融合化能够降低制造业的平均成本并提升其平均利润，而技术差距以及所处产业链位置等因素则不利于制造业部门在与国内服务业部门融合进程中受益，总效应取决于"成本效应"与"质量效应"的共同影响。应深入推进我国服务业的供给侧结构性改革，促进服务业要素自由流动与配置结构优化以提高服务产品质量，从根本上促使中国制造业将国内服务业作为其产业融合化的优先选择。

关键词：产业融合化　比较优势　平均成本　机制检验

*　张同斌，教授，东北财经大学经济学院，电子邮箱：tongbinzhang@126.com；陈婷玉，讲师，杭州电子科技大学经济学院，电子邮箱：chentingyu0605@163.com。本文获得国家社科基金重大项目（21&ZD096）、国家社科基金后期项目（22FJYB009）的资助。感谢匿名审稿专家的宝贵意见，文责自负。

一 引言

随着世界范围内生产要素和中间品流动速度的加快，国际贸易形式和全球价值链结构发生了深刻变化。传统的最终品贸易活动中制造业和服务业处于相对割裂的状态，各自进行实物产品与服务产品的生产与交换。在新的国际分工格局下，制造业通过深度参与全球价值链，获取服务中间投入品的来源增多。由于服务产品中蕴含着大量高附加值元素和创新要素，制造业使用更多服务中间品能够显著提高其专业化程度与技术复杂度（Francois，1990；Ayala等，2017），这一进程也称为制造业与服务业的“产业融合化”。

制造业与服务业的“产业融合化”在投入侧定义为服务产品进入制造业部门的生产流程中，在产出端可视为制造业企业由提供实物商品转向供给具有服务性质的制造品，即“产品—服务”的组合（Vandermerwe和Rada，1988；White等，1999）。一般而言，服务业产品具有流动性强、种类丰富、技术含量高等特点，其作为中间产品投入制造业的生产过程中，实际上也是将高端生产要素嵌入制造业并为之带来更低生产成本和更高附加值的过程，这对于中国制造业比较优势的提升及其迈向全球价值链中高端具有重要意义（Francois等，2015；杜运苏和彭冬冬，2018；刘奕等，2017）。

基于制造业中投入服务产品的技术复杂度不同，可将“服务主导型”制造业划分为初级、中级和高级三个递进的层次（Baines和Lightfoot，2013）。不同程度的产业融合化都能够使企业为消费者提供多样化和高质量的产品，但其产品之间存在一定差异（Bustinza等，2015；Mastrogiacomo等，2019）。此外，从投入产出的视角出发，根据服务业参与制造业价值链和生产环节的不同，可以将产业融合化分为投入端融入与产出端融入两种类型。投入端融入侧重于供给侧，体现在制造业中间生产环节中服务产品所占比重的上升（顾乃华和夏杰长，2010）；与之不同，产出端融入则强调产品需求侧，即在满足各类需求的制造业产品中内涵服务业的增加值逐渐提高（戴翔，2016；夏杰长和倪红福，2017；吕云龙和吕越，2017）。服务业的投入端融入和产出端融入分别从中间产品、最终产品角度刻画了服务业与制造业的相互影响和渗透，其中投入端融入是最为直接的产业融合化表示方式。

在地域范围上，产业融合的范畴不仅限于国内，来自国外的服务供给也是产业融合化的重要组成部分。在早期的研究中，Ethier（1982）、Markusen（1989）指出在价值链上制造业的中间品贸易近似于国际要素流动，会对制造业企业的生产率增长起到促进效果。Slack（2005）则关注价值链的长度和宽度，解释了在“迂回生产”中供应链向下延伸以及各生产环节服务投入量增长在提升制造业生产效率中的作用。国内学者刘斌等（2016）研究认为，服务业融入制造业在促使中国制造业企业深度参与国际产业分工的同时，还可以显著推动制造业在全球价值链中位置的上移。随着中国制造业的全面开放，在国际生产网络和全球价值链的框架下进行产业融合化等相关问题的分析已经成为研究趋势（黄蕙萍等，2020）。

除了对产业融合化进行特征区分与经济效益分析之外（Cohen 等，2000；Neely，2008；Cui 和 Liu，2018），对各类服务投入的影响效应是否一致等问题的关注逐渐增多（Baines 和 Lightfoot，2014；陈丽娴，2017）。产业融合化影响效应的异质性可以从三个方面进行机制解释：第一，服务业在投入端融入制造业会通过成本降低机制直接作用于制造业部门，即通过降低生产与管理成本以增强其在全球价值链中的比较优势（Reiskin 等，1999；Amiti 和 Wei，2009）；第二，除了成本效应之外，制造业产品生产中使用服务投入种类的增加推动了分工细化和生产专业化，进而促使其形成规模经济与范围经济（Castellacci，2008；刘维刚和倪红福，2018）；第三，产业融合化进程中服务贸易所形成的创新激励机制直接带动了制造业生产技术的进步（Robinson 等，2002；戴翔和金碚，2013），并且服务业产品生产的扩张能够对制造业产生间接技术溢出效应，进一步促进了制造业创新能力增强与生产效率提升（吕政等，2006；Low，2013）。此外，随着制造业的生产资料向服务部门倾斜，还能够化解制造业部门的过剩产能，有效改善资源配置与利用状况（Crozet 和 Milet，2017）。

有关产业融合化影响效应及其作用机制的研究较多，但在两个方面仍存在研究空间：一是实施产业融合化的目标在于助力企业获得比较优势或竞争优势（Kowalkowski等，2015；Lafuente等，2019），而产业融合化对比较优势影响效应的研究并不充分，这应成为产业融合化影响效应研究的核心问题；二是对于中国制造业而言，“两头在外”的加工贸易模式决定了其当前在全球价值链中的比较优势仍然以低成本优势为主，在比较优势形成中成本效应是产业融合作用路径上的关键环节。现有研究对于生产率或技术溢出中介效应的验证比较常见，而对产业融合化成本效应的检验不足，使得服务业与制造业的融合是否真正降低了制造业的生产成本，能否为制造业企业带来绩效红利存在一定争议（程大中，2008；Arnold等，2011；Wang等，2018；肖挺，2018）。面对当前世界经济中出现的逆全球化现象，产业融合化与服务贸易壁垒的交互作用会通过提高中间品价格进一步降低全球价值链的分工水平（刘斌和赵晓斐，2020）。因此，研究服务业融入制造业对中国制造业比较优势的影响效应时，按照地域类型与产品质量将服务业与制造业的产业融合区分为国内服务融入与国外服务融入，从理论和实证等多维角度探寻其传导机制将有助于丰富产业融合化的研究体系。

针对上述问题，本文构建了以制造业部门为核心的一般均衡模型，设定服务业作为中间品生产部门为制造业提供可替代性的中间产品。根据“连接成本”与产品质量的不同，本文对国内服务融入与国外服务融入进行了区分，探寻了产业融合化成本效应产生的理论依据。随后，基于国际投入产出表精准计算了中国制造业的服务业融入程度和比较优势变量，实证检验了不同类型的服务投入对于中国制造业比较优势的影响效应。此外，本文还从成本效应的角度出发，实证分析其在产业融合化影响比较优势中的中介作用，进一步思考了服务业融入制造业对于制造业比较优势变动的作用路径。

与现有以产业融合化为核心的文献相比，本文的边际贡献主要体现在：首先，将研究范畴锁定在对制造业比较优势以及与其紧密相关的成本效应的检验上，结合国内与国外双重视角，突出了产业融合化影响制造业比较优势的内在逻辑；其次，采用理论与实证相结合的研究方法，遵循“现象—机制—反思”的研究框架，对产业融合化的成本效应与比较优势增强进行了系统而全面的阐释；最后，在进行机制分析与现象反思时，不仅检验了平均成本在产业融合影响比较优势中的中介效应，也考察了行业的技术溢出水平、技术吸收能力和所处产业链位置的调节作用，从“量”和“质”两个方面解释国内服务业融入与国外服务业融入差异化影响的成因，为中国制造业转型升级与迈向全球价值链中高端提供参考。

全球经济正处在由“工业型经济”向“工业服务型经济”和“服务型经济”转型的过程中，制造业与服务业之间的产业边界持续弱化（黄群慧和霍景东，2015；Viktor等，2016），产业融合化与服务外包化的趋势越来越明显。然而，中国服务密集型制造业发展速度相对缓慢、在制造业中的占比较低，与整体制造业协调发展的耦合程度不高（唐晓华等，2018），服务供给难以满足制造需求，限制了中国制造业增长质量的提升。应推动制造业与服务业的协同发展，促进生产型制造转向服务型制造。其中，鼓励制造业企业在生产流程改造过程中延伸服务产业链条，是实现制造业结构优化和转型升级的重要途径。因此，在服务业融入中国制造业的过程中，平衡制造业与服务业之间的互补性关系、避免产业空心化和过度融合等问题的出现，将有助于推动中国制造业迈向全球价值链中高端，实现我国由“制造大国”向“制造强国”的转变。

二　理论框架

参照Long等（2005）、刘斌等（2018）的研究，本文构建以制造业为核心的一般均衡模型阐述产业融合化、生产成本与比较优势之间的关系。根据中间品的来源不同，本文将来自服务业与制造业的产品共同作为中间品投入制造业的生产环节中，考察均衡状态时制造业部门对服务业与制造业中间品的优化选择，并对制造业的平均成本与比较优势随服务业融入程度的变化进行比较静态分析，阐释了产业融合化的成本效应及其对比较优势的影响。由于国内和国外服务业的产品质量以及与制造业、消费者之间的“连接成本”不同，本文进一步区分了服务业的地域类型，对国内与国外两种服务投入如何产生差异化成本与比较优势效应的机制进行分析，在此基础上构建了研究中国产业融合化对比较优势影响效应的分析框架。

（一）基准模型设定

不失一般性地，本文将制造业部门作为最终品生产部门，其生产过程中除了需要投入劳动力作为生产要素外，还需要来自服务业与制造业部门的中间品投入，服务业中间品在制造业总产出中所占的份额刻画了制造业的整体服务业融入程度。借鉴Amiti和Konings（2007）的研究，设定柯布—道格拉斯形式的制造业生产函数为：

$$Y = AL^{\alpha} S^{\beta} M^{1-\alpha-\beta} \tag{1}$$

其中，Y为制造业部门的总产出，A和L分别为全要素生产率和劳动投入，S和M则分别表示来自服务业部门和制造业部门自身的中间投入品，α和β为劳动力要素与服务中间品的产出弹性，满足$0<\alpha<1$、$0<\beta<1$。在假设劳动力的份额参数α固定的情形下，服务业中间品在制造业产品生产中的份额β越大，表明制造业与服务业的整体融合水平越高，来自制造业自身的中间品对其产出的贡献则相对下降。

假设要素市场与中间品市场是完全竞争的，生产部门的利润最大化问题可以表示为：

$$\max \Pi = PY - WL - P_S S - P_M M \tag{2}$$

其中，P、P_M分别为制造业最终产品和中间品价格，W和P_S为劳动力工资与服务业中间品价格，分别对劳动力、服务业中间品、制造业中间品求导，得到一阶条件：

$$\alpha \frac{PY}{L} = W \tag{3}$$

$$\beta \frac{PY}{S} = P_S \tag{4}$$

$$\left(1-\alpha-\beta\right)\frac{PY}{M}=P_M \tag{5}$$

制造业生产的最终产品，其中一部分用于满足消费需求，另一部分则作为中间品直接返回生产过程中，为简化起见，可以设定制造业最终产品与中间品价格相等，即$P=P_M$。

在生产过程中，国内与国外服务业提供的差异化产品可能会导致制造业与国内服务业产业融合和与国外服务业产业融合的作用效果不同。因此，本文进一步区分了服务业中间品的地域类型。具体而言，在式（1）中，假设服务中间品S由国内和国外两种来源的服务产品通过柯布—道格拉斯函数组合而成，其形式为：

$$S=\left(E_IS_I\right)^{\theta}\left(E_OS_O\right)^{1-\theta} \tag{6}$$

其中，S_I和S_O分别为来自国内服务业和国外服务业的中间品，E_I和E_O分别为其效率参数，用于体现产品质量差异（姚战琪，2010；唐志芳和顾乃华，2018）；θ为国内服务中间品在总服务中间品中所占的份额，$\theta\in(0,1)$，份额参数变动反映出国内服务业融入程度的改变。设P_{SI}和P_{SO}为国内、国外服务中间品的价格，结合式（6），应有：

$$\min\ P_SS-P_{SI}S_I-P_{SO}S_O=P_S\left(E_IS_I\right)^{\theta}\left(E_OS_O\right)^{1-\theta}-P_{SI}S_I-P_{SO}S_O \tag{7}$$

式（7）分别对来自国内服务业和国外服务业的中间品S_I和S_O求导，表示出其与服务中间品总量的数量关系：

$$S_I=\theta\frac{P_S}{P_{SI}}S \tag{8}$$

$$S_O=(1-\theta)\frac{P_S}{P_{SO}}S \tag{9}$$

将式（8）和式（9）代入式（6），化简得到总的服务中间品价格与国内、国外两类中间品价格的关系，如式（10）所示：

$$P_S=\left(\frac{P_{SI}}{E_I\theta}\right)^{\theta}\left(\frac{P_{SO}}{E_O(1-\theta)}\right)^{1-\theta} \tag{10}$$

为方便讨论，若假设服务中间品的价格与使用量是外生给定的，在不区分服务中间品来源地时，不需要考虑式(6)至式(10)，服务中间品的价格与国内服务中间品价格相等，服务中间品总量与使用国内服务中间品数量相等，即满足$P_S=P_{SI}$，$S=S_I$。

假设经济体中存在一个代表性家庭，其在预算约束条件下追求效用最大化，则：

$$\begin{gathered}\max\ \ln C \\ \text{s.t.}\left[1+g(\theta)\right]P\times C\leqslant W\times L\end{gathered}\tag{11}$$

其中，C为代表性家庭对制造业最终产品的消费，为便于求得显式解，本文将效用函数设置为对数形式；$g(\theta)$表示制造业产品在消费市场上的价格扭曲，由于生产者与消费者之间存在交易门槛的限制，其消费价格往往高于生产价格，即$g(\theta)\geqslant 0$，且一般有$g'(\theta)>0$。

基于式（11）构造拉格朗日函数，求解得到代表性家庭优化选择的一阶条件：

$$\frac{1}{C}=\lambda\left[1+g(\theta)\right]P\tag{12}$$

其中，λ为拉格朗日乘子，即影子价格，表示收入增加1单位带来的产品消费效用增量，λ越大，则该产品的相对优势越明显，因此可以作为比较优势的代表变量进行比较静态分析。当不考虑国内外服务业融入的区别和价格扭曲时，式（12）等号右边退化为λP。

在市场出清条件下，总产出、消费需求和中间需求满足：

$$Y=C+M\tag{13}$$

设置劳动力价格W为基准价格，即$W=1$，在此基础上进行模型的求解与分析。

（二）制造业与整体服务业产业融合对平均成本与比较优势的效应分析

本文首先不区分服务业中间品来源，假设其价格P_S和数量S均是外生给定的，联立式(1)至式(13)，依次得到均衡状态下的变量L、Y、M、P、

C、λ。

对于生产部门而言，由于市场是完全竞争的，利润最大化条件下产品价格即平均成本，对产业融合化成本效应的分析即产品价格P对服务业中间品份额参数β的比较静态分析。

通过方程求解，制造业最终产品价格P与平均成本AC的表达式为：

$$AC = P = \left(\frac{1}{A}\right)^{\frac{1}{\alpha+\beta}}\left(\frac{1}{\alpha}\right)^{\frac{\alpha}{\alpha+\beta}}\left(\frac{P_S}{\beta}\right)^{\frac{\beta}{\alpha+\beta}}\left(\frac{1}{1-\alpha-\beta}\right)^{\frac{1-\alpha-\beta}{\alpha+\beta}} \tag{14}$$

式（14）显示，制造业产品的均衡价格和平均成本取决于行业技术水平A、劳动力与服务中间品所占份额（分别为α、β）、服务中间品的市场价格P_S，与中间品需求量无关。取P的对数形式并对份额参数β求导可得：

$$\frac{\partial \ln AC}{\partial \beta} = \frac{\partial \ln P}{\partial \beta} = \frac{1}{(\alpha+\beta)^2}\ln\left[A(1-\alpha-\beta)\right] + \frac{\alpha}{(\alpha+\beta)^2}\ln\left(\frac{\alpha}{\beta}P_S\right) \tag{15}$$

其中，由于α、β、$1-\alpha-\beta$均在（0，1）之间，整体服务业融入水平提升时制造业平均成本下降的充分条件为$A(1-\alpha-\beta)<1$且$(\alpha/\beta)P_S<1$，在制造业的全要素生产率和服务中间品价格较低以及劳动要素相对份额较小时，$\partial \ln AC/\partial \beta<0$更容易得到满足。给定服务中间品价格，产业融合化的成本效应在低技术、非劳动密集型制造业中更为显著。

经计算可得，影子价格λ可以表示为：

$$\lambda = \frac{\beta}{\alpha+\beta} \times \frac{1}{P_S S} \tag{16}$$

与成本效应的分析方法类似，服务业与制造业产业融合对影子价格产生的影响效应为：

$$\frac{\partial \ln \lambda}{\partial \beta} = \frac{1}{\beta} - \frac{1}{\alpha+\beta} > 0 \tag{17}$$

在不存在交易门槛的条件下，产品市场与消费市场是完全畅通的，整体服务业融入水平提高能够增强制造业的比较优势。

（三）制造业与国内服务业、国外服务业产业融合的差异化分析

进一步区分服务来源地类型，假设国内、国外服务业产品的供给价格（分别为P_{SI}、P_{SO}）和国内服务中间品的需求量S_I已知，重新求解一般均衡模型，得到变量P_S、S、S_O、L、Y、M、P、C、λ的均衡解。其中，平均成本AC、均衡价格P和影子价格λ的表达式为：

$$AC = P = \left(\frac{1}{A}\right)^{\frac{1}{\alpha+\beta}}\left(\frac{1}{\alpha}\right)^{\frac{\alpha}{\alpha+\beta}}\left(\frac{1}{\beta}\right)^{\frac{\beta}{\alpha+\beta}}\left(\frac{1}{1-\alpha-\beta}\right)^{\frac{1-\alpha-\beta}{\alpha+\beta}}\left(\frac{1}{E_I}\right)^{\frac{\theta\beta}{\alpha+\beta}}\left[\frac{P_{SO}}{E_O(1-\theta)}\right]^{\frac{\beta-\theta\beta}{\alpha+\beta}}\left(\frac{P_{SI}}{\theta}\right)^{\frac{\theta\beta}{\alpha+\beta}} \tag{18}$$

$$\lambda = \frac{\beta}{\alpha+\beta} \times \frac{\theta}{1+g(\theta)} \times \frac{1}{P_{SI}S_I} \tag{19}$$

与分析整体服务业与制造业产业融合时对成本及比较优势影响的方法类似，将平均成本AC和影子价格λ取对数后对国内服务中间品的份额参数θ求导，得到国内服务业融入对制造业平均成本和比较优势的影响：

$$\frac{\partial \ln AC}{\partial \theta} = \frac{\partial \ln P}{\partial \theta} = \frac{\beta}{\alpha+\beta}\ln\left[\frac{1-\theta}{\theta} \times \frac{E_O}{E_I} \times \frac{P_{SI}}{P_{SO}}\right] \tag{20}$$

$$\frac{\partial \ln \lambda}{\partial \theta} = \frac{1}{\theta} - \frac{g'(\theta)}{1+g(\theta)} = \frac{1}{\theta} - \frac{1}{1/g'(\theta) + g(\theta)/g'(\theta)} \tag{21}$$

式（20）中，由于国外服务业部门将单位中间产品运输至国内需要支付额外的“服务连接成本”（盖庆恩等，2019），国外服务中间品的价格高于国内服务中间品价格，即$P_{SO}>P_{SI}$。在制造业产品的生产过程中，来自国内服务业的中间产品往往占据了较大的份额，满足$\theta>(1-\theta)$。如果国内外服务业中间品具有同等质量，那么国内服务业融入水平提高必然会降低制造业的平均生产成本。事实上，两类服务中间品效率参数之间的关系一般符合$E_O>E_I$，因此，采用质量更高的国内服务业中间产品更容易实现平均生产成本的下降。

讨论国内服务业融入对于制造业比较优势的作用模式，其影响效应取决于国内服务业的融入水平和价格加成函数，假设价格加成函数为凹函数，

即$g''(\theta)>0$，表示国内服务业的融入水平越高，对国外服务业融入产生了大量的挤出与替代效应，消费价格扭曲的增长幅度就越大，这一假设符合现实情形。结合$g(\theta)\geqslant 0$和$g'(\theta)>0$的条件，当国内服务业融入水平提高即θ增加时，$g(\theta)$和$g'(\theta)$增加，导致式（21）中减数大于被减数的概率更大，制造业的比较优势趋于减弱。因此，制造业与国内服务业、国外服务业产业融合对制造业比较优势的差异化影响取决于二者的相对发展水平以及由此导致的产品市场与消费市场匹配程度的不同。

（四）成本效应与制造业比较优势之间的关系

比较优势最初是国际贸易问题研究领域的一个概念，指的是各国生产技术的相对差异导致的产品生产成本和价格的差别，之后被广泛应用于各经济领域。李嘉图比较优势理论认为，比较优势与生产成本是对应的，更低的生产成本往往对应于更大的比较优势。产业融合化将制造业的服务环节分解剥离，使其聚焦低成本、高效率的生产阶段，创造或增强了比较优势。实际上，除显性成本外，制造业在扩大海外市场时存在大量的隐形成本，导致产业融合化的比较优势效应还取决于服务业产品质量、制造业技术吸收能力以及产业链位置等因素的共同作用。

因此，本文将产业融合化分为国内服务业融入和国外服务业融入，主要验证了两类产业融合对制造业比较优势的影响效应以及对平均成本的作用渠道，明确了产业融合化、成本效应和比较优势之间的关系，并对技术差距、所处产业链位置的调节作用进行了检验。除了产业融合的类型与程度之外，要素禀赋、行业规模、研发投入以及对外开放程度等因素均会对制造业部门的生产成本和比较优势产生影响。其中，资本劳动比、行业规模与生产成本之间存在紧密联系，生产能力和生产规模越大的制造业部门形成规模经济或范围经济的可能性越大；制造业对外资的利用水平、研发投入强度与生产技术水平直接相关，因而作用于制造业的生产成本和比较优势。本文对产业融合化的成本效应及其影响制造业比较优势的机制检验正是基于这一框架展开的。

三 数据来源与变量计算

（一）数据来源

世界投入产出表能够体现不同经济体不同行业之间产品的流动方向，准确描述了中国制造业生产过程中对国内和国外服务业产品的消耗量，是测度中国制造业的服务业融入水平及中国制造业比较优势的重要数据基础。在计算产业融合化、比较优势等核心变量时，本文使用的数据主要来自世界投入产出数据库（WIOD）公布的2000~2014年44个经济体56个部门的投入产出数据及1995~1999年41个经济体35个部门的投入产出数据。其中，2000~2014年的投入产出表采用国际标准行业分类（ISIC Rec.4）进行行业划分，1995~1999年的投入产出表则按照ISIC Rec.3进行行业划分，与中国的国民经济行业分类标准存在差异。为统一行业分类口径，本文经过对照与匹配，最终将制造业合并为13个部门。参考杨勇（2019）的研究，本文使用WIOD公布的社会经济分析数据库（SEA）中的总产出、中间投入以及增加值价格指数对相应的名义量分别进行了平减，剔除价格波动因素后再进行变量测算。其他变量数据则来自《中国统计年鉴》和《中国科技统计年鉴》。

（二）变量测度

1.产业融合化

在测度产业融合化时应以直接消耗为基础，考虑整条生产链中对不同行业中间品的完全消耗（刘斌等，2016）。本文在整体服务业与制造业产业融合的基础上，根据地域类型不同区分了国内服务业与国外服务业的融入水平。总产出、中间品需求即产品直接消耗以及最终品需求之间的关系表示为：

$$X = AX + Y = (I - A)^{-1}Y = LY \tag{22}$$

其中，X、Y分别为总产出和最终需求向量，A为直接消耗系数矩阵。

在直接消耗系数的基础上，本文计算了完全消耗系数矩阵，其中制造业对服务业产品的完全消耗可视为产业融合化的指标：

$$B = A + A^2 + \cdots + A^k + \cdots = (I - A)^{-1} - I = L - I \tag{23}$$

其中，B是完全消耗系数矩阵，I为单位矩阵，$L=(I-A)^{-1}$为列昂惕夫逆矩阵。

世界投入产出表由多个经济体的信息构成，每个经济体又包含多个行业。为便于计算，本文根据地域不同将经济体分为中国、世界其他经济体两类并分别简称为国内和国外，分别用下标d、f表示；在国内和国外两大模块中，将各经济体中的行业分别合并为制造业、服务业和其他行业三类，分别用上标m、s和o表示。在进行分组和行业归并后，完全消耗系数矩阵B可表示为：

$$B = \begin{pmatrix} b_{dd}^{mm} & b_{dd}^{ms} & b_{dd}^{mo} & b_{df}^{mm} & b_{df}^{ms} & b_{df}^{mo} \\ b_{dd}^{sm} & b_{dd}^{ss} & b_{dd}^{so} & b_{df}^{sm} & b_{df}^{ss} & b_{df}^{so} \\ b_{dd}^{om} & b_{dd}^{os} & b_{dd}^{oo} & b_{df}^{om} & b_{df}^{os} & b_{df}^{oo} \\ b_{fd}^{mm} & b_{fd}^{ms} & b_{fd}^{mo} & b_{ff}^{mm} & b_{ff}^{ms} & b_{ff}^{mo} \\ b_{fd}^{sm} & b_{fd}^{ss} & b_{fd}^{so} & b_{ff}^{sm} & b_{ff}^{ss} & b_{ff}^{so} \\ b_{fd}^{om} & b_{fd}^{os} & b_{fd}^{oo} & b_{ff}^{om} & b_{ff}^{os} & b_{ff}^{oo} \end{pmatrix} \tag{24}$$

完全消耗系数矩阵体现了国内和国外各行业之间产品的完全消耗关系，以第一列的元素为例，其表示中国制造业生产单位产品时，对中国国内以及国外不同行业提供中间产品的完全消耗，元素b_{dd}^{sm}和b_{fd}^{sm}分别为中国制造业对国内服务业和国外服务业提供产品的完全消耗系数，可以作为中国制造业与国内服务业产业融合化、中国制造业与国外服务业产业融合化的代表变量，分别记作*Intserv*和*Extserv*。

将中国制造业与国内服务业产业融合化变量（*Intserv*）和中国制造业与国外服务业产业融合化变量（*Extserv*）加总，得到中国制造业与整体服务业的产业融合化变量（*Totserv*），为：

$$Totserv = Intserv + Extserv = b_{dd}^{sm} + b_{fd}^{sm} \tag{25}$$

为方便阅读，本文将上述三种产业融合化分别简称为整体产业融合化、国内产业融合化和国外产业融合化。

2.制造业比较优势

在衡量一个行业的比较优势时，传统的方式是计算显示性比较优势指数（*RCA*），即某一行业出口在一国总出口中的占比除以整个世界范围内该行业出口在全部国家总出口中的占比。然而，直接采用出口计算显示性比较优势指数可能存在增加值重复计算以及包含国外增加值的问题。Koopman等（2014）提出了对一国出口贸易的分解模型，使出口增加值能够准确测度（潘文卿等，2015），在此基础上，Wang等（2013）、王直等（2015）进一步将其发展为包括国家部门等双边层面的贸易流量分解模型。因此，本文主要采用“KWW方法”，并且区分了不同的部门，分解得到国内外各行业的出口增加值，在此基础上测算中国制造业的比较优势指数（*RCAV*）。

在世界投入产出表中，对增加值向量VA按照最终需求分解得到：

$$VA = \hat{V}LY \tag{26}$$

其中，$\hat{V}$表示增加值率对角矩阵，L为列昂惕夫逆矩阵，Y为最终需求向量。

对于增加值系数矩阵等，同样可以按照地域特征将其分为国内和国外，按照行业类型将各经济体中的部门划分为服务业、制造业和其他行业，进而分别得到$\hat{V}$、L、Y各矩阵或向量的形式为：

$$\hat{V} = \begin{pmatrix} v_d^m & 0 & 0 & 0 & 0 & 0 \\ 0 & v_d^s & 0 & 0 & 0 & 0 \\ 0 & 0 & v_d^o & 0 & 0 & 0 \\ 0 & 0 & 0 & v_f^m & 0 & 0 \\ 0 & 0 & 0 & 0 & v_f^s & 0 \\ 0 & 0 & 0 & 0 & 0 & v_f^o \end{pmatrix} \quad L = \begin{pmatrix} l_{dd}^{mm} & l_{dd}^{ms} & l_{dd}^{mo} & l_{df}^{mm} & l_{df}^{ms} & l_{df}^{mo} \\ l_{dd}^{sm} & l_{dd}^{ss} & l_{dd}^{so} & l_{df}^{sm} & l_{df}^{ss} & l_{df}^{so} \\ l_{dd}^{om} & l_{dd}^{os} & l_{dd}^{oo} & l_{df}^{om} & l_{df}^{os} & l_{df}^{oo} \\ l_{fd}^{mm} & l_{fd}^{ms} & l_{fd}^{mo} & l_{ff}^{mm} & l_{ff}^{ms} & l_{ff}^{mo} \\ l_{fd}^{sm} & l_{fd}^{ss} & l_{fd}^{so} & l_{ff}^{sm} & l_{ff}^{ss} & l_{ff}^{so} \\ l_{fd}^{om} & l_{fd}^{os} & l_{fd}^{oo} & l_{ff}^{om} & l_{ff}^{os} & l_{ff}^{oo} \end{pmatrix} \quad Y = \begin{pmatrix} y_d^m \\ y_d^s \\ y_d^o \\ y_f^m \\ y_f^s \\ y_f^o \end{pmatrix} \tag{27}$$

经计算后，可将增加值向量VA表示为：

$$VA=\begin{pmatrix} va_d^m \\ va_d^s \\ va_d^o \\ va_f^m \\ va_f^s \\ va_f^o \end{pmatrix}=\begin{pmatrix} v_d^m l_{dd}^{mm} & v_d^m l_{dd}^{ms} & v_d^m l_{dd}^{mo} & v_d^m l_{df}^{mm} & v_d^m l_{df}^{ms} & v_d^m l_{df}^{mo} \\ v_d^s l_{dd}^{sm} & v_d^s l_{dd}^{ss} & v_d^s l_{dd}^{so} & v_d^s l_{df}^{sm} & v_d^s l_{df}^{ss} & v_d^s l_{df}^{so} \\ v_d^o l_{dd}^{om} & v_d^o l_{dd}^{os} & v_d^o l_{dd}^{oo} & v_d^o l_{df}^{om} & v_d^o l_{df}^{os} & v_d^o l_{df}^{oo} \\ v_f^m l_{fd}^{mm} & v_f^m l_{fd}^{ms} & v_f^m l_{fd}^{mo} & v_f^m l_{ff}^{mm} & v_f^m l_{ff}^{ms} & v_f^m l_{ff}^{mo} \\ v_f^s l_{fd}^{sm} & v_f^s l_{fd}^{ss} & v_f^s l_{fd}^{so} & v_f^s l_{ff}^{sm} & v_f^s l_{ff}^{ss} & v_f^s l_{ff}^{so} \\ v_f^o l_{fd}^{om} & v_f^o l_{fd}^{os} & v_f^o l_{fd}^{oo} & v_f^o l_{ff}^{om} & v_f^o l_{ff}^{os} & v_f^o l_{ff}^{oo} \end{pmatrix}\begin{pmatrix} y_d^m \\ y_d^s \\ y_d^o \\ y_f^m \\ y_f^s \\ y_f^o \end{pmatrix} \tag{28}$$

其中，元素va_d^m代表中国制造业提供产品用于满足国内和国外最终需求时引致自身的价值形成。与之类似，以vae_d^m表示中国制造业的出口增加值，计算方法为：

$$vae_d^m = v_d^m\sum_{i,j} l_{dd}^{mi} y_{df}^{ij} + v_d^m\sum_{i,j} l_{df}^{mi} y_{ff}^{ij} + v_d^m\sum_{i,j} l_{df}^{mi} y_{fd}^{ij} + v_d^m\sum_{i,j,k,g} l_{df}^{mi} a_{fd}^{ij} h_{dd}^{jk} y_{dd}^{kg} \tag{29}$$

其中，i、j、k、g为部门标识，包括了制造业、服务业和其他行业部门，a_{fd}^{ij}为直接消耗系数矩阵A的元素，h_{dd}^{jk}为经济体内部直接消耗系数的列昂惕夫逆矩阵元素，y_{df}^{ij}、y_{ff}^{ij}、y_{fd}^{ij}和y_{dd}^{kg}则为国内国外不同部门之间的最终产品需求量。式（29）中等号右边各项依次表示最终产品的增加值出口、中间产品的增加值出口、中间产品在国外加工后以最终产品形式进口返回的部分以及以中间品形式进口返回国内的增加值，反映出不同产品流向中的出口增加值。

参照显示性比较优势指数的定义，得到基于出口增加值测算的中国制造业比较优势指数（$RCAV$），公式为：

$$RCAV=\frac{vae_d^m/\left(vae_d^m+vae_d^s+vae_d^o\right)}{\left(vae_d^m+vae_f^m\right)/\left(vae_d^m+vae_d^s+vae_d^o+vae_f^m+vae_f^s+vae_f^o\right)} \tag{30}$$

其中，分子表示中国制造业的出口增加值在中国全部出口增加值中的占比，分母则表示中国制造业与国外制造业出口引致的增加值之和与所有经济体各行业的出口增加值总额之比，基于产业部门前向联系测算的比较优势指数充分体现了相对于其他经济体而言中国制造业在全球贸易网络中的增值能力（王直等，2015）。当$RCAV>1$时，表明中国制造业产品出口对国内增加值形成的贡献程度，高于世界范围内制造业出口对增加值的平均贡献，即中国制造业具有比较优势。

3.其他变量

基于前文的研究框架，参考文东伟和冼国明（2009）、杜运苏和彭冬冬（2018）的研究，综合制造业的内部特征和外部环境两个方面，本文从中国制造业要素结构、行业特征、对外开放程度等方面收集了与制造业比较优势相关的多个变量，采用逐步回归法选取了中国制造业比较优势的其他影响因素，并测算了平均成本作为产业融合化影响制造业比较优势的中介变量。

资本劳动比（*KLr*）：采用平减后的中国制造业各行业固定资产合计与年末从业人员数之比计算得到，反映了行业人均资本要素的配置状况，是制造业细分行业内部固定资产以及劳动力构成特征的体现。

规模因素（*Scale*）：通过制造业各行业产值除以制造业全部总产值计算得到。行业规模是差异性产品行业内贸易活动的重要影响因素之一，并且生产规模越大的部门其产品的市场份额通常越大，易于形成市场势力获取超额利润或具有更低的生产成本。显然，资本劳动比和规模经济主要强调行业自身的生产能力和生产特征。

研发强度（*RD*）：中国制造业各行业的研发经费内部支出在总产出中所占的比重。该指标反映出行业的自主创新能力，对于比较优势与生产成本具有一定的影响作用。

外资开放度（*FO*）：计算方法为制造业行业中外商及港澳台商工业总产值与规模以上工业企业总产值之比。该变量体现了制造行业学习、模仿先进的生产技术进而降低其生产成本的机会和能力。

平均成本（*AC*）：主营业务成本除以主营业务收入。在中介效应检验中，还使用了与成本相关的其他变量，其中国有企业比重（*SO*）通过计算各制造行业中国有企业产值在总产值中所占的比重得到，平均利润（*AP*）为营业利润除以主营业务收入，可以作为平均成本的反向替代变量，各行业的增加值、从业人数和资本数据均来自WIOD公布的SEA数据库，其余数据来源于《中国科技统计年鉴》和《中国统计年鉴》等。

根据数据来源与变量测度方法，计算得到描述性统计结果，如表1所示。

表1　变量定义及描述性统计

变量	定义或测算方法	样本量	均值	标准差	最小值	最大值
RCAV	根据出口增加值测算的显示性比较优势指数	260	1.593	0.992	0.141	4.635
Totserv	中国制造业对国内与国外服务业的完全消耗系数	260	0.418	0.045	0.302	0.559
Intserv	中国制造业对国内服务业的完全消耗系数	260	0.328	0.041	0.229	0.466
Extserv	中国制造业对国外服务业的完全消耗系数	260	0.090	0.025	0.042	0.183
KLr	固定资产合计/年末从业人员数	260	20.437	26.447	1.441	160.102
Scale	行业产值/总产值	260	0.077	0.047	0.010	0.187
FO	外商及港澳台商工业总产值/规模以上工业企业总产值	260	0.279	0.130	0.014	0.686
RD	研发经费内部支出/总产出	260	0.012	0.007	0.001	0.030
AC	主营业务成本/主营业务收入	260	0.843	0.037	0.736	0.981
AP	营业利润/主营业务收入	260	0.069	0.036	-0.049	0.182
SO	国有企业工业产值/规模以上工业企业总产值	260	0.272	0.224	0.013	0.970

表1显示，中国制造业比较优势的均值大于1，达到1.593，整体而言，各行业在世界范围内具有一定的比较优势。比较优势最小值仅为0.141，最大值高达4.635，标准差为0.992，表明中国制造业不同行业之间的比较优势差异较大。比较国内服务业、国外服务业与中国制造业产业融合化的数值可以得出，1995~2014年中国制造业与国内服务业产业融合水平的均值为0.328，远高于与国外服务业产业融合的平均水平0.090，这与理论框架中国内服务中间品份额大于国外服务中间品份额的假设相符合。

四　实证分析

这一部分，本文构建了服务业与制造业产业融合水平影响中国制造业比较优势的计量模型，对国内服务业、国外服务业与制造业产业融合的影响程度与方向的异质性进行分析。在此基础上，以平均成本和平均利润为中介变量，参考Liu和Mao（2019）、刘斌和甄洋（2022）的做法，分析核心变量对中介变量的影响，研究产业融合化对制造业比较优势的作用机制。

（一）产业融合化对制造业比较优势的影响

1.模型构建与基本估计结果

基于前文计算的变量，构建中国产业融合化对制造业比较优势影响的计量模型为：

$$RCAV_{it} = \rho_0 + \rho_1 Serv_{it} + \rho_2 KLr_{it} + \rho_3 Scale_{it} + \rho_4 FO_{it} + \rho_5 RD_{it} + \lambda_i + \gamma_t + \mu_{it} \tag{31}$$

其中，i、t分别为中国制造业细分行业和年份的标识，$Serv$为不同类型的制造业与服务业产业融合化变量，ρ_0~ρ_5为待估参数，基准回归模型还控制了行业固定效应λ_i与年份固定效应γ_t，μ_{it}为随机误差项。为减弱反向因果的内生性问题，在实证模型中，对解释变量和控制变量均进行了滞后一期处理。

本文采用制造业与整体服务业的产业融合化（*Totserv*）、按照地域特征划分的中国制造业与国内服务业产业融合化（*Intserv*）和中国制造业与国外服务业产业融合化（*Extserv*）变量，基于式（31）进行了面板固定效应模型的估计，得到三种产业融合化对中国制造业比较优势的影响结果。由于相同行业可能存在自相关，不同行业随机干扰项之间的相关性较弱，本文对行业层面进行了聚类调整，在回归中使用了聚类稳健的标准误。根据表2可得，中国制造业与整体服务业的产业融合化对比较优势的影响系数为0.314，在1%的显著性水平下高度显著。整体产业融合化对制造业比较优势的促进作用可以通过规模经济和范围经济等多种渠道实现。

如前所述，制造业将其不具备比较优势的服务环节进行分离后，服务作为中间投入品重新嵌入制造业的产业链，实现了制造业与服务业分工细化、紧密结合的生产方式，推动了两类行业生产专业化程度的提高。在这一生产流程的改造过程中，中国制造业的要素禀赋与服务投入重新组合，自身资源得到优化配置的同时降低了生产成本，以形成规模优势的方式增强了比较优势。

表2　按照产业融合来源地域特征分类的回归结果

变量	(1)	(2)	(3)	(4)	(5)
	RCAV				
Totserv		0.314***			
		(3.398)			
Intserv			−0.170***		−0.155***
			(−3.165)		(−3.965)
Extserv				0.275***	0.317***
				(3.340)	(4.154)
KLr	−0.592*	−0.315	−0.552*	−0.521**	−0.931*
	(−1.823)	(−0.900)	(−1.830)	(−2.210)	(−1.862)
Scale	1.008**	−0.585**	0.766**	2.390***	1.861***
	(3.048)	(−2.507)	(2.590)	(6.387)	(5.603)
RD	−0.700***	0.476*	−0.736***	−0.484**	−1.048***
	(−4.371)	(1.822)	(−5.451)	(−2.707)	(−4.776)
FO	−0.287**	0.135	−0.063	−0.364***	−0.458***
	(−2.989)	(1.111)	(−0.486)	(−3.609)	(−8.212)
行业固定效应	是	是	是	是	是
年份固定效应	是	是	是	是	是
样本量	247	247	247	247	247
R^2值	0.870	0.738	0.887	0.862	0.793

注：*、**、***分别表示在10%、5%和1%的显著性水平下显著；()内是估计系数对应的t值；标准误聚类到行业层面。

除此之外，服务产品往往具有知识密集型和技术密集型特征，其作为中间产品投入制造业生产环节，即将高技术含量产品注入制造业的生产过程，不仅直接推动了中国制造业的生产技术进步，而且通过产业链中的前后向联系产生技术溢出效应间接促进了其技术水平的提高。在此基础上，技术进步将有助于中国制造业进行多类型、差异化产品的生产，进而形成范围经济以增强比较优势。同时，位于产业链下游的服务环节嵌入制造业的生产销售过程，提升了其流通能力与运输效率，进一步增强了其产品在国际市场中的比较优势。微观层面消费者对各类具有服务属性的制造业产品的依赖度高，对价格冲击或市场竞争的反应不敏感，从而保证制造业企业能够获得稳定的收入和渐进的比较优势。

表2显示，国外服务业、国内服务业与中国制造业产业融合化对中国制

造业产生了不同的影响，国外服务业产业融合的影响系数显著为0.275，国内服务业产业融合则对中国制造业比较优势具有显著的负向影响，影响系数为-0.170，即与国内服务业产业融合不利于其比较优势的增强，由此产生了“产业融合悖论”或“产业融合困境”现象（Gebauer等，2005）。中国制造业与国内服务业产业融合化对中国制造业比较优势的抑制作用，与国内服务业的发展水平较低、制造业现有中低端优势产业提升空间有限且高端产业的贸易自由化程度不足等因素有关。

中国制造业在国际市场中的优势产业为加工贸易行业，这些产业生产成本持续降低的空间较小，而且由于技术吸收能力与自主创新能力有限，很难在与国内服务业产业融合的技术溢出过程中受益；对非优势产业而言，国内服务业对国外服务业产品的替代效应虽然能够带来生产成本的进一步下降，但国外服务业提供产品的质量可能相对更高，并且其能够通过资金、技术以及运输渠道的支持弥补制造业在拓展海外市场时因信息不对称而导致的沟通门槛以及隐性连接成本过高等问题，提高贸易自由化水平，进而显著增强比较优势。

2.内生性问题探讨

在研究制造业服务业产业融合化与价值链地位、行业或企业增值能力以及全要素生产率等之间的相关性时，不可避免地需要讨论内生性问题。在基本回归模型中控制了年份与行业的固定效应并将解释变量和控制变量滞后一期后，部分可以缓解由遗漏变量造成的解释变量和控制变量与残差相关引发的内生性问题（许和连等，2017；唐志芳和顾乃华，2018）。然而，产业融合化与行业比较优势之间可能存在双向因果关系，全球价值链中具有比较优势的制造业部门，在满足国内外最终需求时具有更强的增值能力，生产过程中更倾向于采用包括服务业产品在内的多种中间品提高生产效率、降低生产成本，进而刺激产业融合水平的进一步提升。

本文参考吕越等（2017）、刘维刚和倪红福（2018）、黄玉霞和谢建国（2019）、李宏和刘玲琦（2019）的研究，选取日本产业融合化、印度产业融合化等作为中国产业融合化的工具变量。其中，印度与中国同为金砖国家和发展中国家，在经济发展阶段等方面具有一定的相似性，本文将印度制造业与整体服务业的产业融合化、与国内服务业的产业融合化、与国外服务业的产业融合化变量分别作为中国整体产业融合化、国内产业融合化、国外产业融合化的工具变量；中国和日本互为服务业产品的来源国，本文将日本制造业的整体产业融合化、国外产业融合化和国内产业融合化分别作为中国制造业整体产业融合化、国内产业融合化和国外产业融合化的工具变量。在变量选取和处理的基础上，再次对模型式（31）进行两阶段最小二乘（2SLS）回归，回归结果列于表3。

表3 面板工具变量2SLS回归结果

变量	（1）第一阶段（*Totserv*）	（2）第二阶段（*RCAV*）	（3）第一阶段（*Intserv*）	（4）第二阶段（*RCAV*）	（5）第一阶段（*Extserv*）	（6）第二阶段（*RCAV*）
IND_Totserv	0.447*** （4.916）					
JPN_Totserv	−0.221** （−2.019）					
Totserv		0.309** （2.249）				
IND_Intserv			0.381*** （3.909）			
JPN_Extserv			−0.154** （−2.404）			
Intserv				−0.333** （−2.505）		
IND_Extserv					0.358*** （4.522）	
JPN_Intserv					0.320* （1.761）	
Extserv						0.465** （2.252）
控制变量	是	是	是	是	是	是
行业固定效应	是	是	是	是	是	是
年份固定效应	是	是	是	是	是	是
Sanderson-Windmeijer Multivariate F值	12.34 [0.001]		12.67 [0.001]		12.24 [0.001]	
Kleibergen-Paap rk LM值	6.517 [0.038]		6.688 [0.035]		5.424 [0.066]	

续表

变量	(1) 第一阶段 (*Totserv*)	(2) 第二阶段 (*RCAV*)	(3) 第一阶段 (*Intserv*)	(4) 第二阶段 (*RCAV*)	(5) 第一阶段 (*Extserv*)	(6) 第二阶段 (*RCAV*)
Cragg-Donald wald F值	54.076 {19.93}		31.490 {19.93}		24.045 {19.93}	
Hansen J值	0.664 [0.415]		2.055 [0.152]		0.459 [0.498]	
样本量	247	247	247	247	247	247
R^2值		0.496		0.341		0.308

注：*、**、***分别表示在10%、5%和1%的显著性水平下显著；( ) 内是估计系数对应的t值；[ ] 内是工具变量检验统计量对应的p值；{ } 为Stock-Yogo检验在10%水平下的临界值；标准误聚类到行业层面。

表3显示，考虑模型的内生性后，第一阶段回归结果中工具变量与核心解释变量高度相关，第二阶段回归结果中制造业与服务业的整体产业融合化、国内产业融合化与国外产业融合化对制造业比较优势的影响方向与本文的主要结论一致。对两种工具变量进行不可识别检验（Kleibergen-Paap rk LM 检验）、弱工具变量检验（Cragg-Donald wald F 检验）以及过度识别检验（Hansen J 检验）的结果表明，不存在工具变量不可识别和弱工具变量以及过度识别的问题。因此，将日本产业融合化与印度产业融合化作为中国产业融合化的工具变量是合适的。

（二）稳健性检验

将式（26）中的最终需求向量Y替换为最终产品的出口向量E，得到不同国家各个行业由最终产品出口引致的增加值形成（Liu等，2020），在此基础上按照式（30）重新计算中国制造业各行业的比较优势指数，将其作为比较优势的替代变量，记作$RCAF$。除此之外，本文还根据出口总额计算了传统比较优势指数（RCA），如式（32）所示：

$$RCA = \frac{e_d^m / \left(e_d^m + e_d^s + e_d^o\right)}{\left(e_d^m + e_f^m\right) / \left(e_d^m + e_d^s + e_d^o + e_f^m + e_f^s + e_f^o\right)} \tag{32}$$

式（32）中各项含义参见式（30），分别表示不同国家不同行业的产品出口额。与*RCAV*的含义类似，*RCA*代表了制造业出口在中国总出口中的占比除以整个世界范围内制造业出口在全部国家总出口中的占比。

将最终产品增加值出口计算的中国制造业比较优势指数（*RCAF*）和传统比较优势指数（*RCA*）作为因变量，将其对制造业和服务业的整体产业融合化、国内产业融合化和国外产业融合化进行回归，得到稳健性检验结果，如表4所示。

表4　稳健性检验估计结果

变量	(1)	(2)	(3)	(4)	(5)	(6)	(7)	(8)
	最终品增加值出口比较优势（*RCAF*）				产品出口总额比较优势（*RCA*）			
Totserv	0.316^{***} (3.282)				0.244^{**} (2.278)			
Intserv		-0.126^{**} (−2.229)		-0.158^{***} (−4.142)		-0.242^{**} (−2.670)		-0.171^{**} (−2.333)
Extserv			0.270^{***} (3.270)	0.311^{***} (4.108)			0.388^{***} (3.566)	0.336^{**} (2.320)
控制变量	是	是	是	是	是	是	是	是
行业固定效应	是	是	是	是	是	是	是	是
年份固定效应	是	是	是	是	是	是	是	是
样本量	247	247	247	247	247	247	247	247
R^2值	0.732	0.891	0.862	0.792	0.831	0.802	0.852	0.837

注：同表2。

对比表4与表2中各类产业融合化变量前系数的符号和显著性可得，在稳健性检验结果中不同类型的产业融合化对中国制造业比较优势仍然具有显著影响，且影响方向与基准回归结果保持一致，即整体产业融合化、国外产业融合化为正向影响，国内产业融合化的影响为负，验证了估计结果的稳健性和研究结论的可靠性。

（三）机制分析

为了进一步检验中国产业融合化对制造业比较优势影响的传导机制，本文构建了包含产业融合化、生产成本和生产利润的中介效应模型：

$$Z_{it} = \alpha_0 + \alpha_1 Serv_{it} + \alpha_2 RD_{it} + \alpha_3 SO_{it} + \alpha_4 Scale_{it} + \lambda_{1i} + \gamma_{1t} + \varepsilon_{1it} \tag{33}$$

其中，Z为平均成本AC或平均利润AP变量。式（33）中成本方程用于测度产业融合化对制造业平均成本的影响效应，理论模型中已经对其进行了说明。另外，生产成本往往与生产利润相匹配，更低的生产成本对应于更高的盈利能力与行业利润率（谭莹等，2022；刘竹青和盛丹，2021；何欢浪等，2021），本文将营业利润除以主营业务收入得到平均利润（王碧珺等，2018），进一步验证产业融合化对平均生产成本和利润的共同影响。考虑到成本与比较优势的影响因素存在明显差别，参考李政和杨思莹（2018）、李静和楠玉（2019）以及刘灿雷等（2018）的研究，本文在成本方程中加入研发强度（RD）、国有企业比重（SO）和规模因素（$Scale$）作为控制变量，其均为影响行业或企业成本的重要变量。成本方程和利润方程中均控制了行业与年份的固定效应。

采用中国制造业各细分行业的数据对模型式（33）进行估计，得到机制检验结果表5。表5显示，中国制造业与整体服务业产业融合化、与国内服务业产业融合化对于平均成本的影响系数分别为-0.253和-0.256，两者均能够显著降低平均成本，而与国外服务业的产业融合化对其影响系数则显著为0.351，该类产业融合增加了制造业的平均成本，产业融合化对平均利润的影响方向与平均成本恰好相反，均在1%的显著性水平下高度显著。制造业与国内服务业的产业融合可以通过多种途径降低制造业的生产成本：一方面，与制造业生产服务产品的机会成本相比，服务行业供给的专业化产品价格更低，将其作为中间投入能够直接降低生产成本；另一方面，如前所述，当服务活动分离于制造业之外时，制造业可以将其内部资源进行优化配置，通过部分生产环节的专业化和规模化形成间接的成本降低与利润增加效应（Crozet和Milet，2017）。

表5　以平均成本和平均利润为中介变量的机制检验结果

变量	(1)	(2)	(3)	(4)	(5)	(6)	(7)	(8)
	平均成本（AC）方程				平均利润（AP）方程			
Totserv	−0.253***				0.174***			
	(−3.732)				(3.156)			
Intserv		−0.256***		−0.245**		0.187***		0.154***
		(−4.153)		(−2.291)		(3.846)		(3.322)
Extsev			0.351**	0.273***			−0.512***	−0.552***
			(2.198)	(3.210)			(−4.736)	(−4.873)
RD	−0.279*	−0.443**	0.567*	−0.449***	−0.021	0.196**	0.343**	0.436***
	(−1.842)	(−2.655)	(2.105)	(−4.052)	(−0.173)	(2.868)	(2.979)	(5.974)
SO	−1.801*	−2.740*	−2.191***	−0.251	0.304	1.012*	0.887*	0.421*
	(−1.886)	(−1.889)	(−3.451)	(−0.564)	(0.387)	(1.804)	(1.957)	(1.880)
Scale	1.214***	1.243***	−0.345	0.650***	−0.406***	−0.483***	−0.253**	−0.059
	(4.152)	(3.267)	(−1.112)	(3.092)	(−3.101)	(−5.148)	(−2.235)	(−0.378)
行业固定效应	是	是	是	是	是	是	是	是
年份固定效应	是	是	是	是	是	是	是	是
样本量	247	247	247	247	247	247	247	247
R^2值	0.782	0.723	0.721	0.760	0.853	0.867	0.766	0.787

注：同表2。

与国内产业融合化不同，中国制造业与国外服务业进行产业融合时会产生更高的距离搜寻与协调成本（Mukim，2015）。同时，中间品跨国界和跨行业中转的路径变长、频率增大，在这一过程产生的成本统称制造业与服务业的“连接成本”（Jones和Kierzkowski，1990）。中国制造业使用国内服务产品时，行业之间几乎不存在贸易门槛与信息隔离，产业融合程度高、连接成本低；而当中国制造业从国外进口中间服务品时，地理距离和信息不对称等因素使得中转过程相对不畅，易于产生损耗。制造业对国外服务的吸纳程度受到国内与国外双重政策导向因素的影响，不确定性与波动性更强，国外服务产品为中国制造业节约的生产成本甚至不足以弥补连接成本的增量，因而造成了制造业平均成本的上升。

综合表5与表2的结果进一步思考可得，除了成本渠道之外，产业融合化还可能受到技术水平、产业链位置等因素的影响，导致与国内服务业的产业融合化不利于其比较优势提升，需要进一步检验。

五　中国制造业国内“产业融合悖论”的反思

在实证检验与机制分析中，国内服务业融入中国制造业降低了平均成本却未能提升中国制造业的绩效水平，产生“产业融合悖论”或使其陷入“产业融合困境”；国外服务业的融入尽管压缩了制造业的利润空间，但是提升了其在国际市场中的相对占有率，因而成为制造业企业的优先选择，原因在于，相比于“成本效应”，中国制造业国内产业融合化与国外产业融合化对其绩效的影响更多地体现在“质量效应”方面。仅从产业融合影响制造业产品价格或成本的角度考虑，未考虑到产业融合的质量问题，应从“量”和“质”两个方面，特别是“质”的方面对国内服务业和国外服务业融入制造业的区别进行反思，以体现两类产业融合化的真实差异。

部分学者认为，生产投入的服务质量与服务种类能够影响企业的技术溢出能力与技术吸收效率（刘维刚等，2020；杨继军等，2020），通过全要素生产率作用于制造业的比较优势。具体而言，技术吸收反映制造业各行业自身的研发与创新能力，技术吸收效率越高，越有可能通过学习效应、示范效应在不同类型的产业融合过程中受益；技术溢出则强调中国制造业各行业与前沿技术水平的差距，与世界前沿技术水平差距越大，在产业融合进程中获得技术溢出的概率就越大（Liu等，2021；吕越等，2018）。为检验这一渠道是否存在，本文参考了刘斌和顾聪（2022）、李丹等（2022）的做法将这两个指标以交互项的形式引入计量模型。其中，创新产出衡量了行业的技术创新能力（袁建国等，2015），制造业各行业新产品销售收入占产品销售收入的比重能够刻画行业的技术吸收能力；技术差距是影响行业接受技术溢出的重要因素，参考Santacreu和Zhu（2018）、刘斌和潘彤（2020）的研究，计算中国制造业各行业的全要素生产率与美国全要素生产率的比值作为技术溢出水平的代理变量，调节效应模型如式（34）所示。

$$RCAV_{it} = \beta_0 + \beta_1 Serv_{it} + \beta_2 Absorb_{it} \times Serv_{it} + \beta_3 Spillover_{it} \times Serv_{it} + \beta_4 Absorb_{it} + \beta_5 Spillover_{it} + \beta_6 KLr_{it} + \beta_7 Scale_{it} + \beta_8 FO_{it} + \beta_9 RD_{it} + \lambda_i + \gamma_t + \mu_{it} \quad (34)$$

其中，*Absorb*和*Spillover*分别为中国制造业各行业的技术吸收能力与技术溢出水平，数据来源于《中国科技统计年鉴》和WIOD公布的SEA数据库，回归结果如表6所示。

表6　以技术吸收和技术溢出为调节变量的机制检验结果

变量	(1)	(2)	(3)	(4)
	RCAV			
Totserv	0.160* (2.001)			
Intserv		−0.134*** (−3.206)		−0.252*** (−5.135)
Extserv			0.112* (1.889)	−0.069 (−0.682)
Absorb×Totserv	0.075* (1.882)			
Absorb×Intserv		0.105*** (3.610)		0.148*** (3.699)
Absorb×Extserv			0.074* (1.868)	0.145** (2.787)
Spillover×Totserv	−0.117** (−2.744)			
Spillover×Intserv		−0.041** (−2.239)		−0.107** (−2.362)
Spillover×Extserv			0.061* (1.846)	−0.166* (−1.905)
Absorb	−0.285** (−2.443)	−0.191*** (−3.757)	−0.265*** (−3.112)	−0.189*** (−3.719)
Spillover	−0.151** (−2.921)	−0.252*** (−5.319)	−0.239*** (−3.197)	−0.068 (−0.974)
控制变量	是	是	是	是
行业固定效应	是	是	是	是
年份固定效应	是	是	是	是
样本量	247	247	247	247
R^2值	0.851	0.876	0.902	0.901

注：同表2。

表6显示，技术吸收能力与中国制造业整体产业融合化、国内产业融合化以及国外产业融合化交互项系数符号显著为正，产业融合通过提高技术吸收能力促进了制造业比较优势的增强。技术溢出在整体产业融合化、国内产业融合化影响比较优势的过程中具有显著的负向调节作用，即与技术前沿差距的收敛削弱了制造业的比较优势，与之相反，缩小技术差距能够增强国外产业融合化对比较优势的正向影响。技术溢出对不同类型产业融合化影响比较优势的调节效应存在差异，这与制造业的发展水平、服务业的技术含量，以及制造业与服务业、制造业与海外市场的匹配程度有关。中国制造业现有优势产业的技术含量较低，国内产业融合化对这些产业的影响主要集中在降低成本、扩大已有市场而不是技术提升上；国外服务业拥有更高的技术复杂度，在与制造业相匹配时，对制造业自身也有一定的技术要求，否则过大的技术隔阂不利于行业产品创新与市场开发，对比较优势形成产生抑制作用。此外，国外服务业与制造业产业融合带来贸易自由化水平提高，技术吸收能力越强、与前沿技术差距越小的制造业部门能够通过学习或模仿国外先进的生产技术、管理经验等来提高自身的技术水平，获得更高的比较优势，产生“逃离竞争效应”；对于技术吸收能力较弱、与前沿技术差距较大的行业而言，国外产业融合对国内产业融合具有替代效应，产生的进口竞争会压缩制造业各行业的利润空间，抑制企业创新意愿，即存在更为明显的“熊彼特效应”（Liu和Qiu，2016；张峰等，2021）。在服务业技术复杂度与制造业发展水平差异的影响下，中国制造业国内产业融合化不利于现有比较优势的激励或促进，而国外产业融合化则可能会形成比较优势的创造效应。

除技术渠道外，国内服务业与国外服务业所处产业链位置不同可能是造成产业融合差异化影响的另一重要因素。本文采用Antràs等（2012）方法测算了中国制造业各行业的上游度指数，在计量模型中引入产业融合化核心变量与行业上游度的交互项，如式（35）所示：

$$\begin{aligned} RCAV_{it} = \beta_0 + \beta_1 Serv_{it} + \beta_2 Upstream_{it} \times Serv_{it} + \beta_3 Upstream_{it} + \beta_4 KLr_{it} \\ + \beta_5 Scale_{it} + \beta_6 FO_{it} + \beta_7 RD_{it} + \lambda_i + \gamma_t + \mu_{it} \end{aligned} \tag{35}$$

其中，$Upstream_{it}$为i行业t年的上游度指数，回归结果列于表7。

表7　以行业上游度为调节变量的机制检验结果

变量	(1)	(2)	(3)	(4)
	RCAV			
Totserv	0.308* (1.838)			
Intserv		−0.214*** (−3.203)		−0.183*** (−3.098)
Extserv			0.262** (2.782)	0.199* (1.934)
Upstream×Totserv	0.234** (2.182)			
Upstream×Intserv		0.146** (2.644)		0.133* (2.088)
Upstream×Extserv			−0.030 (−0.306)	−0.002 (−0.023)
Upstream	0.815*** (3.571)	0.885*** (4.238)	0.999*** (4.489)	0.682*** (5.306)
控制变量	是	是	是	是
行业固定效应	是	是	是	是
年份固定效应	是	是	是	是
样本量	247	247	247	247
R^2值	0.775	0.876	0.886	0.875

注：同表2。

估计结果显示，上游度与整体产业融合化和国内产业融合化的交互项系数显著为正，分别为0.234和0.146，与国外产业融合化的交互项系数为负且不显著，表明国内服务业的融入对上游制造业行业比较优势的促进作用更大。在国际生产网络中，上游行业与最终需求端的距离较远，主要通过中间品贸易的方式融入全球价值链。中国制造业上游行业以较为低端的木材加工、橡胶塑料制品和石油加工为主，国内服务业的融入进一步降低了其生产成本，加深了垂直专业化分工程度并巩固了现有的比较优势。相比于国内服务业，国外服务业不仅在技术研发和产品设计等上游环节具有相对优势，而且在接近最终需求端的营销、运输服务环节也能够发挥重要的作用，如为高端制造业产品提供国际市场的准入许可，使技术含量较高的产业如电子及通信设备制造业、交通运输设备制造业形成新的比较优势。

因此，国内外服务业所处产业链位置的不同，导致国内产业融合化和国外产业融合化对中国制造业绩效的影响效应存在差别。

在技术含量不同和产业链位置差异等因素的共同作用下，具有稀缺性或不可替代性的国外服务业产品能够对中国制造业产生“促进效应”，国内服务业与中国制造业产业融合则在部分领域抑制了中国制造业服务中间品投入来源的多元化，形成了相对固化的价值链分工地位和国际贸易格局。此外，由于地理距离差异，产业融合化在国内的流通成本可能更低，但是国外服务业的融入有利于制造业出口企业熟悉国际市场，进而缩短与东道国的制度距离和文化距离等，两类产业融合具有不同的距离优势。因此，国内和国外服务业与制造业产业融合化对中国制造业比较优势的影响是由多种因素共同决定的，应在包含数量和质量的多维框架下充分思考和反复论证。

六 结论与政策建议

本文构建了制造业部门使用不同来源服务中间品的一般均衡模型，对制造业和服务业在投入端的产业融合化进行了刻画，探寻了产业融合化成本效应产生的理论依据。基于国际投入产出表计算了中国制造业比较优势变量，实证检验了不同类型的产业融合化对于比较优势的影响效应及其降低制造业平均成本的传导机制，主要研究结论如下。

中国制造业与国外服务业产业融合通过推动贸易自由化、产生技术溢出效应等途径有效促进了中国制造业比较优势的提升。与国外产业融合化不同，国内产业融合化对于中国制造业比较优势具有显著的抑制作用，产生了“产业融合悖论”现象，这与制造业发展水平较低、服务业作用渠道有限，以及制造业与服务业、制造业与海外市场匹配度不足等因素有关。中国制造业通过中低端产业的加工贸易融入全球价值链，国外服务业提供了更为便利的资金、技术以及运输渠道支持，提升了中国制造业的增加值和比较优势。

本文检验了中国制造业与服务业产业融合化对制造业比较优势影响的传导机制，结果显示国内产业融合化能够显著降低制造业的平均成本并提升平均利润，国外产业融合化的影响则与之相反。在制造业国外产业融合化的过程中，中间品跨国界和跨行业中转的路径变长，当国外服务中间品相对于国内服务中间品的效率优势不足以弥补连接成本增加的劣势时，造成制造业平均成本的增加和比较优势的削弱。

单纯地从利润最大化或成本最小化的角度出发，鼓励提升国内服务业的融入水平可能会在一定程度上产生"低等技术替代"问题，需进一步从技术渠道和产业链位置等角度解释产业融合的差异化影响以及国内服务业融入制造业时产业融合"悖论"产生的原因。本文通过检验技术溢出、技术吸收以及产业上游度在产业融合化影响比较优势中的调节效应发现，服务业融入通过提高行业的技术吸收能力促进了制造业比较优势提升，与前沿技术差距越小的部门越能够在国外产业融合化进程中受益，处于产业链上游的制造业行业则更多地得益于国内产业融合化对其比较优势的促进效应，产业融合化对比较优势影响的总效应取决于"成本效应"与"质量效应"的共同作用。在中国制造业生产环节中嵌入国外高端服务后，如何通过产业关联产生贸易便利化与技术溢出效应，是实现"中国制造"技术水平和增值能力提升，进而摆脱位于价值链低端的价格竞争、迈向价值链中高端的关键。在产业融合过程中，中国制造业企业必须采用"干中学"，提高自主创新能力与技术吸收效率，降低与海外市场的连接成本和匹配门槛，逐步实现产业升级，突破低端产业的价值链"锁定"，形成比较优势的激发与创造效应。

政府应深入推进我国服务业的供给侧结构性改革，以降低服务业进入壁垒、促进要素自由流动为途径，实现要素配置结构优化，进而克服"低效率"和"成本病"的问题，走出"低端服务—简单制造"的困境，实现服务业与制造业的协同发展。例如，各地政府部门应重点在基础设施建设和产能合作领域实现经济社会效益最大化，通过培育、引进综合服务供应商，提升其服务制造业企业的效率。与之对应，政府也应为制造业搭建高效便捷的交易平台与生产网络，建设跨境电商与自贸区，逐步完善金融保障体系，推动第三方市场发展，助力于其拓宽产品渠道、减少交易壁垒，有效促进贸易发展，加快形成制造业与服务业的双向互动机制。

中国服务业应注重分类产品质量的阶梯型优化升级，重塑制造业与服务业的技术体系、生产模式和产业形态。具体措施为，对于基础性服务行业，应以优化产业结构和要素配置结构、增强其与制造业部门的需求贴近度及产品匹配度为目标，通过形成规模经济与范围经济的方式降低产品价格与连接成本；在高端服务业生产领域，应将提高产品质量、缩小其与国外服务业效率差距为出发点，尽可能地在新兴服务领域加强顶层设计与战略规划，形成弥补国外服务缺口的有效供给，积极发展5G、人工智能、金融科技等数字新兴产业，以点带面增进其服务实体经济的能力，最终使得国内服务业能够自主为制造业持续提供质优价廉的中间产品，从根本上促使中国制造业将服务业产品作为其优先选择，增强产业融合的韧性与稳定性，加快绿色发展。

本文的研究结论从产业融合的角度为新发展阶段下贯彻新发展理念、构建新发展格局提供了重要的政策启示。摆脱中国制造业在全球价值链中的低端锁定，需要在参与全球价值链的过程中注重国内价值链的完善，以国内循环带动国际循环，实现双循环协同发展。畅通国内大循环的关键在于深化供给侧结构性改革，提高供给对需求的匹配程度和引领能力。从行业角度出发，国内生产网络的发展使制造业产业链上中下游衔接更为紧密，鼓励制造业与服务业产业融合能够进一步打破制造业内部的行业封闭，推动制造业产业模式和企业形态发生根本性转变。实现国内国际双循环相互促进，应通过释放内需潜力使国内市场和国际市场更好地联通。国内产业链建设提高了国内服务业产品的供给质量，提高其与制造业产业融合水平能够适应并满足日益多样化的国内外需求，而制造业和国外服务业的产业融合化则有助于实现高水平“引进来”和高质量“走出去”的同步结合，达成引外补内和以内促外。一方面，鼓励中国制造业引入更高水平的能源资源、先进技术和消费产品，推动更加多元化的国际资源合作、科技合作和商品合作，主动扩大进口范围，促使制造业产品的生产标准与国际接轨；另一方面，引导中国制造业由引进外资到对外投资、由引进技术到输出技术、由低端出口向高端出口渐进式转变，发挥国内超大规模市场优势，从资金、技术和商品层面补链强链、延链扩链，在促进自身发展的同时，提高中国制造业在全球生产网络中的融入位置。

参考文献

[1] 陈丽娴，2017，《制造业企业服务化战略选择与绩效分析》，《统计研究》第9期。

[2] 程大中，2008，《中国生产性服务业的水平、结构及影响——基于投入—产出法的国际比较研究》，《经济研究》第1期。

[3] 戴翔、金碚，2013，《服务贸易进口技术含量与中国工业经济发展方式转变》，《管理世界》第9期。

[4] 戴翔，2016，《中国制造业出口内涵服务价值演进及因素决定》，《经济研究》第9期。

[5] 杜运苏、彭冬冬，2018，《制造业服务化与全球增加值贸易网络地位提升——基于2000-2014年世界投入产出表》，《财贸经济》第2期。

[6] 盖庆恩、方聪龙、朱喜、程名望，2019，《贸易成本、劳动力市场扭曲与中国的劳动生产率》，《管理世界》第3期。

[7] 顾乃华、夏杰长，2010，《对外贸易与制造业投入服务化的经济效应——基于2007年投入产出表的实证研究》，《社会科学研究》第5期。

[8] 何欢浪、蔡琦晟、章韬，2021，《进口贸易自由化与中国企业创新——基于企业专利数量和质量的证据》，《经济学（季刊）》第2期。

[9] 黄蕙萍、缪子菊、袁野、李殊琦，2020，《生产性服务业的全球价值链及其中国参与度》，《管理世界》第9期。

[10] 黄群慧、霍景东，2015，《产业融合与制造业服务化：基于一体化解决方案的多案例研究》，《财贸经济》第2期。

[11] 黄玉霞、谢建国，2019，《制造业投入服务化与碳排放强度——基于WIOD跨国面板的实证分析》，《财贸经济》第8期。

[12] 李丹、宋换换、崔日明，2022，《进口中间品内嵌技术与企业创新》，《国际贸易问题》第8期。

[13] 李宏、刘玲琦，2019，《制造业服务化促进出口产品质量升级机制研究》，《山西大学学报（哲学社会科学版）》第6期。

[14] 李静、楠玉，2019，《人力资本错配下的决策：优先创新驱动还是优先产业升级?》，《经济研究》第8期。

[15] 李政、杨思莹，2018，《财政分权、政府创新偏好与区域创新效率》，《管理世界》第12期。

［16］刘斌、顾聪，2022，《跨境电商对企业价值链参与的影响》，《统计研究》第8期。

［17］刘斌、潘彤，2020，《人工智能对制造业价值链分工的影响效应研究》，《数量经济技术经济研究》第10期。

［18］刘斌、王乃嘉、屠新泉，2018，《贸易便利化是否提高了出口中的返回增加值》，《世界经济》第8期。

［19］刘斌、王乃嘉，2016，《制造业投入服务化与企业出口的二元边际——基于中国微观企业数据的经验研究》，《中国工业经济》第9期。

［20］刘斌、魏倩、吕越、祝坤福，2016，《制造业服务化与价值链升级》，《经济研究》第3期。

［21］刘斌、赵晓斐，2020，《制造业投入服务化、服务贸易壁垒与全球价值链分工》，《经济研究》第7期。

［22］刘斌、甄洋，2022，《数字贸易规则与研发要素跨境流动》，《中国工业经济》第7期。

［23］刘灿雷、康茂楠、邱立成，2018，《外资进入与内资企业利润率：来自中国制造业企业的证据》，《世界经济》第11期。

［24］刘维刚、倪红福，2018，《制造业投入服务化与企业技术进步：效应及作用机制》，《财贸经济》第8期。

［25］刘维刚、周凌云、李静，2020，《生产投入的服务质量与企业创新——基于生产外包模型的分析》，《中国工业经济》第8期。

［26］刘奕、夏杰长、李垚，2017，《生产性服务业集聚与制造业升级》，《中国工业经济》第7期。

［27］刘竹青、盛丹，2021，《贸易自由化、产品生命周期与中国企业的出口产品结构》，《经济学（季刊）》第1期。

［28］吕越、陈帅、盛斌，2018，《嵌入全球价值链会导致中国制造的“低端锁定”吗?》，《管理世界》第8期。

［29］吕越、李小萌、吕云龙，2017，《全球价值链中的制造业服务化与企业全要素生产率》，《南开经济研究》第3期。

［30］吕云龙、吕越，2017，《制造业出口服务化与国际竞争力——基于增加值贸易的视角》，《国际贸易问题》第5期。

［31］吕政、刘勇、王钦，2006，《中国生产性服务业发展的战略选择——基于产业互动的研究视角》，《中国工业经济》第8期。

［32］潘文卿、王丰国、李根强，2015，《全球价值链背景下增加值贸易核算理论综述》，《统计研究》第3期。

［33］谭莹、李昕、杨紫、张勋，2022，《加征关税如何影响中国劳动力市场》，《世界经

济》第9期。

[34] 唐晓华、张欣钰、李阳，2018，《中国制造业与生产性服务业动态协调发展实证研究》，《经济研究》第3期。

[35] 唐志芳、顾乃华，2018，《制造业服务化、全球价值链分工与劳动收入占比——基于WIOD数据的经验研究》，《产业经济研究》第1期。

[36] 王碧珺、李冉、张明，2018，《成本压力、吸收能力与技术获取型OFDI》，《世界经济》第4期。

[37] 王直、魏尚进、祝坤福，2015，《总贸易核算法：官方贸易统计与全球价值链的度量》，《中国社会科学》第9期。

[38] 文东伟、冼国明，2009，《垂直专业化与中国制造业贸易竞争力》，《中国工业经济》第6期。

[39] 夏杰长、倪红福，2017，《服务贸易作用的重新评估：全球价值链视角》，《财贸经济》第11期。

[40] 肖挺，2018，《“服务化”能否为中国制造业带来绩效红利》，《财贸经济》第3期。

[41] 许和连、成丽红、孙天阳，2018，《离岸服务外包网络与服务业全球价值链提升》，《世界经济》第6期。

[42] 许和连、成丽红、孙天阳，2017，《制造业投入服务化对企业出口国内增加值的提升效应——基于中国制造业微观企业的经验研究》，《中国工业经济》第10期。

[43] 杨继军、刘依凡、李宏亮，2020，《贸易便利化、中间品进口与企业出口增加值》，《财贸经济》第4期。

[44] 杨勇，2019，《全球价值链要素收入与中国制造业竞争力研究》，《统计研究》第12期。

[45] 姚战琪，2010，《工业和服务外包对中国工业生产率的影响》，《经济研究》第7期。

[46] 袁建国、后青松、程晨，2015，《企业政治资源的诅咒效应——基于政治关联与企业技术创新的考察》，《管理世界》第1期。

[47] 张峰、战相岑、殷西乐、黄玖立，2021，《进口竞争、服务型制造与企业绩效》，《中国工业经济》第5期。

[48] Amiti M., Konings J. 2007. “Trade Liberalization, Intermediate Inputs, and Productivity: Evidence from Indonesia.” *American Economic Review* 97(5): 1611-1638.

[49] Amiti M., Wei S. J. 2009. “Service Offshoring and Productivity: Evidence from the US.” *World Economy* 32(2): 203-220.

[50] Antràs T., Chor D., Fally T., Hillberry R. 2012. “Measuring the Upstreamness of Production and Trade Flows.” NBER Working Paper 17819.

[51] Arnold J. M., Javorcik B. S., Mattoo A. 2011. “Does Services Liberalization Benefit

Manufacturing Firms: Evidence from the Czech Republic." *Journal of International Economics* 85(1): 136–146.

[52] Ayala N. F., Paslauski C. A., Ghezzi A., Frank A. G. 2017. "Knowledge Sharing Dynamics in Service Suppliers' Involvement for Servitization of Manufacturing Companies."*International Journal of Production Economics* (193): 538–553.

[53] Baines T., Lightfoot H. W. 2013. *Made to Serve: Understanding What it Takes for a Manufacturer to Compete through Servitization and Product–Service Systems*.West Sussex: John Wiley & Sons Ltd..

[54] Baines T., Lightfoot H. W. 2014. "Servitization of the Manufacturing Firm."*International Journal of Operations & Production Management* 34(1): 2–35.

[55] Bustinza O. F., Bigdeli A. Z., Baines T., Elliot C. 2015. "Servitization and Competitive Advantage: The Importance of Organizational Structure and Value Chain Position." *Research–Technology Management* 58(5): 53–60.

[56] Castellacci F. 2008. "Technological Paradigms, Regimes and Trajectories: Manufacturing and Service Industries in a New Taxonomy of Sectoral Patterns of Innovation."*Research Policy* 37(6): 978–994.

[57] Cohen W. M., Nelson R. R., Walsh J. P. 2000. "Protecting Their Intellectual Assets: Appropriability Conditions and Why U.S. Manufacturing Firms Patent (or Not)." NBER Working Paper Series w7552.

[58] Crozet M., Milet E. 2017. "Should Everybody be in Services? The Effect of Servitization on Manufacturing Firm Performance." *Journal of Economics & Management Strategy* (26): 820–841.

[59] Cui Y. Q., Liu B. 2018. "Manufacturing Servitisation and Duration of Exports in China." *World Economy* 41(6): 1695–1721.

[60] Ethier W. J. 1982. "National and International Return to Scale in the Modern Theory of International Trade."*American Economic Review* 72(3): 389–405.

[61] Francois J. F. 1990. "Trade in Producer Services and Returns due to Specialization under Monopolistic Competition."*Canadian Journal of Economics* (23): 109–124.

[62] Francois J., Manchin M., Tomberger P. 2015. "Services Linkages and the Value Added Content of Trade."*World Economy* 38(11): 1631–1649.

[63] Gebauer H., Fleisch E., Friedli T. 2005. "Overcoming the Service Paradox in Manufacturing Companies."*European Management Journal* 23(1): 14–26.

[64] Jones R. W., Kierzkowski H. 1990. *The Role of Services in Production and International Trade: A Theoretical Framework*.Oxford: Basil Blackwell.

[65] Koopman R., Wang Z., Wei S. J. 2014. "Tracing Value-Added and Double Counting in Gross Exports." *American Economic Review* 104(2): 459-494.

[66] Kowalkowski C., Windahl C., Kindström D., Gebauer H. 2015. "What Service Transition? Rethinking Established Assumptions about Manufacturers' Service-Led Growth Strategies." *Industrial Marketing Management* (45): 59-69.

[67] Lafuente E., Vaillant Y., Vendrell-Herrero F. 2019. "Territorial Servitization and the Manufacturing Renaissance in Knowledge-Based Economies." *Regional Studies* 53(3): 313-319.

[68] Liu Q., Lu R., Lu Y., Luong T. A. 2021. "Import Competition and Firm Innovation: Evidence from China." *Journal of Development Economics* (151): 102650.

[69] Liu Q., Qiu L. D. 2016. "Intermediate Input Imports and Innovations: Evidence from Chinese Firms' Patent Filings." *Journal of International Economics* (103): 166-183.

[70] Liu X., Mattoo A., Wang Z., Wei S. J. 2020. "Services Development and Comparative Advantage in Manufacturing." *Journal of Development Economics* (154): 102438.

[71] Liu Y., Mao J. 2019. "How do Tax Incentives Affect Investment and Productivity? Firm-Level Evidence from China." *American Economic Journal: Economic Policy* 11(3): 261-291.

[72] Long N. V., Riezman R., Soubeyran A. 2005. "Fragmentation and Services." *North American Journal of Economics & Finance* 16(1): 137-152.

[73] Low P. 2013. "The Role of Services in Global Value Chains." Fung Global Institute Working Paper FGI-2013-1.

[74] Markusen J. R. 1989. "Trade in Producer Services and in other Specialized Intermediate Inputs." *American Economic Review* 79(1): 85-95.

[75] Mastrogiacomo L., Barravecchia F., Franceschini F. 2019. "A Worldwide Survey on Manufacturing Servitization." *The International Journal of Advanced Manufacturing Technology* 103(9-12): 3927-3942.

[76] Mukim M. 2015. "Coagglomeration of Formal and Informal Industry: Evidence from India." *Journal of Economic Geography* 15(2): 229-251.

[77] Neely A. 2008. "Exploring the Financial Consequences of the Servitization of Manufacturing." *Operations Management Research* (1): 103-118.

[78] Reiskin E. D., White A. L., Johnson J. K. 1999. "Servicizing the Chemical Supply Chain." *Journal of Industrial Ecology* 3(2-3): 19-31.

[79] Robinson S., Wang Z., Martin W. 2002. "Capturing the Implications of Services Trade Liberalization." *Economic Systems Research* (14): 3-33.

[80] Santacreu A. M., Zhu H. 2018. "Domestic Innovation and International Technology Diffusion as Sources of Comparative Advantage." *Federal Reserve Bank of St. Louis Review* 100(4): 317-336.

[81] Slack N. 2005. "Patterns of Servitization: Beyond Products and Service." Institute for Manufacturing of Cambridge University Working Paper.

[82] Vandermerwe S., Rada J. 1988. "Servitization of Business: Adding Value by Adding Services." *European Management Journal* 6(4): 314-324.

[83] Viktor S., Zoran U., Ljupco K. 2016. "The Impact of Services on Economic Complexity: Service Sophistication as Route for Economic Growth." *PLOS ONE* 11(8): 16-33.

[84] Wang W. J., Lai K. H., Shou Y. Y. 2018. "The Impact of Servitization on Firm Performance: A Meta-analysis." *International Journal of Operations & Production Management* 38(7): 1562-1588.

[85] Wang Z., Wei S. J., Zhu K. 2013. "Quantifying International Production Sharing at the Bilateral and Sector Levels." NBER Working Paper 19677.

[86] White A. L., Stoughton M., Feng L. 1999. *Servicizing: The Quiet Transition to Extended Product Responsibility*. Boston: Tellus Institute.

（责任编辑：焦云霞）

政府数字关注与企业数字创新

——来自政府工作报告文本分析的证据

刘毛桃　方徐兵　李光勤*

摘　要： 如何从政策层面有效推动企业数字创新是值得关注的议题。政府数字关注作为政府将数字经济发展纳入决策议程以及提升数字经济资源配置效率的重要设计，是否会对企业数字创新产生重要影响？本文在分析政府数字关注影响企业数字创新内在机理的基础上，利用2001~2020年中国沪深A股上市公司数据系统考察了政府数字关注对企业数字创新的影响及其作用机制。研究发现，政府数字关注显著促进了企业数字创新，这一促进效应在技术密集型行业、小规模企业、非国有企业以及成长期和成熟型的企业组别中尤为明显。机制检验表明，企业数字化转型强化了政府数字关注对企业数字创新的促进作用；且政府数字关注通过增加政府补助、投资和企业研发投入等途径对企业数字创新产生影响。本文可为充分发挥政府数字关注对企业数字创新的促进效应，激发数字创新活力，进而为实现数字创新驱动发展提供有益参考。

关键词： 数字经济　政府数字关注　企业数字创新　数字化转型　政府补助

---

* 刘毛桃，博士研究生，上海财经大学公共经济与管理学院，电子邮箱：Liumaotao666@126.com；方徐兵（通讯作者），博士研究生，南京师范大学商学院，电子邮箱：fangxb1026@126.com；李光勤，副教授、硕士生导师，安徽财经大学国际经济贸易学院，电子邮箱：zjfcligq@126.com。本文获得安徽省哲学社会科学课题（AHSKY2022D050）的资助。感谢匿名审稿专家的宝贵意见，文责自负。

一 引言

大数据、人工智能等数字技术正全面渗透到社会各个领域，从根本上改变了传统的创新行为和商业模式，催生出了数字创新这一全新的模式（Nambisan等，2019）。数字创新是通过将数字技术与创新资源深度融合，对原有的创新过程进行重组，从而衍生出更多的新产业和新服务，这种创新模式成为推动经济高质量发展和创新驱动的新动能。党的二十大报告提出了加快建设数字中国，其中推动实现数字化创新被认为是解决企业技术创新质量问题的关键战略。另外，“十四五”规划提出坚持创新在现代化建设中的核心地位，不断强化数字创新能力。数字创新的重要性在于确保企业在快速变化的环境中保持市场竞争力（Denford，2013）。企业作为数字创新的主体，企业数字创新不仅能够改善原有企业运营管理和服务流程，提高信息资源利用效率，还能显著提升企业市场价值，实现经济高质量发展（陶锋等，2023）。虽然企业数字创新被视为获得竞争优势的重要源泉，但传统经济学理论在解释数字创新现象方面存在一定的局限性。因此，探讨如何激发企业数字创新以及探索数字创新的实现路径，对于引领中国数字经济进一步发展、实现从要素驱动到创新驱动的发展模式转变具有重要意义。

在数字经济时代的背景下，中国对数字技术的应用日益关注（方玉霞，2022）。中央政府对数字经济发展的重视不断增加，出台了一系列与数字经济相关的政策和制度。据预测，到2030年，中国的人工智能产业规模有望超过其他国家。此外，2022年中央政府工作报告明确强调，加强数字中国建设，促进数字技术发展，以更好地推动经济发展。党的二十大报告指出，将经济发展的重点放在实体经济上，大力发展数字经济，并推动互联网、人工智能等与实体经济深度融合。可见，政府数字关注凸显了其将数字经济发展纳入决策议程，并提高数字资源配置效率的意图。一方面，当地方政府高度重视数字技术发展时，政府部门会加强地区数字基础设施建设，完善数字技术和设备，同时培育和引进大量的数字化人才；另一方面，随着政府数字关注度的提高，政府数字关注有助于促进数字技术在企业生产、研发等过程中的广泛应用，进而提升企业数字创新水平。鉴于此，在企业利用数字化技术进行商业模式的革新进程中，政府数字关注对企业数字创新的影响如何？内在机理是什么？在政府数字关注不断提高以及亟须提升企业数字创新能力的背景下，深入探讨政府数字关注对企业数字创新的内在机制，对政府如何配置注意力资源，推动企业数字创新，进而实现创新驱动发展具有重要的理论和现实意义。

企业数字创新本质是将信息（Information）、计算（Computing）、沟通（Communication）和连接（Connectivity）等方面的数字技术引进企业的创新过程中，从而实现改进传统生产技术、衍生出新产品以及打造企业全新商业模式的目标（Fichman等，2014）。通过梳理相关文献，本文主要从两个维度对数字创新进行阐述：一是数字创新表征数字技术创新；二是数字创新表征数字经济背景下的创新过程和创新产出。一方面，关于企业数字创新的研究主要聚焦企业数字创新的驱动因素和企业数字化的价值效应。企业数字技术创新不仅仅涉及人工智能、大数据等数字技术的开发和利用，还需要企业投入金融资源以获取充足的资金支持（唐松等，2020）。就企业数字化的价值效应而言，余江等（2017）首次对国内数字创新的定义和特征进行阐述，认为在数字创新过程中嵌入数字能力能够带来新产品和改进服务，从而提供更有价值的服务。王桂军等（2022）利用2008~2020年中国沪深A股上市公司数据，研究发现产业数字化显著促进了企业创新，并且有效地优化了企业研发资金的供给效率和使用效率的传导渠道。另一方面，数字技术背景下的创新产出更多强调的是数字技术在企业创新过程中的应用。曲永义（2022）分析了中国数字创新的组织独特性；闫俊周等（2021）认为数字创新的内涵包括过程论、结果论和整体论三个方面，并强调创新不仅限于数字技术本身，而是数字技术改变企业运营模式和组织结构的过程。

国内外学者对政府关注的讨论主要基于注意力经济理论，不仅涉及政府注意力的理论框架探讨，还包括事件的执行等分析。众多学者通过政府工作报告、相关政策文件以及政府领导人重要讲话等相关内容进行文本分析，主要涵盖政府环境关注（郑思齐等，2013）、体育关注（张文鹏等，2022）、乡村振兴关注（彭小兵和彭洋，2022）、企业社会责任治理（肖红军等，2021）以及科技体制（王楚君等，2018）等方面。与既有研究不同的是，本文从政府数字关注这一视角切入，以政府工作报告为载体，从微观层面探究政府数字关注对企业数字创新的影响。不同于传统的创新模式，数字创新驱动模式是推动经济高质量发展的重要抓手。数字技术的普及使得数字创新成为政策制定者、学者和从业者越来越关注的领域。这种关注促进了数字创新的发展和推广，并对经济和社会产生积极的影响。

已有文献为本研究提供了丰富且有洞见的理解，但仍可进一步深化与拓展：一是鲜有关于企业数字创新的驱动因素的定量研究，数字创新理论基础较为薄弱，无法为数字创新相关研究提供新的场景和思路；二是缺乏政府关注与企业数字创新的关系的研究，无法为促进企业数字创新提供精准的政策依据。鉴于此，本文选取2001~2020年中国沪深A股上市公司数据，构建面板数据模型考察政府数字关注对企业数字创新的影响及其内在机制。

与已有研究相比，本文可能的边际贡献主要体现在以下三个方面：第一，与现有定性研究数字创新的文献不同，本文利用CNRDS数据库中的数字专利识别企业的数字创新，定量分析了企业数字创新的影响因素，采用企业数字创新质量和企业数字联合创新衡量企业数字创新，丰富了企业数字创新的相关研究。第二，随着政府工作报告对数字经济的关注度进一步提升，根据政府工作报告中披露的关于数字技术和数字应用相关词语量化了政府数字关注。与已有文献探讨政府乡村振兴关注（彭小兵和彭洋，2022）、环境关注（郑思齐等，2013）等不同，基于政府注意力视角考察政府数字关注对企业数字创新的影响，加深了对政府数字关注的理解与认知。第三，重点揭示政府数字关注通过增加政府补助、政府投资以及企业研发投入等途径促进企业数字创新，深入剖析了企业数字化转型在政府数字关注对企业数字创新影响中的正向调节作用，不仅厘清了政府数字关注与企业数字创新间的逻辑链条，还为促进建设创新型国家提供了重要的政策启示。

二　理论分析与研究假说

在政府数字关注对企业数字创新的内在作用机理方面，注意力理论提供了一种解释框架。注意力是指个体在面对信息过载时，有选择地关注某些信息而忽略其他信息的能力。在决策过程中，决策者的注意力是一种稀缺的资源，决策者面临着大量的信息和不断变化的决策环境，但由于个体获取知识的能力有限，决策者只能做出有限理性的决策。Simon（1947）将注意力引入管理学领域，并将其与决策联系起来。他认为信息并不是最为稀缺的资源，而是信息处理能力。决策者面对大量的信息时，由于个体有限的注意力和精力，会有选择地将注意力集中在某些信息上，而忽略其他部分，从而导致决策的局限性。Goldhaber（1997）提出了注意力基础观，认为注意力可以交换、转移和交易。决策者将注意力集中在某些议题上，会影响决策过程，并且决策者的关注方向和领域也会对决策产生影响。在政府决策领域，Jones等（1993）引入了注意力的概念，并提出了“注意力驱动的政策选择模型”，强调选择相关或受关注度高的内容对决策过程的重要性。随着政策制定者的注意力转移，政府政策也会相应发生变化（Jones和Baumgartner，2005，2012）。

政治注意力是研究政府行为的一种新视角，对议题识别、政策设计和执行产生深远影响（章文光和刘志鹏，2020）。作为公共组织，政府在注意力的分配、趋势和影响过程中展现出对特定事务的关注程度、重视程度以及关注焦点的集中（章文光和刘志鹏，2020）。中国政府工作报告是中央政府和各级地方政府会议的焦点之一，主要涵盖一年内工作回顾、当年政府工作任务和政府自身建设三个方面。该报告不仅体现了政府决策者对未来发展的判断，还是对事件权威且最具前瞻性的代表。因此，政府工作报告凸显了政府工作任务的侧重点，从某种程度上反映了政府注意力与政府决策之间的内在联系。本文基于“注意力经济”理论，通过分析地方政府工作报告中与数字经济相关的词频信息，旨在深入探究政府数字关注所产生的经济效应。注意力经济理论强调了注意力的稀缺性和重要性，认为注意力的分配和集中对经济决策和效果具有重要影响。通过研究政府工作报告中数字经济相关词语的出现频率，可以揭示政府对数字经济的关注程度，深入了解政府数字关注对企业数字创新的内在作用机理，从而为进一步支撑政府决策、推动经济发展提供有益参考。

近年来，随着大数据、人工智能和区块链等数字技术的广泛应用，基于数字技术的数字经济迅速崛起。政府对数字经济的关注程度直接影响着中国数字经济的未来发展。决策者将注意力视为稀缺资源，并研究组织决策者如何通过分配有限的注意力来执行中央政策（Bao和Liu，2022）。因此，本文采用“注意力分配—政策实施—政策结果”框架进行分析，具体如图1所示。当地方政府官员逐渐关注数字技术创新时，能够有效地配置有限的注意力，提升信息处理能力，并做出相应的决策。特别是在中国地方政府面临“压力体系”和官员激励的背景下，地方政府不断关注数字创新问题，并将金融资源向数字创新领域倾斜（Xu等，2022）。政府对数字的注意力增加有助于提高数字经济政策的执行力，并为企业数字创新提供物质资源（人力、财力和物力）和非物质资源（行政权力和政策支持），从而提升企业数字创新水平。首先，根据信号理论，地方政府作为“自上而下”的政治体制，其数字关注不仅为企业数字创新提供充足的物质资源，还有助于向外界传递政策信号，增强公众信心，为企业数字创新营造良好的数字环境。其次，上级政府对数字经济的关注会引导下级政府重新分配注意力，从问题导向的角度解决问题。地方政府将根据中国的相关法律法规出台一系列促进数字经济发展的政策，推动企业逐步运用数字技术优化生产设备，实现技术的转型升级，提高企业的数字创新效率。据此，本文提出假说1：政府数字关注显著提升了企业数字创新水平。

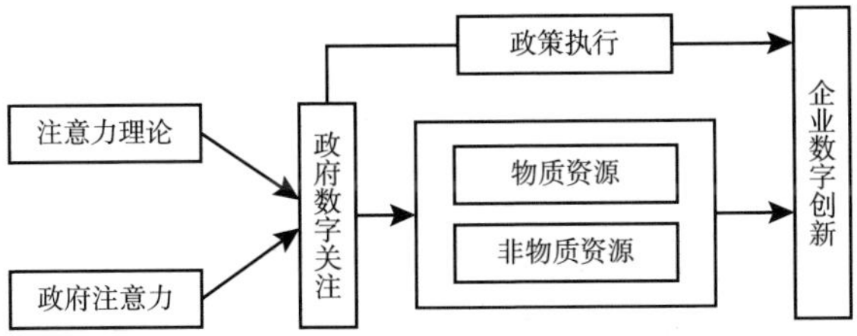

图1　政府数字关注对企业数字创新的影响

政府数字关注影响企业数字创新的机制（见图2），主要体现在以下四个方面。第一，企业数字化转型对政府数字关注与企业数字创新之间的促进作用具有正向调节效应。企业数字化转型是企业运用数字技术将企业生产、销售等各个环节联系起来，从而实现数据高效管理。企业数字化转型主要发挥获取信息以及数字技术应用两大优势正向调节政府数字关注提升企业数字创新水平的机制。首先，获取信息优势。企业数字化转型提升了企业内外部信息的交流效率，减少了信息不对称问题，促进了企业数字创新。政府作为推动企业数字创新的重要主体之一，发布的数字经济政策有助于激发外部投资者的积极性，缓解企业融资约束。同时，政府可以运用数字信息技术对市场需求进行动态检测，降低企业数字创新项目的成本（祁怀锦等，2020）。因此，企业数字化转型为政府数字关注促进企业数字创新提供了信息基础和投资环境。其次，数字技术应用优势。企业数字化转型运用数字技术监控研发活动中的风险，提高了数字创新项目的成功率（袁淳等，2021）。随着数字技术的普及，政府通过对数字技术应用的支持，促进了企业数字创新。政府的支持不仅可以提高创新资源的配置效率，还可以降低研发成本，进而提升企业数字创新能力。据此，本文提出假说2：政府数字关注对企业数字创新的促进作用会受到企业数字化转型程度的正向调节作用。

第二，政府数字关注可以通过增加政府补助来促进企业数字创新。政府在制定国家政策和推动企业创新方面发挥着重要作用。随着数字技术的广泛应用，政府对数字经济的关注度提升，并通过采取支持企业研发活动等措施，如政府补助来降低企业数字创新成本。首先，政府补助能够降低企业数字创新风险。企业数字创新不仅面临技术风险，还涉及市场接受度的风险。由于数字创新可能面临较高的不确定性，企业可能不愿意将自由资金投向创新项目。政府的补助措施可以减轻企业面临的资金压力，降低企业数字创新风险，促使企业更积极地进行研发活动（Guo等，2016）。其次，政府补助可以帮助企业获取更多的创新资源。根据信号传递理论，企业获得政府补助将向外部投资者传递积极的信号（Lerner，2000），表明该企业的创新能力得到认可，这将为企业带来更多的融资渠道和创新资源（郭玥，2018）。政府补助不仅是对企业创新能力的认可，也为企业改变内部管理者的研发投入决策提供了动力。

第三，政府数字关注可以通过增加政府投资来促进企业数字创新。政府投资是政府作为投资主体的投资，对引导投资、调整结构以及贯彻产业政策具有重要作用。首先，政府数字关注有利于增加政府投资。政府数字关注有利于释放发展数字产业的强烈信号。在政府之间追求资本要素的竞争中，政府投资成为实现经济提质增效的短期手段之一（Luo等，2021）。特别是在数字经济领域，政府投资可以带动相关产业的发展，提供更多的资金支持和市场机会。其次，政府投资可以促进企业数字创新。一方面，政府的固定资产投资对于提升企业的数字创新能力起着重要作用。地方政府的生产性和创新性投资，激发了社会资本参与基础设施建设的活力，并为企业数字创新提供了丰富的资源和市场机会。另一方面，地方政府通过投资来推动数字经济产业健康发展，营造良好的数字创新环境（薛莹和胡坚，2020）。政府的投资行为可以填补企业数字创新的资金缺口，提升企业数字创新能力。

第四，政府数字关注可以通过增加企业研发投入来促进企业数字创新。政府数字技术能够推动数字技术升级。在数字技术不断发展的背景下，数字技术与实体经济的深度融合使得企业必须通过增加研发投入来适应日益激烈的市场环境。首先，政府的数字经济政策发挥着重要的作用，通过向外界传递积极的金融市场信号，增强投资者的信心，使得企业管理层能够综合内外部因素进行精准评估，并增加研发投入。政府对数字经济发展的重视增强了企业从事数字创新的意愿，推动企业与金融机构合作，开展高水平的研发创新活动（周开国等，2017）。其次，增加研发投入会推动企业的数字创新能力提升。企业的数字创新涉及运用数字化新技术衍生出新产品和提供新服务的过程，贯穿于企业的整个生产经营活动中，因此需要更多的研发投入。增加研发投入不仅是创新产出的直接来源，而且能进一步提高企业的数字创新效率。研发资金和研发人员是企业推动数字创新驱动提质增效的重要源泉。

据此，本文提出假说3：政府数字关注通过增加政府补助、政府投资以及企业研发投入等途径提升企业数字创新水平。

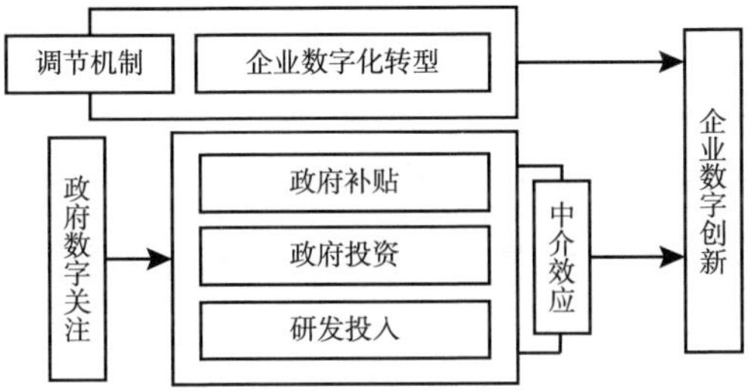

图2　政府数字关注影响企业数字创新的机制

三　研究设计

（一）计量模型构建

根据假说1，为了检验政府数字关注对企业数字创新的影响，本文构建了计量模型为：

$$Dig\_pat_{it} = \alpha + \beta Dig\_attention_{ct} + \gamma X_{ict} + \lambda_i + \lambda_t + \varepsilon_{ict} \tag{1}$$

其中，i表示企业，t表示年份，c表示城市。被解释变量Dig_pat_{it}分别为$\ln dig_gain$和$\ln dig_gain_un$，分别代表了企业数字发明专利独立授权量的自然对数和企业数字发明专利联合授权量的自然对数；核心解释变量$Dig_attention_{ct}$表征政府数字关注；X_{ict}是影响企业数字创新的一系列因素；为了排除随企业、时间变化而变化的因素，本文在模型中控制了企业固定效应λ_i、时间固定效应λ_t；ε_{ict}为随机扰动项。β是本文关心的核心系数，其度量了政府数字关注对企业数字创新的净效应，如果β显著且大于0，说明政府数字关注能够显著促进企业数字创新，假说1成立。

（二）变量说明

1.企业数字创新

企业数字创新（ln*dig _ gain*、ln*dig _ gain_un*）。现有文献关于企业数字创新的研究尚未有统一的度量方式，从创新产出的视角出发，数字经济发明专利具有技术含量以及创造性更能反映数字创新能力。因此，本文采用企业数字发明专利授权量加1取自然对数（ln*dig_ gain*）和企业数字发明专利联合授权量加1取自然对数（ln*dig_ gain_un*）表示企业数字创新水平。本文参考相关文献，对企业数字创新指标构建思路为：首先，根据专利分类号确定每个专利所属行业。由于国家知识产权局发布的《国际专利分类与国民经济行业分类参照关系表（2018）》展示了专利号与国民经济行业分类的参照关系，本文根据专利的主分类号匹配该专利的行业分类；其次，根据国家统计局发布的《数字经济及其核心产业统计分类（2021）》进一步匹配得出相关的数字经济专利；再次，根据以上两个步骤获得原始的数字经济专利，统计得出各省份和各行业数字经济专利授权情况；最后，根据上市公司及其参控股公司名称匹配并计算上市公司数字经济专利授权数量数据，并采用企业数字专利授权数的自然对数作为企业数字创新的衡量指标。

2.政府数字关注

通过文本挖掘技术量化政府工作报告中的文本信息，能够有效测量政府在数字经济发展方面的投入和关注程度。一方面，研究样本采用的是各地级市政府公布的政府工作报告，而这一报告是纲领性的政策文本，对政府工作报告进行深入挖掘和分析，不仅能够及时掌握地方政府在不同时期的工作重点和关注焦点，还能确保数据来源的可靠性；另一方面，采用文本挖掘技术构建数字关键词词表，在构建关键词时，采用文本分析技术构建政府数字关注指标，能够确保关键词词频的有效性。本文通过统计政府在2001~2020年政府工作报告中包含的数字关键词词频占比来衡量政府数字关注。具体而言，通过统计出关键词的词频，按照城市和年份进行加总，从而得到政府数字关注词频，用政府数字关注词频占总词频的比重来衡量地方政府数字关注（雷鸿竹和王谦，2022）。政府数字词频占政府工作报告总词频的比例越大，表明政府决策者越会将注意力转向数字发展议题，地方政府的数字关注度越高。具体来看，本文参考政府文本、文献，共总结出121个关键词词频。其中，关键词词频主要涵盖“数字技术”和“数字应用”两个方面：“数字技术”包含大数据、区块链、人工智能、通信技术、物联网以及云计算等关键词；“数字应用”包含服务业、工业、农业、数字政府等关键词。因此，在此基础上，本文进一步采用“数字技术”“数字应用”关键词词频占比分别作为政府数字技术关注和政府数字应用关注的度量指标，并进行稳健性检验。

3.控制变量

为了剔除其他因素对企业数字创新的干扰，本文控制了企业财务特征和企业治理特征指标的变量。企业财务特征指标主要包括：企业规模（*Size*），采用年总资产的自然对数衡量；资产负债率（*Lev*），采用企业总负债额与总资产的比值衡量；总资产收益率（*ROA*），采用净利润与总资产的比值来衡量；营业收入增长率（*Growth*），采用本年营业收入与上一年营业收入之比减1来衡量；产权性质（*SOE*），将国有控股企业取值为1，其他为0。企业治理特征主要包括：董事会规模（*Board*），采用董事会人数取自然对数衡量；股权集中度（*Top*1），采用第一大股东持股数量与总股数的比值进行衡量。同时，由于部分城市发展因素会对政府数字关注与企业数字创新产生影响，本文又加入了一系列反映城市特征的控制变量：城市经济发展水平（ln*pgdp*），采用城市人均GDP的自然对数表示；城市信息化水平（ln*inter*），采用国际互联网用户数的自然对数表示。城市层面数据来自《中国城市统计年鉴》。

（三）数据来源与描述性统计

本文以中国沪深A股上市公司为研究对象，将地级市政府数字关注数据与上市公司企业数字创新数据进行匹配得到2001~2020年上市公司的数据集。数字创新数据来源于中国研究数据服务平台CNRDS数据库，政府数字关注数据来源于各地级市的政府工作报告，上市公司数据来源于CSMAR数据库。本文对2001~2020年中国沪深A股上市公司进行如下处理：剔除金融类等特殊行业企业，剔除ST和退市的企业，剔除数据严重缺失的样本，对所有连续变量在1%的水平上下缩尾处理。本文最终得到4048家上市公司共计41276个样本观测值的非平衡面板数据。表1为主要变量描述性统计表。可以看出，企业数字发明专利独立授权量和联合授权量（ln*dig_gain*、ln*dig_gain_un*）均值分别为0.223、0.047，标准差分别为0.664、0.304。政府数字关注的均值为0.114，标准差为0.135。其余控制变量取值范围与已有研究相比均在合理范围内。

表1　主要变量描述性统计

变量	定义	样本量	均值	标准差	最小值	最大值
ln*dig_ gain*	数字发明专利独立授权量	41276	0.223	0.664	0.000	8.028
ln*dig_ gain_un*	数字发明专利联合授权量	41276	0.047	0.304	0.000	7.255
Dig_attention	政府数字关注	41276	0.114	0.135	0.000	0.500
Size	企业规模	41276	21.893	1.389	0.000	25.936
Lev	资产负债率	41276	0.433	0.204	0.057	0.892
ROA	总资产收益率	41276	0.042	0.065	−0.247	0.229
Growth	营业收入增长率	41276	0.178	0.403	−0.580	2.412
Board	董事会规模	41276	8.781	1.909	0.000	24.000
*Top*1	股权集中度	41276	33.942	16.762	0.000	75.260
SOE	产权性质	41276	0.394	0.489	0.000	1.000
ln*pgdp*	城市经济发展水平	41276	11.151	0.679	9.553	12.120
ln*inter*	城市信息化水平	41276	14.463	1.110	11.852	15.975

四　实证结果与分析

（一）基准回归

表2汇报了政府数字关注对企业数字创新影响的基准回归结果。表2的第（1）列和第（3）列为仅加入了企业固定效应、时间固定效应的结果，

第（2）列和第（4）列是分别在第（1）列和第（3）列基础上加入企业控制变量、城市控制变量的结果，可以看出*Dig_attention*系数均在1%水平上显著为正，并且加入控制变量后吸收对影响企业数字创新的因素导致估计系数均有所下降，总的来看，政府数字关注能够有效提升企业数字创新水平。另外，根据第（2）列和第（4）列结果可知，每100个政府工作报告词频中，数字关注词频每增加1个，企业数字发明专利独立授权量提升约13.9%，企业数字发明专利联合授权量提升约14.0%，意味着随着政府数字关注度的提高，企业的数字创新能力和企业数字联合创新水平不断提升，由此印证本文基准假说1成立。

表2　基准回归结果

变量	ln*dig_gain*		ln*dig_gain_un*	
	(1)	(2)	(3)	(4)
Dig_attention	0.145***	0.139***	0.146***	0.140***
	(0.027)	(0.028)	(0.015)	(0.016)
Size		0.037***		0.008***
		(0.003)		(0.002)
Lev		0.056***		−0.005
		(0.020)		(0.011)
ROA		−0.265***		−0.040
		(0.045)		(0.025)
Growth		−0.010*		−0.007**
		(0.006)		(0.003)
Board		−0.006***		0.000
		(0.002)		(0.001)
*Top*1		−0.002***		−0.001***
		(0.000)		(0.000)
SOE		0.0324***		0.007
		(0.011)		(0.006)
ln*pgdp*		0.030***		0.018***
		(0.012)		(0.007)
ln*inter*		0.014**		−0.004
		(0.007)		(0.004)
常数项	0.207***	−1.032***	0.031***	−0.266***
	(0.004)	(0.138)	(0.002)	(0.078)

续表

变量	lndig_ gain		lndig_ gain_un	
	（1）	（2）	（3）	（4）
企业固定效应	是	是	是	是
时间固定效应	是	是	是	是
样本量	41276	41276	41276	41276
R^2值	0.663	0.666	0.493	0.493

注：*、**、***分别表示在10%、5%、1%的水平上显著，括号内数值为聚类到企业层面稳健性标准误。

（二）内生性分析

本文实证分析了政府数字关注对企业数字创新的影响，但可能存在遗漏变量、互为反向因果问题以及样本选择偏误等对研究结果产生影响。具体而言，首先，政府数字关注对企业数字创新的影响可能会受到一些不可观测因素影响；其次，政府数字经济关注有利于提升企业数字创新水平，而企业数字创新水平提升又会强化政府对数字经济的关注，即可能存在反向因果关系；最后，考虑到企业进行数字创新是兼顾了内外部环境的综合结果，即企业是否进行数字创新存在样本选择偏差问题。因此，本文采用工具变量法、倾向得分匹配（PSM）检验和Heckman模型估计处理内生性问题，进而识别出政府数字关注对企业数字创新的净效应。

1.工具变量估计

为了规避内生性问题对估计结果的影响，本文尝试通过构建工具变量进行估计。具体参考Bartik（1991）的研究，采用政府数字关注的一阶滞后和政府数字关注的一阶差分的交互项构建Bartik工具变量，采用两阶段最小二乘法进行估计。具体来看，一方面采用上述方法构造的Bartik工具变量与政府数字关注相关，满足工具变量的相关性假设；另一方面该工具变量不会通过其他路径直接影响企业数字创新，满足工具变量的外生性假设。表3汇报了采用Bartik工具变量进行估计的结果。从第一阶段结果来看，工具变量与政府数字关注之间存在显著的正相关关系，F值远大于经验值10。此外，Kleibergen-Paap Wald rk F统计值在1%显著性水平上显著，拒绝工具变量识别不足假设；Cragg-Donald Wald F统计值均大于Stock-Yogo弱工具变量识别F检验在10%水平上的临界值，表明本文选取的工具变量合理有效，不存在过度识别和弱工具变量问题。从第二阶段结果可知，*Dig_attention*系数显著为正，表明工具变量对内生性问题控制后，本文核心结论依然是成立的。

表3　工具变量估计

变量	*Dig_attention*	ln*dig_ gain*	ln*dig_ gain_un*
	Bartik工具变量		
	第一阶段	第二阶段	第二阶段
	(1)	(2)	(3)
Bartik_IV	5.692***		
	(0.049)		
Dig_attention		0.137**	0.207***
		(0.057)	(0.043)
控制变量	是	是	是
企业/时间固定效应	是	是	是
第一阶段F值	13716.060		
Kleibergen-Paap rk LM值		3433.003***	3433.003***
Cragg-Donald Wald F值		2.1e+04	2.1e+04
Kleibergen-Paap rk Wald F值		1.4e+04	1.4e+04
Hansen J值		0.000	0.000

注：同表2。

2.倾向得分匹配（PSM）检验和Heckman模型估计

政府数字经济关注是否提升企业数字创新水平可能产生样本自选择问题，本文采用倾向得分匹配（PSM）进行检验。本文根据政府数字关注均值划分为处理组和控制组，以控制变量为协变量，利用Logit模型进行估计，按照有放回地1∶1近邻匹配识别出特征最为相近的对照组。表4的第（1）列和第（2）列汇报了倾向得分匹配的估计结果。回归结果表明，*Dig_attention*的回归系数显著为正，研究结论依然是稳健的。

为确保研究结论的可信度，本文进一步采用Heckman两阶段估计方法以解决样本选择偏差问题（Heckman，1979）。首先，使用Probit方法进行估计，将被解释变量定义为原回归方程的被解释变量是否被观测到或是否取值的虚拟变量，计算出逆米尔斯比率（*imr*）；其次，将*imr*加入回归模型来修正可能存在的样本选择问题。表4的第（3）列和第（4）列汇报了此回归的结果。回归结果表明，*imr*1和*imr*2的估计系数在1%水平上显著为正，说明本文存在样本选择偏误问题。将*imr*1和*imr*2分别加入回归模型，*Dig_attention*的估计系数均在1%的水平上显著为正，与基准回归结果是一致的，表明使用Heckman模型处理由样本选择偏误引起的内生性问题后，研究结论仍然成立。

表4 PSM检验和Heckman模型估计

变量	ln*dig_gain*	ln*dig_gain_un*	ln*dig_gain*	ln*dig_gain_un*
	PSM检验		Heckman模型估计	
	（1）	（2）	（3）	（4）
Dig_attention	0.021***	0.007*	0.138***	0.072***
	（0.007）	（0.004）	（0.030）	（0.010）
*imr*1			2.019***	
			（0.188）	
*imr*2				0.483***
				（0.062）
常数项	-1.431***	-0.528***	-12.238***	-2.861***
	（0.175）	（0.101）	（1.160）	（0.374）
控制变量	是	是	是	是
企业固定效应	是	是	是	是
时间固定效应	是	是	是	是
样本量	35532	35532	41276	41276
R^2值	0.697	0.524	0.492	0.381

注：同表2。

（三）稳健性检验

为了确保研究结论的稳健性，本文采取更换核心变量（被解释变量、解释变量）度量方法，剔除特殊样本，改变固定效应、更换回归模型，考虑时滞效应、缩减样本等方法进行稳健性检验。

1.更换核心变量

（1）更换被解释变量。借鉴Popp（2002）的做法，采用企业数字发明专利授权数占数字发明专利与数字实用新型专利授权数的比重（*ratio_ gain*）来衡量。表5的第（1）列估计结果表明，政府数字关注的回归系数在1%的水平上显著为正，即每当政府数字关注增加1%，企业数字发明专利授权数占总数字专利的比重将增加8.8%，结果表明更换被解释变量后，研究结论仍然成立。

（2）更换解释变量。为了避免指标的衡量方式单一对研究结果产生影响，本文使用政府数字应用关注（*Dig_apply*）和政府数字技术关注（*Dig_tech*）作为替换指标进行稳健性检验。表5的第（2）列~第（5）列汇报了更换解释变量的结果，回归结果表明无论企业数字专利独立授权量（ln*dig_ gain*）还是企业数字专利联合授权量（ln*dig_ gain_un*），政府数字应用和政府数字技术的回归系数均在5%水平以上显著为正。这说明更换核心解释变量后，研究结论仍然成立。

表5 更换核心变量

变量	*ratio_ gain*	ln*dig_ gain*	ln*dig_ gain_un*	ln*dig_ gain*	ln*dig_ gain_un*
	更换变量				
	（1）	（2）	（3）	（4）	（5）
Dig_attention	0.088***				
	（0.013）				
Dig_apply		0.084*	0.166***		
		（0.043）	（0.024）		
Dig_tech				0.122***	0.133***
				（0.046）	（0.026）
常数项	0.198***	−1.1150***	−0.245***	−1.015***	−0.248***
	（0.063）	（0.139）	（0.078）	（0.138）	（0.078）
控制变量	是	是	是	是	是
企业固定效应	是	是	是	是	是
时间固定效应	是	是	是	是	是
样本量	41276	41276	41276	41276	41276
R^2值	0.472	0.669	0.496	0.666	0.493

注：同表2。

2.剔除特殊样本

第一，企业数字化创新过程会受到重大事件的影响，比如2008年国际金融危机可能会造成企业数字化创新进程减缓，因此剔除2008年国际金融危机后进行回归，结果见表6第（1）列和第（2）列。第二，直辖市所在企业相比于其他城市具有先发优势，可能导致经济发展水平以及企业数字创新能力均存在显著的差异。因此，本文参考唐松等（2020）的做法，剔除直辖市所在企业后进行回归，结果见表6第（3）列和第（4）列。第三，考虑到高新技术企业本身的数字化程度较高，能够满足企业进行数字创新所需的技术条件，对企业数字创新的提升作用更大，因此，本文剔除高新技术企业样本之后进行回归，结果如表6的第（5）列和第（6）列所示。因此，上述稳健性检验结果表明本文核心结论依然是成立的。

表6　更换核心变量

变量	lndig_gain	lndig_gain_un	lndig_gain	lndig_gain_un	lndig_gain	lndig_gain_un
	剔除2008年国际金融危机		剔除直辖市		剔除高新技术企业	
	（1）	（2）	（3）	（4）	（5）	（6）
Dig_attention	0.135***	0.140***	0.185***	0.146***	0.076**	0.115***
	（0.028）	（0.016）	（0.032）	（0.017）	（0.030）	（0.017）
常数项	−0.995***	−0.269***	−0.951***	−0.264***	−0.923***	−0.283***
	（0.140）	（0.080）	（0.148）	（0.079）	（0.145）	（0.084）
控制变量	是	是	是	是	是	是
企业固定效应	是	是	是	是	是	是
时间固定效应	是	是	是	是	是	是
样本量	39918	39918	33048	33048	32596	32596
R^2值	0.672	0.500	0.665	0.451	0.674	0.515

注：同表2。

3.改变固定效应、更换回归模型

第一，改变固定效应。考虑到宏观层面随时间推移而出现的不可观测因素会对研究结果产生影响，本文借鉴戴翔和宋婕（2021）的研究，在基准模型中加入省份与时间趋势的交互固定效应以控制所有宏观经济因素，结果见表7的第（1）列和第（2）列。第二，更换回归模型。为了排除回归模型对回归结果产生干扰，本文分别采用泊松模型回归和负二项回归模型进行稳健性检验。由于企业数字发明专利数为计数数据，本文将企业数字发明专利独立授权数和企业数字发明专利联合授权数的原值作为被解释变量，估计结果见表7第（3）~（6）列。回归结果显示，政府数字关注的回归系数为正，且均在1%的水平上显著，研究结论依旧稳健。

表7　改变固定效应、更换回归模型

变量	ln*dig_gain*	ln*dig_gain_un*	*dig_gain*	*dig_gain_un*	*dig_gain*	*dig_gain_un*
	是行业趋势		泊松模型回归		负二项回归	
	（1）	（2）	（3）	（4）	（5）	（6）
Dig_attention	0.054*	0.108***	1.578***	2.450***	1.857***	3.327***
	（0.032）	（0.018）	（0.376）	（0.749）	（0.105）	（0.212）
常数项	−1.033***	−0.272***	−24.076***	−30.310***	−6.577***	−10.874***
	（0.145）	（0.082）	（0.837）	（1.454）	（0.340）	（0.700）
控制变量	是	是	是	是	是	是
企业固定效应	是	是	否	否	是	是
时间固定效应	是	是	是	是	是	是
省份固定效应	否	否	是	是	否	否
行业固定效应	否	否	是	是	否	否
省份×时间效应	是	是	否	否	否	否
样本量	41276	41276	40201	37922	16407	6910
R^2值	0.700	0.497				

注：同表2。

4.考虑时滞效应、缩减样本

首先，核心解释变量滞后一期。政府数字关注影响企业创新决策，进而影响企业数字专利授权，即政府数字关注对企业数字创新活动的影响存在时滞效应。鉴于此，本文在模型中将核心解释变量滞后一期进行估计，结果见表8第（1）列、第（2）列。其次，缩减样本。考虑到2010年后数字经济快速发展，推动各行各业实现了“数字化转型升级”，故本文仅保留2010~2020年样本进行估计，结果见表8第（3）列、第（4）列。上述稳健性结果显示政府数字关注系数显著为正，再次验证本文核心研究结论稳健。

表8 考虑时滞效应、缩减样本

变量	lndig_ gain	lndig_ gain_un	lndig_ gain	lndig_ gain_un
	核心解释变量滞后一期		缩减样本	
	（1）	（2）	（3）	（4）
L.Dig_attention	0.054*	0.105***		
	（0.032）	（0.019）		
Dig_attention			0.073**	0.139***
			（0.033）	（0.020）
常数项	-1.655***	-0.488***	-1.009***	-0.197
	（0.168）	（0.098）	（0.248）	（0.146）
控制变量	是	是	是	是
企业固定效应	是	是	是	是
时间固定效应	是	是	是	是
样本量	36550	36550	30598	30598
R^2值	0.698	0.519	0.758	0.614

注：同表2。

（四）异质性分析

前文探讨了政府数字关注对企业数字创新的影响，但对于具有不同特征的企业而言，对数字创新的影响效应是不同的，本文从行业特征、企业特征两大类别进行异质性分析。

1.行业要素密集度异质性

考虑到不同行业企业数字创新的特征存在差异，各行业的技术发展水平、资本、市场以及人才培养等方面存在不同，因此，本文参考彭书舟和张胄（2022）的研究，将行业按照要素密集度划分为劳动密集型、资本密集型以及技术密集型三种类型。表9汇报了不同行业要素密集度的回归结果。回归结果表明，在劳动密集型企业中，对于ln*dig_ gain*而言，*Dig_attention*的估计系数未通过10%的显著性水平，而对ln*dig_ gain_un*而言，*Dig_attention*的估计系数在10%的水平上显著为正；在资本密集型企业中，对于ln*dig_ gain*而言，政府数字关注的回归系数不显著，而对ln*dig_ gain_un*而言，政府数字关注的回归系数在1%的水平上显著为正；而在技术密集型企业中，无论是对ln*dig_ gain*还是对ln*dig_ gain_un*，*Dig_attention*的估计系数均在1%水平上显著为正，表明了政府数字关注对企业数字创新的影响存在显著的行业要素密集度异质性，且对技术密集型企业数字创新的提升作用更大。这可能的原因是，劳动密集型企业在生产经营过程中依赖更多的劳动力，具有较低的劳动生产率；对于资本密集型企业而言，一方面，企业进行数字创新所需的要素以及知识是十分有限的，创新投入资金还会受到较大约束，不利于企业数字创新水平提升。另一方面，当资本密集型产业拥有较高的集聚水平时，企业数字创新水平也会提升；技术密集型企业数字创新水平较高，容易受到政府数字关注的影响，不仅能加大企业研发力度、有效提高企业数字创新效率，还能激发企业创新活力，进而提升企业数字创新水平。

表9　行业要素密集度异质性

变量	ln*dig_ gain*			ln*dig_ gain_un*		
	劳动密集型	资本密集型	技术密集型	劳动密集型	资本密集型	技术密集型
	(1)	(2)	(3)	(4)	(5)	(6)
Dig_attention	0.041	0.037	0.418***	0.040*	0.148***	0.354***
	(0.041)	(0.084)	(0.069)	(0.021)	(0.039)	(0.042)
常数项	-0.565***	-1.479***	-1.469***	-0.111	0.074	-0.706***
	(0.167)	(0.392)	(0.331)	(0.087)	(0.184)	(0.200)
控制变量	是	是	是	是	是	是
企业固定效应	是	是	是	是	是	是
时间固定效应	是	是	是	是	是	是
样本量	4461	6008	12449	4461	6008	12449
R^2值	0.386	0.622	0.711	0.257	0.470	0.513

注：同表2。

2.企业规模异质性

不同规模企业的融资渠道和融资环境存在显著差异，一定程度上会影响企业数字创新。本文根据所有样本企业的总资产均值划分为小规模企业和大规模企业。表10汇报了政府数字关注对企业数字创新在企业规模异质性的估计结果。回归结果表明，在小规模企业样本中，*Dig_attention* 的估计系数均在1%的水平上显著为正；而在大规模企业样本中，当被解释变量为 ln*dig_gain*，*Dig_attention* 的估计系数不显著，而当被解释变量为 ln*dig_gain_un*，政府数字关注的估计系数显著为正，且小规模企业的估计系数小于大规模企业，说明政府数字关注促进了小规模企业数字创新水平提升，大规模企业样本的数字联合创新效应更显著，可能的原因是，相比于大规模企业，小规模企业能够针对市场变化快速反应（Lee等，2010），整合外部创新资源，提升自身技术水平，抓住数字经济发展的红利，提升自身数字创新水平。而企业数字联合创新更加依赖于规模效应，进而促进内外部数字资源整合，提升数字创新水平。

表10 企业规模异质性

变量	ln*dig_gain*		ln*dig_gain_un*	
	小规模企业	大规模企业	小规模企业	大规模企业
	(1)	(2)	(3)	(4)
Dig_attention	0.151***	−0.012	0.039***	0.159***
	(0.036)	(0.043)	(0.014)	(0.029)
常数项	−0.496***	−2.778***	−0.095	−0.813***
	(0.164)	(0.313)	(0.064)	(0.206)
控制变量	是	是	是	是
企业固定效应	是	是	是	是
时间固定效应	是	是	是	是
样本量	20638	20638	20638	20638
R^2值	0.673	0.743	0.568	0.545

注：同表2。

3.企业所有权异质性

企业产权性质不同，其数字经济发展水平均存在显著差异。因此，本文将样本划分为国有企业和非国有企业两组。表11汇报了企业所有权性质异质性检验。结果表明，在非国有企业样本中，*Dig_attention* 的估计系数均在1%的水平上显著为正；在国有企业样本中，对于lndig_ gain而言，*Dig_attention*的估计系数未通过10%的显著性水平，而对于lndig_ gain_un而言，*Dig_attention*的估计系数在1%的水平上显著为正。这表明政府数字关注对不同所有权性质企业数字创新的影响存在差异。政府数字关注对非国有企业数字创新的影响更为明显，可能的原因是，相较于国有企业，随着政府数字关注度的提升，非国有企业不存在路径依赖问题，可有效利用内部的冗余资源，保证数字创新所需的资源要求。

表11　企业所有权异质性

变量	lndig_ gain		lndig_ gain_un	
	非国有企业	国有企业	非国有企业	国有企业
	（1）	（2）	（3）	（4）
Dig_attention	0.212***	0.047	0.167***	0.112***
	（0.037）	（0.046）	（0.018）	（0.030）
常数项	−0.843***	−1.733***	−0.090	−0.677***
	（0.189）	（0.259）	（0.095）	（0.170）
控制变量	是	是	是	是
企业固定效应	是	是	是	是
时间固定效应	是	是	是	是
样本量	25009	16267	25009	16267
R^2值	0.707	0.651	0.543	0.487

注：同表2。

4.企业生命周期异质性

企业在不同生命周期的投融资行为以及企业价值等存在较大差异，进而对企业数字创新产生影响。因此，本文将企业生命周期划分为成长期、成熟期及衰退期三个阶段（梁上坤等，2019）。表12汇报了政府数字关注对企业数字创新在企业生命周期异质性上的估计结果。回归结果表明，在成长期企业样本回归结果中，*Dig_attention*的估计系数均通过了1%的显著性水平，而在成熟期企业样本中，*Dig_attention*的估计系数均至少在5%的水平上显著为正，在衰退期企业样本中，当被解释变量为lndig_ gain，*Dig_attention*的估计系数不显著，而当被解释变量为lndig_ gain_un，政府数字关注的估计系数在1%的水平上显著为正。这表明了政府数字关注对企业数字创新的影响存在企业生命周期异质性，即政府数字关注对衰退期的企业数字创新水平影响不显著，而对成长期和成熟期企业的数字创新水平产生显著的正向作用。而政府数字关注对企业数字联合创新的影响均显著为正，但影响系数在成长期、成熟期以及衰退期企业样本中依次递减，可能的原因是，成长期和成熟期企业具备较强的外部融资能力，更有动力获取创新资源和进行技术创新。而对于衰退期企业而言，一方面拥有丰富的知识储备以及创新经验，可以促进数字创新；另一方面内部治理结构的僵化也是亟须解决的问题，政府数字关注度的提高并不能促进企业数字创新水平提升，但企业数字联合创新可以缓解这一问题，进而促进数字创新水平提升。

表12　企业生命周期异质性

变量	ln*dig_gain*			ln*dig_gain_un*		
	成长期	成熟期	衰退期	成长期	成熟期	衰退期
	（1）	（2）	（3）	（4）	（5）	（6）
Dig_attention	0.269***	0.109**	0.015	0.208***	0.122***	0.088***
	（0.068）	（0.054）	（0.041）	（0.039）	（0.030）	（0.025）
常数项	-1.307***	-0.750**	-1.826***	-0.588***	-0.220	-0.718***
	（0.388）	（0.298）	（0.230）	（0.221）	（0.165）	（0.139）
控制变量	是	是	是	是	是	是
企业固定效应	是	是	是	是	是	是
时间固定效应	是	是	是	是	是	是
样本量	9870	13137	17695	9870	13137	17695
R^2值	0.748	0.748	0.746	0.503	0.633	0.598

注：同表2。

五　进一步分析

前文实证发现政府数字关注提升了企业数字创新水平，但政府数字关注通过何种路径提升企业数字创新水平有待进一步研究。

（一）调节效应检验结果

企业数字化转型是企业利用数字化技术进行高效管理和研发，提升数字创新效率，进而使政府数字关注对企业数字创新产生影响。考虑到政府数字关注与企业数字化转型可能同步进行，本文采用调节效应模型检验企业数字化转型能否在政府数字关注与企业数字创新之间发挥调节作用，构建计量模型为：

$$
\begin{aligned}
Dig\_pat_{it} = \alpha + \beta Dig\_attention_{ct} + \beta_1 dig\_trans_{it} \\
+\beta_2 Dig\_attention_{ct} \times dig\_trans_{it} + \gamma X_{ict} + \lambda_i + \lambda_t + \varepsilon_{ict}
\end{aligned}
\tag{2}
$$

其中，*dig_trans* 是采用上市公司年报的MDA词频分析方法构建企业数字化转型。用数字化相关词频数与总词频数的比值衡量企业数字化转型程度，该数值越大，说明企业数字化程度较高。通过构造政府数字关注与企业数字化转型的交乘项分析企业数字化转型能否在政府数字关注与企业数字创新之间产生调节效应。表13的第（1）列和第（3）列汇报了在加入核心解释变量（*Dig_attention*）和调节变量（*dig_trans*）的回归结果，第（2）列和第（4）列分别在第（1）列和第（3）列的基础上加入了政府数字关注与企业数字化转型的交乘项（*Dig_attention*×*dig_trans*）。根据第（2）列和第（4）列结果可知，交互项系数在1%水平上显著，分别为2.395和1.557，这意味着企业数字化转型加强了政府数字关注对企业数字创新的正向影响，即随着企业数字化转型程度的不断提高，政府数字关注对企业数字创新水平提升的影响不断增大，由此印证本文基准假说2成立。

表13　影响机制分析（调节效应检验）

变量	ln*dig_gain*	ln*dig_gain*	ln*dig_gain_un*	ln*dig_gain_un*
	（1）	（2）	（3）	（4）
Dig_attention	0.121^{***}	0.050	0.137^{***}	0.091^{***}
	（0.028）	（0.032）	（0.016）	（0.018）
dig_trans	0.677^{***}	0.439^{***}	0.112^{***}	−0.042
	（0.057）	（0.079）	（0.032）	（0.045）
Dig_attention×*dig_trans*		2.395^{***}		1.557^{***}
		（0.553）		（0.313）
常数项	-1.003^{***}	-1.020^{***}	-0.261^{***}	-0.272^{***}
	（0.137）	（0.137）	（0.078）	（0.078）

续表

变量	lndig_gain	lndig_gain	lndig_gain_un	lndig_gain_un
	(1)	(2)	(3)	(4)
控制变量	是	是	是	是
企业固定效应	是	是	是	是
时间固定效应	是	是	是	是
样本量	41276	41276	41276	41276
R^2值	0.668	0.668	0.494	0.494

注：同表2。

（二）中介效应检验结果

根据本文提出的假说3，政府数字关注可能会增加政府补助、政府投资以及企业研发投入等从而提升企业数字创新水平。鉴于此，本文借鉴江艇（2022）的研究，构建中介效应模型检验中介效应是否存在，具体模型为：

$$M_{ict} = c + c_1 Dig\_attention_{ct} + \gamma X_{ict} + \lambda_i + \lambda_t + \varepsilon_{ict} \tag{3}$$

其中，M表征中介变量，分别采用政府补助（*Subsity*）、政府投资（*Invest*）以及企业研发投入（*Rd_f*、*Rd_p*）进行检验，其他变量与式（1）一致。政府补助用政府补助总额进行衡量，政府投资用固定资产投资总额进行衡量，企业研发资金投入用研发投入金融与营业收入的比值进行衡量，企业研发人员投入用研发人员占比进行衡量。

表14汇报了政府数字关注对企业数字创新的影响机制的检验的估计结果。第(1)列汇报了政府数字关注对政府补助的影响，结果显示*Dig_attention*系数在1%的水平上显著为正，说明政府的数字关注度提高会增加政府补助。当政府对数字经济关注度提高，对于企业创新活动会予以政府补助，进而提升企业现金持有水平，促进企业数字创新。第（2）列汇报了政府数字关注通过增加政府投资从而提升企业数字创新水平。同样地，*Dig_attention*的回归系数在1%的水平上显著为正，说明政府的数字关注度提高会促进政府投资增加。当政府的数字关注度提高，不仅有利于改善投资环境、推动数字基础设施建设，还能吸引更多的企业到本地投资，影响资源配置状况，进而促进企业数字创新。第（3）列和第（4）列回归结果表明政府数字关注有利于增加企业研发

资金和企业研发人员投入。因此，中央政府以及地方政府出台了一系列与数字经济相关的政策和制度，更加注重企业长远发展，不仅披露企业研发价值，增加企业研发资金和研发人员投入，还会吸引更多投资者的关注，缓解企业融资约束，进而促进企业数字创新。由此印证本文基准假说3成立。

表14　影响机制分析（中介效应检验）

变量	*Subsity* 政府补助 （1）	*Invest* 固定资产投资 （2）	*Rd_f* 企业研发资金 （3）	*Rd_p* 企业研发人员 （4）
Dig_attention	0.051***	0.031***	0.008***	0.045***
	（0.015）	（0.001）	（0.001）	（0.004）
常数项	−1.0520***	−0.271***	−0.021***	−0.101***
	（0.073）	（0.003）	（0.006）	（0.018）
控制变量	是	是	是	是
企业固定效应	是	是	是	是
时间固定效应	是	是	是	是
样本量	41276	41276	41276	41276
R^2值	0.571	0.881	0.716	0.718

注：同表2。

六　研究结论与政策启示

政府数字关注赋能企业数字创新是新时代促进经济高质量发展的关键之举。“十四五”规划强调要大力发展数字经济，加快数字化发展；党的二十大报告也指出要“加快建设数字中国”。在此背景下，进一步从“注意力经济理论”阐释政府数字关注对企业数字创新的影响效应具有重要的理论价值与现实意义。鉴于此，本文基于微观层面，利用2001~2020年中国沪深A股上市公司数据构建固定效应模型，实证考察了政府数字关注对企业数字创新的影响效应及其作用机理，研究发现：第一，政府数字关注显著提升了企业数字创新水平和企业数字联合创新水平，这一结论得到了工具变量、倾向得分匹配（PSM）检验、Heckman模型估计、更换核心变量指标度量方式、剔除特殊样本、改变固定效应和更换回归模型以及核心解释变量滞后一期处理、缩减样本等一系列稳健性检验的支持。第二，异质性分析结果发现，政府数字关注对企业数字创新的促进效应在技术密集型行业、小规模企业、非国有企业以及成长期和成熟型企业等组别中更为明显。第三，机制检验表明，政府数字关注对企业数字创新的促进作用会受到企业数字化转型的正向调节影响，即企业数字化转型会增加政府数字关注对企业数字创新的促进作用；同时，政府数字关注通过增加政府补助、政府投资以及企业研发投入等途径可提升企业数字创新水平。

本文厘清了政府数字关注与企业数字创新的关系，对激发数字创新活力、实现数字创新驱动发展具有重要的政策启示意义。

第一，政府应加快推广和落实大数据、云计算等数字技术在企业生产、管理以及创新等环节的应用，打造以数字技术为基础的创新研发体系，着力提升企业数字技术水平，使数字技术更好地赋能企业数字创新。本文研究表明，提高政府数字关注程度能够显著提升企业数字创新水平。因此，各级地方政府在今后的数字创新驱动政策优化过程中，应提升对数字技术应用的关注程度，高度重视企业关键核心技术创新，破解数字技术“卡脖子”难题，进而提升企业数字创新水平。地方政府还需要进一步加快地区数字基础设施建设，通过制度创新提升数据要素资源配置效率，为企业营造更加完善的数字创新生态环境，进而促进企业数字创新。地方政府应以健全新型举国体制为目标，鼓励企业实现关键技术突破，大力推动数字技术发展。此外，应加快数字政府建设，一方面，通过为企业提供更加透明的便利化信息化的服务，降低企业生产经营成本，提高企业运营效率，为企业数字创新奠定基础；另一方面，可通过完善数字经济政策，改善企业营商环境，激发企业数字创新活力。

第二，深入疏通政府数字关注通过增加政府补助、政府投资和企业研发投入等促进企业数字创新水平提升的传导渠道。具体而言，政府应增加企业数字创新项目专项补贴，加大对企业数字创新的补助力度。通过增加财政补贴等激励手段，更好地引导并鼓励企业数字创新；政府可考虑将研发项目向面临融资约束的企业倾斜、为企业提供研发贷款利息补贴等，为企业提供研发支持，进而缓解企业融资难等困境，助力企业数字创新水平提升；政府可鼓励企业加强与地区高校以及科研院所的交流与合作，为企业数字创新招揽大量高技术人才，进一步保障企业数字创新所需的研发人员支持。此外，鼓励企业数字化转型，增强政府数字关注对企业数字创新的促进效应。

第三，政策制定者应该通过对数字相关的政府工作任务进行细化和再规划，以确保政策的有效性和可操作性，提升对不同行业或企业的关注度。同时，政府还应该加强与企业的沟通和合作，深入了解不同行业的数字化需求，为企业提供更具针对性的支持和指导。未来，技术创新将成为企业适应新形势的核心发展动力，因此政府部门应该加快推广数字技术应用，特别是针对成长期企业和技术密集型行业企业，可以通过提供资金支持、开展技术培训和政策引导等方式，鼓励企业积极采用先进的数字技术，提升生产效率和产品质量，提高竞争力。此外，政府还可以加强与科研机构和高校的合作，共同推动科技创新，为企业提供更多创新资源和平台。政府可以通过建立数字化创新基地、建立创新奖励机制等方式，鼓励企业进行数字化创新，并提供必要的支持和保障。同时，政府应该注重小规模企业与大规模企业之间的交流和数字化协同发展。小规模企业通常面临着资源有限、技术能力相对较弱等问题，而大规模企业则具有更多的资源和技术优势。政府可以组织交流活动、设立合作平台，促进小规模企业与大规模企业之间的合作和互利共赢。通过数字化协同发展，小规模企业可以借助大规模企业的资源和技术优势，实现快速发展和转型升级，合力打造企业数字创新共同体。

参考文献

[1] 戴翔、宋婕，2021，《“一带一路”倡议的全球价值链优化效应——基于沿线参与国全球价值链分工地位提升的视角》，《中国工业经济》第6期。

[2] 方玉霞，2022，《中国数字经济的测度、空间演化及影响因素研究》，《中国经济学》

第3期。
［3］郭玥，2018，《政府创新补助的信号传递机制与企业创新》，《中国工业经济》第9期。
［4］黄群慧、余泳泽、张松林，2019，《互联网发展与制造业生产率提升：内在机制与中国经验》，《中国工业经济》第8期。
［5］江艇，2022，《因果推断经验研究中的中介效应与调节效应》，《中国工业经济》第5期。
［6］鞠晓生、卢荻、虞义华，2013，《融资约束、营运资本管理与企业创新可持续性》，《经济研究》第1期。
［7］雷鸿竹、王谦，2022，《中国地方政府数字经济政策文本的量化研究》，《技术经济与管理研究》第5期。
［8］梁上坤、张宇、王彦超，2019，《内部薪酬差距与公司价值——基于生命周期理论的新探索》，《金融研究》第4期。
［9］彭书舟、张胄，2022，《中间品贸易自由化如何影响中国企业出口波动?》，《财贸研究》第9期。
［10］彭小兵、彭洋，2022，《乡村振兴中地方政府的注意力配置差异与治理逻辑研究——基于410份政策文本的扎根分析》，《中国行政管理》第9期。
［11］祁怀锦、曹修琴、刘艳霞，2020，《数字经济对公司治理的影响——基于信息不对称和管理者非理性行为视角》，《改革》第4期。
［12］曲永义，2022，《数字创新的组织基础与中国异质性》，《管理世界》第10期。
［13］唐松、伍旭川、祝佳，2020，《数字金融与企业技术创新——结构特征、机制识别与金融监管下的效应差异》，《管理世界》第5期。
［14］陶锋、朱盼、邱楚芝等，2023，《数字技术创新对企业市场价值的影响研究》，《数量经济技术经济研究》第5期。
［15］王楚君、许治、陈朝月，2018，《科技体制改革进程中政府对基础研究注意力配置——基于中央政府工作报告（1985—2018年）的话语分析》，《科学学与科学技术管理》第12期。
［16］王桂军、李成明、张辉，2022，《产业数字化的技术创新效应》，《财经研究》第9期。
［17］肖红军、阳镇、姜倍宁，2021，《企业社会责任治理的政府注意力演化——基于1978—2019中央政府工作报告的文本分析》，《当代经济科学》第2期。
［18］薛莹、胡坚，2020，《金融科技助推经济高质量发展：理论逻辑、实践基础与路径选择》，《改革》第3期。
［19］闫俊周、姬婉莹、熊壮，2021，《数字创新研究综述与展望》，《科研管理》第4期。

［20］余江、孟庆时、张越等，2017，《数字创新：创新研究新视角的探索及启示》，《科学学研究》第7期。
［21］袁淳、肖土盛、耿春晓、盛誉，2021，《数字化转型与企业分工：专业化还是纵向一体化》，《中国工业经济》第9期。
［22］张文鹏、周有美、杨闯建，2022，《改革开放以来国务院〈政府工作报告〉竞技体育治理的关注度研究》，《天津体育学院学报》第5期。
［23］章文光、刘志鹏，2020，《注意力视角下政策冲突中地方政府的行为逻辑——基于精准扶贫的案例分析》，《公共管理学报》第4期。
［24］郑思齐、万广华、孙伟增、罗党论，2013，《公众诉求与城市环境治理》，《管理世界》第6期。
［25］周开国、卢允之、杨海生，2017，《融资约束、创新能力与企业协同创新》，《经济研究》第7期。
［26］Bao R., Liu T. 2022. "How does Government Attention Matter in Air Pollution Control? Evidence from Government Annual Reports." *Resources, Conservation and Recycling* (185): 106435.
［27］Bartik T.J. 1991. "Who Benefits from State and Local Economic Development Policies?" Kalamazoo, MI: W. E. Upjohn Institute for Employment Research.
［28］Denford J. S. 2013. "Building Knowledge: Developing a Knowledge-based Dynamic Capabilities Typology." *Journal of Knowledge Management* 17(2): 175-194.
［29］Fichman R.G., Dos Santos B.L., Zheng Z. 2014. "Digital Innovation as a Fundamental and Powerful Concept in the Information Systems Curriculum." MIS Quarterly 38(2): 329-A15.
［30］Goldhaber M.H. 1997. "The Attention Economy and the Net." First Monday.
［31］Guo D., Guo Y., Jiang K. 2016. "Government-subsidized R&D and Firm Innovation: Evidence from China." *Research Policy* 45(6): 1129-1144.
［32］Heckman J. J. 1979. "Sample Selection Bias as a Specification Error." *Econometrica* (47): 153-161.
［33］Jones B.D., Baumgartner F.R. 2005. "A Model of Choice for Public Policy." *Journal of Public Administration Research and Theory* 15(3): 325-351.
［34］Jones B.D., Baumgartner F.R. 2012. "From There to Here: Punctuated Equilibrium to the General Punctuation Thesis to a Theory of Government Information Processing." *Policy Studies Journal* 40(1): 1-20.
［35］Lee S., Park G., Yoon B., Park J. 2010. "Open Innovation in SMEs: An Intermediated Network Model." *Research Policy* 39(2): 290-300.

［36］ Lerner J. 2000. "The Government as Venture Capitalist: The Long-run Impact of the SBIR Program." *The Journal of Private Equity* 3(2): 55-78.

［37］ Luo X., Huang F., Tang X., Li J. 2021. "Government Subsidies and Firm Performance: Evidence from High-tech Start-ups in China." *Emerging Markets Review* (49): 100756.

［38］ Nambisan S., Wright M., Feldman M. 2019. "The Digital Transformation of Innovation and Entrepreneurship: Progress, Challenges and Key Themes." *Research Policy* 48(8): 103773.

［39］ Jones B. D., Baumgartner F. R., Talbert J. C. 1993. "The Destruction of Issue Monopolies in Congress." *American Political Science Review* 87(3): 657-671.

［40］ Popp D. 2002. "Induced Innovation and Energy Prices." *American Economic Review* 92(1): 160-180.

［41］ Simon H. A. 1947. *Administrative Behavior: A Study of Decision-making Processes in Administrative Organization*. New York: Free Press.

［42］ Xu M., Li J., Ping Z., Zhang Q., Liu T., Zhang C., Wang H. 2022. "Can Local Government's Attention Allocated to Green Innovation Improve the Green Innovation Efficiency? — Evidence from China." *Sustainability* 14(19): 12059.

（责任编辑：焦云霞）

数据跨境流动限制性政策的贸易成本效应：基于关税等价视角

姚亭亭*

摘　要：数据跨境流动受到发达经济体和发展中经济体的共同关注，数据跨境流动限制性政策成为影响数字贸易发展的关键变量。本文对数据跨境流动限制性政策的贸易成本效应进行了理论阐释，并基于全球27个国家2014~2017年的经验数据展开经验验证。研究结果表明，无论是线性假设还是非线性假设，贸易双方实施的数据跨境流动限制性政策都会显著推动双边贸易成本上升，且数字服务产品替代弹性越小，双边贸易成本对数据跨境流动限制性政策越敏感；数据跨境流动限制性政策会通过抬高双边贸易成本进一步对数字贸易进（出）口产生较显著的抑制作用；与进口比较，无论是数据跨境流动限制性政策对数字出口贸易的直接抑制效应，还是数据跨境流动限制性政策经由助推双边贸易成本对数字出口贸易的间接抑制效应，均更加显著。本文基于中国参与数据跨境流动治理和促进数字贸易出口视角，从经验研究结论中剥离出相关的政策内涵。

关键词：数据跨境流动　双边贸易成本　数字贸易

*　姚亭亭，讲师，海南大学国际商学院，电子邮箱：512938679@qq.com。本文获得2022年度海南省哲学社会科学规划课题基金［HNSK(JD) 22-2］、海南大学2023年青年学者扶持项目（DC2300003096）、北京社科基金决策咨询一般项目（22JCC071）的资助。感谢匿名审稿专家的宝贵意见，文责自负。

一 引言

全球贸易在经历传统贸易、价值链贸易后，已步入数字促进贸易发展阶段。[①] 联合国贸易和发展会议（United Nations Conference on Trade and Development，UNCTAD）的统计数据显示，全球数字服务贸易出口额已从2005年的12004.58亿美元增长到2021年的38113.77亿美元。[②] 其间发达经济体的数字服务贸易出口额占全球出口总额的比重为77.89%~86.21%。尽管如此，一些发展中经济体的数字贸易表现也非常亮眼，如2005~2021年中国数字贸易占服务贸易总量的比重从22.11%上升至49.68%，这主要得益于互联网、云计算、大数据等新兴技术的突飞猛进。

数字化发展已成为服务贸易发展的显著特点和重要趋向，但各经济体支撑数字贸易的产业基础、底层设施和技术创新水平存在较大差异，即所谓的“数字鸿沟”还难以弥合。同时，基于数字技术实现跨境交付的数字贸易会牵涉个人隐私、商业秘密及国家安全信息等敏感数据的跨境传输。针对数字贸易发展，各国态度迥异，一些国家的态度还相当保守甚至抵触。其结果是，数字贸易壁垒与数字贸易发展可谓“如影随行”。欧洲智库欧洲国际政治经济中心（European Centre for International Political Economy，ECIPE）针对全球64个国家和地区发布了《数字贸易限制指数》报告，认为全球数字贸易壁垒形式多样，如对数据跨境流动实施管控、针对数字产品及服务征收国内税费、对数字服务采取歧视性的公共采购制度等，其中最普遍、最典型的贸易政策是数据跨境流动限制性措施。

目前针对数据跨境流动采取的限制性措施也呈现多样化趋势。概括

① UNCTAD（2015）将数字贸易定义为可数字化交付的服务贸易，主要涵盖保险和养老金服务、金融服务、知识产权使用费、电信、计算机和信息服务、其他商业服务以及视听和相关服务等，这一概念相对规范且逐渐被国内外学者所接受。本文中的“数字贸易”是指UNCTAD（2015）所定义的“可数字化交付的服务贸易”。

② Unctadstat.unctad.org，https：//unctadstat.unctad.org/wds/TableViewer/tableView.aspx.

而言，各经济体主要是从“数据流动及存储要求”“互联网服务提供者责任界定”以及“数据内容准入审查”三个方面进行相关限制，其中前者主要规范数据出境，后二者聚焦监管数据入境。根据ECIPE的统计，与发达经济体相比，新兴经济体针对后二者设置了相对更严格更具约束性的限制性措施。但在“数据流动及存储要求”方面，根据ECIPE的数据，全球设置最严格此类限制的经济体中，既有发展中经济体（如俄罗斯、土耳其、中国），也有发达经济体（如法国、德国）。这意味着“数据流动及存储要求”相关政策受到发达经济体和发展中经济体的共同关注。数据跨境流动限制性政策已成为影响数字贸易发展的关键变量之一。

数据跨境流动限制性政策究竟会给数字贸易带来怎样的影响？显而易见的是，数字产品及服务的提供者在进行数据跨境传输时，必须同时满足母国和东道国双方的规制要求，双边贸易合规成本增加，这必然会对贸易流量产生影响，意味着数据跨境流动限制性政策可能会通过贸易成本效应影响数字贸易发展。对此机制，回顾当前研究文献，与数据跨境流动限制性政策贸易成本效应密切相关的有：一是对数据跨境流动限制性政策的探讨。最具有代表性的成果是ECIPE和经合组织（Organization for Economic Cooperation and Development，OECD）分别构建的数字贸易限制指数（Digital Trade Restrictiveness Index，DTRI）和数字服务贸易限制指数（Digital Service Trade Restrict Index，DSTRI）体系。DTRI针对全球64个国家所实施的“禁止数据跨境传输或本地处理要求”、“本地存储要求”以及“跨境流动条件”等关乎数据跨境流动的限制性政策进行了梳理、分类和加权赋值，并对经济体的跨境数据流动限制水平开展量化比较。OECD通过使DSTRI体系涵盖“基础设施和连接”和“影响数字化服务贸易的其他障碍”两个二级指标来捕捉全球主要发达经济体所实施的数据跨境流动限制性政策。世界经济论坛（World Economic Forum，WEF）①参考DTRI的评估办法将全球主要经济体的跨境数据流动限制水平由低到高分为“无

① World Economic Forum. 2019. “Exploring International Data Flow Governance: Platform for Shaping the Future of Trade and Global Economic Interdependence.” White Paper.

条件流动”“有条件流动”“本地存储要求”“本地处理要求”“禁止数据跨境传输”五个等级。国内学者比较重视对数据跨境流动限制性政策的内涵、表现、国际合作等问题开展研究（温树英，2021；王中美，2021）。二是针对贸易成本的分解、测度和影响研究。Novy（2006）的研究具有代表性，他基于Anderson和Wincoop（2004）的研究成果，利用改进的引力模型认为物理距离、关税、是否签署贸易特惠协定、汇率、是否有共同语言、是否有共同边境等因素会影响贸易成本。关税、运输及通信等可观测贸易成本在二战后随着全球经济一体化和技术发展而不断下降，而非关税成本、制度成本、信息成本等不可测成本成为影响贸易成本的重要因素（Novy，2006；胡朝霞和潘夏梦，2017）。史本叶等（2014）通过对构成贸易成本的影响因素进行分解，并考察其对中国出口二元边际的影响。胡朝霞等（2017）基于比较优势视角探讨了总体贸易成本与出口结构的影响关系。此外，刘斌等（2021）研究了规制融合对数字贸易的影响渠道中，实证检验了规制融合能降低贸易成本，并促进数字贸易发展。三是对数据跨境流动限制性政策贸易效应的经验研究。关于国际数字贸易发展影响因素的实证研究较少，特别是量化分析数据跨境流动贸易限制性政策是否会通过增加双边贸易成本而对数字贸易产生影响的文献还有待进一步丰富。国外学者Ferracane等（2018）首次将数据流动限制性政策与数字贸易联系在一起，并利用量化方式得出数据跨境流动限制性措施确实不利于数字贸易的研究结论。国内学者周念利和姚亭亭（2021a、2021b）在Ferracane等（2018）的研究基础上，探究了数据跨境流动限制性措施对数字贸易进口和出口技术复杂度的影响效应。此外，齐俊妍和强华俊（2022）检验了跨境数据流动限制性政策会通过贸易成本效应等路径影响制造业出口升级。且数字服务贸易限制措施通过增加贸易成本而制约服务贸易发展（齐俊妍和强华俊，2021）。

既有文献还存在以下明显缺陷：一是目前学者关于双边贸易成本的研究，通常只是将非关税的规则壁垒进行笼统刻画，并未将“数据跨境流动限制性政策”单独予以考察。尽管学者对于数据跨境流动限制性政策会增加合规成本、交易成本等贸易成本已经达成共识，但仅少数学者在研究中简单地将贸易成本作为传导机制之一予以检验，并未专门针对数据跨境流动限制性政策对贸易成本的影响展开深入研究。二是国内学者一般侧重于对数据跨境流动治理体系展开定性分析，即对数据跨境流动问题的探究主要聚焦规则层面，仅少数学者考察了数据跨境流动限制措施引发的经济效益问题，但全球数字化时代背景决定了需持续且深刻地认识数据跨境流动限制性政策的贸易成本效应及其引发的国际贸易问题，利用计量模型和客观数据能更加透彻地看待国际数据治理效应并研判未来发展动向。有鉴于此，本文尝试基于经典理论模型并结合各国的实际数据对数据跨境流动限制性政策与双边贸易成本之间的相关性进行理论阐释和多个维度的实证检验，同时，通过中介模型对数据跨境流动限制性政策、双边贸易成本和数字贸易之间的作用机理展开经验验证。该研究旨在为中国参与数据跨境流动治理以及构建数字贸易发展促进体系提供决策参考。

二　理论分析和影响机制

（一）数据跨境流动限制性政策对双边贸易成本的影响机理

对于双边贸易成本的分解能够为本文研究提供基础。早期学者Anderson和Wincoop（2004）认为进入其他国家边境需要支付固定成本和可变成本，其中可变成本涵盖运输成本、贸易政策成本（含关税和非关税措施）。同时在De（2006）构建的贸易成本结构中，将贸易成本分为政策成本和外部环境成本两大类，其中政策成本涵盖了关税、非关税壁垒（Non-tariffs Barriers，NTBS）与配额。更进一步地，Francois和Pindyuk（2012）提出了影响国际服务贸易成本的政策壁垒主要有三类，其中一类是对新建行为的管制，如要求服务提供方在当地建立物理网点。基于双边贸易成本分解，当前国际关注和谈论的数据跨境流动限制性政策是不是影响双边贸易成本的重要因素之一呢？

本文认为该影响机理具体如下：在数字时代，数据被视为生产要素之一，其重要性不言而喻，无论是出于维护国家安全、保障个人隐私问题还是出于执法便利等政策目标，多数国家重视并限制数据跨境流动。“数据本地化要求”是最典型的限制措施，在划分上应属于非关税壁垒范畴（温树英，2021）。该措施类似于 Francois 和 Pindyuk（2012）提到的对新建行为的干预，数据本地化规定会使得企业在当地新建服务器、数据中心或分支机构，显而易见地会增加企业运营成本（许多奇，2020；温树英，2021）。除了数据本地化要求外，严苛的“同意—告知”要求、任命数据隐私保护官要求、要求企业对政府开放访问权限或提供客户数据等规定也会提高企业的合规成本（Nigel，2017），这些对企业的贸易成本都能产生影响。从数据流动产生的经济价值来看，在互联网发展中具有比较优势的国家发现数据跨境流动能够降低企业国际贸易成本，包括中小型企业与大型企业，相对地，出口国和目的国各自对数据跨境流动制定的限制性政策不仅阻断了涉外企业享受数字红利的渠道，而且企业在“走出去”和“引进来”的国际服务贸易中，需要遵循出口国和目的国两方的数据交易、收集、传输等相关法律法规，支付双向合规成本（许多奇，2020），加重企业的合规负担。

信息设施联通叠加信息（数据）跨境自由流动有利于企业信息搜寻、分销渠道创建等国际贸易活动从而降低贸易成本（Liu 和 Nath，2013）。信息设施联通为信息（数据）跨境高效流动提供了可能，帮助出口企业迅速且便捷地获取境外客户消费信息，挖掘客户潜力，降低搜寻成本，通过精准投放广告进一步降低创建分销渠道的成本；与此同时，线上信息有效流动能够直接为境外客户提供高质量的售前、售中及售后全流程服务，减少企业员工到境外为客户提供售中、售后服务的情况，降低交易沟通成本。电子交易通过打破交易双方的地理空间限制，实现销售商和客户零距离交易（Kim 等，2017），降低由合同成本产生的贸易成本（齐俊妍和高明，2021）。然而，当前绝大多数国家基于各自政策目标考虑限制数据自由出入境，而信息流动必须依托数据这一载体。限制数据跨境流动极大可能抵消由信息设施联通叠加信息（数据）跨境自由流动而带来的贸易成本降低效应，甚至增加企业的上述信息搜寻成本、建立分销渠道成本、沟通成本、合同成本等贸易成本。

在数字经济快速发展和数字贸易全球化背景下，出口国或目的国实施的诸如“数据本地化要求”限制数据跨境流动政策在较大概率上可视为NTBS，并且本文推测数据跨境流动限制性政策将影响双边贸易成本。

（二）双边贸易成本测度

双边贸易成本是本文重点考察的对象，对其测度方法的阐释是十分必要的。现阶段对双边贸易成本的度量可分为直接和间接两种方法。直接法是可以依据现有资料和数据测度贸易成本（Nuno等，2001；Hummels等，2009；Pomfret等，2010；胡朝霞和潘夏梦，2017），通常适用于如关税等可观察贸易成本。间接法用以测度难以量化的不可观察成本，如信息成本、非关税成本等。Anderson 和 Wincoop（2004）基于微观理论的一般均衡模型，修正了传统的引力模型，建立如下公式：

$$x_{ij} = \frac{y_i y_j}{y_w} \times \left(\frac{t_{ij}}{\pi_i p_j} \right)^{(1-\sigma)} \quad (1)$$

式中，x_{ij}表示i国对j国的名义出口，y_i和y_j分别是i国和j国的名义收入，y_w表示世界总收入；t_{ij}是i国出口到j国的双边贸易成本；$\sigma>1$表示所有产品之间有替代弹性；π_i、p_j分别是i国和j国的价格指数，表示外向型多边阻力和内向型多边贸易阻力，$\pi_i p_j$代表多边阻力。Novy（2013）基于Anderson 和 Wincoop（2004）的研究成果并放宽了双边贸易成本对称性假设，根据条件$t_{ii} \neq t_{jj}$，建立了关税等价的双边贸易成本测算公式：

$$\tau_{ij} = \left(\frac{t_{ij} t_{ji}}{t_{ii} t_{jj}} \right)^{\frac{1}{2}} - 1 = \left(\frac{x_{ii} x_{jj}}{x_{ji} x_{ij}} \right)^{\frac{1}{2(\sigma-1)}} - 1 \quad (2)$$

$$\tau_{ijk} = \left(\frac{x_{iik} x_{jjk}}{x_{jik} x_{ijk}} \right)^{\frac{1}{2(\sigma-1)}} - 1 \quad (3)$$

本文借鉴潘文卿等（2017）与郑丹青等（2019）的做法，将式（2）改为式（3），用以测算“国家—部门”层面的双边贸易成本。式中，x_{jik}表示j国k部门出口到i国的贸易额，x_{ijk}是i国k部门出口到j国的贸易额，σ是产品替代弹性，x_{iik}和x_{jjk}分别是i国和j国k部门的国内贸易情况。参考Novy

（2013）对国内贸易的度量方法，即 $x_{iik(jjk)} = GDP_{ik(jk)} \times \delta - x_{ik(jk)}$，$GDP_{ik(jk)}$ 表示 i 国或 j 国 k 服务部门的增加值，$x_{ik(jk)}$ 是 i 国或 j 国 k 服务总出口额，δ 表示服务部门产出中可用于贸易的份额，一般取值为 0.8（Anderson 和 Wincoop，2004；Novy，2013；张皞，2019；马述忠等，2019）。

（三）双边贸易成本对贸易增长的理论模型

针对贸易成本如何影响贸易增长的理论模型，借鉴张皞（2019）的做法，对式（3）左右两边同乘 $y_{ik}y_{jk}$ 并整理得到：

$$x_{jik}x_{ijk} = \frac{x_{iik}x_{jjk}}{y_{ik}y_{jk}}\left(1 + \tau_{ijk}\right)^{2(1-\sigma)} \times y_{ik}y_{jk} \tag{4}$$

再对式（4）左右两边取自然对数并求一阶差分得到式（5）：

$$\Delta\ln\left(x_{jik}x_{ijk}\right) = \Delta\ln\left(\frac{x_{iik}x_{jjk}}{y_{ik}y_{jk}}\right) + 2(1-\sigma)\Delta\ln\left(1 + \tau_{ijk}\right) + \Delta\ln\left(y_{ik}y_{jk}\right) \tag{5}$$

参考 Baier 等（2001）与张皞（2019）的做法并改进成国家部门层面，令 $h_{ik} = \frac{y_{ik}}{y_{ik} + y_{jk}}$，$h_{jk} = \frac{y_{jk}}{y_{ik} + y_{jk}}$，进而式（5）中 $y_{ik}y_{jk}$ 可改写为：

$$y_{ik}y_{jk} = \left(y_{ik} + y_{jk}\right)^2 \times h_{ik}h_{jk} \tag{6}$$

整理式（5）和式（6）得到双边贸易增长的分解公式：

$$\begin{aligned}\Delta\ln\left(x_{jik}x_{ijk}\right) = {} & \Delta\ln\left(\frac{x_{iik}x_{jjk}}{y_{ik}y_{jk}}\right) + 2(1-\sigma)\Delta\ln\left(1 + \tau_{ijk}\right) + 2\Delta\ln\left(y_{ik} + y_{jk}\right) \\ & + \Delta\ln\left(h_{ik}h_{jk}\right)\end{aligned} \tag{7}$$

最后将式（7）同除以 $\Delta\ln\left(x_{jik}x_{ijk}\right)$，转换成一般百分比形式：

$$\frac{\Delta\ln\left(\frac{x_{iik}x_{jjk}}{y_{ik}y_{jk}}\right)}{\Delta\ln\left(x_{jik}x_{ijk}\right)} + \frac{2(1-\sigma)\Delta\ln\left(1 + \tau_{ijk}\right)}{\Delta\ln\left(x_{jik}x_{ijk}\right)} + \frac{2\Delta\ln\left(y_{ik} + y_{jk}\right)}{\Delta\ln\left(x_{jik}x_{ijk}\right)} + \frac{\Delta\ln\left(h_{ik}h_{jk}\right)}{\Delta\ln\left(x_{jik}x_{ijk}\right)} = 100\% \tag{8}$$

由式（8）可知，双边贸易增长主要由四方面因素决定。第一项多边贸易阻力$\Delta\ln\left(\frac{x_{iik}x_{jjk}}{y_{ik}y_{jk}}\right)$，其系数为负意味着多边贸易阻力降低会削减双边贸易流量，这可从贸易转移效应来解释，若i国或j国k部门与第三贸易伙伴的贸易壁垒削减，原本i国和j国k部门之间的贸易量会部分转移至第三贸易伙伴；第二项说明减弱双边贸易成本能够促进贸易增长，原因是产品替代弹性$\sigma>1$，说明第二项系数始终为负，双边贸易成本与贸易增长具有反向关系；第三项表示两国产出增加也可以促进双边贸易增长；第四项表示两国收入差距及其贸易流量具有反向关系。由贸易增长分解式（8）第二项可获悉，数字贸易成本上升极可能会抑制双边贸易流量增长，为验证这一猜想，后文在拓展分析处利用中介模型对此展开实证检验，厘清数据跨境流动限制性政策的贸易成本效应对双边贸易流量的影响。

三　特征事实与模型构建

（一）特征事实

本文借鉴潘文卿等（2017）的做法，将式（3）的测算结果进行加总平均[①]［详见式(9)］，用以考察贸易成本的国家特征：

$$\tau_i = \frac{1}{n-1}\frac{1}{m}\sum_{\substack{j=1\\j\neq i}}^{n}\sum_{k=1}^{m}\tau_{ijk} \tag{9}$$

其中，k=1，…，m。m=6。j=1，…，n。当数据来源于OECD时，n=27；当数据来源于世界投入产出表（World Input-Output Database，WIOD）时，n= 28。

利用式（3）和（9），对27个主要经济体的贸易成本进行测度。基于本文数据的可获得性和考察内容，研究数据为这27个国家2014~2017年6个数字服务部门的均值，双边数字贸易数据源自WTO-UNCTAD-ITC，i国或j国

① 具体做法是先基于双边贸易数据测算双边贸易成本，再利用简单平均法计算国家层面的贸易成本数值。

服务部门的增加值数据能够从OECD统计数据库或WIOD获取。目前能够从OECD数据库获取主要经济体2014~2017年的数据，而WIOD只能取到2014年的数据。为此，本文选择OECD统计数据作为测算各国的国内贸易，并使用2014年WIOD数据作为稳健性检验。表1是27个国家双边贸易成本的测算结果，样本国家多数是发达国家，且欧盟国家占比较大。此外，本文也利用WIOD数据库对各国的数字贸易成本进行测算，其结果与OECD统计数据测算结果并未有较大出入，鉴于篇幅，此处不再呈现。

表1 OECD数据库测算的各国数字贸易成本

国家	σ=8	σ=5	σ=10	国家	σ=8	σ=5	σ=10
瑞士	0.391	1.018	0.273	日本	1.379	4.491	0.912
卢森堡	0.428	1.120	0.298	加拿大	1.400	4.354	0.932
新西兰	0.730	2.489	0.475	葡萄牙	1.439	4.319	0.967
爱尔兰	0.839	2.373	0.573	芬兰	1.442	4.386	0.968
爱沙尼亚	0.938	2.763	0.633	捷克	1.569	4.880	1.046
拉脱维亚	1.006	3.110	0.670	希腊	1.614	5.246	1.064
立陶宛	1.036	3.201	0.692	奥地利	1.648	4.995	1.108
美国	1.067	3.061	0.725	澳大利亚	1.683	5.754	1.096
冰岛	1.117	3.675	0.731	德国	1.777	5.441	1.192
斯洛文尼亚	1.182	3.588	0.792	意大利	1.841	5.920	1.220
法国	1.295	4.034	0.864	丹麦	2.124	7.077	1.391
韩国	1.326	3.658	0.913	瑞典	2.138	7.017	1.407
比利时	1.330	3.848	0.904	波兰	2.204	7.256	1.448
斯洛伐克	1.354	4.346	0.895				

注：每一国家的数据是利用各国六个数字服务部门2014~2017年的平均值求得。此处数字服务部门的选取正是基于前文提到的UNCTAD（2015）“可数字化交付的服务贸易”，基于这一标准并与各个数据库的统计口径，本文选择金融保险服务、电信服务、计算机和信息服务、知识产权服务、其他商业服务，以及个人、文化和娱乐服务六个数字服务部门。后文实证部分指代的数字服务部门均是这六个服务部门。

其于OECD和WIOD数据库的测算发现，即使同属于欧盟管辖区内的国家，彼此间的贸易成本也存在较大差异。以σ=8为例，2014~2017年贸易成本相对低的国家有瑞士、卢森堡、新西兰、爱尔兰、爱沙尼亚、拉脱维亚、立陶宛和美国等国家，贸易成本相对高的是澳大利亚、德国、意大利、丹麦、瑞典、波兰等国家。而利用WIOD数据库对2014年各国贸易成本的测算结果也显示出贸易成本相对低的国家有芬兰、爱沙尼亚、法国、比利时、加拿大、捷克、澳大利亚等国家，贸易成本较高的国家有韩国、荷兰、瑞典、意大利、德国、波兰等国家。同时发现德国、意大利、瑞典和波兰等欧盟国家的贸易成本要高于其他欧盟或非欧盟国家。非欧盟国家美国、日本、韩国和瑞士等国2014~2017年贸易成本都相对降低，但澳大利亚和加拿大两国的贸易成本反而上升。表1显示的贸易成本包括所有贸易壁垒的综合指标，包括政策成本和外部环境成本（De，2006），而数据跨境流动限制性政策是否也能影响贸易成本，成为政策成本的一个分支？对于该问题仍需利用客观数据从统计学视角予以检验，据此，后文利用计量模型对2014~2017年各国数据跨境流动管制的贸易成本效应展开深入探讨。

（二）模型构建

本文尝试利用计量模型考察27个国家①2014~2017年数据跨境流动限制性政策与双边贸易成本之间的相关性。借鉴Duval等（2018）和Novy（2013）的做法，建立线性公式（10）。此外，为谨慎起见，本文尝试利用式（11）考察这二者之间是否具有非线性关系，具体如下：

$$\begin{aligned}\ln cost_{ijk}^{2014-2017} = {}& \beta_0 + \beta_1 barrier_{ijk}^{2014-2017} + \beta_2 RTA_{ij} + \beta_3 \ln dist_{ij} + \beta_4 contig_{ij} + \beta_5 comlang_{ij} \\ & + \beta_6 colony_{ij} + \beta_7 comcol_{ij} + \beta_8 fixed_{ij}^{2014-2017} + \mu_i + \mu_j + \mu_k + \varepsilon_{ijk}\end{aligned} \tag{10}$$

$$\begin{aligned}\ln cost_{ijk}^{2014-2017} = {}& \beta_0 + \beta_1 barrier_{ijk}^{2014-2017} + \beta_2 \left(barrier_{ijk}^{2014-2017}\right)^2 + \beta_3 RTA_{ij} + \beta_4 \ln dist_{ij} \\ & + \beta_5 contig_{ij} + \beta_6 comlang_{ij} + \beta_7 colony_{ij} + \beta_8 comcol_{ij} + \beta_9 fixed_{ij}^{2014-2017} \\ & + \mu_i + \mu_j + \mu_k + \varepsilon_{ijk}\end{aligned} \tag{11}$$

① 澳大利亚、奥地利、比利时、加拿大、捷克共和国、丹麦、爱沙尼亚、芬兰、法国、德国、希腊、冰岛、爱尔兰、意大利、日本、韩国、拉脱维亚、立陶宛、卢森堡、新西兰、波兰、葡萄牙、斯洛伐克、斯洛文尼亚、瑞典、瑞士、美国。

式（10）和（11）中各个变量的解释说明如下。

1.被解释变量

双边数字贸易成本 $\ln cost_{ijk}^{2014-2017}$ 是 i 国和 j 国关于 k 数字服务部门贸易成本的自然对数。测算方法见式（3）。式（3）中的 σ 取值范围一般在5~10（Anderson和Wincoop，2004），但多数国内外学者计算贸易成本时常将产品替代弹性 σ 取值为8（Novy，2013；许统生和涂远芬，2010；胡朝霞和潘夏梦，2017；马述忠等，2019），本文采用同样的方法，将产品替代弹性 σ 取值为8，并将 σ 分别取值为5和10作为稳健性检验。

2.核心解释变量

双边数据跨境流动限制性政策指标 $barrier_{ijk}^{2014-2017}$ 用于捕捉 i 国和 j 国关于 k 数字服务部门面临的数据跨境流动限制水平，测算公式如下：

$$barrier_{ijk}^{2014-2017} = \frac{\sum_n IO_{nk}^{2014-2017}}{TOT_k^{2014-2017}} \left(DSTRI_i^{2014-2017} \times DSTRI_j^{2014-2017} \right)^{\frac{1}{2}} \tag{12}$$

首先，利用几何平均法度量贸易双边 i 国和 j 国对数据跨境流动管制的综合水平 $barrier_{ijk}^{2014-2017}$，该指标源自OECD的数字服务贸易限制指数。数字服务贸易限制指数刻画了各国数字服务贸易壁垒水平。本文采用该指数框架下的两个分指标“基础设施和连通性”（Infrastructure and Connectivity）和“其他影响数字服务贸易的壁垒因素”（Other Barriers Affecting Trade in Digitally Enabled Services）构建了 $DSTRI_i^{2014-2017}$ 和 $DSTRI_j^{2014-2017}$ 指标①，并对 $DSTRI_i^{2014-2017}$ 和 $DSTRI_j^{2014-2017}$ 利用几何平均法构造能分别刻画 i 国和 j 国对数据跨境流动的限制水平。其次，构造一个能表示 k 数字服务部门数据强度的权重 $\frac{\sum_n IO_{nk}^{2014-2017}}{TOT_k^{2014-2017}}$，可通过美国经济分析局（Bureau of Economics Analysis，

① 即将“基础设施和连通性”的得分和“其他影响数字服务贸易的壁垒因素”的得分直接相加。

BEA）2014~2017年投入产出矩阵计算得出①。具体来讲，权重分子$\sum_n IO_{nk}^{2014-2017}$是“数据生产者”②的上游部门$n$对下游服务部门$k$的投入总和，权重分母$TOT_k^{2014-2017}$是数字服务部门$k$所接受的所有中间投入。由此，构建了能刻画双边国家2014~2017年关于k数字服务部门的数据跨境流动限制水平$barrier_{ijk}^{2014-2017}$。

3.控制变量

除政策壁垒外，对双边贸易成本有影响的因素还包括地理距离、是否相邻、是否共享通用官方语言、是否曾经有殖民联系、1945年后是否有共同的殖民者等（Duval等，2018；Novy，2013）。地理距离一般用于计算贸易之间的运输成本，但其也会影响服务贸易，地理位置邻近的国家更容易实现人员交往和信息交流，两国间联系越频繁越能促进双方深化经贸合作，企业对外出口服务所付出的信息搜集成本也相对较低，企业更愿意与周边国家进行服务贸易往来（林僖和鲍晓华，2019）。双边贸易成本与双方是否已经签署贸易特惠协定有着密切关联。互联网能够降低搜寻成本、交流成本和进入成本，促进贸易发展（Freund 和 Weinhold，2002；Anderson 和 Wincoop，2004），便于信息交流，降低双边贸易成本，本文用固定宽带订阅来衡量一国接入互联网状况，该数值越高，该国使用互联网的可能性越大，联网的人数越多，信息共享速度越快，企业在市场中搜集信息的成本越低，贸易成本也就越降低。

（三）数据来源说明

本文所使用的变量和数据来源的详细说明见表2，同时关于所有解释变量与双边贸易成本（ln*cost*）之间可能具有的相关性也可参见表2。

---

① 选择美国投入产出矩阵作为衡量中间投入比例的主要原因是，每一国家投入产出表的行业分类系统或聚合水平不同，无法得到统一的行业代码（Levchenko，2007；Costinot，2009；Ferracane等，2018）。

② “数据生产者”的界定参考Calvino等（2018），数字强度是“高”和“中高”的行业被认定为“数据生产者”。

表2 变量说明和数据来源

变量	表示	说明	预期符号	数据来源
被解释变量	ln*cost*	双边数字贸易成本		OECD、WTO
	ln*export*	数字贸易出口额		WTO-UNCTAD-ITC
	ln*import*	数字贸易进口额		WTO-UNCTAD-ITC
核心解释变量	*barrier*	双边数据跨境流动限制性政策	+	OECD、BEA
控制变量	ln*dist*	两国之间的地理距离	+	CEPII
	contig	是否相邻	-	CEPII
	comlang	是否共享通用官方语言	-	CEPII
	colony	曾经是否有殖民联系	-	CEPII
	comcol	在1945年后是否具有共同的殖民者	-	CEPII
	RTA	签署RTA取值为1，否则为0	-	WTO
	*fixed**	固定宽带订阅（每100人）	-	世界银行

注："*"参考Duval等（2018）的经验做法，利用几何平均法对*i*国和*j*国的固定宽带订阅数据进行处理。

四 基准回归及稳健性检验

（一）基准回归分析

本文针对贸易双方实施的数据跨境流动限制性政策与双边贸易成本的相关性展开研究。基于数据的可获得性，对27个国家2014~2017年数据进行均值回归，采用均值回归也可以避免序列相关问题。对式（10）采用最小二乘虚拟变量回归方法并得到表3的基准回归结果。首先，由产品替代弹性σ=8测算得出双边贸易成本的估计结果见列（1）和列（2）。列（1）是同时对出口国固定效应、目的国固定效应和部门层面固定效应进行控制的估计结果，核心解释变量*barrier*的估计系数和预期相符，正向显著，表示出口国和目的国实施的数据跨境流动限制性政策会显著增加双边贸易成本。列（2）是加入ln*dist*、*RTA*、*contig*、*comlang*、*colony*、*comcol*和*fixed*控制变量后的回归结果，从结果可见，此列*barrier*估计系数显著且为正值，意味着出口国和目的国任意一方对数据跨境流动实施严苛的管制都会引起双边贸易成本增加。反之，如若这两边贸易国家对数据跨境流动的立场比较开放则有可能会降低双边贸易成本。此外，控制变量的估计结果与预期几乎保持一致，如两国之间的地理距离越远，双边贸易成本越高；而两国相邻、使用同一官方通用语言、曾经具有殖民联系或在1945年后具有共同的殖民者等先决条件均能使双边贸易成本降低，这与多数学者研究结论一致（Novy，2006；Duval等，2018）。

表3　基准回归和稳健性检验

变量	(1) lncost8	(2) lncost8	(3) lncost5	(4) lncost5	(5) lncost10	(6) lncost10	(7) lncost8	(8) lncost8
barrier	6.927***	6.025***	9.221***	8.002***	6.314***	5.496***	19.120*	6.427***
	(2.013)	(1.785)	(2.725)	(2.414)	(1.827)	(1.621)	(10.985)	(2.138)
$barrier^2$							−48.524	
							(39.352)	
RTA		0.045		0.051		0.043	0.046	0.043
		(0.036)		(0.046)		(0.033)	(0.036)	(0.043)
ln*dist*		0.227***		0.304***		0.207***	0.227***	0.292***
		(0.015)		(0.019)		(0.013)	(0.015)	(0.022)
contig		−0.083***		−0.099***		−0.079***	−0.083***	−0.042
		(0.022)		(0.029)		(0.021)	(0.022)	(0.041)
comlang		−0.091***		−0.108***		−0.086***	−0.091***	−0.145***
		(0.024)		(0.031)		(0.022)	(0.024)	(0.047)
colony		−0.109***		−0.156***		−0.097***	−0.108***	−0.293***
		(0.027)		(0.035)		(0.025)	(0.027)	(0.059)
comcol		−0.561***		−0.728***		−0.516***	−0.561***	−0.579***
		(0.050)		(0.063)		(0.047)	(0.050)	(0.107)
fixed		−0.025		−0.037*		−0.022	−0.027*	−0.033
		(0.016)		(0.021)		(0.014)	(0.016)	(0.023)
常数项	0.816***	−0.934*	1.947***	−0.305	0.408***	−1.207***	−1.434**	−1.931**
	(0.121)	(0.512)	(0.164)	(0.678)	(0.110)	(0.468)	(0.647)	(0.791)
固定效应	是	是	是	是	是	是	是	是
Log pseudolike								−1751.411
R^2值/Pseudo R^2	0.616	0.748	0.627	0.754	0.611	0.745	0.748	0.077
观测值	2385	2385	2385	2385	2385	2385	2385	2096

注：*、**和***分别代表在10%、5%和1%的水平上显著；括号内是稳健标准误差；各列均控制了出口国、目的国及部门层面固定效应。

（二）稳健性检验

为了验证前文理论阐释的合理性与基准回归结论的稳健性，本文采取多种方法进行实证检验，包括改变产品替代弹性、对原始数据修正、改变可贸易品份额、更换估计方法、固定效应重新组合、剔除异常值以及利用WIOD数据库重新测算双边贸易成本等方法，具体如下。

1.改变产品替代弹性、非线性假设与更换估计方法的稳健性检验

首先，鉴于产品替代弹性σ的取值范围一般为5~10，除了多数学者将产品替代弹性σ设定为8并测算得出双边贸易成本的情况，σ也可取5或10，因此将式（3）中的σ分别设定为5和10重新对双边贸易成本进行测算，并利用LSDV对新的双边贸易成本和数据跨境流动限制性政策的相关性进行回归，表3列（3）和列（4）是$\sigma=5$的估计结果，表3列（5）和列（6）是$\sigma=10$的估计结果。列（3）~（4）、列（5）~（6）与列（1）~（2）的估计结果比较接近，数据跨境流动限制性政策指标*barrier*的估计系数均为正值，且在1%的水平上显著，说明数据跨境流动限制性政策也是政策成本的一个分支，并且出口国或目的国对数据跨境流动管控程度和双边贸易成本正相关。同时从列（2）、列（4）和列（6）的估计结果还发现，σ分别取8、5、10时，*barrier*的估计系数依次为6.025、8.002、5.496，表示当其他条件保持不变时，产品替代弹性越小，贸易壁垒对双边贸易成本的正向促进作用越大，这与鞠雪楠等（2020）的研究结论一致，也就是数字服务产品越容易替换时，双边贸易成本对数据跨境流动限制性政策越不敏感。

其次，前文均是建立在线性模型假设基础上对数据跨境流动限制性政策和双边贸易成本之间的相关性进行了实证检验，但二者可能存在非线性关系，为严谨起见，采用实证方法考察其非线性关系。一方面，利用式（11）对非线性模型进行考察，估计结果见表3列（7），发现$barrier^2$未通过显著性统计检验，表示数据跨境流动限制性政策和双边贸易成本之间的倒“U”形关系可能不成立。另一方面，式（11）采用了对出口国、目的国及部门固定效应进行单独控制的方法，而两国进行贸易交往及其贸易规模会受多种因素掣肘，尽管控制了双边距离、是否相邻等影响因素，但也可

能会忽略其他不可观测的因素，据此，考虑国家对交互项的固定效应（μ_{ij}），利用式（13）再次对数据跨境流动限制性政策和双边贸易成本之间的倒“U”形关系进行检验，估计结果见表4列（4），与表3列（7）$barrier^2$的估计系数不同的是，这里$barrier^2$的估计系数为负，且在10%的水平上显著，说明数据跨境流动限制性政策和双边贸易成本之间有可能存在倒“U”形关系，为了进一步验证该结论，本文对式（13）进行图示分析，结果详见图1。

$$\ln cost_{ijk}^{2014-2017} = \beta_0 + \beta_1 barrier_{ijk}^{2014-2017} + \beta_2\left(barrier_{ijk}^{2014-2017}\right)^2 + \mu_{ij} + \mu_k + \varepsilon_{ijk} \tag{13}$$

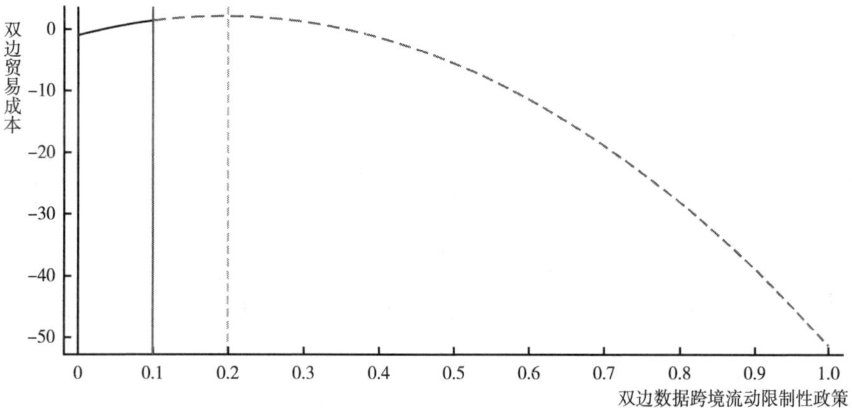

图1　双边数据跨境流动限制性政策和双边贸易成本的非线性关系

图1是二者非线性关系的图示，图中虚线是转折点，取值为0.2，而我们选择的双边数据跨境流动限制性政策研究样本取值区间为0~0.1，在样本区间数据跨境流动限制性政策和双边贸易成本之间的关系处于倒“U”形曲线最大值的左侧，说明这二者始终存在单增关系。与式（11）非线性假设设定相比，利用式（10）模型考察二者关系更为合理。因此，后文均以线性模型假设作为量化数据跨境流动限制性政策和双边贸易成本之间关系的前提。

最后，利用泊松伪极大似然回归（PPML）方法进行实证检验。部分国家分部门的贸易数据缺失，而PPML方法在一定程度上能够处理零数据和异方差问题（Silva等，2006；林僖等，2019），为此本文考虑采用具有多重固定效应的泊松回归方法对式（10）进行再次检验，估计结果见表3中列（8），*barrier*的估计系数正向显著，说明出口国和目的国对数据跨境流动的严苛管制会促进双边贸易成本上升。

2. 固定效应重新组合的稳健性检验

前文计量模型的固定效应模式均是对出口国、目的国及部门固定效应进行单独控制，为谨慎起见，本文考虑国家对交互项的固定效应（μ_{ij}），用以控制出口国和目的国之间的不可观测因素。利用式（14）①对上述估计结果进行简要检验，估计结果见表4。逐一来看，列（1）~（3）是产品替代弹性σ依次取8、5、10的估计结果，前文已对列（4）内容进行了分析，列（5）是采用PPML方法的估计结果。研究发现当控制了贸易双边不可观测因素后，表内各列*barrier*的估计系数依然是正向显著，再次证明双边贸易成本会随着贸易出口国或目的国对数据跨境流动的限制程度增强而增加。并且对比σ分别取5、8、10时的*barrier*估计系数大小，仍然可见双边贸易成本对数据跨境流动限制性政策的敏感度随着产品替代弹性变大而降低。

$$\ln cost_{ijk}^{2014-2017} = \beta_0 + \beta_1 barrier_{ijk}^{2014-2017} + \mu_{ij} + \mu_k + \varepsilon_{ijk} \tag{14}$$

表4 固定效应重新组合的稳健性检验

变量	(1) lncost8	(2) lncost5	(3) lncost10	(4) lncost8	(5) *ppml*
barrier	9.991***	13.069***	9.165***	31.981**	9.275***
	(2.082)	(2.794)	(1.898)	(13.263)	(2.594)
barrier2				−82.321*	
				(46.249)	
常数项	0.092	0.978***	−0.252*	−0.977	−0.849***
	(0.154)	(0.206)	(0.140)	(0.666)	(0.167)
出口国—目的国固定	是	是	是	是	是
部门固定	是	是	是	是	是

① 由于距离、*RTA*等控制变量是已经被固定效应所控制，不再纳入式（14）。

续表

变量	(1) ln*cost*8	(2) ln*cost*5	(3) ln*cost*10	(4) ln*cost*8	(5) *ppml*
Log pseudolike					−1670.169
R^2值/Pseudo R^2	0.843	0.848	0.841	0.843	0.09
观测值	2385	2385	2385	2385	2027

注：*、**、***分别代表在10%、5%、1%的水平上显著；括号内是稳健标准误差。

3.对原始数据修正后和改变可贸易品份额的稳健性检验

首先，本文在整理数据时发现，WTO对各个国家分部门贸易数据的统计结果存在较多空白情况，即只有出口数据或进口数据，这种情况会影响式（3）分母的核算结果，原因是式（3）中的分母是由一国贸易进口额与出口额乘积构成，若只统计了该国进口数据或出口数据，根据式（3）对双边贸易成本进行测算，最终会因分母取零而损失一部分的有效研究样本。为保留这些有效研究样本，本文对原始数据进行如下处理，即若A国k数字服务部门进口额为零，但k数字服务部门出口额不为零，直接将k数字服务部门进口额设置为1并利用式（3）对A国k数字服务部门的贸易成本重新测算，再利用该贸易成本对数据跨境流动限制性政策进行回归，基于该研究思路，表5列（1）、(2)、(3）是按照此处理方法得到的σ分别取8、5、10的估计结果，由*barrier*的估计系数同为正向显著可再次证明前文基准回归结果具有一定的可靠性。

其次，可贸易品份额δ与各国产业发展水平相关，Evenett等（2002）认为在一国可以进行贸易的比例是其产出的0.3~0.8倍，前文也曾提到大多数学者更倾向于将δ设定为0.8，但也有学者会取其他数值。随着全球经济迅猛发展，主要国家进行贸易的份额会增加，多数国家实际出口额高于可贸易品总额，可贸易品总额占总产出的比例也会增加，可贸易品份额δ不应低于0.5（马述忠等，2019）。特别是针对难以全面统计的数字服务贸易，实际进行的数字贸易很有可能低于统计数据。据此，本文将δ分别取0.5、0.6、0.7，重新对双边贸易成本进行测度（马述忠等，2019），进一步对数据跨境流动限制性政策进行回归估计，估计结果依次对应于表5的列（4）、(5)、(6)，*barrier*的估计系数都显著为正，与前文的研究结论并无二异。

表5　原始数据修正和改变可贸易品份额的稳健性检验

变量	(1) ln*cost*8	(2) ln*cost*5	(3) ln*cost*10	(4) ln*cost*0.5	(5) ln*cost*0.6	(6) ln*cost*0.7
barrier	5.158***	6.858***	4.703***	6.697***	5.856***	6.115***
	(1.756)	(2.382)	(1.592)	(1.902)	(1.888)	(1.809)
RTA	0.056	0.067	0.054	0.062	0.057	0.056
	(0.036)	(0.047)	(0.033)	(0.040)	(0.038)	(0.037)
ln*dist*	0.220***	0.295***	0.200***	0.240***	0.234***	0.229***
	(0.014)	(0.018)	(0.013)	(0.016)	(0.015)	(0.015)
contig	−0.091***	−0.108***	−0.086***	−0.095***	−0.089***	−0.087***
	(0.022)	(0.029)	(0.021)	(0.026)	(0.024)	(0.023)
comlang	−0.103***	−0.124***	−0.097***	−0.098***	−0.091***	−0.089***
	(0.024)	(0.031)	(0.023)	(0.028)	(0.025)	(0.024)
colony	−0.087***	−0.127***	−0.077***	−0.129***	−0.115***	−0.112***
	(0.029)	(0.039)	(0.027)	(0.032)	(0.028)	(0.028)
comcol	−0.560***	−0.725***	−0.515***	−0.608***	−0.590***	−0.572***
	(0.049)	(0.061)	(0.046)	(0.057)	(0.054)	(0.052)
fixed	−0.023	−0.034*	−0.020	−0.030*	−0.028*	−0.027*
	(0.015)	(0.020)	(0.014)	(0.017)	(0.016)	(0.016)
常数项	−0.863*	−0.231	−1.137**	−1.042*	−0.965*	−0.940*
	(0.503)	(0.669)	(0.459)	(0.555)	(0.520)	(0.513)
固定效应	是	是	是	是	是	是
观测值	2750	2750	2750	2386	2386	2386
R^2值	0.740	0.747	0.737	0.745	0.742	0.749

注：*、**、***分别代表在10%、5%、1%的水平上显著；括号内是稳健标准误差；各列均控制了出口国、目的国及部门层面固定效应。

4.剔除异常值和利用WIOD数据库重新测算贸易成本的稳健性检验

首先，为避免个别极端异常值对实证结果的干扰，本文采用了最常见的剔除异常值处理方法。基于此，估计结果见表6列（1）~（3），依次是σ分别取8、5、10的回归情况，三列中*barrier*的估计系数符号均为正，且通过5%的显著性检验，故再次说明了基准回归结果和前文理论分析是稳健的。并且其他控制变量的估计系数也比较符合预期。

其次，前文基准回归$x_{iik(jjk)}$对双边贸易成本中度量国内贸易的i国或j国k数字服务部门增加值的数据是从OECD数据库获得，但有学者会选择WIOD

数据库用以测算双边贸易成本中的国内贸易（龚静和尹忠明，2018；魏泊宁，2020）。因此，本文利用具有各国服务业增加值数据的WIOD数据库，重新度量i国或j国k数字服务部门2014年[①]的国内贸易$x_{iik(jjk)}$进而获得28个主要国家[②]的双边贸易成本，并利用新的双边贸易成本对这28个国家实施的数据跨境流动限制性措施进行最小二乘虚拟变量法回归，表6列（4）、（5）、（6）分别是σ取8、5、10的回归结果。数据跨境流动限制性政策*barrier*的估计结果与基准结果没有较大差别，估计系数符号都为正，且在1%的水平上显著，故再次证明了贸易目的国和出口国之间的双边贸易成本会随着两方对数据跨境流动管制程度上升而增加。

表6　剔除异常值和利用WIOD数据库重新测算的稳健性检验

变量	(1) ln*cost*8	(2) ln*cost*5	(3) ln*cost*10	(4) ln*cost*8	(5) ln*cost*5	(6) ln*cost*10
barrier	4.376**	5.817**	3.990**	3.821***	4.890***	3.533***
	(1.724)	(2.341)	(1.564)	(1.345)	(1.894)	(1.207)
RTA	0.045	0.052	0.044	0.028	0.027	0.028
	(0.036)	(0.046)	(0.033)	(0.037)	(0.049)	(0.034)
ln*dist*	0.228***	0.305***	0.208***	0.201***	0.270***	0.182***
	(0.015)	(0.019)	(0.013)	(0.017)	(0.021)	(0.016)
contig	−0.082***	−0.098***	−0.078***	−0.081***	−0.106***	−0.074***
	(0.023)	(0.029)	(0.021)	(0.021)	(0.028)	(0.020)
comlang	−0.091***	−0.109***	−0.086***	−0.086***	−0.100***	−0.082***
	(0.024)	(0.031)	(0.022)	(0.028)	(0.035)	(0.026)
colony	−0.106***	−0.152***	−0.094***	−0.013	−0.029	−0.009
	(0.027)	(0.035)	(0.025)	(0.029)	(0.036)	(0.027)
comcol	−0.556***	−0.721***	−0.511***	−0.478***	−0.643***	−0.435***
	(0.050)	(0.063)	(0.047)	(0.084)	(0.094)	(0.081)
fixed	−0.030*	−0.044**	−0.027*	−0.000	0.002	−0.000
	(0.016)	(0.021)	(0.014)	(0.005)	(0.007)	(0.005)

① WIOD最近的数据是2016年发布的，对各国经济情况的统计数据截至2014年。

② 基于数据可获得性，选择澳大利亚、奥地利、比利时、加拿大、捷克共和国、丹麦、爱沙尼亚、芬兰、法国、德国、希腊、匈牙利、爱尔兰、意大利、日本、韩国、拉脱维亚、立陶宛、卢森堡、荷兰、波兰、葡萄牙、俄罗斯、斯洛伐克、斯洛文尼亚、瑞典、瑞士、美国等国家。

续表

变量	(1) lncost8	(2) lncost5	(3) lncost10	(4) lncost8	(5) lncost5	(6) lncost10
常数项	−0.718	−0.018	−1.010**	−1.271***	−0.881**	−1.482***
	(0.498)	(0.661)	(0.456)	(0.270)	(0.348)	(0.251)
固定效应	是	是	是	是	是	是
观测值	2385	2385	2385	2473	2473	2473
R^2值	0.747	0.754	0.745	0.897	0.905	0.892

注：同表5。

5.WIOD数据库重新测算的贸易成本在固定效应重新组合下的稳健性检验

为了进一步检验通过WIOD数据库测算的双边贸易成本和数据跨境流动限制性政策之间相关性的稳健性，利用式（14）对产品替代弹性σ分别取8、5、10情形下进行实证回归，也就是采用同时控制国家和部门层面的固定效应，对应的估计结果依次见表7列（1）~（3），核心解释变量*barrier*的估计结果符合预期，而且该结果再次证明了数据跨境流动限制性政策确实是影响双边贸易成本的因素之一。

表7 利用WIOD数据库重新测算贸易成本的稳健性检验（二）

变量	(1) lncost8	(2) lncost5	(3) lncost10
barrier	5.120***	6.346***	4.787***
	(1.772)	(2.359)	(1.628)
常数项	1.134***	2.454***	0.676***
	(0.144)	(0.199)	(0.130)
出口国—目的国固定	是	是	是
部门固定	是	是	是
观测值	2475	2475	2475
R^2值	0.933	0.938	0.930

注：*、**、***分别代表在10%、5%、1%的水平上显著；括号内是稳健标准误差。

五 拓展分析

由上述基准回归结果和一系列稳健性检验可知，出口国和目的国实施的数据跨境流动限制性政策会显著增加双边贸易成本。虽然以往学者已经考察了距离、关税、*RTA*等因素会影响两国贸易成本（Novy，2006；胡朝霞和潘夏梦，2017），也有学者探究了贸易政策规制或NTBS对服务贸易的影响（Lennon等，2009；Kinzius等，2019），再有前文从数理角度分析了双边贸易成本是影响贸易发展的关键因素之一，详见式（8）第二项，但是关于数据跨境流动限制性政策的贸易成本效应是否会波及数字服务贸易的问题仍未得到考证，为此，本文利用中介递推模型来检验贸易两方实施数据跨境流动限制性政策是否会通过增加双边贸易成本这一途径进一步对数字服务出口（进口）产生影响。据此，建立如下公式：

$$\ln trade_{ijk}^{2014-2017} = \alpha_0 + \alpha_1 barrier_{ijk}^{2014-2017} + \alpha_2 X_{ij} + \mu_i + \mu_j + \mu_k + \varepsilon_{ijk} \quad (15)$$

$$\ln cost_{ijk}^{2014-2017} = \beta_0 + \beta_1 barrier_{ijk}^{2014-2017} + \beta_2 X_{ij} + \mu_i + \mu_j + \mu_k + \varepsilon_{ijk} \quad (16)$$

$$\ln trade_{ijk}^{2014-2017} = \gamma_0 + \gamma_1 barrier_{ijk}^{2014-2017} + \gamma_2 \ln cost_{ijk}^{2014-2017} + \gamma_3 X_{ij} + \mu_i + \mu_j + \mu_k + \varepsilon_{ijk} \quad (17)$$

其中，$\ln trade_{ijk}^{2014-2017}$表示数字贸易出口额$\ln export_{ijk}^{2014-2017}$和进口额$\ln import_{ijk}^{2014-2017}$两个指标。$\alpha$、$\beta$、$\gamma$是估计参数，$\varepsilon_{ijk}$是随机扰动项，$\mu_i$、$\mu_j$、$\mu_k$分别是出口国、目的国以及部门层面的固定效应。$barrier_{ijk}^{2014-2017}$和$\ln cost_{ijk}^{2014-2017}$含义同前文，分别是2014~2017年数据跨境流动限制性政策的均值和双边贸易成本的均值，X_{ij}是控制变量，与上述的影响因素相同，包括地理距离、固定宽带订阅、贸易协定、是否相邻、是否共享通用官方语言等变量。

（一）数字服务出口的中介模型检验

本文考察数据跨境流动限制性政策、双边贸易成本和数字服务出口之间的传导机制。根据上述中介模型（15）~（17）展开实证检验，表8是检验结果。基于温忠麟和叶宝娟（2014）提出的中介检验程序，首先，列（1）是数据跨境流动限制性政策对数字服务出口影响的总效应，若核心解释变量*barrier*的估计系数在5%水平上显著，则说明可能存在中介效应。其次，以产品替代弹性$\sigma=8$为例，若表8列（2）*barrier*和列（3）*lncost*8的估计系数都显著，证明一定存在中介效应，*barrier*的估计系数显著为正，*lncost*8的估计系数显著为负，说明双边贸易成本确实属于中介变量。最后，若列（3）*barrier*的估计系数显著，这属于部分中介效应，意味着数据跨境流动限制性政策对数字服务出口的影响，有一部分需要经过双边贸易成本这一途径，而且中介效应占总效应的比例是41.06%。此外，利用Sobel检验来验证该中介效应，结果发现z统计量的绝对值高于5%显著性水平上的临界数值（3.347>0.97），说明数据跨境流动限制性政策的确会通过增加双边贸易成本负向影响数字服务出口。产品替代弹性$\sigma=5$、$\sigma=10$的检验结果与$\sigma=8$情形较为相似，列（4）~（5）是$\sigma=5$的中介检验结果，列（6）~（7）是$\sigma=10$的中介检验结果，发现无论σ取5还是取10测算得出的双边贸易成本在数据跨境流动限制性政策和数字服务出口作用关系之间都起到部分中介作用，并且该中介效应占总效应的比例为41%左右，这两种情形的中介效应也均通过了Sobel检验。由此可知，出口国或目的国实施的数据跨境流动限制性政策会产生贸易成本增加效应，并会进一步作用于数字服务产品出口，影响数字服务贸易。

此外，该中介效应占比仅41.06%，说明除了贸易成本传导渠道外，数据跨境流动限制性政策可能还会通过其他传导渠道影响数字服务贸易。依据当前学者的研究成果，本文猜想，数据跨境流动限制性政策可能会影响一国信息基础设施，恶化该国网络环境（齐俊妍和强华俊，2022），影响服务业数字化转型，进而影响数字服务出口；该限制性政策还可能制约企业中间品投入的进口规模及质量（张国峰等，2022），影响数字产品产出和数字服务提供效率，进一步不利于数字服务出口扩张。

表8　数字服务出口的中介模型检验

变量	(1) lnexport	(2) lncost8	(3) lnexport	(4) lncost5	(5) lnexport	(6) lncost10	(7) lnexport
barrier	−46.750***	6.025***	−56.460***	8.002***	−56.299***	5.496***	−56.572***
	(12.614)	(1.785)	(12.138)	(2.414)	(12.124)	(1.621)	(12.150)

续表

变量	(1) lnexport	(2) lncost8	(3) lnexport	(4) lncost5	(5) lnexport	(6) lncost10	(7) lnexport
lncost8			-3.186***				
			(0.123)				
lncost5					-2.438***		
					(0.089)		
lncost10							-3.463***
							(0.137)
RTA	-0.290*	0.045	0.008	0.051	-0.012	0.043	0.015
	(0.156)	(0.036)	(0.127)	(0.046)	(0.124)	(0.033)	(0.129)
lndist	-0.817***	0.227***	-0.162**	0.304***	-0.146**	0.207***	-0.170***
	(0.071)	(0.015)	(0.063)	(0.019)	(0.062)	(0.013)	(0.063)
contig	0.258**	-0.083***	-0.022	-0.099***	0.001	-0.079***	-0.029
	(0.126)	(0.022)	(0.105)	(0.029)	(0.104)	(0.021)	(0.105)
comlang	0.278**	-0.091***	-0.044	-0.108***	-0.023	-0.086***	-0.051
	(0.122)	(0.024)	(0.103)	(0.031)	(0.101)	(0.022)	(0.103)
colony	0.514***	-0.109***	0.144	-0.156***	0.113	-0.097***	0.156
	(0.154)	(0.027)	(0.143)	(0.035)	(0.143)	(0.025)	(0.143)
comcol	2.097***	-0.561***	0.306	-0.728***	0.322	-0.516***	0.306
	(0.257)	(0.050)	(0.197)	(0.063)	(0.197)	(0.047)	(0.198)
fixed	0.191*	-0.025	0.040	-0.037*	0.029	-0.022	0.044
	(0.104)	(0.016)	(0.099)	(0.021)	(0.099)	(0.014)	(0.099)
常数项	7.758**	-0.934*	9.203***	-0.305	11.499***	-1.207***	7.974**
	(3.320)	(0.512)	(3.101)	(0.678)	(3.088)	(0.468)	(3.109)
部分中介效应			41.06%		41.73%		40.71%
Sobel检验			-3.347		-3.291		-3.36
固定效应	是	是	是	是	是	是	是
观测值	2570	2385	2265	2385	2265	2385	2265
R^2值	0.646	0.748	0.755	0.754	0.757	0.745	0.753

注：*、**、***分别代表在10%、5%、1%的水平上显著；括号内是稳健标准误差；各列均控制了出口国、目的国及部门层面固定效应。

（二）数字服务进口的中介模型检验

本文考察数据跨境流动限制性政策、双边贸易成本和数字服务进口之间的传导作用。根据上述中介模型（15）～（17）展开实证检验，表9是检验结果。表9的估计情况与表8的比较接近，依据温忠麟和叶宝娟（2014）的中介检验程序进行逐一核查，经过审查发现无论产品替代弹性$\sigma=8$还是$\sigma=5$和$\sigma=10$测算得出的双边贸易成本在数据跨境流动限制性政策对数字服务进口影响作用中都发挥着传导作用，也就是数据跨境流动限制性政策对数字服务进口的抑制作用中有46.19%是通过增加双边贸易成本途径发挥的（$\sigma=8$）。对比表8和表9的估计情况可以发现，数据跨境流动贸易限制性政策会通过增加双边贸易成本，进一步抑制数字服务出口和进口，而且双边贸易成本增加并不是数据跨境流动限制性政策阻碍数字服务进（出）口规模扩张的唯一传导机制，但相对而言，双边贸易成本在数据跨境流动限制性政策对数字服务进口效应中的间接作用更明显，如$\sigma=8$情形，进口中介效应比重高于出口中介效应（46.19%>41.06%）。除此，本文还发现数据跨境流动性限制性政策对数字服务出口的负向影响相对大于数字服务进口，由表8和表9数据跨境流动限制性政策对数字服务进（出）口的总效应可得证，即出口情形的估计系数绝对值大于进口情形（56.460>41.425）。对此，本文认为在本研究期间，绝大多数国家侧重于对个人数据和重要数据出境加以严格管制，对境外数据入境的限制措施相对较少，造成数据出境困难，进而影响数字服务部门对外出口，恶化国内数字服务贸易条件，具体检验结果见表8和表9。

表9 数字服务进口的中介模型检验

变量	(1) ln*import*	(2) ln*cost*8	(3) ln*import*	(4) ln*cost*5	(5) ln*import*	(6) ln*cost*10	(7) ln*import*
barrier	−36.594***	6.025***	−41.425***	8.002***	−41.421***	5.496***	−41.482***
	(12.829)	(1.785)	(12.180)	(2.414)	(12.161)	(1.621)	(12.196)
ln*cost*8			−3.584***				
			(0.125)				
ln*cost*5					−2.725***		
					(0.090)		
ln*cost*10							−3.904***
							(0.140)
RTA	−0.226	0.045	0.072	0.051	0.049	0.043	0.080
	(0.166)	(0.036)	(0.135)	(0.046)	(0.131)	(0.033)	(0.136)

续表

变量	(1) ln*import*	(2) ln*cost*8	(3) ln*import*	(4) ln*cost*5	(5) ln*import*	(6) ln*cost*10	(7) ln*import*
ln*dist*	−0.880***	0.227***	−0.132**	0.304***	−0.120*	0.207***	−0.139**
	(0.076)	(0.015)	(0.067)	(0.019)	(0.065)	(0.013)	(0.067)
contig	0.303**	−0.083***	−0.033	−0.099***	−0.006	−0.079***	−0.042
	(0.127)	(0.022)	(0.105)	(0.029)	(0.104)	(0.021)	(0.105)
comlang	0.346**	−0.091***	0.090	−0.108***	0.116	−0.086***	0.081
	(0.137)	(0.024)	(0.106)	(0.031)	(0.105)	(0.022)	(0.107)
colony	0.545***	−0.109***	0.185	−0.156***	0.153	−0.097***	0.198
	(0.162)	(0.027)	(0.142)	(0.035)	(0.141)	(0.025)	(0.142)
comcol	2.240***	−0.561***	0.348*	−0.728***	0.378*	−0.516***	0.343*
	(0.247)	(0.050)	(0.196)	(0.063)	(0.194)	(0.047)	(0.197)
fixed	−0.008	−0.025	−0.141	−0.037*	−0.153	−0.022	−0.136
	(0.109)	(0.016)	(0.103)	(0.021)	(0.103)	(0.014)	(0.104)
常数项	13.623***	−0.934*	13.649***	−0.305	16.252***	−1.207***	12.252***
	(3.480)	(0.512)	(3.244)	(0.678)	(3.229)	(0.468)	(3.254)
部分中介效应			46.19%		46.64%		45.90%
Sobel检验			−3.353		−3.295		−3.366
固定效应	是	是	是	是	是	是	是
观测值	2568	2385	2266	2385	2266	2385	2266
R^2值	0.620	0.748	0.753	0.754	0.755	0.745	0.752

注：同表8。

六　结论和政策启示

近几年，数据对各国经济、贸易及社会发展而言的重要性显而易见，对需要传输的数据进行严格管制势必会影响经贸活动的开展。本文基于关税等视角对数据跨境流动限制性政策的贸易成本效应展开实证研究，借助2014~2017年全球27个国家数字服务贸易分部门数据，不仅实证检验了数据跨境流动限制性政策与双边贸易成本的相关性，而且在拓展分析中，对数据跨境流动限制性政策、双边贸易成本与数字服务贸易之间的传导机制进行了探讨，得到以下结论。第一，无论是基于线性模型假设或是非线性模型假设前提，贸易双方实施的数据跨境流动限制性政策都会显著促进双边贸易成本增加，特别是当数字服务产品越不容易替换时，双边贸易成本对数据跨境流动限制性政策越不敏感。第二，数据跨境流动贸易限制性政策会通过增加双边贸易成本，进一步对数字服务出口和进口产生显著的抑制作用。第三，无论是数据跨境流动限制性政策对数字服务贸易的直接效应，还是数据跨境流动限制性政策通过双边贸易成本增加对数字服务贸易发挥的中介效应，在相同条件下数据跨境流动限制性政策对出口的负向影响都相对大于对进口的影响。

依据上述研究结论，本文至少可获得如下政策启示。第一，既然数据跨境流动限制性政策会带来数字服务贸易抑制效应，本文认为在安全可控的前提下有必要有序促进跨境数据流动自由化。在条件相对较好的国内自贸区可试点推动数据跨境自由流动，并形成可复制的经验在全国更多地区进行推广。第二，数据跨境流动限制性政策能通过增加双边贸易成本对双边数字服务贸易产生抑制作用。若因涉及捍卫意识形态底线等考虑在必须对数据跨境流动实施限制性政策时，为降低由此对数字服务贸易带来的抑制效应，有必要从其他方面展开努力以降低双边贸易成本。第三，与进口相比，数据跨境流动限制性政策对数字服务出口的直接抑制以及经由增加贸易成本引致的出口贸易抑制效果均更加显著。在服务贸易整体处于逆差的情形下，数字服务贸易作为服务贸易的重要组成部分是最具发展潜力的，数字服务出口是中国促进服务业出口的重要着力点。在此情形下，一方面要有意识地放松数据跨境流动管制，另一方面也要与主要数字贸易伙伴在推进数据跨境流动方面建立更多的协调机制，尽量降低双边数据跨境流动贸易壁垒。

参考文献

[1] 龚静、尹忠明，2018，《基于收入及成本视角的全球服务贸易增长动因研究——来自40个经济体贸易增长贡献度分解方程的经验分析》，《经济经纬》第2期。

[2] 胡朝霞、潘夏梦，2017，《贸易成本、比较优势与出口结构——基于30个国家行业面板数据的经验研究》，《数量经济技术经济研究》第11期。
[3] 鞠雪楠、赵宣凯、孙宝文，2020，《跨境电商平台克服了哪些贸易成本？——来自“敦煌网”数据的经验证据》，《经济研究》第2期。
[4] 林僖、鲍晓华，2019，《区域服务贸易协定与服务出口二元边际——基于国际经验的实证分析》，《经济学（季刊）》第4期。
[5] 刘斌、甄洋、李小帆，2021，《规制融合对数字贸易的影响：基于WIOD数字内容行业的检验》，《世界经济》第7期。
[6] 马述忠、郭继文、张洪胜，2019，《跨境电商的贸易成本降低效应：机理与实证》，《国际经贸探索》第5期。
[7] 潘文卿、李跟强，2017，《中国区域间贸易成本：测度与分解》，《数量经济技术经济研究》第2期。
[8] 齐俊妍、高明，2021，《目的国服务贸易限制政策是否阻碍了中国企业出口规模扩张?》，《财贸研究》第5期。
[9] 齐俊妍、强华俊，2021，《数字服务贸易限制措施影响服务出口了吗？基于数字化服务行业的实证分析》，《世界经济研究》第9期。
[10] 齐俊妍、强华俊，2022，《跨境数据流动限制、数字服务投入与制造业出口技术复杂度》，《产业经济研究》第1期。
[11] 史本叶、张永亮，2014，《中国对外贸易成本分解与出口增长的二元边际》，《财经研究》第1期。
[12] 王中美，2021，《跨境数据流动的全球治理框架：分歧与妥协》，《国际经贸探索》第4期。
[13] 魏泊宁，2020，《基于双边贸易成本视角的贸易便利化水平测算》，《国际经贸探索》第2期。
[14] 温树英，2021，《数据本地化要求的困境与对策：以金融服务贸易为例》，《国际经济法学刊》第2期。
[15] 温忠麟、叶宝娟，2014，《中介效应分析：方法和模型发展》，《心理科学进展》第5期。
[16] 许多奇，2020，《论跨境数据流动规制企业双向合规的法治保障》，《东方法学》第2期。
[17] 许统生、涂远芬，2010，《中国贸易成本的数量、效应及其决定因素》，《当代财经》第3期。
[18] 岳云嵩、李柔，2020，《数字服务贸易国际竞争力比较及对我国启示》，《中国流通经济》第4期。

［19］张皞，2019，《双边服务贸易成本测度及服务贸易增长分解——来自中国与21个OECD国家的面板数据分析》，《国际商务研究》第4期。

［20］郑丹青、于津平，2019，《中国制造业增加值贸易成本测度与影响研究——基于价值链分工地位视角》，《产业经济研究》第2期。

［21］周念利、姚亭亭，2021a，《跨境数据流动限制对数字服务进口的影响测度及异质性考察》，《国际商务（对外经济贸易大学学报）》第2期。

［22］周念利、姚亭亭，2021b，《数据跨境流动限制性措施对数字贸易出口技术复杂度影响的经验研究》，《广东财经大学学报》第2期。

［23］张国峰、蒋灵多、刘双双，2022，《数字贸易壁垒是否抑制了出口产品质量升级》，《财贸经济》第12期。

［24］Anderson J.E., Eric van Wincoop. 2004. "Trade Costs." *Journal of Economic Literature* 42 (3): 691–751.

［25］Baier S.L., Bergstrand J.H.2001. "The Growth of World Trade: Tariffs, Transport Costs, and Income Similarity." *Journal of International Economics* 53(1):1–27.

［26］Calvino F., Criscuolo C., Marcolin L., et al. 2018. "A Taxonomy of Digital Intensive Sectors." OECD Science, Technology and Industry Working Papers No. 2018/14.

［27］Costinot A. 2009. "On the Origins of Comparative Advantage." *Journal of International Economics* 77(2):255–264.

［28］De P. 2006. "Regional Trade in Northeast Asia: Why do Trade Costs Matter?" [KIEP] 연구보고서.

［29］Duval Y., Utoktham C., Kravchenko A.2018. "Impact of Implementation of Digital Trade Facilitation on Trade Costs." ARTNeT Working Paper Series, No. 174.

［30］Evenett S. J., Keller W. 2002. "On Theories Explaining the Success of the Gravity Equation." *Journal of Political Economy* 110(2): 281–316.

［31］Ferracane M., Marel E. V. D. 2018. "Do Data Policy Restrictions Inhibit Trade in Services? " ECIPE Working Paper.

［32］Francois J., Pindyuk O.2012. "Recent EU Enlargement: The Evolution of Services Trade Costs Between EU Members." ETSG Conference Paper.

［33］Freund C., Weinhold D. 2002. "The Internet and International Trade in Services." *American Economic Review* 92(2):2433 – 2434.

［34］Hummels D., Lugovskyy V., Skiba A. 2009. "The Trade Reducing Effects of Market Power in International Shipping." *Journal of Development Economics* 89(1):84–97.

［35］Kinzius L., Sandkamp A., Yalcin E.2019. "Trade Protection and the Role of Non-Tariff Barriers." *Review of World Economics* (155):603 – 643.

[36] Kim T. Y., Dekker R., Heij C. 2017. "Cross-border Electronic Commerce: Distance Effects and Express Delivery in European Union Markets." *International Journal of Electronic Commerce* 53(2) : 184 – 218.

[37] Lennon C., Mirza D., Nicoletti G.2009. "Complementarity of Inputs Across Countries in Services Trade." *Annals of Economics and Statistics* (93/94):183–205.

[38] Levchenko A.A. 2007. "Institutional Quality and International Trade." *Review of Economic Studies* 74 (3):791–819.

[39] Liu L., Nath H. K. 2013. "Information and Communications Technology and Trade in Emerging Market Economies." *Emerging Markets Finance & Trade* 49(6):67–87.

[40] Nuno L., Venables A. J. 2001. "Infrastructure, Geographical Disadvantage, Transport Costs, and Trade ." *World Bank Economic Review* (3):451–479.

[41] Nigel C. 2017. "Cross-border Data Flows: Where are the Barriers, and What do They Cost?" Information Technology & Innovation Foundation Paper.

[42] Novy D. 2013. "Gravity Redux: Measuring International Trade Costs With Panel Data." *Economic Inquiry, Western Economic Association International* 51(1):101–121.

[43] Novy D.2006. "Is the Iceberg Melting Less Quickly? International Trade Costs after World War II." SSRN Electronic Journal. 10.2139/ssrn.944421.

[44] Pomfret R., Sourdin P. 2010. "Trade Facilitation and the Measurement of Trade Costs." *Journal of International Commerce Economics & Policy* 1(1):145–163.

[45] Silva J., Tenreyro S.2006. "The Log of Gravity." *Review of Economics and Statistic* 88(4): 641–658.

[46] UNCTAD. 2005. "International Trade in ICT Services and ICT-Enabled Services: Proposed Indicators from the Partnership on Measuring ICT for Development." UNCTAD Technical Notes on ICT for Development, No. 3.

（责任编辑：许雪晨）

城市信用体系建设对创业水平的影响
——基于准自然实验的研究

周文义　陶一桃*

摘　要： 城市信用体系建设是评估当地市场经济成熟和发展程度的重要内容，也是推动经济高质量发展的重要组成部分。本文以社会信用体系建设示范城市为准自然实验，基于2003~2018年地级市数据，使用双重差分方法研究城市信用体系建设对创业水平的影响，研究结果表明：第一，城市信用体系建设使城市的创业水平提高6%左右。第二，城市信用体系建设有助于改善营商环境和缓解融资约束，进而提高城市创业水平。第三，在宗族文化和儒家文化较强的地区，城市信用体系建设对创业的影响更大，呈现出宗族文化和儒家文化对城市信用体系的互补效应。城市信用体系与市场正式制度具有替代作用，市场化水平越低的地区，城市信用体系建设的创业效应越大。第四，知识密集型行业和初创企业以及现有企业平均规模小的城市的创业水平受城市信用体系建设的影响更大。本研究有利于增进对创业影响因素的认知，揭示社会信用体系建设对激发创业活力的经济意义。

关键词： 城市信用体系建设　创业水平　营商环境　融资约束

一　引言

信用或信任作为一种非正式制度，深刻地嵌入国家或地区的历史与文

*　周文义（通讯作者），助理教授，湘南学院经济与管理学院，电子邮箱：2275084102@qq.com；陶一桃，教授，深圳大学中国经济特区研究中心，电子邮箱：tyt@szu.edu.cn。

化中，并对经济发展产生重要的影响（Greif，1994；Dearmon和Grier，2009；Nunn和Wantchekon，2011）。而社会信用体系是一种有效的社会机制和基础设施，以道德为支撑、产权为基础、法律为保障，为社会信用的建立提供技术、环境和设施等支持（林钧跃和吴晶妹，2007）。中国的社会信用体系不完善，由此导致市场各种假冒伪劣产品泛滥（张维迎和柯荣柱，2002），猖獗的电信诈骗给民众每年造成数百亿元的损失，个人欠债不还或企业违约的案例也并不少见。[①]社会信用发展滞后成为制约中国经济社会发展、扰乱市场经济秩序的重要因素，同时极大地损害了各地的创业环境。2022年党的二十大报告将完善产权保护、市场准入、公平竞争、社会信用等市场经济基础制度，优化营商环境作为构建高水平社会主义市场经济体制的重要内容。作为社会信用体系中最核心的主体，城市信用体系建设上接国家顶层设计、下触市民的一线需要，是政府改善营商环境、激发创业活力的重要抓手。

而创业不仅是推动国家和地区经济增长的引擎，也是实现经济高质量发展的重要推力（李宏彬等，2009；Glaeser等，2010；尹志超等，2019；戴若尘等，2021；徐佳和韦欣，2021；湛泳和李珊，2022；张路等，2023）。尽管在产权保护上表现欠佳，并且正规融资渠道缺乏，但中国改革开放40多年却诞生了数千万家民营企业，并成为推动经济增长的关键（Bai等，2020；陈刚，2020）。不少学者从社会网络或信任等非正式制度的视角分析其对创业的影响（马光荣和杨恩艳，2011；郑馨等，2017），一些研究表明中国的初创企业很大程度依赖于家庭、宗族与同乡等团体，这些团体既为其成员提供资金支持，也是其抵御市场和政策风险的优良港湾（福山，2014；潘越等，2019）。因此信任或信用也只发生在团体内部，契约的执行

① 根据波士顿咨询公司2016年的数据，中国信用体系覆盖度仅为35%，远低于美国92%的覆盖度。2011年《瞭望》新闻周刊与其他专业机构在广州、上海、北京和成都等5个城市的调查表明，接近半数（46.5%）的受访者对当地社会信用状况表示失望。2011年《经济参考消息报》报道，由于信用缺失，我国企业每年的直接和间接损失高达6000亿元。而根据2021年6月发布的《最高人民法院 最高人民检察院 公安部关于办理电信网络诈骗等刑事案件适用法律若干问题的意见（二）》，2020年仅电信诈骗造成的损失金额就达到353.7亿元。

或合作也依赖于团体内部的非正式制度。但宗族、同乡等团体通常不鼓励个体在团体外开展合作，团体内部的信任难以自发地演化和扩展为社会信用，也无法突破血缘和地域的限制（Greif，1994）[①]。

因此尽管团体内部的信任有利于降低成员之间的交易成本，但随着人口的流动和市场化分工的深化，其成员不得不更多与陌生的个体或企业打交道，小团体内信任文化的作用被削弱（潘越等，2019）。从团体内部的信任拓展到社会信用变得愈发重要，由政府主导建立社会信用体系具有必要性和紧迫性。尽管学术界和政策制定者认为社会信用体系建设非常重要，但目前研究社会信用体系对经济影响的文献多是概念论述及描述分析（吴维海，2018；余泳泽等，2019），难以识别信用环境是促进了经济活动还是反过来频繁的市场交易催生了社会信用。此外，可能存在遗漏变量问题，即创业和社会信用体系同时受到不可观测因素的影响，因此城市社会信用状况的经济效应往往并不是外生的（曹雨阳等，2022）。

为此，以社会信用体系建设示范城市政策作为外生冲击来重构社会信用（曹雨阳等，2022），并评估城市信用体系建设对创业的影响。社会信用体系建设示范城市可以作为准自然实验的主要体现为：①作为政府主导的政策，社会信用体系建设示范城市具有一定的外生性；②社会信用体系建设示范城市致力于改善社会信用环境，由于实行严格的红黑名单制度，如果企业或者个人违背了契约可能被其所在城市甚至“信用中国”的网站记录，并因此受到惩处，这极大地增强了个人和企业的守信意识，因此满足相关性。

本文研究城市信用体系建设对营商环境和融资约束的改善作用，进而对城市创业产生影响，并探究城市信用体系与传统文化以及正式制度之间的作用。本文的创新点和边际贡献包括：首先，与其他研究正式制度对创业的影响或以描述分析社会信用体系影响为主的文献相比，本文从新的视角出发，定量研究城市信用体系等非正式制度的变化对创业的影响，有助

① 例如，查尔斯·蒂利（2010）观察到在新加坡和马来西亚的橡胶交易活动中，华裔中间商（由福建人及其后裔组成的宗族集团）的内部经济交往建立在信用基础上，而与外人则使用现金交易。

于丰富创业影响因素相关的文献。其次，与使用中介效应进行机制分析的文献相比，本文通过引入营商环境和贷款水平作为中间变量，梳理城市信用体系建设通过改善城市营商环境和缓解融资约束来影响创业水平的传导机制，在不增加内生性问题的情况下，分析逻辑更清晰。同时通过引入儒家文化和宗族文化等传统文化指标，研究其与城市信用体系建设的互补关系，丰富了研究内涵。最后，不同的城市进行信用体系建设的年份不同，这种政策交错可能引发异质性动态处理效应，从而使传统多期DID方法产生估计偏差，针对这种情况，本文在传统双向固定效应多期DID的基础上，使用交错型DID方法和合成控制DID方法进行稳健性检验（周文义和陶一桃，2023），保证城市信用体系建设对创业水平因果效应的稳健性，并丰富交错型DID方法相关的应用文献。

二　政策背景和研究假设

（一）政策背景

中国的社会信用体系建设20世纪90年代开始萌芽，并在21世纪初进入深化阶段（余泳泽等，2019；Mac Síthigh和Siems，2019），几乎与市场经济发展同步。而在现代市场经济社会中，信用作为最重要的一种社会资本是经济社会发展的基石，而城市是我国经济活动和社会发展的基础，也是社会信用体系建设的基本单元（吴维海，2018）。

中国政府高度重视社会信用体系建设，2014年6月国务院印发的《社会信用体系建设规划纲要（2014—2020年）》指出，社会信用体系是社会主义市场经济体制和社会治理体系的重要组成部分，其内在要求是树立诚信文化理念，弘扬诚信传统美德，以守信激励、守信约束为激励机制，以提高全社会的诚信意识和信用水平为目标。2022年4月中共中央办公厅与国务院办公厅联合印发的《关于推进社会信用体系建设高质量发展促进形成新发展格局的意见》（以下简称《意见》）中将完善的社会信用体系视为供需有效衔接的重要保障，是资源优化配置的坚实基础和良好营商环境的重要组成部分。《意见》强调增进各类主体诚信意识，强化社会信用体系建设，对促进国民经济循环高效畅通、构建新发展格局具有重要意义。与其他国家的信用评级体系相比，中国社会信用体系标志着一种范式的转变，其目标是基于惩罚和奖励机制的全面和统一的社会评价（Mac Síthigh 和 Siems，2019）。

目前社会信用体系建设以社会信用体系建设示范城市为重要载体，2015年国家发改委联合中国人民银行设立首批12个社会信用体系建设示范城市；并在2016年设立第二批试点城市，包括32个城市。社会信用体系建设示范城市政策详细规定了地方政府的信用网站、社会信用统一代码系统、“红黑名单制度”，为信用体系建设提供了明文规范（曹雨阳等，2022）。

（二）城市信用体系建设与创业水平的关系

如何维持合作对任何社会而言都是重大的挑战（Greif等，2010），从传统经济转向现代市场经济的一大特征是从“人格化”交易向非人格化交易的转变，这需要从团体内的信任扩大为更广泛的社会信用，以拓展人类合作的社会网络。国内外学者对社会信任和信用水平的经济社会效应给予了极大的关注，例如，亚当·斯密（2015）在《道德情操论》中将信用视为市场交易的道德基础，西美尔（2002）将社会信任作为整合社会最重要的力量，阿罗（2007）将信任视为经济中的润滑剂，并认为经济落后地区的重要特征是普遍缺乏社会信任。福山（2014）对不同地区社会信任与社会经济发展的关系研究发现，社会信任促进了平等和合作行为的产生，是推动长期经济增长的关键影响因素。作为一种重要的社会资本，社会信任或信用在凝聚社会共识、降低交易成本、促进创新以及扩大组织规模中发挥重要作用（科尔曼，2008；佩雷菲特，2016）。例如，刘凤委等（2009）发现地区间信任差异影响了商业信用模式的选择，社会信用程度低的地区更可能采取交易成本更高的商业信用模式。一项关于社会信任对企业风险承担影响的研究表明，地区的社会信任有助于提高当地企业的风险承担水平（申丹琳，2019）。

但不同文化中由信任拓展至社会信用和正式制度却存在显著的差异。与西方以个人为中心的文化、依赖于正式制度的执行和对整个社会的一般道德义务不同，由于强调个体对不同群体（按亲疏关系）的义务差异（所谓的差序格局），中国文化中团体内部的道德与信任在拓展至对整个社会的道德与信用时却遇到了阻碍[①]（Greif等，2010；福山，2014；余泳泽等，2019）。而由政府所主导的社会信用体系建设能有效减少阻碍，也有助于“大众创业，万众创新”战略的实施。

创业是一项具有高度不确定性的经济活动，创业者所面临的风险主要源于市场和政策的变动。[②]其中市场的风险产生于信息的不完全和不对称，以及由此产生的机会主义行为，这可能加大创业者的失败风险。而城市信用体系建设要求：80%的在运营黑名单主体及公共信用综合评价为“差”的市场主体提交信用报告，行政许可和行政处罚信息100%上报至“信用中国”网站公示。作为一种非正式制度，有效规范市场主体和个人行为，让交易双方了解彼此的信用历史，减少信息不对称，降低交易过程中的不确定性，减少机会主义行为，最终促进合作行为的产生（王艳和李善民，2017）。

创业所面临的另一个风险来源于政策变动。怎样约束政府行为，保证其履行可置信的承诺，并保持政策的连续性，历来是政治制度设计的核心（诺斯等，2014）。尽管近年来一直强调政府职能转变，即从管理型向服务型转变，但地方政府违约的例子并不少见，具体表现为：新官不理旧账，政出多门，不尊重市场规律办事（林钧跃和吴晶妹，2007），这极大地增加了创业者所面临的不确定性。而社会信用体系建设的重要内容是提升政府信用，保持政策的延续性和稳定性。例如，城市信用体系评价指标要求：

---

① 柯武和史漫飞（2018）认为在西方社会中绝大多数人能联想到包括核心家庭、拓展家庭、地方社区、教派、职业团体，以及市民社会的其他中介性质志愿组织、国家、国际社会等微观或宏观团体的广泛共同体谱系。但在传统中国社会，归属感的连续性要差得多，中国的家庭是一个界限清晰、紧密结合并自我管理的微观社会，个人既是家庭的组成成员，同时也是国家这个宏观社会的成员，但是家庭微观层面和国家宏观整体之间却存在隔层。

② 根据美国《财富》杂志以及中国社科院城市与竞争力研究中心和企查查大数据研究院联合发布的《2020中国企业发展数据年报》，中国中小企业平均预期寿命仅为2.5年，每年中国大约100万家企业倒闭。

政府失信事件整改到位率达到100%，辖区内政务服务大厅100%接入信用信息共享平台和信用网站，单位失信记录100%穿透关联至其主要负责人和直接责任人失信记录。这一系列措施有利于打通公共信用信息共享共用渠道，完善城市综合服务功能；有利于强化守信褒奖和失信惩戒机制，提升行政效率和政府公信力；有利于降低创业者所面临的政策不确定性。

假设1：城市信用体系建设有助于提高城市的创业水平。

（三）城市信用体系建设、营商环境与创业水平

营商环境对创业有至关重要的影响（戴若尘等，2021）。例如，索托（2007）在《资本的秘密》中描绘了糟糕的营商环境给发展中国家创办新企业带来的巨大困难。世界银行关于发展中国家营商环境和创业之间关系的研究和实践均证明，良好的营商环境是催生企业家精神或新企业的土壤（Lyons和Msoka，2010；Besley，2015；夏后学等，2019）。加强城市信用体系建设，有利于改善城市的治理和营商环境，而良好的营商环境可以降低创业门槛，激发企业家精神。

城市信用体系建设要求在生产、流通、税务、招投标和中介服务等领域建立信用记录并定期进行公示，将对商务主体信用评价纳入红黑名单，有效遏制双方的机会主义行为，从而使得交易主体重视信誉（张维迎和柯荣柱，2002；吴维海，2018），改善当地营商环境。此外，行政审批的程序烦琐和手续复杂程度也会影响创业，世界银行将企业管理层与政府官员打交道的时间、企业经营所需办理许可证数量作为营商环境的重要评价指标。而城市信用体系建设的重要内容是实施“信易批”政策，具有行政审批权的部门开展“容缺受理”，有助于简化烦琐的行政审批程序，降低企业注册门槛。这些措施可极大地改善当地营商环境（Glaeser等，2010），激发城市的创业活力。

假设2：城市信用体系建设通过改善城市的营商环境提高创业水平。

（四）城市信用体系建设、融资约束与创业水平

除了营商环境外，对新创或者初创的中小企业而言，融资问题是其面临的另一大难题。由于资源向国有企业倾斜，民营企业难以从银行获得信用贷款，世界银行开展的中国企业调查表明，融资约束成为企业发展的主要障碍（潘越等，2019）。而借贷双方的信息不对称会加剧银行的惜贷行为。

创业是一系列连续的活动，需要持续的资金支持，依赖于家庭、宗族或同乡网络的资金支持往往难以突破血缘和地域的限制，因此创业离不开正规金融渠道的支持，而大量的研究表明银行信贷与当地的信用水平紧密相关。例如，钱先航和曹春方（2013）对信用环境和银行贷款组合关系的研究表明，信用环境越好，城商银行越可能发放信用贷款、个人贷款及短期贷款，并且该现象在法律环境较差的地方尤其显著。完善的社会信用环境能降低贷款审核的要求、定价、不良贷款率，并呈现出对法律执行的替代作用（钱先航和曹廷求，2015）。良好的信用环境不仅有助于提高银行为企业提供贷款的概率，并更可能获得其他企业的资金帮助，缓解企业的融资约束（马述忠和张洪胜，2017；钱水土和吴卫华，2020）。

而城市信用体系建设使70%以上的户籍人口获得个人诚信得分，并实现区县信用监测100%全覆盖，有助于提高当地的社会信用水平，间接加大创业者所能获得的银行或商业资金支持力度。此外，城市信用体系建设中的“信易贷”等政策使金融贷款机构给守信的个体以更优惠的利率、更便捷的贷款审批渠道。这些措施直接或间接增加了城市的贷款水平，有助于缓解融资约束，为新企业的创建提供资金支持。

假设3：城市信用体系建设通过缓解融资约束提高城市的创业水平。

三　研究设计

（一）数据与变量

1.数据来源

主要的数据来源于2004~2019年《中国城市统计年鉴》，最终得到2003~2018年293个地级市的平衡面板数据。创业水平数据来源于2003~2018年《中国区域创新创业指数》。该报告由北京大学企业大数据研究中心联合龙信数据研究院编制，考察地区内部企业创新创业的实际产出，并且使用企业大数据库的“全量”数据，包括中国大陆全部行业、全部规模的企业，特别是覆盖了活跃度高的中小微企业、创业期企业，涵盖能够体现创业不同侧面的多维度综合评价指标。

社会信用体系建设示范城市的数据来源于国家发改委和中国人民银行2015~2016年陆续设立的首批和第二批社会信用体系建设示范城市，并在2017年和2019年对试点城市进行考核、评估、确认。儒家文化的数据中儒家学校和书院以及孔庙的数量来源于《大明一统志》、《大清一统志》以及明清时期的地方志。商帮文化来源于王孝钰等（2022）收集的各地级市十大商帮的数据，宗族文化的数据来源于《中国家谱总目》中收集的明朝以来各地区的族谱数量。市场化指数来源于樊纲等编制的2003~2018年《中国省级市场化指数》。创业活力的数据来源于地级市工商企业注册数量。

2. 变量说明

核心解释变量是城市信用体系建设，借鉴曹雨阳等（2022）将社会信用体系建设示范城市政策实施当年及之后的年份取值为1，其他取值为0。为了保证信用体系改革政策确有实效，主要选择通过查验的城市作为改革的试点，总共35个试点城市①。

被解释变量是城市的创业水平，使用创业指数的对数来衡量，而创业指数根据区域创新创业指数中新建企业的数量、吸引外来投资笔数以及风险投资数量等3个一级指标和相应的二级指标来构建。

中介变量是营商环境和融资约束。①本文在营商环境指标的构建中综合了3个方面的数据：一是利用聂辉华等（2019）编制的《中国城市政商关系评价报告》中提供的2017~2018年政商关系指数。二是世界银行开展的中国企业调查，主要指数包括开办企业、办理施工许可证、获得电力、登记财产、获得信贷、保护少数投资者、纳税、跨境贸易、执行合同。本文参照夏后学等（2019）将企业管理层与政府官员打交道花费的时间、企业经营所需办理许可证数量，以及合同执行难度等作为衡量营商环境的指标，并将其加

① 2017年首批试点城市中有11个城市通过检验，2019年第二批试点城市中通过检验的有24个，地级市创新创业数据不包括北京、上海、天津和重庆等直辖市，因此实际匹配成功的是25个。

权平均到地级市层面。三是考虑到地方民营经济的发达程度与营商环境紧密相关，因此使用个体和民营企业就业人数占劳动力的比重来衡量营商环境。为了让不同数据库的衡量指标能够匹配，本文对不同的衡量指标进行标准化处理。②城市的融资约束用投资水平来衡量，为此将城市贷款余额占GDP的比重以及地级市的普惠金融指数作为衡量指标，同样为了让两个数据库匹配，进行标准化处理，数值越大表明当地贷款水平越高。

本文的调节变量是儒家文化、商帮文化和宗族文化，其中宗族文化参照潘越等（2019）用每万人家谱数量衡量，儒家文化借鉴徐细雄和李万利（2019）和李万利等（2021）的研究，用每百万人中儒家学校和书院以及孔庙的数量之和来衡量儒家文化，商帮文化参照王孝钰等（2022）用辖区内商帮数量来衡量

为了得出城市信用体系建设对创业水平的影响，需要对可能影响创业水平的因素进行控制。本文参考周颖刚等（2020）对控制变量的选择，主要包括：城市的经济发展水平用人均GDP的对数来衡量；城市对外开放水平用外商直接投资额占GDP的比重来衡量；城市化水平用非农业人口占总人口的比重来衡量；信息化水平用每万户中接入互联网的户数来衡量；产业结构用二三产业所占比重来衡量；人力资本水平用在校大学生人数占总人口的比重来衡量；城市文化水平用公共图书馆的人均藏书量来衡量。

（二）模型

为了评估城市信用体系建设对创业水平的影响，本文使用双重差分法进行分析，考虑到该项政策分别在2015年和2016年实行试点，不同的城市执行政策的年份存在差异，首先借鉴Beck等（2010）建立双向固定效应的多期DID模型：

$$\ln entrp_{it} = \alpha_0 + \alpha_1 trust_{it} + X\gamma + \delta_i + \beta_t + \varepsilon_{it} \tag{1}$$

其中，i表示城市，t表示所属年份。ln*entrp*表示城市的创业水平，用创业指数得分的对数来衡量，*trust*表示城市信用体系建设，如果城市在某一年成为社会信用体系建设示范城市，则该城市在那一年及之后的年份取值为1，其他取值为0。α_1是我们感兴趣的政策处理效应，反映了城市信用体系建设

对创业水平的影响。δ_i和β_t分别表示城市和年份固定效应。X是控制变量，包括城市的经济发展水平、对外开放水平、信息化水平、城市化水平、产业结构、人力资本水平和文化水平。ε_{it}为随机扰动项。

（三）描述统计

为了了解变量的基本特征，分别对主要变量进行基本的描述统计。其中城市的创业水平均值为3.224，政策变量的均值为0.018，将近10%的城市受政策的影响。控制变量包括：经济发展水平的均值为10.100、对外开放水平的均值为0.004、城市化水平和产业结构的均值分别为0.754和0.377，人力资本水平和文化水平的均值分别为0.016和0.467。

表1　主要变量的描述统计

变量	变量说明	观测值	均值	标准差	最小值	最大值
ln*entrp*	城市的创业水平	4688	3.224	0.681	−0.775	4.094
trust	城市信用体系建设	4688	0.018	0.134	0.000	1.000
ln*agdp*	经济发展水平	4433	10.100	0.843	4.595	13.156
fdi	对外开放水平	4431	0.004	0.014	0.000	0.381
ctle	城市化水平	4439	0.754	0.343	0.077	3.594
ln*net*	信息化水平	4411	3.324	1.248	−3.744	6.641
indstr	产业结构	4438	0.377	0.896	0.858	0.853
hucat	人力资本水平	4284	0.016	0.023	0.000	0.350
culture	文化水平	4416	0.467	0.954	0.000	43.249
be	营商环境	4376	0.066	0.695	−2.434	3.843
load	贷款水平	4547	−0.168	0.795	−2.207	2.586
ln*enb*	创业活力指数	4688	9.743	1.117	2.485	13.279
rujia	儒家文化	4064	3.578	3.696	0.000	56.673
bculture	商帮文化	3270	0.169	0.644	0.000	5.000
clan	宗族文化	2749	0.432	1.047	0.001	8.218

数据来源：《中国城市统计年鉴》、《中国城市创新创业指数》以及工商企业注册数据。

四　实证结果分析

（一）平行趋势检验

由于使用双重差分方法的前提是要求进行社会信用体系建设的试点城

市和非试点城市在信用体系改革政策实施之前变化趋势相同或者相近，即满足平行趋势假设。为此，选择基于事件研究法对城市信用体系建设政策实施前后创业水平变化趋势进行验证。通过借鉴 Freyaldenhoven 等（2019）以及 Sun 和 Abraham（2021）提出基于动态事件研究的事前趋势检验方法进行平行趋势检验。①

$$\ln entrp_{it} = \beta + \sum_{k=-13}^{2} \delta_k D_{it}^{k}\{t - E = k\} + X\gamma + \alpha_i + \lambda_t + u_{it} \qquad (2)$$

其中，E 表示城市信用体系建设政策的实施年份，D^k 表示城市信用体系建设政策这一事件，是虚拟变量，赋值方法为：如果 $t - E = k$ 时，则 D^k 取值为1，否则取值为0。由于样本期间为2003~2018年，试点政策实施之前的年份较长，为了避免与年份固定效应之间存在严重多重共线性，以政策实施之前1期为基期而进行剔除，政策执行前后的平行趋势结果如图1所示。

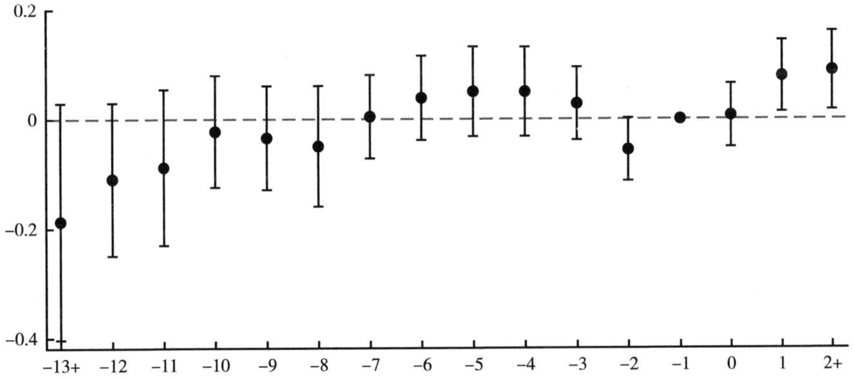

图1　平行趋势检验

从图1平行趋势的检验结果来看，政策实施之前，城市信用体系建设城市和非试点城市的创业水平没有显著的差异，也不存在明显向上的趋势。

① 平行趋势检验需要满足一系列严苛的假设，在稳健性部分将放宽平行趋势假设，使用合成DID方法进行检验。

但是在政策实施之后从第1期起进行信用体系建设城市的创业水平就显著高于非试点城市，并且随着时间的推移，回归系数越大，显著性水平越高，即城市信用体系建设对创业水平的影响具有累积性。因此基于事件研究法趋势检验的结果支持政策实施之前试点城市与非试点城市满足趋势平行的假设。

（二）基准回归

在平行趋势检验的基础上，为了衡量城市信用体系建设对创业水平的影响，使用基于双向固定效应（TWFE）的多期DID方法对式（1）进行分析。首先在不控制其他变量的情况下，探究城市信用体系建设对创业水平的影响。研究表明：城市信用体系建设促使城市的创业水平提高了8%左右，并且在5%的水平下显著为正。为了规避遗漏变量导致的内生性问题，在表2第（2）列引入经济发展水平、对外开放水平、城市化水平、信息化水平等一系列控制变量，结果估计系数与第（1）列的回归结果相一致。因此创业水平的变化主要是由城市信用体系建设引起的，控制变量只能解释部分创业水平的变化。

为了更好地进行对比，引入了2015年和2016年所有的试点城市而非通过评估的城市作为处理组，进行回归分析。回归系数和显著性虽有所下降，但同样支持城市信用体系建设提升创业水平的结论（在10%水平下）。因此基准回归结果支持城市信用体系建设提高创业水平的结论，即假设1成立。

从控制变量的回归结果来看，经济发展水平对城市的创业水平有显著的正向影响，这与日常观测实践相一致，即经济发达的城市往往创业活跃度也相对较高。对外开放水平对创业的影响显著为负，这可能是因为外商直接投资与创业之间是替代而非互补的关系。信息化水平、产业结构、人力资本水平以及文化水平对创业水平有显著的正向影响。可能的解释是，信息化水平的提高可以使创业者了解与创业相关的政策和市场信息，从而降低创业门槛，有助于提高城市的创业水平。而创业大多发生于非农产业，因此二三产业占比高，有利于提高创业的潜在收益。而人力资本水平有助于为创业提供人才储备。文化水平提高有益于城市整体的文化底蕴，为创业知识和思想的传播奠定基础。

表2　基准回归

变量	(1)	(2)	(3)	(4)
	通过查验的试点城市		所有申报的城市样本	
trust	0.083**	0.066**	0.068**	0.055*
	(0.034)	(0.033)	(0.033)	(0.032)
ln*agdp*		0.080***		0.080***
		(0.031)		(0.031)
fdi		-0.838***		-0.834***
		(0.254)		(0.254)
ctle		0.111		0.113
		(0.074)		(0.075)
ln*net*		0.031**		0.031**
		(0.014)		(0.014)
indstr		0.006***		0.006***
		(0.002)		(0.002)
humcat		1.406**		1.394**
		(0.600)		(0.599)
culture		0.008**		0.009**
		(0.004)		(0.004)
城市固定效应	是	是	是	是
年份固定效应	是	是	是	是
R^2值	0.108	0.361	0.117	0.361
样本量	4688	4234	4688	4234

注：*、**、***分别表示在10%、5%、1%的水平上显著，表中的数字为回归系数，括号内的系数为聚类到城市层面的稳健标准误。

（三）PSM-DID检验

尽管城市信用体系建设作为政府主导的政策通常被视为外生的，但考虑到政策制定者在决定哪些城市作为试点时可能并非随机选择。例如，为了凸显政策的效果，可能选择经济发展水平高、充满创业活力的城市作为试点。为了避免创业水平的差异是由示范城市与非示范城市之间的差异所致，需要使两者的城市特征尽量接近。参照湛泳和李珊（2022）使用控制变量作为匹配的特征变量，利用Logit模型进行最近邻匹配（1对4），并使用核匹配以及马氏距离匹配进行交叉验证。

从PSM-DID的检验结果来看，使用最近邻匹配、核匹配以及马氏距离匹配方法得到的城市信用体系建设的创业效应均与基准回归结果相近，并且不同的匹配方法得到的结果也较为相似。因此PSM-DID检验的结果支持城市信用体系建设显著提高了创业水平的结论。

表3 PSM-DID检验

变量	(1)	(2)	(3)
	最近邻匹配	核匹配	马氏距离匹配
trust	0.065**	0.065**	0.065**
	(0.033)	(0.033)	(0.327)
控制变量	是	是	是
城市固定效应	是	是	是
年份固定效应	是	是	是
R^2值	0.366	0.362	0.367
样本量	4143	4233	4234

注：同表2。

五 稳健性检验

（一）替换估计方法

尽管基准回归的结果表明城市信用体系建设显著提高城市的创业水平，PSM-DID的检验结果也支持这一结论，但由于传统双向固定效应的多期DID要求政策效应不随时间的推移而变化，并且不同的队列之间受到的政策影响具有同质性，以及个体对政策没有预期（Sun和Abraham，2021）。当城市信用体系建设政策的效果随队列和政策持续时间变化而变化时，传统双向固定效应的多期DID模型得到的估计结果可能存在偏差，甚至政策效果与理论预期相反。

1.DID分解

为了检验传统的双向固定效应模型是否存在估计偏差，首先使用Goodman-bacon提出的DID分解法将城市信用体系建设的创业效应进行分解。基准回归的DID估计系数（处理效应）可以分解为三个部分：①早进行信用体系建设的城市作为处理组与晚建设的城市作为控制组之间的DID估计系数及权重；②晚进行信用体系建设的城市作为处理组与早实施政策的城市作为控制组的DID估计系数及权重；③进行信用体系建设的城市整体作为处理组与从未实施政策的城市作为控制组之间的DID估计系数及权重。基准回归的DID回归系数等于三项估计系数与权重的加权平均，其中权重主要取决于组内的条件方差与样本规模，加入控制变量得到的结果与之类似。

从分解结果来看，组3或组（3）所占的权重最大，其估计系数也接近于基准回归的结果。而造成估计偏误主要来源于组2［或组（2）］，因为此时早改革的城市已经实施城市信用体系建设，但是由于其后处理状态未发生变化而被作为控制组。组2［或组（2）］的回归系数为正，且远大于其他两组的回归系数（在引入控制变量情况下），可能导致一定的估计偏差。为了获得城市信用体系建设对创业的因果效应，需要对双向固定效应的DID方法进行校正。

表4　DID分解

变量	不加入控制变量		引入控制变量	
	估计系数	权重	估计系数	权重
①早建设城市vs.晚建设城市	0.017	0.006		
②晚建设城市vs.早建设城市	0.055	0.002		
③试点城市vs.非试点城市	0.084	0.992		
（1）时变组			0.026	0.010
（3）时变组vs.非试点城市			0.066	0.983
（2）两者之间			0.125	0.008

2.交错型DID

由于DID分解结果显示存在动态异质性处理效应，基准回归所呈现的城市信用体系建设对创业水平的影响可能是由估计偏差所致的。Baker等（2022）认为传统DID因动态处理效应而导致的估计偏差的纠正方式是使用交错型DID方法，为此首先使用Gardner（2021b）提出的特定队列事件研究

DID，得到的回归结果与基准回归系数进行比较。与传统多期DID模型相比，它允许试点政策的处理效应随队列和处理持续时间的变化而变化，其回归函数形式为：

$$\ln entrep_{it} = \alpha_0 + \sum_{c=1}^{C}\sum_{p=1}^{Pc}\alpha_{cp}\, trust_{ikpp} + \boldsymbol{\gamma} X + \delta_i + \beta_i + \varepsilon_{il} \tag{3}$$

其中，C表示队列，P表示政策持续时间，P_c表示政策持续的最长时间，α_{cp}是我们感兴趣的估计参数。①

正如Baker等（2022）认为不同的交错型DID方法所依赖的假设不同，估计的效果也不同，我们也使用Gardner（2021a）提出的两阶段DID方法进行比较。②两阶段DID法被证明在政策实施交错以及政策效果具有异质性的情况下，所得到的估计结果仍是稳健的。

从表5第（1）和第（2）列稳健性检验的结果来看，无论使用特定队列事件研究DID方法还是两阶段DID方法，得到的回归系数大小和显著性水平均与基准回归相一致。因此在考虑到异质性动态处理效应情形下，支持城市信用体系建设提高城市的创业水平的结论。

3.合成DID

考虑到双重差分方法选择未进行改革城市作为控制组时可能存在一定的主观性，并且当改革政策选择是内生的时，得到的估计结果往往是有偏差的。而合成控制法利用数据驱动的方式选择控制组，避免了主观选择控制组的随意性，但是对处理组的数量有严格的限制，为此，借鉴Arkhangelsky等（2021）提出的合成DID方法进行检验。它结合了合成控制法与DID方法的优势，既对处理组的数量不做严苛要求，同时又利用数据驱动的方式确定控制组，并降低模型对平行趋势假设的过度依赖，能较好地反映城市信

① 由于式（3）估计得到的是一系列回归系数，为了与传统多期DID的回归系数相比较，通过$\sum_{c=1}^{C}\sum_{p=1}^{Pc}\alpha_{cp}P\left(DID_{cpit} = 1 \middle| DID_{it} = 1\right)$得到城市信用体系建设政策对创业的平均处理效应。

② 其基本原理是将两阶段最小二乘法应用到双重差分的估计中，通过第一阶段的回归识别队列（组别）效应和时间效应，然后在第二阶段将其剔除，再对处理变量进行回归。

用体系建设对创业水平的影响。

表5第（3）列的回归结果显示，与基准回归相比，使用合成DID方法得到的回归系数虽然有所下降，但仍在5%水平下显著为正。因此在合理选择控制组织后，回归结果仍支持基准回归的结论，即城市信用体系建设提高城市的创业水平。

（二）替换衡量指标

考虑到单一衡量指标的缺陷，即难以识别城市信用体系建设对创业水平的影响是否由测量误差所致，为此，参照赵涛等（2020）的研究，将城市的创业活跃度指数作为创业水平的替代指标，而创业活跃度用城市新增注册企业数量来衡量，并进行取对数处理。通过替换创业水平的衡量指标进行检验，以避免城市信用体系建设的创业效应是由指标选取所致，增强结论的可信性。

从表5第（4）列的回归结果来看，使用地级市创业活跃度指数之后得到的回归系数仍在1%水平下显著为正，因此城市信用体系建设对创业水平的影响并非由测量误差或指标选取所致，即基准回归的结论具有可信性。

表5　稳健性检验

变量	（1）	（2）	（3）	（4）
	特定队列事件研究DID	两阶段DID	合成控制DID	创业活跃度
trust	0.066**	0.069**	0.048**	0.118***
	（0.031）	（0.034）	（0.023）	（0.044）
控制变量	是	是	是	是
城市固定效应	是	是	是	是
年份固定效应	是	是	是	是
R^2值	0.360			0.458
样本量	4234	4234	4234	4234

注：同表2。

（三）反事实检验

1.改变时间断点

考虑到城市创业水平可能随时间的推移而变化，即城市信用体系建设对创业水平的影响可能是由“日历效应”所致（Sun和Abraham，2021），因此需要进行安慰剂检验。由于不存在统一的政策处理时间，普通的安慰剂检验法可能并不适用。为此，借鉴De Chaisemartin 和 d'Haultfoeuille（2020）提出的多期多个体DID方法改变时间断点，进行安慰剂检验。①

表6安慰剂检验的结果表明，改变时间断点之后的估计结果与基准回归、PSM-DID以及交错型DID的估计结果相差巨大，政策实施的时间断点改变之后，除了提前两期得到估计系数显著为负外，无论选择提前几期得到的估计系数均无法拒绝为0的假设，这表明城市信用体系建设对创业水平的影响并非由“日历效应”所致。

表6　安慰剂检验

变量	提前5期	提前4期	提前3期	提前2期	提前1期
trust	0.001	-0.001	0.002	-0.086**	0.053
	（0.026）	（0.028）	（0.031）	（0.042）	（0.033）
控制变量	是	是	是	是	是
时间固定效应	是	是	是	是	是
个体固定效应	是	是	是	是	是
样本量	4234	4234	4234	4234	4234

注：同表2。

2.置换检验

除了变更政策发生的时间断点之外，我们也使用随机分配处理组的方式进行10000次模拟，作为置换检验。如果随机分配处理组的估计结果绝大

① 其基本原理为：对于t期城市信用体系建设政策变量取值为1的，找出t-1和t-2期政策变量取值为0的样本，对比3期政策变量取值均为0，比较两组的平均创业水平之差；对于t期城市信用体系建设政策变量取值为0的，找出t-1和t-2期政策变量取值为1的样本，对比三期政策变量取值均为1，比较两组平均创业水平的差别。由于t-2和t-1期实际处理状态没发生变化，因此如果模型符合设定，DID的估计系数应接近于0。

部分均不显著，则表明城市信用体系建设对创业水平的影响并非由随机因素所致，随机分配处理组后得到的估计系数的概率密度如图2所示。

置换检验得到的结果表明，10000次随机分配处理组所得到估计系数的均值为0.00039，中位数为0.00096均远低于基准回归的估计系数0.0661，并且97.3%的估计值低于基准回归的估计系数，因此我们能在10%的水平下拒绝原假设，即城市信用体系建设对创业水平的影响由随机因素所致。通过反事实检验，增强了城市信用体系建设会显著提升城市的创业水平的结论的可信性。

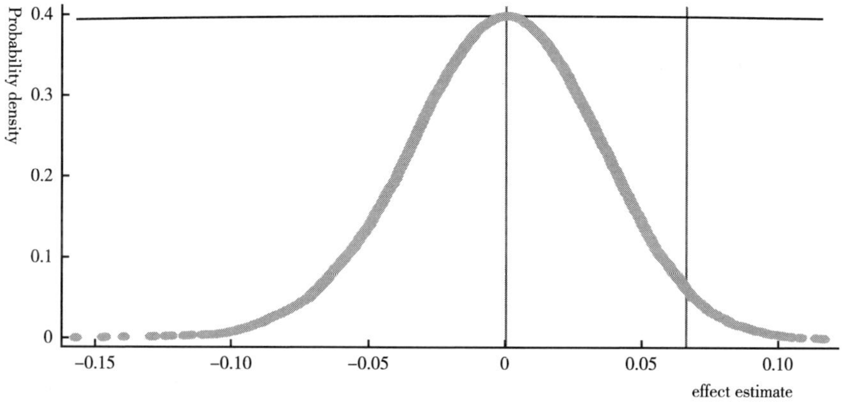

图2 置换检验

六 进一步讨论

(一) 作用渠道

基于理论假说中提及城市信用体系建设起作用的原因，在此部分分别从营商环境和融资约束两个方面检验城市信用体系建设对创业的作用渠道。尽管影响创业的因素很多，但营商环境和融资约束无疑具有最重要且直接的影响。首先，城市信用体系建设通过“容缺受理”简化了审批程序，降低了创业门槛；其次，城市信用体系建设通过“信易贷”等政策为守信个体提供优惠和便捷的银行贷款，为创业者提供了信贷支持。

基于以上两个渠道，我们使用城市政商关系、企业经营所需办理许可证数量与合同执行难度以及城市商业信用环境衡量城市的营商环境，由于贷款水平和融资约束紧密相关，用城市金融机构的贷款余额以及普惠金融指数衡量融资约束。为了避免引入新的内生性问题，参照Dell（2010）研究秘鲁徭役制度对当代居民消费影响中传导渠道的方式，仅对城市信用体系建设对营商环境和融资约束的影响进行回归分析，而营商环境和融资约束对创业水平的影响依赖于理论逻辑的推理：

$$be_{it} = \theta_0 + \theta_1 trust_{it} + \sum \boldsymbol{\gamma}_j X_{jit} + v_i + \chi_t + \epsilon_{it} \tag{4}$$

$$load_{it} = \gamma_{0+}\gamma_1 trust_{it} + \sum \rho_j X_{jit} + u_i + \lambda_t + \varepsilon_{it} \tag{5}$$

其中，be表示城市营商环境，$load$表示贷款水平，反映了融资约束的强弱，两者均为中间变量。对式（4）和式（5）同时进行回归，如果θ_1和γ_1显著，说明城市信用体系建设会显著改善当地营商环境，提高城市的贷款水平，为检验城市信用体系建设是否通过改善营商环境或缓解融资约束来影响创业水平提供了经验证据。

表7第（1）和第（2）列的回归结果显示，城市信用体系建设的确显著改善了城市的营商环境，而正如理论分析部分所述：良好的营商环境为创业活动提供了土壤，假设2得到证实。同时，表7第（3）和第（4）列的结果显示估计系数显著为正，即城市信用体系建设会显著提高城市贷款水平，而贷款水平的提高有助于缓解新创或初创企业所面临的融资约束，从而为创业者提供资金支持，假设3得到证实。综上所述，城市信用体系建设通过改善营商环境和缓解融资约束来提升城市的创业水平。

表7 作用渠道

变量	(1)	(2)	(3)	(4)
	营商环境		贷款水平	
trust	0.236**	0.263**	0.682***	0.141***
	(0.104)	(0.110)	(0.0637)	(0.0365)

续表

变量	(1)	(2)	(3)	(4)
	营商环境		贷款水平	
控制变量	是	是	是	是
城市固定效应	是	是	是	是
年份固定效应	否	是	否	是
R^2值	0.0804	0.115	0.467	0.931
样本量	4143	4143	4234	4234

注：同表2。

（二）作用机制

1.与传统文化的互补效应

正如前文所述，传统的团体文化影响了社会信用的形成，其中儒家文化、宗族文化和商帮文化是传统文化的体现。尽管宗族或儒家文化等能强化团体内部的信任，但并不会自发演化为更广泛的社会信用。此外，传统文化也会影响创业的活跃度，一些研究表明集体主义盛行的地方创业活跃度更高（赵向阳等，2012）。因此传统文化可能会影响社会信用体系改革对创业的作用，为此用每万人家谱数量衡量宗族文化，用每百万人中儒家学校和书院以及孔庙的数量之和衡量儒家文化，用辖区内商帮的数量衡量商帮文化，对其城市信用体系建设政策系数进行交乘，回归结果如表8所示。

从表8第（1）至第（3）列的回归结果来看，儒家文化与城市信用体系建设的交互项和宗族文化与城市信用体系建设交互项的回归系数分别在10%和5%的水平下显著为正，表明在儒家文化和宗族文化强的地区，城市信用体系建设的创业效应更显著。而商帮文化与城市信用体系建设交互项的回归系数尽管也为正，但即使在10%的水平下也不显著，表明商帮文化强和商帮文化弱的地区，信用体系改革对创业水平的影响并不存在显著差异。因此儒家和宗族等小团体的文化可能有助于提高创业水平，同时对城市信用体系建设的创业效应存在补充作用，呈现出传统小团体内部信任与社会信用体系的互补关系。

2.与正式制度的替代效应

一些研究表明社会信用等非正式制度受到市场等正式制度制约（Greif,

1994；钱先航和曹廷求，2015），而非正式制度是中国经济增长的关键（Allen等，2005）。因此当市场等正式制度不发达时，社会信用对正式制度具有重要的替代作用，进而城市信用体系建设的创业效应较大；相反，如果市场制度较为完善，社会信用的作用较小，则城市信用体系建设的影响较小。为了比较不同城市创业水平受到信用体系改革政策影响的差异，借鉴曹雨阳等（2022）的研究，根据市场化水平中位数进行分组。

表8第（4）和第（5）列对社会信用等非正式制度与市场等正式制度的替代效应进行检验结果显示，相较于市场化水平高的城市，市场化水平较低的城市的回归系数较大，显著性水平更高，表明市场化程度较低的城市的创业水平受城市信用体系建设影响较大，呈现出市场正式制度对城市信用体系的替代作用。

表8 作用机制

变量	（1）	（2）	（3）	（4）	（5）
				市场化水平低	市场化水平高
trust	−0.063	0.018	0.003	0.091^{**}	0.056^{*}
	（0.067）	（0.029）	（0.029）	（0.041）	（0.031）
rujia	−0.008				
	（0.007）				
clan			−0.015		
			（0.023）		
trust×*rujia*	0.032^{*}				
	（0.019）				
trust×*bculture*		0.034			
		（0.035）			
trust×*clan*			0.016^{**}		
			（0.008）		
控制变量	是	是	是	是	是
城市固定效应	是	是	是	是	是
年份固定效应	是	是	是	是	是
R^2值	0.020	0.016	0.020	0.285	0.363
样本量	3912	3149	2678	2008	2226

注：由于商帮个数是横截面数据，其主效应被城市固定效应所吸收。而通过检验的城市都在市场化水平大于中位数的样本中，这里使用所有试点城市进行回归分析。其余同表2.

（三）异质性分析

1.行业异质性

前文已经表明城市信用体系建设激发了创业活力，那么这种效应在不同行业的作用是否存在差异？不同行业对社会信用的要求不同，其创业水平受城市信用体系建设的影响也不同。例如，制造业等劳动密集型行业对社会信用水平要求相对较低，因此可能对社会信用等非正式制度的依赖较弱，而知识密集型行业合同相对复杂，对社会信用水平相对较高。为此根据不同类型行业进行分组，回归结果如表9所示。

从表9分组回归的结果可知，知识密集型行业的创业水平受城市信用体系建设的影响更大，并且在1%水平下显著。相反劳动密集型和资本密集型行业的创业水平受城市信用体系建设的影响并不显著，这可能由于劳动密集型和资本密集型行业对社会信用水平要求相对较低，城市信用体系建设的效果并不显著。异质性分析的结果与上述猜想相符合，即在对社会信用依赖更低的行业，城市信用体系建设的影响更小。

表9 行业异质性分析

变量	(1)	(2)	(3)	(4)
	劳动密集型	知识密集型	资本密集型	其他
trust	−0.051	0.208***	−0.093	0.061
	(0.052)	(0.062)	(0.057)	(0.075)
控制变量	是	是	是	是
城市固定效应	是	是	是	是
年份固定效应	是	是	是	是
R^2值	0.0291	0.184	0.0806	0.158
样本量	25368	12702	16920	21304

注：同表2。

2.类型异质性

创业的收益受到市场规模的影响，不同的企业发展潜力和发展速度不同，其创业水平受城市信用体系建设的影响不同。为此，将其划分为“雏鹰企业”、“瞪羚企业”和“独角兽企业”，并进行分组回归。

从表10分组回归的结果来看，“雏鹰企业”“瞪羚企业”受信用体系改革的影响更显著，这可能由于这些初创企业或小型企业受到的融资约束较强，因此其创业水平受城市信用体系建设的影响更大，而“独角兽企业”受城市信用体系建设的影响不显著，是由于其受到的融资约束较弱，城市信用体系建设的创业效应不显著，与作用渠道检验的结论相一致。

表10 企业类型和现有企业规模异质性分析

变量	(1)	(2)	(3)	(4)	(5)
	雏鹰企业	瞪羚企业	独角兽企业	规模小	规模大
trust	0.419***	0.112**	-0.015	0.108**	0.012
	(0.044)	(0.047)	(0.013)	(0.048)	(0.033)
控制变量	是	是	是	是	是
城市固定效应	是	是	是	是	是
年份固定效应	是	是	是	是	是
R^2值	0.111	0.0555	0.0066	0.420	0.253
样本量	4152	4152	4152	1813	1886

注：同表2。

3.现有企业规模的异质性

由于规模效应，城市的创业水平可能受制于现有企业的平均规模，现有企业平均规模构成了新企业进入的门槛。例如，Glaeser等（2010）注意到城市—行业层面上，现有企业的平均规模增加会对创业产生显著的负面影响。由于无法获得城市层面企业平均规模的数据，根据规模以上企业占企业总数比重的中位数进行分组。

从分组结果来看，现有企业平均规模小的城市，信用体系改革的创业效应更大，而现有企业规模大于均值的城市，信用体系改革的创业效应不显著，这可能是由于现有企业平均规模构成了创业的门槛，这与Glaeser等（2010）的结论以及上述猜想相一致。

七 结论

本文在中国的文化背景下，全面评估城市信用体系建设对创业的影响。

研究结果表明，城市信用体系建设显著提高了城市的创业水平，并主要通过改善营商环境和缓解融资约束所致。城市信用体系和儒家文化以及宗族文化具有互补性，儒家文化和宗族文化强的地区更受益于城市信用体系建设，同时城市信用体系与市场正式制度具有替代作用，市场化水平低的地区，城市信用体系建设的创业效应更大。知识密集型行业和初创企业以及现有企业平均规模小的城市的创业水平受城市信用体系建设的影响更大。

当前，通过城市信用体系建设激发创业活力并推动经济高质量发展具有重要的理论和现实意义，应当总结城市信用体系建设过程中的经验和教训。本文在一定程度上为支持城市信用体系建设提供了经验事实，基于本文的结论，可以得到以下启示。

首先，政府应该以身作则，强化政务诚信建设，增强政策的持续性和可预期性。通过建立公务员诚信档案，将公务员信用记录作为干部考核、任用和奖惩的重要依据；提升政府失信事件的整改到位率，使单位失信记录关联至其主要负责人和直接责任人失信记录，增强政府部门的守信意识，降低创业者所面临的政策不确定性。

其次，要求政府改变当前信用评级机构呈现的“多头监管”局面，城市信用体系建设过程中以技术的手段消除信息分割的壁垒，实现不同部门之间信息互联互通（在保护个人信息和隐私的情况下），在医药卫生、社会保障、劳动用工、教育科研、文化体育旅游、知识产权、环境保护和能源节约、社会组织、重点职业人群、互联网应用及服务等领域建立信用记录和红黑名单制度，让失信者受到惩戒而守信者获得奖赏。由于知识密集型企业和小规模企业更依赖于社会信用体系建设，政策制定者应将城市信用体系建设作为基础，为创业活动提供良好的营商环境，推动创业者的创业活动。

再次，构建以社会信用为核心的新型监管机制，建立全面的社会信用体系。在生产、流通、税务、价格、工程建设、招标投标、交通运输、电子商务、中介服务业、会展广告等领域建立诚信档案，基于技术分析和信息采集开展社会交往媒介（包括货币、知识和权利等）的甄别和评价，提升系统信任。而系统信任有助于简化非人格化社会互动中信息收集和分析的过程，强化社会信用体系等非正式制度的作用。利用城市信用体系建设的安全保障替代缺失的信息，进而赋予创业者对待复杂环境的稳定态度，降低创业的门槛，减少创业者所面临的市场不确定性，激发企业家精神。

最后，培育社会诚信文化，使守信成为个人和企业的理性选择。在发扬中华文化“诚实守信”的优良传统的同时，利用社会信用体系建设正反两个方面的事例，对失信行为形成“经济打击”和“思想教育”并举的局面，提高企业和居民诚信意识，营造良好的诚信环境。此外，儒家和宗族等传统文化与诚实信用体系建设具有互补作用，因此通过增进各群体之间的社会团结和社会认同，使团体信任拓展为普遍的社会信用，使之成为社会信用体系建设的新路径。

参考文献

［1］曹雨阳、孔东民、陶云清，2022，《中国社会信用体系改革试点效果评估——基于企业社会责任的视角》，《财经研究》第2期。

［2］陈刚，2020，《独生子女政策与消失的企业家精神》，《经济学动态》第7期。

［3］戴若尘、祝仲坤、张晓波，2021，《中国区域创新创业指数构建与空间格局：1990-2020》，工作论文。

［4］〔美〕查尔斯·蒂利，2010，《信任与统治》，胡位钧译，上海人民出版社。

［5］〔美〕弗朗西斯·福山，2016，《信任：社会美德与创造经济繁荣》，郭华译，广西师范大学出版社。

［6］〔德〕格奥尔格·西美尔，2002，《货币哲学》，陈戎女译，华夏出版社。

［7］柯武、史漫飞，2018，《制度经济学：财产、竞争、政策》，商务印书馆。

［8］〔美〕詹姆斯·S.科尔曼，2008，《社会理论的基础》，邓方译，社会科学文献出版社。

［9］〔美〕肯尼斯·阿罗，2007，《组织的极限》，陈小白译，华夏出版社。

［10］李宏彬、李杏、姚先国、张海峰、张俊森，2009，《企业家的创业与创新精神对中国经济增长的影响》，《经济研究》第10期。

［11］李万利、徐细雄、陈西婵，2021，《儒家文化与企业现金持有——中国企业“高持现”的文化内因及经济后果》，《经济学动态》第1期。

［12］林钧跃、吴晶妹，2007，《城市信用体系设计》，中国方正出版社。

［13］刘诚、夏杰长，2021，《商事制度改革、人力资本与创业选择》，《财贸经济》第8期。

［14］刘凤委、李琳、薛云奎，2009，《信任、交易成本与商业信用模式》，《经济研究》

第8期。
[15] 马光荣、杨恩艳，2011，《社会网络、非正规金融与创业》，《经济研究》第3期。
[16] 马述忠、张洪胜、王笑笑，2017，《融资约束与全球价值链地位提升——来自中国加工贸易企业的理论证据》，《中国社会科学》第1期。
[17] 〔美〕道格拉斯·C.诺思、约翰·约瑟夫·瓦利斯、巴里·R.温格斯特，2013，《暴力与社会秩序》，杭行、王亮译，格致出版社、上海三联书店、上海人民出版社。
[18] 潘越、宁博、纪翔阁、戴亦一，2019，《民营资本的宗族烙印：来自融资约束视角的证据》，《经济研究》第7期。
[19] 〔法〕阿兰·佩雷菲特，2016，《信任社会》，邱海婴译，商务印书馆。
[20] 钱水土、吴卫华，2020，《信用环境、定向降准与小微企业信贷融资——基于合成控制法的经验研究》，《财贸经济》第2期。
[21] 钱先航、曹春方，2013，《信用环境影响银行贷款组合吗——基于城市商业银行的实证研究》，《金融研究》第4期。
[22] 钱先航、曹廷求，2015，《法律、信用与银行贷款决策——来自山东省的调查证据》，《金融研究》第5期。
[23] 申丹琳，2019，《社会信任与企业风险承担》，《经济管理》第8期。
[24] 〔秘鲁〕赫尔南多·德·索托，2007，《资本的秘密》，于海生译，华夏出版社。
[25] 王孝钰、高琪、邹汝康、何贤杰，2022，《商帮文化对企业融资行为的影响研究》，《会计研究》第4期。
[26] 王艳、李善民，2017，《社会信任是否会提升企业并购绩效?》，《管理世界》第12期。
[27] 〔美〕道格拉斯·C.诺思、约翰·约瑟夫·瓦利斯、巴里·R.温格斯特，2014，《暴力与社会秩序：诠释有文字记载的人类历史的一个概念性框架》，杭行、王亮译，格致出版社、上海三联书店、上海人民出版社。
[28] 吴维海，2018，《社会信用体系建设的理论、政策、问题与对策》，《全球化》第6期。
[29] 夏后学、谭清美、白俊红，2019，《营商环境、企业寻租与市场创新——来自中国企业营商环境调查的经验证据》，《经济研究》第4期。
[30] 徐细雄、李万利，2019，《儒家传统与企业创新：文化的力量》，《金融研究》第9期。
[31] 徐佳、韦欣，2021，《中国城镇创业与非创业家庭消费差异分析——基于微观调查数据的实证》，《数量经济技术经济研究》第1期。
[32] 〔英〕亚当·斯密，2015，《道德情操论》，郭大力、王亚南译，商务印书馆。
[33] 尹志超、公雪、郭沛瑶，2019，《移动支付对创业的影响——来自中国家庭金融调查的微观证据》，《中国工业经济》第3期。
[34] 余泳泽、郭梦华、郭欣，2019，《社会信用的经济效应研究回顾与展望》，《宏观质量研究》第4期。

［35］湛泳、李珊，2022，《智慧城市建设、创业活力与经济高质量发展——基于绿色全要素生产率视角的分析》，《财经研究》第1期。

［36］张路、王瑞、尹志超，2023，《生育政策、兄弟姐妹数量与个人创业行为——来自拐点回归设计的证据》，《中国经济学》第1期。

［37］张维迎、柯荣住，2002，《信任及其解释：来自中国的跨省调查分析》，《经济研究》第10期。

［38］赵涛、张智、梁上坤，2020，《数字经济、创业活跃度与高质量发展——来自中国城市的经验证据》，《管理世界》第10期。

［39］赵向阳、李海、Rauch Andreas，2012，《创业活动的国家（地区）差异：文化与国家（地区）经济发展水平的交互作用》，《管理世界》第8期。

［40］郑馨、周先波、张麟，2017，《社会规范与创业——基于62个国家创业数据的分析》，《经济研究》第11期。

［41］周文义、陶一桃，2023，《智慧城市建设能提升创业水平吗？——基于双重差分模型的检验》，《统计研究》第8期。

［42］周颖刚、蒙莉娜、林雪萍，2020，《城市包容性与劳动力的创业选择——基于流动人口的微观视角》，《财贸经济》第1期。

［43］Acemoglu D., 2012. "Introduction to Economic Growth." *Journal of Economic Theory* 147 (2): 545-550.

［44］Allen F., Qian J., Qian M. 2005. "Law, Finance, and Economic Growth in China." *Journal of Financial Economics* 77(1): 57-116.

［45］Arkhangelsky D., Athey S., Hirshberg D. A., Imbens G. W., Wager S. 2021. "Synthetic Difference-in-Differences." *American Economic Review* 111(12): 4088-4118.

［46］Bai C., Hsieh C., Song Z. M., Wang X. 2020. "Special Deals from Special Investors: The Rise of State-connected Private Owners in China." National Bureau of Economic Research.

［47］Baker A. C., Larcker D. F., Wang C. C. Y. 2022. "How Much Should We Trust Staggered Difference-in-differences Estimates?" *Journal of Financial Economics* 144(2): 370-395.

［48］Beck T., Levine R., Levkov A. 2010. "Big Bad Banks? The Winners and Losers From Bank Deregulation in the United States." *The Journal of Finance* 65(5): 1637-1667.

［49］Besley T. 2015. "Law, Regulation, and the Business Climate: The Nature and Influence of the World Bank Doing Business Project." *Journal of Economic Perspectives* 29(3): 99-120.

［50］De Chaisemartin C., d'Hanltfoeuille X. 2020. "Two-Way Fixed Effects Estimators with Heterogeneous Treatment Effects." *American Economic Review* 110(9): 2964-2996.

［51］Dearmon J., Grier K. 2009. "Trust and Development." *Journal of Economic Behavior & Organization* 71(2): 210-220.

[52] Dell M. 2010."The Persistent Effects of Peru's Mining Mita."*Econometrica* 78(6): 1863-1903.

[53] Fauver L., Hung M., Li X., Taboada A. G. 2017. "Board Reforms and Firm Value: Worldwide Evidence."*Journal of Financial Economics* 125(1): 120-142.

[54] Freyaldenhoven S., Hansen C., Shapiro J. M. 2019. "Pre-Event Trends in the Panel Event-Study Design."*American Economic Review* 109(9): 3307-3338.

[55] Freyaldenhoven S., Hansen C., Pérez J. P., Shapiro J. M. 2021. "Visualization, Identification, and Estimation in the Linear Panel Event-Study Design." National Bureau of Economic Research.

[56] Gardner J. 2021a."A Primer On Staggered Dd."Working Paper.

[57] Gardner J., 2021b."Two-Stage Differences in Differences."Working Paper.

[58] Glaeser E. L., Kerr W. R., Ponzetto G. 2010. "Clusters of Entrepreneurship." *Journal of Urban Economics* 67(1): 150-168.

[59] Goodman-Bacon A. 2021. "Difference-in-differences with Variation in Treatment Timing."*Journal of Econometrics*.

[60] Greif A. 1994. "Cultural Beliefs and the Organization of Society: A Historical and Theoretical Reflection On Collectivist and Individualist Societies." *Journal of Political Economy* 102(5): 912-950.

[61] Greif A., Tabellini G. 2010. "Cultural and Institutional Bifurcation: China and Europe Compared."*American Economic Review* 100(2): 135-140.

[62] Lyons M., Titus Msoka C. 2010. "The World Bank and the Street: (How) Do 'Doing Business' Reforms Affect Tanzania's Micro-Traders?"*Urban Studies* 47(5): 1079-1097.

[63] Mac Síthigh D., Siems M. 2019. "The Chinese Social Credit System: A Model for Other Countries?"*The Modern Law Review* 82(6): 1034-1071.

[64] Nunn N., Wantchekon L. 2011. "The Slave Trade and the Origins of Mistrust in Africa." *American Economic Review* 101(7): 3221-3252.

[65] Sun L., Abraham S. 2021. "Estimating Dynamic Treatment Effects in Event Studies with Heterogeneous Treatment Effects."*Journal of Econometrics* 225(2):175-199.

[66] Uslaner E. M. 2002."The Moral Foundations of Trust."Available at Ssrn 824504.

[67] Wang Z.. Yin Q. E., Yu L. 2021. "Real Effects of Share Repurchases Legalization On Corporate Behaviors."*Journal of Financial Economics* 140(1): 197-219.

（责任编辑：李兆辰）

空间干预政策与区域经济韧性

——来自中部崛起战略的证据

周宗根　程路议*

摘　要：空间干预政策的长期效果受限于经济增速趋缓和区域经济分化等结构性困境，提升区域经济韧性是破解结构性困境的重要途径。党的二十大报告进一步将"建设韧性城市"纳入国家战略。本文使用《全国老工业基地调整改造规划（2013—2022年）》中的中部六省老工业基地城市的10年面板数据，运用双重倾向得分匹配和分位数倍差方法，分析空间干预政策对区域经济韧性的长期影响，研究发现：没有充分证据表明空间干预政策提升了区域经济韧性，并且在改变不同匹配方法、安慰剂检验等各类情形下这一结果都较为稳健。空间干预政策的最终受益主体与预期不一致。韧性较低的地区并没有因中部崛起战略的实施而提升自身的经济韧性，相反地，经济韧性较高的地区该政策效果更明显。产业多样化、人均固定资产投资和人均GDP对处于不同韧性基础分位的地区呈现非对称性影响，特别是对韧性较低的地区构成一定约束。中部地区的经济韧性主要由产业结构决定，但也受限于产业区域竞争力，且产业结构存在较强的路径依赖。本文所揭示的先前空间干预政策可能在提升区域经济韧性方面有所局限的现象为实施区域协调发展战略以及制定、调整区域政策提供了新的思路和经验证据。

* 周宗根，副教授，江西师范大学财政金融学院，电子邮箱：zhzgen@jxnu.edu.cn；程路议（通讯作者），硕士研究生，辽宁大学经济学院，电子邮箱：cly1074833610@163.com。本文获得国家社会科学基金一般项目（20BJL006）、江西省社会科学规划一般项目（10YJ89）资助。作者感谢匿名审稿专家的宝贵意见，文责自负。

关键词： 空间干预政策　区域协调发展　区域经济韧性　中部崛起战略

一 引言

空间干预政策的长期效果面临经济增速趋缓和区域经济分化等结构性困境，这是困扰经济社会实现高质量发展的重要难题。党的十九大首次提出“实施区域协调发展战略”，党的二十大进一步提出着力推进区域协调发展，推动经济实现质的有效提升和量的合理增长。空间干预政策能否长期有效促进区域经济增长，需要识别两个关键问题：第一，区域长期经济增长的关键因素是什么？第二，空间干预性质的区域发展政策是否作用于这一关键因素？

在区域经济分化的过程中，区域长期经济发展在很大程度上一方面取决于抵御经济冲击的能力，另一方面取决于从冲击中恢复增长的能力（杨先明和邵素军，2022）。这两种能力共同构成了区域的经济韧性，决定了区域长期发展趋势。换言之，经济韧性是区域经济系统多个阶段的调整能力，既强调短期内对正向冲击的包容以及对负向冲击的抵抗和复原，又强调长期通过要素自由流动和资源定向配置结合所形成的演化态势，“即响应内外环境并顺从发展趋势，有效破除系统中长期固化所形成的锁定状态，从而调整长期均衡发展路径”（徐圆和张林玲，2020）。自2008年全球金融危机以来，特别是新冠疫情冲击全球经济，学界和政府越来越重视应对冲击和长期经济绩效的关系，“经济韧性”频繁出现在政府报告、领导人讲话以及有关国家经济态势的学术研究中。

无论是“忙于追赶”的发展中国家还是“保持领先”的发达国家，空间干预政策在改善区域经济不协调、遏制区域经济过度分化方面被寄予厚望。不同于空间中性政策，空间干预政策更侧重经济地理即一种基于地方的区域经济政策。我国实施的“中部崛起战略”“西部大开发战略”“经济特区”等均属于空间干预政策范畴。基于空间干预的区域政策意味着存在“政府干预空间失灵”的可能。此类政策实施过程是由初期中央政策强力扶持过渡到地方内生发展，最终缓和经济地理崎岖。空间干预政策将对地区间要素流动和产业转移产生重大影响，地方政府将在政策优势下调整自身经济系统结构，培育地方内生发展动力。但已有研究表明，空间干预政策可能在很大程度上面临长期“政策陷阱”（Kubisch等，2010），其对地方经济长期发展的带动作用也较为有限（Thissen和Van，2010；赵勇和白永秀，2015），难以实现缩小区域差距的目标（Wolfe，2011）。进一步从区域差异来看，地方竞争可能导致实力较弱地区利益损失更为严重（张可云和吴瑜燕，2009）。空间干预政策在过去40多年来我国经济发展中扮演了重要角色，因此需要进一步思考“政策是否长期有效”“政策受益主体与政策预期的目标主体是否一致”。

基于此，本文考虑到空间干预政策的长期效果面临的经济增速趋缓与区域经济分化加剧两大约束，基于区域经济韧性理论，使用2004~2016年（剔除2008~2010年）《全国老工业基地调整改造规划（2013—2022年）》中的中部六省老工业基地的城市面板数据，考察空间干预政策与区域经济韧性的关系，并进一步研究不同韧性基础区域的政策效果是否存在差异，以增进对空间干预政策长期政策效果的认知。

本文可能的创新主要体现在以下三个方面。

第一，以“区域经济韧性”为视角将经济增长与经济衰退相联系，为理解空间干预政策的长期效果提供了新的思路。区域发展不仅是要素增长问题，更有赖于对经济衰退的抵抗。经验分析表明，空间干预政策未作用于区域经济韧性，并进一步发现区域发展政策的长期效果存在“分野”，即经济韧性基础好的目标区域的政策效果好于基础较差地区。这种政策效果的不均衡本质上是预期目标主体包容正向冲击能力的差异，其对于政策制定、经济分化、区域协调的影响并不被现有理论所关注。

第二，在经验检验上，以中部崛起战略为例系统地评估了空间干预政策对区域经济韧性的影响，识别了具有不同韧性基础的地区的政策效果差异，提供了在区域发展战略实施过程中地方政府所面临的区域经济短期增长和韧性两难选择困境的直接证据。已有研究运用包括DID、断点回归等方法对政策效果进行估计，反映的是政策的平均处理效应以及解释变量对于经济增长的分布均值的影响，至于这些变量对于经济韧性基础的不同分位点的影响则较为模糊，同时，仍存在DID受限于线性要求和伴随M-DID的“维数灾难”两方面缺陷。因此本文综合运用PSM-DID，结合分位数倍差模型对区域经济韧性进行实证分析，以区分出相关变量对区域经济韧性可能存在的差异影响，并规避了匹配带来的“维数灾难”，弥补现有研究对于差异性讨论的不足。

第三，本文所得出的结论对于政府如何设计区域发展政策，引导地方政府实现经济短期增长和区域经济韧性提高之间的平衡具有一定借鉴意义。党的十九大首次提出“区域协调发展战略”，党的二十大进一步提出“促进区域协调发展……打造宜居、韧性、智慧城市”。可以判定今后一个时期，我国区域发展战略的重点是区域协调，因此从区域经济韧性的角度对先前实施的区域发展战略进行评价是适时且重要的。本文的研究依据现实问题展开，并进一步采用分位数回归识别不同地区的政策效果，以更全面地反映各因素对于经济韧性提高在其分布的各个分位点上的异质性影响，有利于启发区域调整发展政策。同时现有关于空间干预政策在提升区域经济韧性方面的研究可能存在不足，既突破了长期关注经济增长的单一视角，也为长期处于下行锁定的落后地区在赶超过程中提高发展质量提供了抓手。

本文的余下部分安排如下：第二部分详细回顾了空间干预政策以及区域经济韧性的既有研究成果，提出本文的研究假设；第三部分详细说明数据，讨论并确定计量模型设定；第四部分是实证结果和稳健性检验；第五部分运用偏离份额分析法分析经济韧性的决定性因素；第六部分是结论和政策含义。

二　文献综述与研究假设

空间干预政策长期致力于改善区域经济不协调和遏制区域经济过度分化。那么，普遍实施的空间干预政策长期是否有效？区域长期经济增长的关键因素是什么？为尝试回答上述问题，本文首先以空间干预政策评估研究为基础，阐述研究得出的共同结论；其次对政策长期效果的影响因素予以梳理，并对其不足进行总结；再次归纳了经济韧性与长期经济增长的相关研究，并讨论了区域经济韧性与空间干预政策研究面临的挑战；最后提出了本文的研究假设。

（一）空间干预政策的长期窘境及原因

空间干预政策代表着“国家刺激和维持滞后地区经济发展的能力”（Turok，2012）。一般而言，空间干预政策的目的是为问题区域创造经济发展的机会，保证区域能够共享经济发展成果，提高区域自我发展能力（邓睦军和龚勤林，2017），而经济韧性正是区域自我发展能力的主要外在表现（丁建军等，2020）。国内空间干预政策的目标较少表述为经济韧性，但具体目标与区域经济韧性的内涵相一致。从中部崛起战略来看，2006年中共中央、国务院发布《关于促进中部地区崛起的若干意见》，基本原则为“立足现有基础，自力更生，国家给予必要的支持，着力增强自我发展能力”。2010年国务院发布《促进中部地区崛起规划》，进一步强调“发挥中部地区综合优势，克服国际金融危机带来的不利影响”。此后，国家出台的一系列空间干预政策呈现出“从注重经济单一发展转向经济、资源、生态和社会的多维发展，提高区域的包容性和可持续性发展”的特点（邓睦军和龚勤林，2018），侧重于地区长期应对内外部冲击、破除路径依赖的自我发展能力。

从具体空间干预政策的效果评估研究来看，空间干预政策实施成效受限的特点可能普遍存在。空间干预政策的绩效评估研究起初以一国实施的区域发展战略为主要分析对象，近年来则逐渐加入对具有中国特色的开发区、国家级新区、产业转移示范区等政策的分析。贾彦宁（2018）基于1997~2013年的灯光数据对“东北老工业基地振兴”战略进行政策评价，结果表明短期内东北地区的财政支出等拉动了经济增长，长期则受限于人才储备等制约因素且短期经济绩效逐渐被抵消。同样杨东亮和王皓然（2018）对东北振兴战略进行评估，发现在政策实施前十年，东北地区经济增长趋势是短暂的，时间跨度调整为长期后，政策反而显著抑制了东北地区的经济增长。稍晚于“东北老工业基地振兴”提出的“中部崛起”战略亦面临同样的窘境。中部六省中既有粮食主产区，也有传统工业大省，研究发现中部地区短期受益于政策推动的工业化，但长期抑制作用抵消了短期激励作用（李斌等，2019）。“西部大开发”战略实施时间相较于前两者更长。孙焱林等（2019）分析了“西部大开发”战略对技术创新的影响，发现该政策并未显著提升西部地区的技术创新水平，反而落入“政策陷阱”。邓翔等（2020）则基于1978~2018年的省际面板数据进行了评价，研究表明“西部大开发”战略的政策效果与时间呈倒“U”形关系，随着时间的推移，政策效果愈难以显现。相比于区域发展战略聚焦省际区域，我国广泛实施的“开发区”区位导向性政策则聚焦市域，这种空间干预政策的效果评估逐渐进入学界的研究视野。邓慧慧等（2019）将地区经济总量作为评价指标，结果显示短期显著、长期不明显，进一步以人均经济增长作为评价指标则短期和长期政策效果均不显著。

空间干预政策长期效应不显著这一特点并非我国区域发展战略所特有，国外研究表明，空间干预政策均可能面临长期效果受限。欧盟在2000年以来为实现“领土凝聚力”对部分岛屿地区实施特别援助，即成立“区域发展基金”。Armstrong等（2012）在对该政策评估时发现，这些岛屿严重依赖市场专业化且这种专业化程度难以维持充分就业和经济繁荣，“这类政策在可持续增长方面还不够成功”。以美国历史上最大的区域经济发展政策“田纳西河流域管理局”（TVA）为例，Kline和Moretti（2014）围绕“这一政策如何影响农业部门就业人口”研究发现，在政策实施初期，田纳西河地区的农业就业人口明显上升，而随着政策补贴的停止，这一趋势不再延续，即“田纳西河流域管理局”政策未推动当地形成长期内生发展动力。

针对“空间干预政策长期为何无效”的原因，已有文献从以下六方面展开。第一，空间干预政策的主体单元是目标实施区域里的城市，考虑到区域利益主体的博弈可能引致地方保护政策，如果区域政策所提供的援助不能抵消地方保护带来的损失，区域政策可能完全失效（张可云和吴瑜燕，2009）。第二，随着区域发展政策的陆续出台，政策呈现“叠罗汉”现象。而这种多重政策的叠加，既浪费了大量资源，又影响了区域政策的重点内容和实施时间，呈现出“重申请”和“短期化”的特点（蔡之兵和张可云，2014）。第三，地方政府选择性执行政策中有利于自身相关利益的内容，倾向于增加生产性支出，往往忽视公共服务、地区比较优势、生态环境等内容，使得发展战略的连续性和稳定性受到冲击，从而难以发挥政策作用（赵勇和白永秀，2015）。第四，过度依赖自然资源。通过空间干预对特定地区发展施以援助可以激发其增长的内在动力，也可能使受援助区域产生依赖的心理状态，滋长无效缓解区域问题的风险（邬晓霞和魏后凯，2009）。孙焱林等（2019）认为，由于“西部大开发”战略伴随着能源开采条件逐渐放宽，西部地方政府过度追求短期增长致使西部地区资源配置收益效率低。第五，投资型增长的挤出效应。依赖投资型增长的地方政府热衷于固定资产投资和基础设施建设，这种粗放型增长模式“挤出”了人力资本投入和科技创新（李斌等，2019）。同时投资中不乏大量的重复建设，会加剧地区间产业同构现象，扭曲当地资源分配格局，导致长期资源配置效率低，周黎安（2004）将其归因于中国式分权的激励体制。第六，软投入约束。前述挤出效应主要针对人力资本和科技创新，而这两者正是长期发展最重要的要素。由于缺乏或忽视相关投入，教育理念、人才体制和科技发展等制约了资本等应投入的实施效果（刘瑞明和赵仁杰，2015）。

综上，既有文献基本以经济增长要素为对象，以长期经济增长驱动力不足为主要观点，从短期和长期两个方面阐述可能落入政策陷阱的原因。然而，这些文献鲜有从抵抗经济衰退的角度思考空间干预政策对区域经济格局的重塑，对经济发展的理解是不完整的，在理论分析方面也存在明显的不足。经济韧性与经济长期增长路径之间存在相互作用（徐圆和张林玲，2019），“根据历史数据的分析，短期增长率并不是支持长期经济绩效改进的唯一力量，萎缩现象的减少同样构成长期增长绩效改善的主要因素”（杨先明和邵素军，2022）。事实上抵抗经济衰退是理解政策实施效果的重要视角。因此在经济增速趋缓的大背景下，关于空间干预政策的长期效果欠佳的原因，就需要一个既包含衰退又包含增长的理论解释。

（二）长期经济增长的关键因素：经济韧性

经济学通过引入工程学和生态学中广泛应用的韧性理论来兼顾增长与衰退（Reggiani，2002）。从现实来看，历史上经济频繁受到大规模流行病冲击，伴随全球化加速现代经济受到更多经济周期、技术革新等冲击，因此学界特别是宏观经济学领域始终围绕此思考经济主体的应对策略。同时在复杂经济学影响下，多重均衡的出现为经济长期波动和短期突变提供了理论基础（苏杭，2015），为了解释经济复杂性和不确定性，韧性概念被引入经济学研究中。

所谓经济韧性最初是指经济社会系统对冲击的抵抗以及恢复能力（Hollin，1973），随后Hill等（2008）将经济韧性作为一个路径依赖的量化概念加以阐述，认为韧性是指一个区域经济能够避免外部负向冲击破坏现有均衡状态的能力。与其他研究领域一样，对于经济韧性的概念并非没有异议。大多数学者认可并应用Martin等（2015）依据经济发展周期的定义（Nystrom，2017；Doran等，2018；李连刚等，2019），将经济韧性划分为四个方面：一是预先感知风险的能力，即对冲击的敏感性；二是抵抗外部冲击的能力，侧重经济系统对冲击的反应程度；三是资源配置和产业结构调整的能力，即经济系统对冲击的适应与改变；四是冲击后恢复到原始状态的能力，聚焦经济系统突破原有路径的能力。目前国内外对经济韧性的研究主要集中在如下几个方面。

一是关于经济韧性的测算与评价，关注地区应对外部冲击的能力。当前有关经济韧性的测度主要分为基于状态和过程两类。其中，基于状态的评估普遍采用国内生产总值或就业率的变化系数进行测算，多用于评价地区受到单次外部冲击下的演变情况（Davies，2011；Martin等，2016；冯苑等，2020；陈奕玮等，2020；彭荣熙等，2021）。基于过程的评估，学者多采用多维指标体系评估经济韧性。张明斗等（2018）从外资利用、居民储蓄、财政收入和人均生产总值四个方面构建经济韧性指标体系。刘彦平（2021）从发展水平、人力资源、投资和创新四个层面度量288个城市的经济韧性水平。韩增林等（2021）基于熵值-Topsis模型选取14个渔业经济指标评价海洋渔业经济韧性。蒋辉（2022）运用熵值法从抵御风险恢复能力、适应调节能力、转型创新能力三个维度共15个指标测度农业经济韧性。截至目前，尽管基于过程的指标体系评估方式较为全面地涵盖了城市的基本结构，但不同文献在指标体系选取、权重确定以及测度方法方面存在较大差异，且以GDP变化作为评价依据有助于后续对经济韧性时空差异的分解，故本文拟从基于状态的角度利用城市GDP的变化差异评估经济韧性。

二是关于经济韧性影响因素，相关研究主要集中在产业结构、产业集聚、创新能力、投资、政府干预、市场规模等方面。张明斗等（2021）基于对我国283个地级市数据的分析指出产业结构变迁能够提高城市经济韧性。徐圆和张林玲（2019）基于对我国230个地级市数据的实证分析表明产业结构多样化有助于城市抵御外部冲击。程广斌和靳瑶（2022）基于对我国274个地级市数据的分析表明创新能力的提升能够显著增强大城市、东部城市的经济韧性。Bristow（2018）基于欧盟国家应对金融危机的数据，研究指出创新能力及其成果转化有助于提升城市经济韧性。韩爱华等（2021）利用PSM-DID模型从省级层面研究了固定资产投资、居民消费价格指数对经济韧性的缓冲作用。张明斗和惠立伟（2022）通过分析各省农业经济韧性，得出政府支持力度、农业基础设施建设、地区市场规模与环境规制强度是影响我国农业经济韧性的主要因素。

三是经济韧性的应用研究。经济韧性与城市、空间、经济发展质量密不可分。依据我国经济发展特点，诸多学者重点关注“粤港澳大湾区”（刘逸等，2020）、“黄河流域”（黄若鹏等，2022）、“城市群”（巩灿娟等，2022）等区域，且数字经济（刘娜娜，2022）、消费升级（崔耕瑞，2021）等新经济要素被纳入研究范围。从细分产业来看，刘瑞和张伟静（2021）基于地级市数据，研究发现制造业的空间集聚显著提升了我国制造业经济韧性。韩增林等（2021）从海洋渔业的维度研究了渔业经济韧性与效率的协同效用。蒋辉等（2022）基于对我国31个省份数据的实证分析表明农业经济韧性有助于推动农业高质量发展。不难发现，相关研究逐渐缩小空间范围，聚焦区域、城市经济韧性，而近几年更是聚焦细分行业，农业、制造业等产业的系统韧性成为关注的重点。

国内外学者围绕经济韧性内涵的界定、测算、应用以及经济韧性的影响因素等领域开展了大量的研究，取得了丰硕的成果，为后人继续从事经济韧性方面的研究提供了有益的指导，但是现有研究中以区域发展政策为切入点的较少，尤其是缺乏对于经济韧性政策评估方面的深入分析。值得注意的是，Broadberry和Wallis（2017）突破单一经济增长的视角，率先通过对国家层面长达7个世纪的经济数据分析发现，长期经济增长不仅与增长速度有关，更与抵抗经济衰退密不可分。而经济韧性正是对区域抵抗经济衰退的量化评价。同时，在对印度尼西亚的个案研究中，Andersson等（2018）进一步提出，国家制定宏观经济政策的能力是抵抗经济衰退的关键因素之一。这正是本文拟从长期经济增长出发，以经济韧性能力是否得到改善为标准，评价空间干预性质的区域发展政策的理论依据。

（三）文献述评

综上所述，既有文献主要是从经济增长的视角，研究长期经济增长驱动力不足造成的政策无效，却对抵抗经济衰退缺少关注。虽然经济韧性理论逐渐进入研究中心，但较少被应用到经济长期发展与经济社会转型领域，且其与空间干预政策的结合研究依然面临两大障碍。

第一，区域经济韧性多与外部负向冲击联系，对包容政策附带的正向冲击关注较少。现有研究多是以金融危机或疫情冲击为切入点，但经济韧性并非经济增速趋缓下的特有视角，而是与经济增长并存，成为区域长期经济发展的重要因素。

第二，当前关于区域经济韧性的大部分研究以城市和国家为对象，极少关注到联系国家和地方的空间干预政策。无论是经济韧性的测度还是理论构建，从国家层面深入城市层面是研究的进步，但国家和地方不是分割的两个单元，而是互相影响的，因此需从兼容地方与国家的视角，特别是结合联系两者的空间干预政策理解区域经济韧性。

有鉴于此，本文考虑到空间干预政策“建立维持区域经济发展机制”的目标，引入区域经济韧性理论，以“中部崛起战略”为例，考察空间干预政策与区域经济韧性的关系，并进一步研究不同韧性基础区域的政策效果是否存在差异，以验证空间干预政策是否作用于预期目标主体。

（四）基于经济韧性的研究假设

关于政府干预问题，现有研究认为，在市场有效、要素自由流动的前提下，政府干预扭曲了经济活动且造成了寻租行为的泛滥（Busso等，2013）。因此，相关研究对区域经济均衡的分析更加注重一般性制度框架，对基于地方的空间干预政策多有批评。但大量的经济地理学理论和经验研究均表明，区域经济布局的分化是一般性制度无法解释的（Hewings，2014）。在市场完全竞争、要素自由流动的空间均衡前提下，空间干预政策可能充分实现政策目标（Partridge等，2015）。结合中国现实情况考虑，限制流动的户籍制度、不完善的土地交易制度以及国有企业主导等特征决定了中国不适用简单的空间中性政策，基于地方的干预政策对区域发展异质性的响应对我国可能更加有效。

空间干预政策是一系列具体政策的集合，其中财政倾斜、税收优惠、投资偏向、产业转型、就业和社会保障、创新驱动等政策将重塑区域经济韧性格局。这些政策的出台旨在刺激目标区域经济复苏，弥补实施区域的原有短缺要素（罗黎平，2017），增强地区发展动力，但抵抗内外部冲击可能会产生意想不到的后果，从而可能增强目标区域未来的脆弱性（Caldera等，2016）。

就具体政策而言，第一，国家财政支持有助于增强区域财政实力，补齐落后地区或欠发达地区的资金短板。在区域经历内部或外部冲击时，雄厚的财政实力有助于充分发挥稳定经济的作用，中和冲击的影响。结合地方实际情况，地方政府可以决定支出力度以刺激需求，确保地区经济尽快恢复到冲击前的水平（Debrun和Kapoor，2010）。第二，空间干预政策所伴随的税收优惠直接作用于区域企业，企业税负压力大大降低，有助于提升企业资金充裕度，降低企业在冲击期间破产的概率。第三，大规模固定资产投资，尤其是交通设施建设，通过“网络效应”，提升地区间要素交流的便捷性，能够联合临近地区共同应对冲击（高粼彤等，2022）。中部六省依托“连接东西，纵贯南北”的综合交通运输体系，既提升了中部地区内部的紧密程度，又保障了区域所需能源和生产要素的及时补充，增强了区域协调应对能力。第四，地区产业转型升级往往伴随着产业结构多样化，有利于避免可能面对的生产率或价格冲击，降低区域经济发展的不稳定性，同时可以为未来更换主导产业提供基础，分散冲击带来的风险，从而提高区域经济韧性（Doran和Fingleton，2016；徐圆和邓胡艳，2020）。第五，就业和社会保障政策有利于稳定区域收入水平，减小经济低迷对劳动力收入和就业的影响，保障一定水平的市场需求（Caldera等，2016）。作为落实中部崛起战略的政策之一，完善城镇就业和再就业政策可以通过促进失业者的再就业，提升就业匹配合理度，加速在不利冲击后的区域经济复苏。第六，创新被认为是区域从过去发展过程中吸取经验的能力，不仅为区域增强潜在的市场优势，还有助于塑造适应冲击的市场环境（Bristow和Healy，2017）。

政策对经济韧性的短期正向影响是毋庸置疑的，但是长期来看，政策本身可能的负面效应、地方政府的政策执行情况以及外部因素可能导致空间干预政策对区域经济韧性的作用不明显。第一，财政支出的增加和税收优惠措施可能提高地方政府的债务比率，由于中部六省的国民生产总值较低，两者之比即政府负债率水平会更高（刘家轩，2022），进而可能增强公共部门的脆弱性，降低对冲击的抵御和恢复能力。第二，多样性的产业结构确实可以分散外部冲击带来的外部风险，但目前各地普遍面临产业门类多而不强且存在产业结构依赖（王永聪和何帅，2021），可能限制区域应对冲击的选择，减缓区域从冲击中恢复的速度。与一般空间干预政策不同，中部崛起战略赋予地方政府政策较大的裁量权，即地方自行制定经济发展政策（纪祥裕，2020）。这将导致相对落后地区侧重依赖本地的能源、劳动力等方面的资源禀赋，特别是资源丰富型城市强化路径依赖，缺乏未来转换主导产业的基础，进而限制区域经济韧性的提升。具体而言，中部地区资源要素充足，可观的“资源租金”收入会使地方的注意力集中于短期经济收益，将更多的资源投入生产率和技术创新效率较低的初级生产部门（孙焱林等，2019），难以实现政策所要求的创新驱动和产业转型，减缓区域经济复苏速度，并且可能难以抵御新的冲击。第三，市场分割限制相对落后地区的资源配置能力，进而制约区域恢复力。Aida等（2016）研究表明较为开放的市场及法律可以降低冲击的影响和持久性。当前，“以邻为壑”的地区发展看似为区域谋取了短期经济利益，实则造成了地区间的割裂和发展的不平衡（刘宏楠等，2022）。中部崛起战略等侧重于地方导向的政策，虽然基础设施投资有利于提升区域可达性，但是东中西区域间市场分割的消除有赖于“统一大市场”的建设。因此在空间干预背景下，要素市场化调节不畅，显著抑制了区域经济韧性的提升（张明斗等，2021）。第四，短期经济增长与经济韧性存在一定程度的权衡取舍关系（孙久文和孙翔宇，2017）。考虑地方特定背景的空间干预政策可能起到促进内陆地区短期经济增长的作用，但长期却存在整体空间效率损失、零和游戏、资源错配等风险（陆铭和向宽虎，2014；Neumark和Simpson，2015；丁嵩和孙斌栋，2015）。受制于官员晋升体制，地方政府官员更侧重于GDP的增长，主动改善经济增长基础环境的意愿不足，尤其对被增长所掩盖的衰退反应不足。由此造成片面追求经济增长，往往忽视甚至牺牲区域经济韧性，在一定程度上对中央设定的平衡区域经济分化目标有所扭曲。在中部崛起战略实施过程中，中部地区急于吸引产业转移，追求经济高速增长，环境规制较为宽松，吸纳了一大批污染密集型企业。随着经济下行压力加大，污染企业的转型升级困难重重，分散了地方政府的投资基金，不仅为当地带来了巨大的环境压力，也锁定了下行发展轨道，难以自主恢复到经济上行时期的水平。基于此，本文提出：

假说1：空间干预政策未显著提高政策目标实施区域的经济韧性。

发展的挑战本质上属于再分配，以实现重新分配为目标的空间干预政策对相对贫困地区可能助益有限（丁嵩和孙斌栋，2015），可能的原因如下：第一，空间干预政策往往涉及地区间产业转移，政策总体有效的前提条件是目标实施区域的经济韧性要强于产业原本所在区域的经济韧性（Kline和Moretti，2014）。我国实施的空间干预政策主要针对经济实力较弱地区，其目标是解决区域性空间失灵问题即实现区域间均衡发展，而这些地区的发展路径往往被长期锁定在“下行通道”，经济韧性较弱。以平衡为导向的中部崛起战略为例，一方面，依托行政手段，将市场化导向东部地区的资源转移至中部地区会损害整体效率（陆铭和向宽虎，2014）；另一方面，中部崛起战略带来的短期经济要素的集聚需要政策实施区域能够容纳生产力的激增（Glaeser和Gottlieb，2008），换言之，在空间干预政策的实施过程中，正向经济冲击需要与富有经济韧性的目标区域相结合才能产生“令人满意”的政策效果。第二，政策实施区域不精准造成区域内竞争。中部崛起战略以中部六省划界，实施区域的空间尺度较大，省内城市间以及省际城市间均存在巨大差异，特别是相对落后的一般城市难同以省会城市为核心的城市群建设共同竞争政策福利以及要素资源。综上，中部地区整体经济韧性相比于东部较弱导致政策实施效果不佳，同时政策实施区域不够精准，区域内竞争加剧区域发展不平衡，削弱了空间干预政策对相对落后地区的扶持力度。

基于上述分析，本文提出：

假说2：空间干预政策的实施将提升基础较好地区的经济韧性，而对基础较差地区的经济韧性的影响较小。

三　研究设计

（一）研究方法

就事后项目评估特别是经济政策评估而言，影响政策受益主体非随机分配的因素往往是不可观测的。文献提供了处理这一隐形偏差的三种方法：①合成控制法。郑展鹏等（2019）利用该方法估计中部崛起战略对河南省与湖北省的经济增长率的影响；陈晔婷等（2016）利用该方法研究OFDI对企业生产效率的影响。②断点回归法。李卫兵和刘美玉子（2021）在研究中部崛起战略对企业生产率的影响过程中，运用了地理断点回归方法。③DID以及PSM-DID。孙焱林等（2019）采用DID研究西部大开发战略对技术创新能力的影响；贾彦宁等（2018）利用灯光等数据通过PSM-DID研究东北振兴政策的实施效果；孙久文等（2020）则进一步将PSM-DID结合Oaxaca-Blinder模型评价东北振兴政策效果。

首先，断点回归方法的应用需满足“政策受益主体选择取决于某一驱动变量”（Forcing Variable），而这一变量极易产生内生性问题，需结合工具变量法使用。其次，工具变量的选择只需满足“与处理变量相关”和“与结果变量不相关”两个条件，但选择合适的工具变量是不容易的，且存在弱工具变量和外生性不能论证的问题（Cerulli，2015）。因此，研究关注到一种不需要工具变量或分布假设即可处理内生性问题的方法——DID（Abadie，2005；Card和Krueger，2000；Donald和Lang，2007）。DID的优势在于：第一，适用条件更广泛，适用于个体处理前后数据可得；第二，通过在回归中加入协变量可以放松共同趋势假设；第三，相比于面板固定效应FE估计，DID估计量更稳健（Cerulli，2015）。但是DID法要求结果方程为线性，限制了应用范围，匹配—双重差分（M-DID）法则放松了这一条件。引入匹配法的DID常常因协变量高维度而面临“维数问题”。Rosenbaum和Rubin（1983）提出“倾向得分匹配（PSM）法可以使多维降到单一维”。因此双重倾向得分匹配（PSM-DID）法，既控制了不可观测的不随时间推移而变化的组间差异，又避免了匹配带来的“维数灾难”。为考察异质性影响，空间干预政策可能对被解释变量——区域经济韧性分布的不同地区具有异质性影响，分位数倍差法（Quantile Diff-in-diff）可以考察该影响差异，优化政策评价。故本文采用双重差分倾向得分匹配法（PSM-DID）和分位数倍差法来评估中部崛起战略的政策效果。

（二）样本选择

2006年中共中央、国务院出台《关于促进中部地区崛起的若干意见》，标志着中部崛起战略的实施。本文将2004~2006年定为政策实施前、2007~2016年（剔除2008~2010年）定为政策实施后的原因在于：第一，考虑到2003年实施东北振兴战略，2016年国家发布《促进中部地区崛起规划（2016—2025年）》，故选择2004~2016年的数据可以保证对照组的平稳趋势；第二，本文借鉴Martin等（2015）的研究，将1999~2007年定为2008年国际金融危机前恢复期、2008~2010年定为抵抗期、2011~2016年定为恢复期，为增强经济韧性的可比性，需剔除2008~2010年的数据；第三，2006年和2016年均是政策出台元年，政策效果难以显现。

在中部崛起战略中，城市是政策实施单元，因此本文将地级市作为评价单元，以保证样本尺度与政策实施尺度相一致。在《全国老工业基地调整改造规划（2013—2022年）》中，国务院依据城市工业固定资产原值、工业总产值、重化工业比重、国有工业企业职工人数与就业比重、非农业人口规模等测算，选择了一批产业层次较低、城市空间布局不佳、环境污染严重、收入水平低、国企改革落后等基础情况相似的老工业基地，这为本文提供了城市特征基本一致的样本库。为控制城市行政等级一致，本文剔除老工业城市中的省会城市，将中部六省中的老工业城市作为实验组，除东北三省外的其余城市为对照组，具体设置见表1。本文参考相关文献，运用倾向得分匹配出与实验组样本特征最为相似的对照组，降低样本选择偏误。对样本分组进行检验（丁建臣和张露子，2022；王健等，2022）。匹配后的样本结果显示，Pseudo-R^2仅为0.004，可以认为匹配后实验组与对照组之间的协变量分布没有系统性差异。其中仅有对照组1个数据和实验组5个数据不在共同取值范围中，考虑到样本数量以及并非集中于一个城市故不在样本分组中剔除。老工业基地城市面临的政策主要集中在产业结构转型，相比于东部、中部地区，西部地区属于政策洼地，对已有平台的运用不够充分有效（孙久文和胡俊彦，2022），因此西部地区城市的发展趋势可以近似作为不受政策影响的发展趋势。

表1　实证样本分组

项目	实验组	对照组
样本	山西省（5个）：大同、阳泉、长治、临汾、晋中；安徽省（6个）：芜湖、蚌埠、淮南、马鞍山、淮北、安庆；江西省（3个）：景德镇、九江、萍乡；河南省（8个）：安阳、平顶山、开封、洛阳、鹤壁、新乡、焦作、南阳；湖北省（6个）：黄石、十堰、襄阳、宜昌、荆州、荆门；湖南省（6个）：株洲、湘潭、衡阳、邵阳、岳阳、娄底	河北省（6个）：张家口、保定、唐山、承德、邢台、邯郸；内蒙古自治区（2个）：包头、赤峰；江苏省（3个）：徐州、常州、镇江；山东省（2个）：淄博、枣庄；广东省（2个）：韶关、茂名；广西壮族自治区（2个）：柳州、桂林；四川省（8个）：自贡、攀枝花、泸州、德阳、绵阳、内江、乐山、宜宾；贵州省（3个）：六盘水、遵义、安顺；陕西省（4个）：铜川、宝鸡、咸阳、汉中；甘肃省（4个）：嘉峪关、金昌、白银、天水；宁夏回族自治区（1个）：石嘴山；新疆维吾尔自治区（1个）：克拉玛依
合计	中部六省：34个	其他老工业城市：38个

（三）模型设定

本文运用双重差分倾向得分匹配法（PSM-DID）识别中部崛起战略对区域经济韧性的长期效应。从政策制定的初衷来看，中部崛起战略的提出是为了带动中部地区经济发展，并不满足DID中的随机事件假设。但是，

DID更为重要的假设是对照组与实验组在政策实施前有共同趋势。而倾向得分匹配（PSM）既可以在样本中进行随机抽样，又为实验组匹配特征相近的对照组，较好地解决了平衡性和内生性问题。因此，本文运用Logit回归测算中部六省老工业城市的倾向得分，并依此采用含有优度比的最近邻匹配法进行研究样本匹配。

本文基本回归模型设定如下：

$$R_{it} = \alpha + \beta_1 \times Treat_{it} \times Year_{it} + \beta_2 \times X_{it} + \omega_i + \varphi_t + \varepsilon_{it} \tag{1}$$

其中，R_{it}表示城市i在t年的经济韧性；$Treat_{it}$是分组虚拟变量，当i为实验组则取值为1，为对照组则取值为0；$Year_{it}$是时间虚拟变量，当t为政策实验后则取值为1，政策实验前则取值为0；X_{it}为7个控制变量；ω_i为个体固定效应，φ_t为时间固定效应。$Treat_{it}$和$Year_{it}$交互项的系数β_1为本文关注的重点，反映了中部崛起战略对区域经济韧性的长期影响。

（四）变量说明

1.被解释变量

本文用区域经济韧性（*resilience*）衡量地区面对经济冲击的能力。经济史研究表明，长期经济绩效是增长与衰退共同作用的结果（杨先明和邵素军，2022）。Broadberry等（2017）的实证分析更进一步指出，在国家层面长期经济绩效取决于收缩率和收缩频率，特别是发展中国家的收缩率和收缩频率比发达国家更高。当前疫情冲击全球经济，推动学界不得不思考区域经济韧性问题。而已有研究表明，我国长期实行的西部大开发、东北振兴、中部崛起等空间干预政策可能呈现“短期效果明显，长期落入陷阱”的特点，以区域经济韧性为目标，探讨空间干预政策可能“长期落入陷阱”的原因十分必要。

通过文献回顾，区域经济韧性的测度主要有指标体系法和单一核心变量法。基于过程的指标体系法在指标选取、权重确定以及测度方法方面存在较大差异，且指标的选择会影响后续的因果关系。本文选择单一核心变量法进行测度。同时，本研究关注到王琛和郭一琼（2018）、郭将和许泽庆（2019）借鉴Martin（2012）的敏感度分析法测度区域经济韧性，其中敏感度为生产总值变动率与就业变动率的比值。在此基础上，徐圆和张林玲（2019）进一步优化城市就业率指标，运用GDP的增长率预测城市就业率。需要指出的是，在本文的研究区间，我国就业率数据并不完整，且国企对经济的稳定作用使得我国并未出现Martin（2012）研究所发现的英国就业率大幅波动的情况（冯苑等，2020）。因此，Martin等（2016）运用GDP的变动对英国经济衰退时期经济韧性的测度方法更加适用于测度中国区域经济韧性。本文借鉴Martin等（2016）和Faggian等（2018）的方法，结合本文对抵抗期的划分，确定现期为2004~2007年、2011~2016年，并分别以1999年和2010年作为基期，通过比较地区真实经济产出变化与预期经济产出变化反映区域经济韧性。这一衡量方法不仅可以纵向比较区域经济韧性，还可与全国平均经济韧性做比较，进一步将区域经济韧性分解为三次产业分量和竞争力分量，探寻经济韧性增长的可行路径。区域经济韧性（R）的具体计算方法如下：

$$\left(\Delta r_i^{t+k}\right)^e = \sum_j r_{ij}^t g_n^{t+k} \tag{2}$$

其中，$(\Delta r_i^{t+k})^e$表示i地区在恢复期（$t+k$）预期的地区经济产出变化；r_{ij}^t指i地区j产业t年时的产出；g_n^{t+k}是指全国经济产出在t~$t+k$年的增长率。

$$R = \frac{\left(\Delta r_i^{t+k}\right) - \left(\Delta r_i^{t+k}\right)^e}{\left(\Delta r_i^{t+k}\right)^e} \tag{3}$$

其中，$R>0$表示地区在冲击后经济恢复程度高于国家总体水平，$R<0$表示地区在冲击后经济恢复程度低于国家总体水平。

2.控制变量

区域经济韧性受到一系列因素影响。Martin和Sunley（2015）认为主要由四个子系统决定，即经济结构子系统、劳动力子系统、金融子系统和治理子系统，本文从经济结构、劳动力、治理、金融等方面选取7个城市特征作为区域经济韧性的影响因素加以控制。

（1）经济结构子系统：产业结构（*IND*）、人均地区生产总值（*RGDP*）。诸多研究表明，产业结构是影响区域经济韧性的关键因素。第二产业受到资源环境和市场环境的双重约束，当其发展过度时会影响区域经济韧性。

本文用第二产业占GDP的比重刻画地区产业结构，并用人均地区生产总值表示区域的经济结构。

（2）劳动力子系统：城镇登记失业率（*LM*）。失业率可以较好地反映劳动力市场情况，由于国内就业数据不完整，本文用当年城镇登记失业率表示地区劳动力子系统状况。

（3）治理子系统：人均固定资产投资（*FE*）。政府治理能力可从营商环境、政策支持等多方面予以刻画，但难以实现量化分析，而政府固定投资反映了城市基本建设强度且具有投资风向标的作用，因此运用当年地区人均固定资产投资刻画治理状况（谭俊涛等，2020）。

（4）金融子系统：人均公共财政支出（*GOV*）。谭俊涛等（2020）选取人均公共财政支出反映政府的金融支撑能力。

（5）其他变量：区域创新（*INO*）和产业多样化指数（*ED*）。创新能力是经济系统应对经济冲击的重要因素，本文从《中国城市和产业创新力报告2017》中提取研究城市相关年份的创新指数以反映区域创新能力①。同时徐圆和张林玲（2019）实证发现产业多样化可以降低系统不稳定性，故本文借鉴Duranton和Puga（2000）的做法测算城市产业多样化指数，具体方法如下：

$$Var = \sum\nolimits_{i=1}^{n} p_i \ln\left(\frac{1}{p_i}\right) \tag{4}$$

其中，Var取值范围为0~1，值越大说明产业多样化水平越高，值越小说明产业多样化水平越低。p_i是指该地区i产业的从业人员比重。

以上数据主要来自2004~2017年《中国城市统计年鉴》和各省区市的统计年鉴。

四　经验检验与结果分析

（一）主要变量描述性统计

异常值是指一组测定值中与平均值的偏差至少超过两倍标准差的观测

① 寇宗来、刘学悦，2017，《中国城市和产业创新力报告2017》，复旦大学产业发展研究中心。

值。为保证数据平稳，本文用相应分位数的值替代原始数据中分位数小于1%和大于99%的值。研究使用的是面板数据，对*FE*、*GOV*和*RGDP*三个变量取对数。表2报告了主要变量的均值统计结果。区域经济韧性的离散程度（0.438）高于产业结构的离散程度（0.095），产业多样化的离散程度（0.061）最低。以上结果说明本文依据产业结构选取对照组和实验组，基本控制了组间差异。

表2　主要变量描述统计

变量	说明	均值	标准差	最小值	最大值	样本量
R	区域经济韧性	0.125	0.438	−0.657	1.725	720
IND	产业结构	0.534	0.095	0.324	0.818	720
LM	城镇登记失业率	0.099	0.100	0.006	0.523	720
ln*FE*	人均固定资产投资	9.596	1.061	7.371	11.532	720
ln*GOV*	人均公共财政支出	8.114	0.901	6.354	9.825	720
ED	产业多样化指数	0.728	0.061	0.583	0.960	720
ln*RGDP*	人均地区生产总值	10.123	0.766	8.485	12.021	720
INO	区域创新	2.543	4.578	0.034	27.940	720

（二）倾向得分匹配

1.倾向得分密度函数图

密度函数图可以直观展示样本数据匹配后的倾向得分情况。图1显示了实验组和对照组区域经济韧性匹配前后的核密度。由图1可知，在匹配之前，实验组和对照组的重合度较低，而匹配后重合度较高，表明匹配是成功的。

2.平衡性检验

倾向得分匹配要求匹配后的结果满足“条件独立性”假设，具体是指匹配后的标准化偏差小于20%，且T检验的结果应接受PSM后变量均值相等的原假设。由表3可知，各变量T检验结果均可接受原假设，倾向得分匹配结果有效。

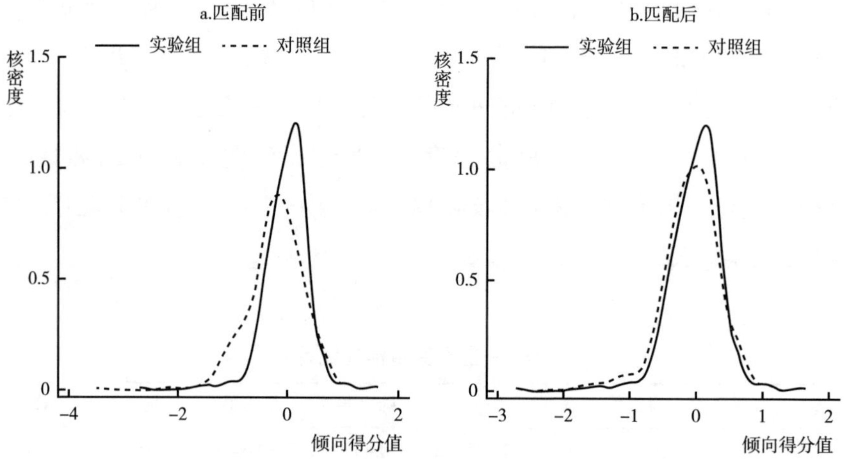

图1 实验组和控制组PSM前后核密度图

表3 各变量平衡性检验结果

变量	匹配后（M）	实验组均值	控制组均值	标准偏差	T检验P>|t|
IND	M	0.531	0.528	0.033	0.656
LM	M	0.096	0.099	−0.028	0.710
ln*FE*	M	9.571	9.510	0.058	0.441
ln*GOV*	M	8.055	8.040	0.017	0.827
INO	M	2.308	1.960	0.077	0.219
ED	M	0.732	0.731	0.021	0.784
ln*RGDP*	M	10.062	10.010	0.069	0.341

（三）回归结果分析

1.单变量双重差分检验

本文首先计算政策实行前后对照组和实验组的区域经济韧性均值，并运用单变量双重差分法观测两组地区的经济韧性是否在实验前后出现明显变化，结果如表4所示。可知，对照组地区和实验组地区的经济韧性差异从最初的显著（−0.111）变为不显著（0.025），说明政策实施对区域经济韧性产生了影响。平均处理效应的估计系数为0.136且在10%水平上显著，表示空间干预政策对区域经济韧性的边际影响为0.136。

表4　中部崛起战略对区域经济韧性的影响

resilience	对照组	实验组	Diff
before	0.185	0.074	−0.111* (0.064)
after	0.112	0.136	0.025 (0.532)
Diff in Diff			0.136* (0.059)

注：*、**、***分别表示在10%、5%、1%的水平下显著，括号内为报告的P值。Diff表示实验组经济韧性减去对照组经济韧性均值。Diff in Diff表示总体政策效应。

2. 基于PSM-DID模型的政策效果评价

单变量检验结果表明，中部崛起战略可有效改善实验组区域经济韧性。但是在政策实施期间，诸多因素的变化亦有可能对区域经济韧性产生影响。因此为了清晰地识别出政策实施效应，本文在模型中引入*IND*（产业结构）、*LM*（城镇登记失业率）等经济韧性的影响因素加以控制，并控制区域个体固定效应和时间固定效应，结果如表5所示。

表5　平均效应和动态效应检验结果

变量	模型1	模型2	模型3	模型4
Treat×*Year*	0.041 (0.673)	0.041 (0.690)	−0.047 (0.115)	−0.243*** (0.000)
Treat×2007			0.080*** (0.008)	−0.189 (0.464)
Treat×2008			0.164*** (0.000)	−0.387* (0.090)
Treat×2009			−0.492*** (0.000)	−0.677*** (0.001)
Treat×2010			−0.402*** (0.000)	−0.618*** (0.000)
Treat×2011		0.264* (0.005)	−0.206*** (0.000)	−0.550*** (0.000)
Treat×2012		0.132 (0.125)	−0.151*** (0.000)	−0.719*** (0.000)
Treat×2013		0.100 (0.251)	−0.166*** (0.000)	0.021 (0.777)

续表

变量	模型1	模型2	模型3	模型4
Treat×2014		0.082 (0.359)	−0.103*** (0.000)	−0.024 (0.661)
Treat×2015		0.067 (0.479)	−0.058*** (0.000)	−0.059** (0.029)
控制变量	是	是	是	是
时间固定效应	是	是	是	是
个体固定效应	是	是	是	是
cons.	−14.005	0.122	6.852	−3.06
R^2	0.519	0.037	0.769	0.589

注：*、**、***分别表示在10%、5%、1%的水平下显著。

表5模型1结果显示，在引入控制变量和控制时间以及个体固定效应后，*Treat*×*Year*的系数为正，但不显著。这与预期较为一致，对经济韧性的影响因素加以控制有利于降低估计偏误。基于此本文引入2011年、2012年、2013年、2014年和2015年变量，分别在2011年、2012年、2013年、2014年和2015年取值为1，其余年份取值为0，然后将其与*Treat*做交互项，结果如模型2所示。其中只有2011年的政策效果显著，随着时间的推移，政策效果的显著性持续下降，说明政策长期效果不显著。模型3以人均地区生产总值作为评价指标，动态检验结果显示中部崛起战略至少在2007~2008年刺激了中部地区的经济增长，长期经济效果均呈现显著负向影响，总体经济影响虽为负但不显著。这与李斌等（2019）研究发现的“中部崛起战略的长期抑制作用抵消了短期激励作用”相一致。模型4进一步以人均灯光数据代替人均地区生产总值，结果表明中部崛起战略的总体经济效果显著为负，2008~2012年负向作用显著增强，2013~2015年政策作用逐渐减弱，进一步说明中部地区长期内生动力不足。

3.基于分位数倍差法模型的政策效果异质性分析

进一步考虑，政策实施效果虽然对于整个实验组而言不显著，但是还需对不同区间的实验组的效果进行讨论。基于此，本文对实验组和控制组进行分位数倍差法回归。表6给出了区分区域经济韧性基础后的估计结果。

与预期相一致，韧性基础位于5%~45%的地区主要受到负向影响，但估计系数未能通过显著性检验。而韧性基础位于上分位（50%~85%）的地区交互项估计系数显著为正。因此上述结果共同表明，经济韧性基础较差地区并没有因中部崛起战略的实施而提高自身经济韧性，相反地，对区域经济韧性的提高更多地体现在经济韧性基础相对较高的地区，说明以促进地区公平、空间平衡为目标的中部崛起战略可能没有显著提高经济落后地区的经济韧性。可以看出，分位数倍差法相较于经典DID提供了更全面的信息。

表6　分位数倍差法结果

分位	*Treat*×*Year*	*IND*	*LM*	ln*FE*	ln*GOV*	*INO*	*ED*	ln*RGDP*
5%	0.049 (0.543)	1.854*** (0.001)	0.165 (0.506)	0.040 (0.541)	0.033 (0.676)	0.019*** (0.000)	0.267 (0.480)	−0.300*** (0.008)
15%	−0.022 (0.708)	2.092*** (0.000)	0.301** (0.038)	0.015 (0.863)	0.150** (0.032)	0.010 (0.131)	0.222 (0.532)	−0.267** (0.021)
25%	−0.003 (0.966)	2.042*** (0.000)	0.257 (0.109)	−0.063 (0.320)	0.205*** (0.001)	0.006 (0.313)	0.478* (0.065)	−0.140* (0.062)
30%	−0.007 (0.898)	2.155*** (0.000)	0.207 (0.220)	−0.118** (0.037)	0.241*** (0.000)	0.005 (0.386)	0.465* (0.069)	−0.107 (0.138)
45%	0.076 (0.151)	2.209*** (0.000)	0.113 (0.389)	−0.071* (0.079)	0.211*** (0.000)	0.009* (0.053)	0.386* (0.095)	−0.105 (0.113)
50%	0.111** (0.049)	2.132*** (0.000)	0.119 (0.358)	−0.092** (0.030)	0.237*** (0.000)	0.008** (0.039)	0.475* (0.088)	−0.085 (0.175)
65%	0.082** (0.011)	1.762*** (0.000)	0.095 (0.718)	−0.037 (0.504)	0.252*** (0.001)	−0.001 (0.862)	0.012 (0.973)	−0.088 (0.252)
75%	0.150** (0.023)	1.890*** (0.000)	0.423 (0.217)	−0.032 (0.580)	0.355*** (0.000)	−0.006 (0.343)	−0.143 (0.725)	−0.107 (0.217)
85%	0.198* (0.083)	2.212*** (0.000)	0.338 (0.320)	−0.012 (0.868)	0.414*** (0.000)	−0.003 (0.703)	−0.292 (0.549)	−0.178* (0.072)

注：*、**、***分别表示在10%、5%、1%的水平下显著。

首先，产业结构和人均公共财政支出对中部六省区域经济弹性的提高是十分重要的。产业结构在各个分位数点上均显著为正。人均公共财政支出也是如此，除在5%分位点上外，其余估计系数都很显著。同时，从5%分位到85%分位回归系数呈逐渐提高的趋势，说明产业结构和人均公共财政支出对基础较好地区的影响比对基础较差地区的影响大。换句话说，2004~2016年，第二产业占比较高、人均公共财政支出较高的地区能够有效承接空间干预政策带来的要素集聚，而当地区因其他原因出现经济韧性衰退时，产业结构和人均公共财政支出也能够起到一定的遏制韧性衰减的作用。实际上，在此期间中部六省第二产业比重提升带来区域经济韧性的提升。

其次，在不同分位区间，产业多样化、人均固定资产投资和人均地区生产总值的表现存在。在区域经济韧性基础25%~50%分位的地区，提高区域产业多样化水平，可以显著带动区域经济韧性的提升。但是在区域经济韧性基础较差或较好地区，这一作用并不显著，特别是在高水平地区反而呈现负向影响。人均固定资产投资和人均地区生产总值的负向影响主要体现在经济韧性基础50%分位以下的地区。可以看到，随着分位数的上升，人均地区生产总值对于地区经济韧性提升的负面影响越来越小，且在25%分位以下，人均地区生产总值的负面影响较为显著，进一步印证了落后地区注重短期经济水平的提高而忽视长期经济韧性的提升。随着经济韧性的提升，人均固定资产投资的边际影响从很大（正）减少到很小（负），但只对经济韧性基础30%~50%分位的地区产生显著负面影响。

最后，城镇登记失业率和区域创新对区域经济韧性的影响总体上不明显。区域创新对于经济韧性基础5%~50%的地区的影响呈降低趋势，且只在5%、45%和50%分位点上呈现正向显著影响。非常有趣的是，对于经济韧性基础高于50%分位的地区，区域创新反而是经济韧性提高的一种制约性力量，尽管统计学意义上不显著。城镇登记失业率对于区域经济韧性的影响，除在15%分位显著外，其余均不显著。从现实来看，随着经济的发展，关于失业保险是否应该取消的争论成为学界的焦点。但不可否认的是，失业保险和日趋完善的社会保障制度共同作为富有弹性的劳动保障体系减少了劳动者的风险损失，保障了区域劳动力应对冲击的能力。

（四）稳健性检验

1. 平行趋势检验

要保证双重差分结果的有效就需要满足——对照组和实验组除了固有差异外，没有结构上的差异，变化趋势应相同。本文将2006年作为政策实施元年，2004年为政策实施前2期，2005年为政策实施前1期，2006年为第0期，2007年为第1期，2011年为第2期，以此类推。本文将政策实施前一期即2005年作为基期，采用不放回原则进行平行趋势检验，检验结果如表7和图2所示。

表7　平行趋势检验结果

变量	第(−2)期	第0期	第1期	Id FE/Year FE	控制变量	N
R	0.024 （0.863）	−0.031 （0.823）	−0.040 （0.770）	是	是	642

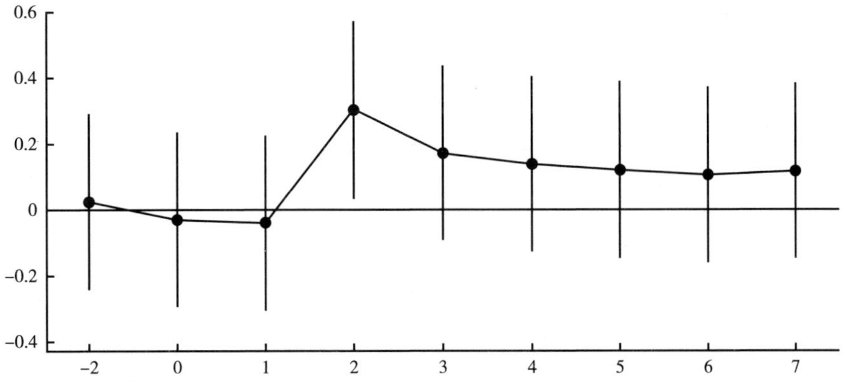

图2　平行趋势回归系数图

分析结果表明，在政策实施前回归系数均不显著，同时如图2所示，政策长期处理效应趋近于零，与结论基本一致。因此本文实证结果通过平行趋势检验。

2.安慰剂检验

DID中安慰剂检验的核心思想是估计虚构处理组或虚构政策处理时间，如果虚构情况下回归系数依然显著，则说明原实证结果存在偏误。相关文献的做法一般是将政策实施元年提前2~3年，由于本文是短面板数据，虚构政策时间难以实现，通过随机筛选“全国老工业基地城市”构造城市层面的随机试验，并将上述过程重复500次，最后绘出估计系数的分布图。图3所示估计系数主要分布在0左右，说明实证分析中并未遗漏重要的影响因素，结果通过安慰剂检验。

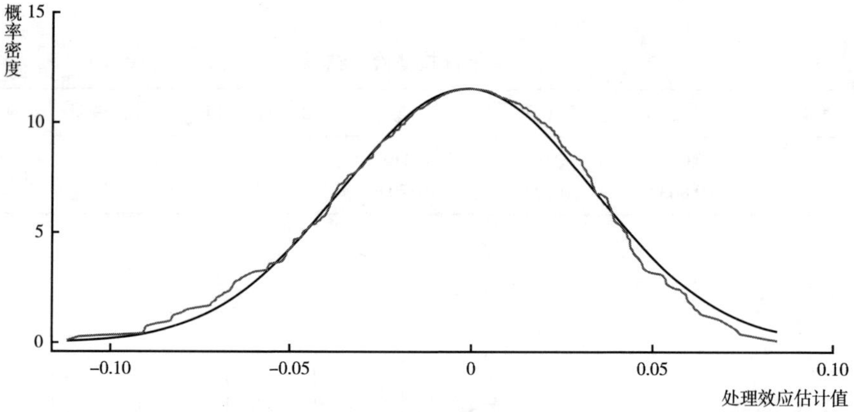

图3　安慰剂检验虚假估计系数分布

3.多匹配方法检验

不同匹配方法虽无优劣之分，但存在测算偏差，可能产生异质性结果。本文DID是建立在PSM基础上的，因此如果更换匹配方法后，回归结果保持相似或一致，则更加说明实证结果稳健。本文在使用最近邻匹配（优度比）的基础上，使用核匹配、马氏距离匹配、半径匹配以及最近邻匹配（无优度比）对实证分析进行复现。

表8　多种匹配方法DID结果

变量	核匹配	马氏距离匹配	半径匹配	最近邻匹配（无优度比）
Treated×*Year*	0.041 (0.673)	0.041 (0.672)	0.027 (0.787)	0.041 (0.673)
qdid（0.05）	0.049 (0.543)	0.061 (0.466)	0.045 (0.574)	0.049 (0.543)
qdid（0.15）	−0.022 (0.741)	−0.015 (0.801)	−0.023 (0.745)	−0.022 (0.741)
qdid（0.25）	−0.003 (0.966)	−0.003 (0.960)	−0.018 (0.769)	−0.003 (0.966)
qdid（0.3）	−0.007 (0.921)	0.008 (0.905)	−0.016 (0.831)	−0.007 (0.921)
qdid（0.45）	0.076* (0.097)	0.074* (0.093)	0.077 (0.107)	0.076* (0.097)
qdid（0.5）	0.111* (0.054)	0.104** (0.020)	0.104** (0.030)	0.111** (0.015)
qdid（0.65）	0.082** (0.011)	0.080** (0.012)	0.078** (0.017)	0.082** (0.011)
qdid（0.75）	0.150* (0.072)	0.133** (0.040)	0.119 (0.131)	0.150** (0.023)
qdid（0.85）	0.198* (0.083)	0.212* (0.052)	0.199 (0.114)	0.198* (0.083)
Treated×2011	0.275** (0.013)	0.253** (0.020)	0.261** (0.021)	0.275** (0.013)
Treated×2012	0.143 (0.185)	0.148 (0.172)	0.136 (0.209)	0.143 (0.185)
Treated×2013	0.110 (0.306)	0.115 (0.287)	0.101 (0.349)	0.110 (0.306)
Treated×2014	0.093 (0.389)	0.097 (0.368)	0.083 (0.440)	0.093 (0.389)
Treated×2015	0.078 (0.470)	0.082 (0.446)	0.068 (0.526)	0.078 (0.470)
控制变量	是	是	是	是
时间固定效应	是	是	是	是
个体固定效应	是	是	是	是

注：括号内为标准误。*、**、***分别表示在10%、5%、1%的水平下显著。

由多种匹配方法检验结果（见表8）可知，政策平均处理效应均为正但均不显著。分位数DID中，除半径匹配在75%分位结果不显著外，其余方法均得出，经济韧性越高地区的政策处理效应越强且至少在10%水平上显著。同时，在引入*Treated*与各年份的交互项后，各种匹配方法均显示中部崛起战略的实施在短期内（特别是2011年）有显著作用，但长期作用均趋向于0且不显著。上述结果与前文采用含有优度比的最近邻匹配所得一致，说明实证结果稳健可靠。

五　拓展性分析

实证分析结果表明，中部崛起战略可能并未显著提升中部地区经济韧性，长期内生发展动力不足的困境没有得到根本性改善。产业结构被认为是影响区域经济韧性的关键因素（冯苑等，2020），因此本部分借助偏离份额分析法（Shift-Share Analysis，SSA），将区域经济韧性分解为产业结构分量和城市竞争力分量，进而分析其对区域经济韧性的作用方向和大小。

（一）经济韧性的偏离份额分析法

偏离份额分析法基于空间经济非均衡分布假设，将一国某区域的经济活动增长分解为分享增长分量、产业结构分量和区域竞争力分量（李连刚等，2019）。分享增长分量是指区域以全国总体增速增长时所取得的经济增长值；产业结构分量是指特定区域产业结构偏离总体产业结构而引致的区域经济转移增长；区域竞争力分量，也称差异性转移增长，是由生产要素禀赋等因素引起的区域转移增长（杨书，2021），标准的SSA模型如式（5）所示：

$$\Delta r_{ij}^{t+k} = r_i^{t+k} - r_i^t = \sum_j r_{ij} \times g_{Nj}^{t+k} + \sum_j \left(r_{ij}^t - r_{ij} \right) \times g_{Nj}^{t+k} + \sum_j r_{ij}^t \times \left(g_{ij}^{t+k} - g_{Nj}^{t+k} \right) \quad (5)$$

其中，Δr_{ij}^{t+k}表示城市i在t年至$t+k$年的经济产出变化量，r_i^t表示城市i在t年的经济产出，r_{ij}^t是i城市j产业在t年的经济产出，g_{Nj}^{t+k}是指全国j产业t年至$t+k$年的经济产出变化率，g_{ij}^{t+k}是指城市i的j产业t年至$t+k$年的经济产出变化率。r_{ij}是以全国t年的j产业经济产出所占份额为标准，将i市的j产业的经济产出标准化。

进一步地，由于$r_{ij} = r_i^t \times (\frac{r_{Nj}^t}{r_N^t})$且$\sum_j r_{ij} \times g_{Nj}^{t+k} = \sum_j r_{ij}^t \times g_N^{t+k}$，其中$r_{Nj}^t$是指全国$j$产业在$t$年的经济产出，$r_N^t$是全国在$t$年的经济产出，将式（5）等号右边的第一项移至左边，于是式（5）转化为：

$$\Delta r_i^{t+k} - \sum_j r_{ij}^t \times g_N^{t+k} = \sum_j \left(r_{ij}^t - r_{ij}\right) \times g_{Nj}^{t+k} + \sum_j r_{ij}^t \times \left(g_{ij}^{t+k} - g_{Nj}^{t+k}\right) \tag{6}$$

式（6）两侧同时除以$\left|\sum_j r_{ij}^t \times g_N^{t+k}\right|$可得：

$$\frac{\Delta r_i^{t+k} - \sum_j r_{ij}^t \times g_N^{t+k}}{\left|\sum_j r_{ij}^t \times g_N^{t+k}\right|} = \frac{\sum_j \left(r_{ij}^t - r_{ij}\right) \times g_{Nj}^{t+k}}{\left|\sum_j r_{ij}^t \times g_N^{t+k}\right|} + \frac{\sum_j r_{ij}^t \times \left(g_{ij}^{t+k} - g_{Nj}^{t+k}\right)}{\left|\sum_j r_{ij}^t \times g_N^{t+k}\right|} \tag{7}$$

式（7）等号左侧对应经济韧性的表达式，等号右侧两部分分别对应产业结构分量和区域竞争力分量除以i城市预期经济产出变化量，即经济韧性被分解为产业结构分量$\frac{\sum_j \left(r_{ij}^t - r_{ij}\right) \times g_{Nj}^{t+k}}{\left|\sum_j r_{ij}^t \times g_N^{t+k}\right|}$和区域竞争力分量$\frac{\sum_j r_{ij}^t \times \left(g_{ij}^{t+k} - g_{Nj}^{t+k}\right)}{\left|\sum_j r_{ij}^t \times g_N^{t+k}\right|}$。产业结构分量大于0，说明产业结构水平高于全国层面，有利于促进区域经济韧性的提升；区域竞争力分量大于0，说明与全国平均水平相比，区域产业具有竞争优势。

（二）区域经济韧性分解结果分析

偏离份额分析结果表明，在中部崛起战略实施前，实验组的产业结构分量和区域竞争力分量分别为0.594和0.244，对照组的产业结构分量和区域竞争力分量分别为0.593和0.390。可见两组城市的产业结构水平和竞争优势均高于全国平均水平，对照组的平均竞争优势高于实验组。在中部崛起战略实施后，实验组的产业结构分量和区域竞争力分量分别为0.578和0.264，相比于实验前，产业结构分量有所下滑，区域竞争优势增强。对照组产业结构分量和区域竞争力分量分别为0.577和0.269，产业结构水平有所下降但仍高于全国平均水平，竞争力下降幅度较大但仍高于中部地区水平。

为识别中部崛起战略对区域经济韧性的动态变化特征，本文绘制了产业结构分量和区域竞争力分量的动态变化趋势图，具体如图4所示。可以看到，对照组与实验组的产业结构分量的变动趋势基本一致，不仅位于全国平均水平上方且均高于区域竞争力分量，表明经济韧性主要由产业结构分量决定。虽然产业结构分量呈下降趋势，但下降幅度有限。相比之下，中部崛起战略在政策实施初期扭转了中部地区区域竞争力分量落后于其他地区的局面，但长期来看和对照组同样呈下降趋势且下降幅度更大。

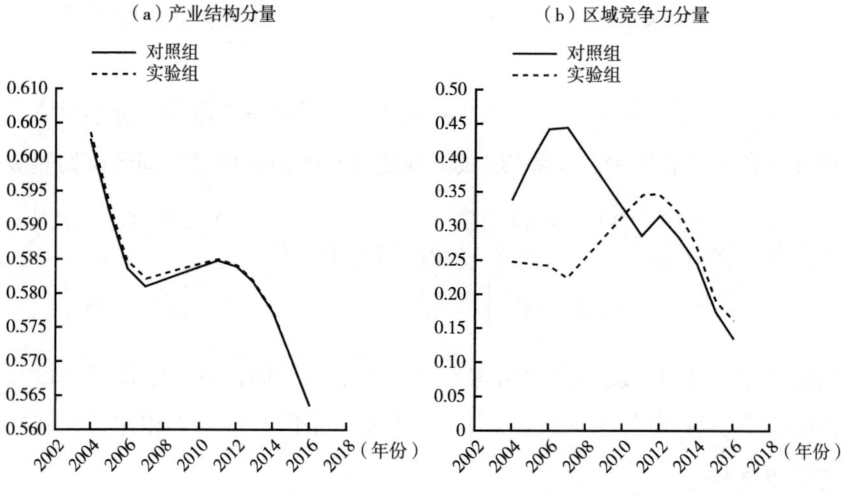

图4 区域经济韧性的shift-share分解结果

为深入揭示经济韧性的内部机制，本文将中部六省份的产业结构分量和区域竞争力分量按照三次产业分解，具体如表9所示。总体来看，政策实施前除湖北省和湖南省的第一、第二产业竞争力分量小于0外，山西、安徽、江西、河南的产业结构水平和竞争力均高于全国层次。进一步比较产业结构分量的相对大小可知，中部六省除山西省外的排序依次是第二产业、第三产业、第一产业，第二产业与第三产业相差较小且远高于第一产业。但从竞争力角度来看，第一产业、第二产业的竞争力较弱，湖北省和湖南省甚至低于全国平均水平，说明第二产业在产业结构中起决定性作用，第三产业在竞争力方面表现更优。与政策实施前相比，政策实施后产业结构成为决定性因素。中部地区的第二产业在产业结构分量中更具优势，第一产业和第三产业均有所下降，但仍高于全国平均水平。除河南省外，第一产业、第二产业的竞争力分量基本稳定在全国平均水平，第三产业竞争力仍位于领先地位但仍有所缩减。

表9　中部六省三次产业分解结果

地区	政策实施前						政策实施后					
	第一产业		第二产业		第三产业		第一产业		第二产业		第三产业	
	产业结构	竞争力	产业结构	竞争力	产业结构	竞争力	产业结构	竞争力	产业结构	竞争力	产业结构	竞争力
山西	0.060	0.026	0.293	0.243	0.235	0.392	0.047	0.004	0.301	0.001	0.214	0.131
安徽	0.103	0.006	0.281	0.007	0.206	0.185	0.085	0.010	0.314	0.049	0.172	0.282
江西	0.102	0.017	0.271	0.083	0.219	0.219	0.076	0.000	0.310	0.057	0.183	0.262
河南	0.149	0.019	0.250	0.160	0.197	0.293	0.116	−0.009	0.307	−0.001	0.158	0.246
湖北	0.135	−0.016	0.258	−0.104	0.202	0.036	0.130	0.013	0.269	0.103	0.189	0.223
湖南	0.158	−0.008	0.231	−0.069	0.210	0.005	0.132	0.005	0.263	0.064	0.194	0.163
均值	0.118	0.008	0.264	0.053	0.212	0.189	0.098	0.004	0.294	0.046	0.185	0.218

上述变化表明，中部六省基本遵循我国经济韧性由二三产业共同决定的基本趋势，但政策实施前后各省份的内在机制存在差异。中部崛起战略实施前，安徽省、湖北省和湖南省主要依靠第二产业和第三产业的结构优势提升区域经济韧性，山西省、江西省和河南省产业结构优势和区域竞争力共同作用于区域经济韧性提升。政策实施后，安徽省、湖北省和湖南省的第二产业结构优势增强，第三产业结构优势有所减弱，区域竞争力由劣转优。山西省、江西省和湖南省的区域竞争力优势不再，较为单一地依赖产业结构优势。中部六省资源型老工业城市较多，产业结构的合理优化作用显著，产业竞争力的带动作用较小。

以中部六省34个城市为基础，图5展示了政策实施前后产业结构分量和区域竞争力分量的散点图，可以发现，第一，政策实施前后的产业结构分量呈显著正相关关系，相关系数为2.335（p=0.000），说明产业发展的路径依赖，形成中部老工业城市的地理根植性，由此可能引发经济衰退，进而导致更为突出的社会问题和生态问题，降低地区经济韧性。第二，政策实施前后的区域竞争力分量相关系数为0.051，但不显著，说明城市在区域竞争力方面改进较多且成效显著。由于产业结构分量平均数值大于区域竞争力分量，产业结构分量在区域经济韧性的塑造中处于决定性地位。同时，政策实施前的产业结构越优，政策实施后的产业结构水平往往越高，这与分位数DID中所得“区域经济韧性基础较差地区并没有因为中部崛起战略的实施而提高自身经济韧性”相一致，进一步印证了以促进地区公平、空间平衡为目标的中部崛起战略可能没有显著提高后发地区的经济韧性。

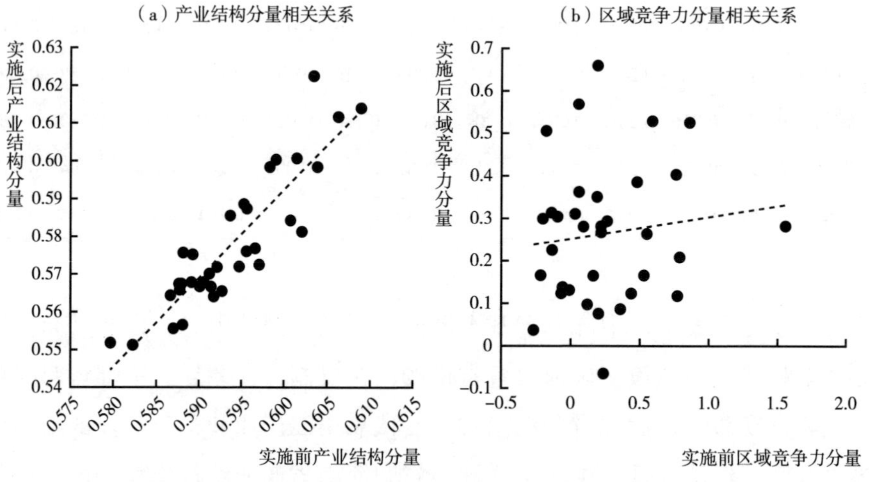

图5 政策实施前后经济韧性分量的相关关系

中部六省中既有传统工业大省，又有我国粮食主产区，大量吸纳产业结构转型带来的劳动力和抵抗要素摩擦性流失的能力较弱，产业结构依赖困境难以快速破除。区域竞争力的下降会进一步负向影响经济韧性。因此，应改造传统产业与扶持替代产业发展并举，以现有核心竞争力为基础，进一步开拓新的产业或优化原有主导产业内的产品和服务供给，增强区域经济发展活力，进而提升区域经济韧性。

六　研究结论与政策含义

（一）研究结论

本文在系统梳理区域发展战略政策评估实证研究和区域经济韧性理论的基础上，以中部崛起战略为例，使用《全国老工业基地调整改造规划（2013—2022年）》中的中部六省老工业基地城市的10年面板数据，运用双重差分倾向得分匹配法（PSM-DID）从区域经济韧性视角对中部崛起战略进行政策评估，并运用分位数倍差法对具有不同经济韧性基础的个体进行政策效果检验，深入探讨空间干预政策最终的受益主体是否与政策预期目标区域保持一致，经过文献回顾和实证分析，得到以下结论。

第一，空间干预政策短期促进了区域经济增长，但长期经济绩效的决定因素即区域经济韧性可能未得到明显提升。在加入控制变量并控制区域个体固定效应和时间固定效应的DID结果中，没有明显的证据支持空间干预政策的实施有力地提升了政策实施地区的经济韧性。

第二，空间干预政策的最终受益主体可能与预期有所偏离。从实证结果来看，中部崛起战略并非在各个目标实施区域的效果均不显著，而是存在差异的。经济韧性基础5%~45%的地区主要受到负向影响，但估计系数未能通过显著性检验。经济韧性基础位于上分位（50%~85%）的地区交互项估计系数显著为正。通过更换多种匹配方法均证实这一结果。因此上述结果共同表明，经济韧性较低地区可能没有享受到中部崛起战略的政策红利，相反地，对区域经济韧性的提高更多地体现在经济韧性较高的地区，说明以促进地区公平、空间平衡为目标的中部崛起战略可能进一步造成目标实施区域内经济韧性的分化。

第三，产业多样化、人均固定资产投资和人均地区生产总值对处于不同经济韧性基础分位的地区呈现非对称性影响，特别是对经济韧性基础低分位的地区构成一定约束。在经济韧性基础位于25%~50%的地区，提高区域产业多样化水平，可以带动区域经济韧性的提升，且通过显著性检验。但是在经济韧性基础较差或较好的地区，这一作用并不显著，特别是在高水平地区反而呈现负向影响。人均固定资产投资和人均地区生产总值的负向影响主要体现在经济韧性基础位于50%以下的地区。在25%水平以下，人均地区生产总值的提升会对区域经济韧性产生负向影响。而具有投资风向标的固定资产投资则对经济韧性基础位于30%~50%的地区产生负面影响。

第四，区域经济韧性可进一步分解为产业结构分量和区域竞争力分量，中部地区的经济韧性主要由产业结构决定，但也受限于区域竞争力，且产业结构存在较强的路径依赖。第二产业优势的增强弥补了第三产业优势的削弱，第二产业区域竞争力的下滑对冲了第三产业竞争力的提升对区域经济韧性的正向作用。

产生上述结果的原因可能在于“区域经济短期增长和韧性之间存在一定程度的权衡取舍问题”（孙久文和孙翔宇，2017）。空间干预政策在实施过程中既要保证资源配置高效，又要注意地区间特别是经济地理层面的公平，而这两者可能存在一定冲突。一方面，在政策实施初期，大量生产要素在目标区域的集聚推动了当地经济繁荣，但是这种集聚会受到当地区域经济韧性的限制，如无法承担要素集聚带来的生产力需求激增，政策的资源集聚目标便难以实现。另一方面，在长期发展过程中，一些可能影响区域经济增长的因素随着经济波动趋稳不再是主要支配因素，另外一些因素却随时间的推移而成为制约当地长期经济发展的根本因素，但受限于在破除制约长期经济发展的根本因素方面的政策效果不佳，区域长期锁定于某一轨道而难以改变，从而造成空间干预政策未能有效提升区域经济韧性。

同时空间干预政策忽视了政策目标区域对要素集聚的承载能力，导致落后地区短期增长有限、长期政策布局不足。此外，我国区域经济发展长期锚定经济增长绩效，所实施的区域发展战略旨在通过提升落后地区的经济增速从而实现空间均衡。在实际中，经济地理格局与社会福利地理格局存在差异，即便经济地理格局崎岖也可能实现社会福利地理格局的平缓。

长期关注经济地理格局反而不利于落后地区制定有利于长期提升区域经济韧性的政策。

（二）政策含义

基于实证分析结果，本文认为应从区域经济韧性视角看待空间干预政策与区域协调发展的关系。改革开放以来，我国东西失衡与南北差距拉大问题逐渐突出，使用空间干预政策解决区域发展不平衡不充分问题成为共识。空间干预政策是一国中央政府基于地方或区域特质所制定的干预政策，不同于地方政府注重短期绩效，其更着眼于区域长期发展的制约因素，不仅通过基于经济地理甚至自然地理的分散干预来实现经济总量平衡，还更关注基于个体的社会福利区域格局是否平缓，而社会福利格局趋缓需要区域经济富有韧性，构建长期稳定的良好发展环境。因此现阶段特别是在新冠疫情冲击世界经济的背景下，通过将“提升目标实施区域的经济韧性”纳入区域发展政策框架，可以提升区域发展战略等宏观政策应对外部冲击的有效性，并以此为契机扭转各地区自改革开放以来延续的比较优势格局，进而实现区域内生增长的长期政策目标。

在差异中寻求发展平衡与协同应是空间干预政策制定的出发点。本文实证结果表明，尽管基于地方的空间干预政策致力于遏制区域经济分化，但其长期政策效果有赖于政策实施地区的特征。因此，空间干预政策的实施要充分识别该地区的经济韧性、产业结构、劳动力情况、治理水平、金融环境等特征，以增强政策实施效果。产业结构优化升级可以带来区域经济韧性的提升，但新的产业结构的区域竞争力同样是影响区域经济韧性的重要因素，仅仅是“量”的扩大将会伴随“质”的下降，未来应针对地区间差异，实行精细化管理，依托功能性城市建设，将原先笼统地“在大的区域范围内实施相同的发展政策”（向宽虎和陆铭，2022）转变为精准地在重视大的经济地理格局下实施区域内差异化发展政策。

提升区域经济韧性绝非强调地区间经济层面的“脱钩”，恰恰相反，打破区域、行业、企业间市场阻隔和深化区域内、城市间的合作，才是提升区域经济韧性的途径。首先，大力开展县际、市际以及省际合作特别是都市圈与城市群建设，可以因地制宜地利用不同地区的比较优势，实施合理利用自身资源的经济发展战略。加强区域间合作可以灵活确定最优的区域经济规模，有助于改善区域一般空间经济关系。各国的国内行政区划几乎均不与经济地理一一对应，依托中央政府制定的区域发展战略显然难以满足不同区域经济发展需要。其次，加快建设数字基础设施，鼓励和支持数字经济发展，带来要素资源跨区流动、引发资本和新经济要素进入，缩小地区资源禀赋差异，带动区域经济韧性进一步提升。特别是以互联网为主要业态的新经济格局在区域间的发展与演进，为落后地区改善经济结构、加快新旧动能转化、提升经济韧性提供了新机遇。因此，地方政府应将新经济合作作为政府间合作或区域企业合作的议题，盘活各类政府、企业资源，实现资源高效重组。最后，需要特别指出的是，区域经济韧性的提升需要长期的制度改革和政策安排以抑制不同冲击带来的负面影响并积累有利因素，因此保持区域发展战略的稳定性和一致性，有助于提高政策的有效性和精准性。这不仅有利于地方政府厚植内生发展动力，更重要的是，有利于我国以更清晰的路径实现长期稳定的可持续发展。

参考文献

[1] 蔡之兵、张可云，2014，《区域政策叠罗汉现象的成因、后果及建议》，《甘肃行政学院学报》第1期。

[2] 陈晔婷、朱锐、张娟，2016，《基于合成控制法的OFDI对企业研发效率的影响研究》，《投资研究》第9期。

[3] 陈奕玮、吴维库，2020，《产业集聚、技术溢出与城市经济韧性》，《统计与决策》第23期。

[4] 程广斌、靳瑶，2022，《创新能力提升是否能够增强城市经济韧性?》，《现代经济探讨》第2期。

[5] 崔耕瑞，2021，《数字金融能否提升中国经济韧性》，《山西财经大学学报》第12期。

[6] 邓慧慧、虞义华、赵家羚，2019，《中国区位导向性政策有效吗？——来自开发区的证据》，《财经研究》第1期。

[7] 邓睦军、龚勤林，2017，《中国区域政策的空间选择逻辑》，《经济学家》第12期。

[8] 邓睦军、龚勤林，2018，《中国区域政策的空间属性与重构路径》，《中国软科学》

第4期。
[9] 邓翔、李双强、袁满，2020，《西部大开发二十年政策效果评估——基于面板数据政策效应评估法》，《西南民族大学学报（人文社科版）》第1期。
[10] 丁建臣、张露子，2022，《中部崛起战略的经济效应评估——基于261个地级市数据的PSM-DID方法研究》，《上海金融》第8期。
[11] 丁建军、王璋、柳艳红、余方薇，2020，《中国连片特困区经济韧性测度及影响因素分析》，《地理科学进展》第6期。
[12] 丁嵩、孙斌栋，2015，《区域政策重塑了经济地理吗？——空间中性与空间干预的视角》，《经济社会体制比较》第6期。
[13] 冯苑、聂长飞、张东，2020，《中国城市群经济韧性的测度与分析——基于经济韧性的shift-share分解》，《上海经济研究》第5期。
[14] 高粼彤、孟霏、田启波，2022，《中国经济韧性时空演化及影响因素研究——基于数字金融视角》，《经济问题探索》第8期。
[15] 巩灿娟、张晓青、徐成龙，2022，《中国三大城市群经济韧性的时空演变及协同提升研究》，《软科学》第5期。
[16] 郭将、许泽庆，2019，《产业相关多样性对区域经济韧性的影响——地区创新水平的门槛效应》，《科技进步与对策》第13期。
[17] 韩爱华、李梦莲、高子桓，2021，《疫情冲击下经济韧性测度及影响因素分析》，《统计与决策》第18期。
[18] 韩增林、朱文超、李博，2022，《中国海洋渔业经济韧性与效率协同演化分析》，《地理研究》第2期。
[19] 胡彬、林柏韬，2021，《国家战略导向的空间价值变迁与长三角一体化发展》，《区域经济评论》第3期。
[20] 黄若鹏、刘海滨、孙宇、王竞陶，2022，《宏观视角下黄河流域中下游经济韧性的地区差异性研究》，《宏观经济研究》第2期。
[21] 纪祥裕，2020，《中部崛起战略对城市环境质量的影响研究——基于PSM-DID方法的分析》，《经济问题探索》第8期。
[22] 贾彦宁，2018，《东北振兴战略的政策评估及提升路径研究——基于PSM-DID方法的经验估计》，《经济问题探索》第12期。
[23] 蒋辉，2022，《中国农业经济韧性的空间网络效应分析》，《贵州社会科学》第8期。
[24] 李斌、杨冉、卢娟，2019，《中部崛起战略存在政策陷阱吗？——基于PSM-DID方法的经验证据》，《中国经济问题》第3期。
[25] 李连刚、张平宇、关皓明、谭俊涛，2019，《基于Shift-Share的辽宁老工业基地区域经济弹性特征分析》，《地理研究》第7期。

[26] 李卫兵、刘美玉子，2021，《中部崛起战略提升企业生产率的机制分析——基于断点回归方法》，《当代财经》第3期。
[27] 刘宏楠、刘伟丽、章建方、杨景院，2022，《国内市场分割的空间格局及动态演进》，《统计与决策》第17期。
[28] 刘家轩，2022，《财政层级改革、政府间金融分权与地区间政府融资差距——地方政府融资平台债务的经验证据》，《经济学报》第3期。
[29] 刘娜娜，2022，《数字经济、城乡收入差距与经济发展韧性》，《技术经济与管理研究》第8期。
[30] 刘乃全，2016，《中国经济学如何研究协调发展》，《改革》第5期。
[31] 刘瑞、张伟静，2021，《空间集聚能否提升中国制造业韧性——基于产业适应性结构调整的视角》，《当代财经》第11期。
[32] 刘瑞明、赵仁杰，2015，《西部大开发：增长驱动还是政策陷阱——基于PSM-DID方法的研究》，《中国工业经济》第6期。
[33] 刘彦平，2021，《城市韧性系统发展测度——基于中国288个城市的实证研究》，《城市发展研究》第6期。
[34] 刘逸、纪捷韩、张一帆、杨宇，2020，《粤港澳大湾区经济韧性的特征与空间差异研究》，《地理研究》第9期。
[35] 陆铭、向宽虎，2014，《破解效率与平衡的冲突——论中国的区域发展战略》，《经济社会体制比较》第4期。
[36] 罗黎平，2017，《协调发展视角下区域战略升级及空间干预策略——以湖南省长沙县为例》，《经济地理》第11期。
[37] 彭荣熙、刘涛、曹广忠，2021，《中国东部沿海地区城市经济韧性的空间差异及其产业结构解释》，《地理研究》第6期。
[38] 苏杭，2015，《经济韧性问题研究进展》，《经济学动态》第8期。
[39] 孙久文、胡俊彦，2022，《基于构建新发展格局的西部大开发战略探索》，《区域经济评论》第2期。
[40] 孙久文、苏玺鉴、闫昊生，2020，《东北振兴政策效果评价——基于Oaxaca-Blinder回归的实证分析》，《吉林大学社会科学学报》第2期。
[41] 孙久文、孙翔宇，2017，《区域经济韧性研究进展和在中国应用的探索》，《经济地理》第10期。
[42] 孙焱林、李格、石大千，2019，《西部大开发与技术创新：溢出还是陷阱？——基于PSM-DID的再检验》，《云南财经大学学报》第6期。
[43] 谭俊涛、赵宏波、刘文新、张平宇、仇方道，2020，《中国区域经济韧性特征与影响因素分析》，《地理科学》第2期。

[44] 王琛、郭一琼，2018，《地方产业抵御经济危机的弹性影响因素——以电子信息产业为例》，《地理研究》第7期。
[45] 王健、冯雨豪、吴群，2022，《“三块地”改革是否影响地方政府土地财政收入》，《农村经济》第2期。
[46] 王永聪、何帅，2021，《经济韧性视角下产业结构优化升级策略探索——以四川省为例》，《金融发展评论》第11期。
[47] 邬晓霞、魏后凯，2009，《国外援助衰退产业区政策措施评介》，《经济学动态》第4期。
[48] 向宽虎、陆铭，2022，《在发展中促进相对平衡：对中国地区发展政策的思考》，《国际经济评论》第5期。
[49] 徐圆、邓胡艳，2020，《多样化、创新能力与城市经济韧性》，《经济学动态》第8期。
[50] 徐圆、张林玲，2019，《中国城市的经济韧性及由来：产业结构多样化视角》，《财贸经济》第7期。
[51] 许政、陈钊、陆铭，2010，《中国城市体系的“中心—外围模式”》，《世界经济》第7期。
[52] 杨东亮、王皓然，2021，《东北振兴政策效果的再评价——基于灯光数据和PSM-DID模型的分析》，《商业研究》第5期。
[53] 杨书，2021，《偏离—份额分析法研究进展》，《经济地理》第12期。
[54] 杨先明、邵素军，2022，《增长韧性、社会能力与长期增长绩效——基于经济学说史的考察》，《经济学动态》第1期。
[55] 张可云、吴瑜燕，2009，《我国区域利益关系失调的成因探讨》，《天府新论》第1期。
[56] 张明斗、冯晓青，2018，《中国城市韧性度综合评价》，《城市问题》第10期。
[57] 张明斗、惠利伟，2022，《中国农业经济韧性的空间差异与影响因素识别》，《世界农业》第1期。
[58] 张明斗、吴庆帮、李维露，2021，《产业结构变迁、全要素生产率与城市经济韧性》，《郑州大学学报（哲学社会科学版）》第6期。
[59] 赵勇、白永秀，2015，《中国区域政策宏观调控职能的影响及其未来取向——兼论中国区域政策“泛化、叠化、虚化”现象》，《贵州社会科学》第5期。
[60] 郑展鹏、岳帅、李敏，2019，《中部崛起战略的政策效果评估：基于合成控制法的研究》，《江西财经大学学报》第5期。
[61] 周黎安，2004，《晋升博弈中政府官员的激励与合作——兼论我国地方保护主义和重复建设问题长期存在的原因》，《经济研究》第6期。

［62］ Abadie A. 2005. "Semiparametric Difference-in-differences Estimators." *The Review of Economic Studies* 72(1)：1-19.

［63］ Andersson M.，Axelsson T.，Palacio A. 2021. "Resilience to Economic Shrinking in an Emerging Economy：the Role of Social Capabilities in Indonesia，1950 - 2015." *Journal of Institutional Economics* 17(3)：509-526.

［64］ Bristow G.，Healy A. 2018. "Innovation and Regional Economic Resilience：An Exploratory Analysis." *The Annals of Regional Science* 60(2)：265-284.

［65］ Broadberry S.，Wallis J. J. 2017. "Growing，Shrinking，and Long Run Economic Performance：Historical Perspectives on Economic Development." NBER Working Paper 23343.

［66］ Busso M.，Gregory J.，Kline P. 2013. "Assessing the Incidence and Efficiency of a Prominent Place Based Policy." *American Economic Review* 103(2)：897-947.

［67］ Caldera Sánchez A.，Rasmussen M.，Röhn O. 2016. "Economic Resilience：What Role for Policies?" *Journal of International Commerce, Economics and Policy* 7(2)：1650009.

［68］ Card D.，Krueger A. B. 2000. "Minimum Wages and Employment：A Case Study of the Fast-Food Industry in New Jersey and Pennsylvania：Reply." *American Economic Review* 90(5)：1397-1420.

［69］ Cerulli G. 2015. *Econometric Evaluation of Socio-Economic Programs Theory and Applications*. Berlin：Springer，Inc.

［70］ Davies S. 2011. "Regional Resilience in the 2008-2010 Downturn：Comparative Evidence from European Countries." *Cambridge Journal of Regions, Economy and Society* 4(3)：369-382.

［71］ Debrun M. X.，Kapoor R. 2010. "Fiscal Policy and Macroeconomic Stability: Automatic Stabilizers Work, Always and Everywhere." Washington，D. C.：International Monetary Fund.

［72］ Donald S. G.，Lang K. 2007. "Inference with Difference-in-differences and Other Panel Data." *The Review of Economics and Statistics* 89(2)：221-233.

［73］ Doran J.，Fingleton B. 2018. "US Metropolitan Area Resilience：Insights From Dynamic Spatial Panel Estimation." *Environment and Planning A: Economy and Space* 50(1)：111-132.

［74］ Duranton G.，Puga D. 2000. "Diversity and Specialisation in Cities：Why，Where and When Does It Matter?" *Urban Studies* 37(3)：533-555.

［75］ Faggian A.，Gemmiti R.，Jaquet T.，Santini I. 2018. "Regional Economic Resilience：The Experience of the Italian Local Labor Systems." *The Annals of Regional Science* 60(2)：393-410.

[76] Glaeser E. L., Gottlieb J. D. 2008. “The Economics of Place-making Policies.” *Brooking Papers on Economic Activity* (2): 155-239.

[77] Hewings G. J. 2014.“Spatially Blind Trade and Fiscal Impact Policies and Their Impact on Regional Economies.” *The Quarterly Review of Economics and Finance* 54(4): 590-602.

[78] Hill E., Wial H., Wolman H. 2008. “Exploring Regional Economic Resilience.” Working paper (No. 2008, 04) .

[79] Holling C. S. 1973. “Resilience and Stability of Ecological Systems.” *Annual Review of Ecology and Systematics* (1):23.

[80] Kline P. Moretti E. 2014. “Local Economic Development, Agglomeration Economies, and the Big Push: 100 Years of Evidence from the Tennessee Valley Authority.” *The Quarterly Journal of Economics* 129(1): 275-331.

[81] Kubisch A. C., Auspos P., Brown P., Dewar T. 2010. “Voices from the Field III: Lessons and Challenges from Two Decades of Community Change Efforts.” Washington, D. C. : Aspen Institute.

[82] Martin R., Sunley P., Gardiner B., Tyler P. 2016. “How Regions React to Recessions: Resilience and the Role of Economic Structure.” *Regional Studies* 50(4): 561-585.

[83] Neumark D., Simpson. H. 2014.“Place—Based Policies.” NBER Working Papers 20049.

[84] Nyström K. 2018.“Regional Resilience to Displacements.” *Regional Studies* 52(1): 4-22.

[85] Partridge M. D., Rickman D. S., Olfert M. R., Tan Y. 2015. “When Spatial Equilibrium Fails: Is Place-based Policy Second Best?” *Regional Studies* 49(8): 1303-1325.

[86] Putterman L. 2013. “Institutions, Social Capability, and Economic Growth.” *Economic Systems* 37(3): 345-353.

[87] Reggiani A., De Graaff T., Nijkamp P. 2002.“Resilience: An Evolutionary Approach to Spatial Economic Systems.” *Networks and Spatial Economics* 2(2): 211-229.

[88] Rosenbaum P. R., Rubin D. B. 1983. “The Central Role of the Propensity Score in Observational Studies for Causal Effects.” *Biometrika* 70(1): 41-55.

[89] Thissen M., Van Oort F. 2010. “European Place-based Development Policy and Sustainable Economic Agglomeration.” *Tijdschrift Voor Economische En Sociale Geografie* 101(4): 473-480.

[90] Turok I. 2013. “People-based Versus Place-based Policies: The 2009 World Development Report.”*Local Economy* 28(1): 3-8.

（责任编辑：陈星星）

行政区划调整与“双子星”城市发展
——来自重庆直辖的经验证据

静　峥　谢泽宇*

摘　要：城市行政等级和行政边界是影响城市经济发展的重要因素。通常认为低行政等级城市在与高行政等级城市的竞争中处于劣势；且行政边界的增加会阻碍区域一体化发展。本文基于1992~2012年区县级的夜间灯光数据，使用DID和SDID模型谨慎评估了重庆升格为直辖市对成都经济发展的影响。研究发现，重庆直辖促使成都市的灯光亮度显著提高了25.7%，即显著促进了成都经济发展。这一结论经排除干扰政策和更换实证模型等一系列稳健性检验后依然成立。渠道分析表明，成渝两地合作加强，以及成都对四川省内资源的吸引力和集聚力加强是成都经济实现超额增长的原因。本文研究结论对理顺计划单列市与其所在省省会城市间的竞争合作关系、推动区域城市群一体化发展具有重要的政策启示。

关键词：重庆　成都　成渝双城经济圈　合成双重差分（SDID）

一　引言

政治制度是塑造经济地理格局的重要因素（Ades和Glaeser，1995；陶然等，2009）。在中国的语境下，已有研究发现城市行政等级提升促进了当地的经济发展（Jia等，2021；王贤彬和聂海峰，2010）。然而，这些

*　静峥，硕士研究生，武汉大学经济与管理学院，电子邮箱：jingzheng1013@163.com；谢泽宇（通讯作者），助理研究员，中国社会科学院生态文明研究所，电子邮箱：zheyuzeyu@163.com。感谢审稿专家的宝贵意见，文责自负。

研究只聚焦改革城市自身的发展，却忽视了改革城市与周围城市的联系。仅一个城市的经济发展难以满足各地区人民对公平发展的诉求，由多个核心城市共同主导的“点—轴”模式才是协调区域发展的有效手段（陆大道，2002）。同一市场范围内的核心城市之间往往存在复杂的经济关系，城市行政等级提升也会影响与其“对标”的城市。探究城市行政等级提升对区域其他核心城市的影响对统筹区域发展而言具有重要意义。1997年，重庆直辖，成为西南地区行政等级最高的城市，同时改变了老四川省的“双子星”城市格局。本文以重庆直辖对成都经济增长的影响为例，探索了城市行政等级变化所引发的影响。

重庆直辖前，重庆与成都均是四川省重要的副省级城市。1997年，重庆行政等级提升使重庆在获得中央支持方面更具优势（Jia等，2021）。如此分析，在重庆行政等级提升后，成都的经济增长可能受影响。然而，如图1所示，1997~2012年，重庆（按1997年以后直辖范围计）占全国GDP比重从1.91%提高到2.15%，提高了0.24个百分点；而成都占全国GDP的比重则从1.19%提升到1.60%，提高了0.41个百分点。成渝两市共赢发展的局面令人意外。成都市表现出比重庆市更强的经济增长势头。现有研究主要探究了行政等级提升对重庆市经济增长的影响及其路径（Jia等，2021；王贤彬和聂海峰，2010），却鲜有研究解释成都经济增长背后的原因。

探究重庆直辖对成都经济增长的影响，对理解计划单列市与本省省会城市之间的关系至关重要。重庆原来是四川省的下属城市，1983年成为计划单列市，其与成都的关系，可类比如今的深圳和广州、青岛和济南、大连和沈阳、厦门和福州、宁波和杭州。首先，在财政上，本省对两个城市的政策扶持往往是等量齐观的，但是计划单列市向本省上缴的财政收入却远低于省会城市。其次，计划单列市与省会城市官员的行政等级相当，两者更多的是存在直接的竞争关系①。“重庆市直辖”是我国

① 比如，对于省内没有计划单列市的省份而言，往往只有本省省会城市的市委书记能够当选本省省委常委，副省级省会城市的市委书记更是能排在省委常委名单较为靠前的位置。然而在拥有计划单列市的省份，计划单列市的市委书记不仅也能当选省委常委，甚至还能排在省会城市市委书记之前，比如辽宁省与广东省。

1993年计划单列市调整以来，唯一打破本省“省会城市”与“计划单列市”在同省竞争的事件，极大地影响了原省会城市——成都市的资源分配和城市规划。

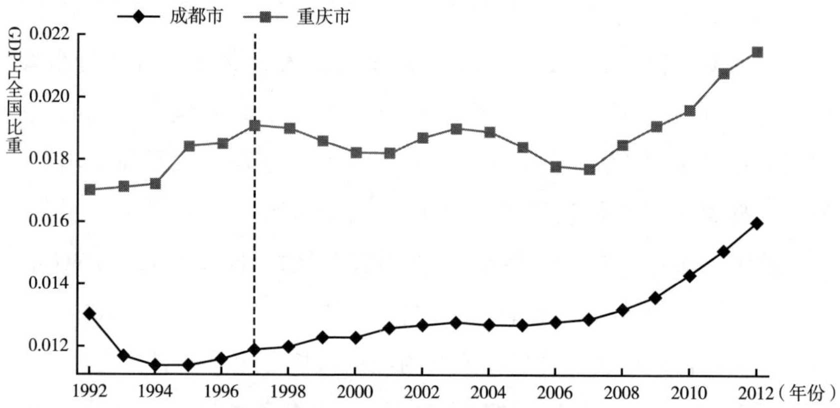

图1 成渝两市GDP占比走势

数据来源：《重庆统计年鉴》《成都统计年鉴》《中国统计年鉴》。

本文利用DID设计来确定重庆直辖对成都经济增长的影响。首先，重庆直辖最直接的原因是三峡工程正式被批准建设，这对成都而言是完全外生事件。三峡工程能否获批需要国内外水利专家的比对论证，并不受成渝两市的影响。其次，1993年至今，除重庆外，我国的计划单列市从未调整。5个计划单列市与本省省会城市长期保持着类似于重庆直辖前成渝之间的关系。这些省会城市为本文提供了稳定的对照组。除此之外，对照组城市均位于我国东部地区，与重庆市地理距离较远，难以受到重庆直辖的空间溢出效应。DID模型的SUTVA（Sable Unit Treatment Value Assumption）假设得到满足。

本文基于1992~2012年区县层面的夜间灯光数据，将成都市下辖的20个区县作为处理组，将存在计划单列市省份省会城市下辖的62个区县作为对照组，利用DID（Difference-in-differences）和SDID（Synthetic Difference-in-differences）模型，系统探究了重庆直辖对成都经济发展的影响，结果表明：在重庆行政等级提升后，成都夜间灯光亮度提升了25.7%。平行趋势表明，处理组与对照组城市灯光亮度在处理前阶段的增长趋势一致，但在1997年之后立即出现了显著差异。这不仅说明本文对照组选取的合理性，还暗示本文结论并不受西部大开发战略的影响。研究还使用兰州、西安两个西北地区的中心城市作为安慰剂，将对照组替换为西部5省会城市的下辖区县，进一步排除了西部大开发政策因素。除此之外，在使用合成控制法和矩阵完成法估计后，本文的结论依然稳健。本文基于政治经济学理论和新经济地理理论进一步分析发现，成渝之间的“通道”城市比其他计划单列市与省会城市间的“通道”城市有更高的道路密度和灯光亮度。在产业布局上，成渝两地产业重复建设现象显著减少，2位数行业大类下的产业协作加强。此外，在四川省“强省会”战略下，成都首位度上升、财政能力增强以及对省内人口吸引力提升是促进成都经济增长的另一机制。本文研究结论对理顺计划单列市与其所在省省会城市间的竞争合作关系、推动区域城市群发展而言具有重要的政策启示。

本文与以下三支文献密切相关：首先，本文与城市行政等级和分权的文献密切相关。与本文最密切相关的两篇文献从分权的角度解释了重庆行政等级提升对当地经济增长的促进作用（Jia等，2021；王贤彬和聂海峰，2010）。另外，史宇鹏等（2007）发现普通地级市提升为计划单列市也可使城市经济效率提升。然而，这些文献都没有考虑城市行政等级提升和分权对相关利益主体的影响，特别是对本省省会城市的影响。本文则识别了重庆行政级别提升对省会经济增长的影响。本文发现，重庆直辖后，成都对本省资源的凝聚力增强。这一结论也丰富了关于省会城市功能的现有研究（赵奎等，2021）。探究对县级政府分权的文献表明，“省直管县”改革降低了改革县所在地级市的经济增速（才国伟等，2011）。然而，副省级城市的行政区划调整影响的是同一市场范围内大城市间的横向博弈。相比于对县级政府分权，对少数核心城市分权会对区域经济发展格局产生举足轻重的影响。

其次，本文与地方政府研究文献密切相关。已有研究主要从地方政府竞争的角度解释经济增长（傅强和朱浩，2013；余泳泽和杨晓章，2017；周黎安，2004）。不同于上述研究，本文基于成渝两地协作视角，解释了成都市经济增长的原因。虽然徐现祥等（2007）在官员晋升激励的框架下，同样讨论了地方政府合作与一体化对经济增长的促进作用。但该研究认为，两地选择合作的前提是：经济活动会产生正外部性，且地方政府可以理性地将正外部性内部化。但本文认为，当两地行政等级存在差距时，尽管经济活动存在正向外溢，但此时两地也会选择合作，以促进经济共同发展。

最后，本文与区域一体化和区域合作的文献密切相关。区域一体化发展是区域经济学的重要议题。现有研究认为行政边界分割了市场（吴意云和朱希伟，2015）、阻碍了区域一体化发展。然而，只有部分研究基于撤县设区（倪婷婷和王跃堂，2022；唐为和王媛，2015；钟粤俊和梁超，2021）、长三角扩容（刘乃全和吴友，2017；强永昌和杨航英，2020；吴俊和杨青，2015；吴青山等，2021）、成立长江三角洲城市经济协调会（徐现祥和李郇，2005）等特定的行政区划或经济区划调整提出解决行政分割的方法，但这些研究都是从区域合并的角度来消除行政分割，并未意识到在某种情况下区域的分拆也可促进区域一体化发展。基于政治经济学的角度，本文发现川渝行政等级差距变大使两地在经济上协作的激励增强，回答了重庆从四川的分离在表面上增加了省界，但实际上促进了成渝合作的内在机理。

二　政策背景与理论机制

（一）政策背景

1.计划单列市与省会城市的关系

“计划单列市”的全称为“国家社会与经济发展计划单列市”，即在行政建制不变的情况下，省辖市在国家计划中列入户头，且具有与省一级相当的经济管理权力。“一五”计划期间，我国首次确立了5个计划单列市，其主要目的是服务于计划经济体制，集中力量发展工业。19世纪80年代，计划单列市的范围、权利和功能经历了频繁地调整。1992年，党的十四大召开后，我国确定了社会主义市场经济体制。为充分发挥市场的自我调节功能，1993年，中央将14个计划单列市缩减为6个，确立省会城市不再纳入计划单列市。1997年3月14日，中国第八届人大五次会议正式批准将重庆市设立为直辖市，其计划单列城市身份随之取消。自1997年起，其余5个计划单列市在长达20余年间稳定存在，为本文寻找合适的对照组提供了良好的契机。

计划单列市与本省的省会城市存在博弈关系。就财政而言，相对于省会城市，现有的计划单列市中，大连、青岛、宁波、厦门4个城市每年仅需以较低的比例向所在省份上缴财政收入，深圳市甚至完全不向广东省上缴财政收入。然而，省会城市必须严格按照三级财政的原则，向所在省份上缴财政收入。因此，5个计划单列市的财政留存率远高于本省省会城市。但分配资源时，省政府并未因财政贡献低而减小对计划单列市的政策支持力度，而是赋予其与省会城市同等重要的战略地位。如2020年山东省将“支持济南、青岛建设国家中心城市”写入省委省政府文件；2019年广东省提出“举全省之力支持深圳建设中国特色社会主义先行示范区”，到2020年进一步提出“以支持深圳同等力度支持广州建设国际大都市”。重庆市直辖前，四川省也曾提出“依托两市”战略，即重点围绕成渝发展。计划单列市与省会城市在贡献于本省发展上存在不对等的成本—收益关系。1997年重庆市升为直辖市，重庆—成都这一对城市脱离了在省内博弈的关系。

因此，本文将成都市下辖的20个区县作为处理组，选取仍有计划单列市省份省会城市（广州市、沈阳市、济南市、杭州市和福州市）下辖的62个区县作为对照。一方面，这些省会城市与本省的计划单列市在官员晋升、产业建设、财政支持、人才引进等领域的关系，与重庆市直辖前“成渝”两市的关系是相似的；另一方面，这些城市都位于东部地区，几乎不会受到重庆市直辖的“溢出”影响，满足了双重差分模型所要求的STUVA假设。

表1 计划单列市的调整历史

时间段	个数（个）	计划单列城市
1954年6月19日至1958年	5	沈阳、武汉、广州、重庆、西安
1959~1963年	0	取消
1964~1966年	6	沈阳、武汉、广州、重庆、西安、哈尔滨
1967年至1983年2月7日	0	取消
1983年2月8日至1984年7月17日	1	重庆
1984年7月18日至1984年10月4日	4	重庆、武汉、沈阳、大连
1984年10月5日至1986年10月14日	7	重庆、武汉、沈阳、大连、哈尔滨、广州、西安
1986年10月15日至1987年2月13日	8	重庆、武汉、沈阳、大连、哈尔滨、广州、西安、青岛
1987年2月14日至1988年4月12日	9	重庆、武汉、沈阳、大连、哈尔滨、广州、西安、青岛、宁波
1988年4月13日至1988年10月2日	10	重庆、武汉、沈阳、大连、哈尔滨、广州、西安、青岛、宁波、厦门
1988年10月3日至1989年2月10日	11	重庆、武汉、沈阳、大连、哈尔滨、广州、西安、青岛、宁波、厦门、深圳
1989年2月11日至1993年7月1日	14	重庆、武汉、沈阳、大连、哈尔滨、广州、西安、青岛、宁波、厦门、深圳、南京、成都、长春
1993年7月2日至1997年6月18日	6	重庆、深圳、大连、青岛、宁波、厦门
1997年至今	5	深圳、大连、青岛、宁波、厦门

2.重庆市直辖的原因

长江中下游地处季风气候区，降水集中在夏季，但是地势平坦，泄洪能力差，历史上常年饱受长江决溢的灾害。为提高该地对极端降水的调控能力，创造稳定的经济发展条件，新中国成立初期就提出了建设三峡工程的设想。其中，淹没区的移民安置成为工程规划的焦点之一。1985年，中共中央、国务院首次提出设立“三峡省”来妥善安排库区移民。“三峡省”的覆盖范围主要受到蓄水位的影响，若蓄水位150米，则淹没区主要在湖北省宜昌段；若蓄水位达到180米，淹没区会涉及老四川省的川东地区和部分重庆中心城区。蓄水位的确定既需要结合当地的地质、地形地势和气候等特征，又需要立足国家安全做长远谋划。经过国内外水利专家严谨的比对论证，1989年《长江三峡水利枢纽可行性研究报告》正式确定了三峡工程175米的蓄水位，这决定了四川和重庆需参与三峡工程的移民安置工作。中央考虑到，四川省人口多、面积大，移民涉及的川东地区距省会较远且经济发展落后；而当时的重庆市经济发展基础雄厚，有能力带动长江上中游地区发展，因此，决定将川东的万县市、涪陵市以及黔江地区归入重庆市，并以重庆市升为直辖市替代建立新的“三峡省”。这项决定虽考虑到了四川及重庆的社会经济状况，但确立直辖仍主要由长江中下游的自然地理特征和“三峡工程”的建设方案决定。因此，重庆市直辖对成都市甚至四川省来说都是外生事件，不存在样本自选择的问题。

（二）机制分析

已有研究发现，重庆直辖对四川省内与重庆相邻的城镇都没有显著的正面或负面溢出效应（Jia等，2021），那又如何影响与重庆并不相邻的成都市呢？本文主要从政治经济学和新经济地理学视角分析重庆直辖如何影响成都市的经济发展。

1.成渝之间竞合关系改变：政治经济学视角

重庆直辖前，成渝两市是同行政等级的副省级城市且经济实力相近。因此，在重庆直辖前，成渝合作的空间很小。不过，外在条件的改变会使主政官员的博弈策略发生变化（周黎安等，2013）。随着重庆直辖，重庆主政官员的级别也得到了提升。此时，成都（或四川）与重庆合作能够提高地方经济绩效进而增强自身在与其他城市（或城市群）竞争中的优势。川渝两地结成联盟，有利于实现四川省和重庆市的双赢。因此，成都或四川都有与重庆“抱团”的激励。

现实亦是如此。在1997年重庆直辖之际，时任四川省委书记谢世杰指出，川渝“分开后要做好邻居”，在经济发展中各取所长、紧密配合、协调共赢。[①]重庆直辖当年，成渝两市签订了《友好合作意见书》（范颖，2005）；1999年底川渝两地领导人互访，就加强两地基础设施建设达成共识；2001

① 1997,《川渝要做好邻居——访四川省委书记谢世杰》,《四川商报》3月15日。

年12月21日，成渝在成都—重庆座谈会上签订《成都、重庆友好合作座谈会会议纪要》，两地就交通、旅游、产业建设、信息共享等方面达成合作共识（尚天晓，2006）；2002年成渝签订《经济技术协议书》；2004年，重庆市党政代表团再次入川，签订了《关于加强川渝经济社会领域合作，共谋长江上游经济区发展的框架协议》《关于共同推进川渝两省市重大交通能源基础设施项目建设的合作协议》等6项合作协议，“1+6”协议开创了川渝合作的新局面；①2005年2月，四川省党政代表团入渝访问，川渝两省市正式确立了政府高层定期联系制度（尚天晓，2006）。2006年11月，川渝经济论坛召开，提出将成渝分别打造成为西部和长江上游的交通枢纽的愿景。②2007年8日，重庆市与四川省签订《关于推进川渝合作、共建成渝经济区的协议》，提出两地应优势互补、分工协作，避免产业重复建设，实现规模效应。③由此可见，重庆行政等级提升后，川渝（成渝）两地各方面的合作不断加强。在交通领域，成渝公路环线、成渝铁路、渝遂铁路成为连接两个核心城市的重要纽带。产业建设上，两地已达成分工协作共识：在汽车摩托车产业，川渝两地实现了“四川配套、重庆总装”；在医药产业，重庆主产化学制药、生物医药，四川主攻中医药产业及医药器械产业；在能源供需方面，重庆电力资源不足，四川水能、铁矿丰富，四川满足了重庆市巨大的能源需求。

基于此，本文提出第一个机制假说：

重庆市直辖后，成渝主政官员有意加强两地合作，促进两市间交通基础设施建设，避免产业重复建设、加强产业协作，这可能成为成都经济实现与重庆同步增长的主要原因。

2.成都市对本省的凝聚力增强：新经济地理理论

根据新经济地理理论，区域中心城市对周边城市的影响可能有“集聚”和“扩散”两种效应。“集聚效应”是指中心城市会吸引周边城市的人口和

① 2004，《从对手走向合作：川渝结盟共谋长江上游经济区发展》，《中国青年报》2月4日。

② 黄雪梅、黄奇帆，2006，《“四管齐下”纵论川渝合作》，《华西都市报》11月16日。

③ 关媛媛、刘益，2007，《重庆四川签订推进川渝合作　共建成渝经济区协议》，《重庆日报》11月19日。

资本，在中心城市形成规模经济效应，但这也可能会给周边城市带来“增长阴影”（Urban Growth Shadows）（Black 和 Henderson，2003；Krugman，1993）。“扩散效应”是指当中心城市过于“拥挤”时，中心城市的资源如人口、企业、知识等会溢出到周边城市，这有利于缩小中心城市与周边城市的差距。在单中心城市体系中，大城市的“集聚”和“扩散”效应如何影响周边城市经济？这主要取决于周边城市到区域中心城市的距离、交通状况，以及周边城市规模。首先，关于周边城市到区域中心城市的距离，Fujita 和 Mori（1997）的研究发现，周边城市到中心城市的距离与其市场潜力表现为“∽”形关系。展开来说，第一阶段，随着周边城市到中心城市距离的增加，周边城市的市场潜力随之下降，表现为向心力占主导的集聚效应；当周边城市的市场潜力下降到最低点后进入第二阶段，即随着与中心城市距离的增加，周边城市市场潜力上升，表现为离心力主导的扩散效应；第三阶段表现为：周边城市随着与中心城市距离的增加而市场潜力下降。许政等（2010）的研究发现，在中国的语境下，这种“∽”形规律也普遍存在。其次，交通可达性和通勤成本也影响了中心城市与周边城市的关系。有研究认为在一个极端的“零”运输成本世界，离散是城市系统的最终形态（Tabuchi，1998）。Cuberes 等（2021）基于美国县和都市区的数据分析发现，随着通勤成本下降，大城市中心对周边城市的影响由负面的“集聚效应”转变为正向的“扩散效应”。最后，从城市异质性的角度研究发现，小城市受到了邻近大城市的正向溢出效应（扩散效应），而周边中大型城市却面临大城市的集聚阴影（Partridge 等，2009）。上述研究都围绕单核城市体系讨论，然而随着交通成本的降低和信息化的发展，越来越多国家的城市体系表现为多中心网络式分布。已有研究表明，多中心城市分布相比单核主导的城市体系，更能发挥禀赋优势，促进大城市经济增长（Volgmann 和 Münter，2022）。丁如曦等（2020）以长江经济带为例，发现多中心城市体系有利于城市群内部的协调发展。这些研究都表明，多中心城市群模式比单增长极城市体系在提升效率和福利方面更有优势。

基于上述新经济地理理论，成渝合作虽有利于实现双赢，但也增加了成都市被重庆市产生的集聚效应“虹吸”的风险。为此，在重庆直辖后，四川省对本省区域规划做出了相应调整。1995年，四川提出“依托两市，发展两线，开发两翼，带动四川省”发展战略。其中，“两市”即重庆市、成都市。在1997年重庆直辖当年，四川随之将发展战略调整为“依托一点，构建一圈，开发两片，扶持三区”。其中，“一点”即成都市。自此，四川省确立了增强省会功能的战略路线，明确成都市应发挥全省唯一特大中心城市的辐射和带动作用（吴祥云等，1997）。在四川省“强省会”战略下，成都与重庆构成了成渝经济圈的双核增长极，共同促进了区域协调发展。

基于此，本文提出第二个机制假说：

重庆市直辖后，成都市对本省资源凝聚力增强是促进成都市经济增长的机制之一。

三 模型设定、数据来源及变量说明

（一）研究方法

本文选择DID（Difference-in-differences）和SDID（Synthetic Difference-in-differences）作为主要的研究方法。一般来说，DID方法主要应用于有大量处理组的情况（Arkhangelsky等，2021），在施加平行趋势假设的情况下，可以使用双向固定效应（TWFE）模型估计处理效应。本文的处理组仅有成都市20个区县，尽管处理组个数较少、不满足大面板的条件，但事前趋势的检验并没有违背平行趋势假设，因此DID方法仍可用于本研究。合成控制法（Synthetic Control Methods，SCM）可以解决仅有一个处理组的情况，但不适用于存在多个处理组的情况。SDID方法是对DID方法和SCM方法的改进。相比传统的SCM方法，SDID方法可以解决有多个处理组的情况；相比DID方法，SDID方法可以估计处理组个体较少的情况，且SDID的估计量具有双重稳健性。SDID通过个体加权和时间加权的方式“合成”与处理组更相似的控制组，以及与事后处理期（Post-treatment）更可比的事前处理期（Pre-treatment），这不仅使平行趋势假设更容易被满足，而且提高了估计的精度（闫昊生等，2023）。然而，SDID方法要求平衡面板数据，《中国城市统计年鉴》在20世纪90年代部分数据存在缺失，当数据缺失时本文只能使用DID配合验证平行趋势方法进行研究。

回归模型和估计过程如下：

$$Y_{it} = \tau Chengdu\_did_{it} + \lambda \boldsymbol{X}_i trend_t + \alpha_i + \beta_t + \mu + \varepsilon_{it} \tag{1}$$

$$\left(\hat{\mu},\hat{\alpha},\hat{\beta},\hat{\tau}\right) = \underset{\alpha,\beta,\mu,\tau}{arg\min}\left\{\sum_{i=1}^{N}\sum_{t=1}^{T}\left(Y_{it} - \tau chengdu_{did_{it}} - \lambda \boldsymbol{X}_i trend_t - \alpha_i - \beta_t - \mu\right)^2 \hat{\omega}_i \hat{\lambda}_t\right\} \tag{2}$$

式（1）中，Y_{it}为区县i在时期t的结果变量；$Chengdu_did_{it}$为个体i在时间t是否接受处理，若i为成都市的区县且t大于等于1997，则$Chengdu_did_{it}$等于1，否则为0；$\boldsymbol{X}_i$为一组控制变量，包括1990年省会城市与计划单列市灯光亮度均值差、1990年省份的总人口数和1990年地级市城市的个数；$trend_t$为时间趋势项；μ为常数项；α_i为区县固定效应；β_t为时间固定效应；ε_{it}为误差项。式（2）展示了使用最小二乘方法的估计过程，$\hat{\omega}_i$为个体权重，$\hat{\lambda}_t$为时间权重。当使用DID方法估计时，任意的$\hat{\omega}_i$都为$1/N$，任意的$\hat{\lambda}_t$都为相等的$1/T$；当使用SDID方法进行估计时，则需要根据处理前数据和控制组数据提供的信息，设置不同的个体权重$\hat{\omega}_i$和时间权重$\hat{\lambda}_t$。

（二）数据来源及变量说明

本文的样本为1992~2012年6个省会城市的82个区县。成都市的20个区县作为处理组，而其他有计划单列市省份省会城市（沈阳市、济南市、杭州市、福州市、广州市）的62个区县作为对照组。选择1992年作为样本开始时期是因为：1992年，党的十四大召开后，各地区才确立了社会主义市场经济体制的共同目标。而1992年之前，各省份改革开放的进程存在差异，如广东省凭借经济特区已经实现了率先发展，而辽宁省的市场经济体制建设还相对滞后。选择2012年作为样本的结束时期主要是：2012年党的十八大召开以来，我国区域经济协调发展战略改革进入了“深水期”，陆续提出了多个高水平、全方位的区域发展战略，如“一带一路”倡议、长江经济带战略、成渝地区双城经济圈建设规划等，这些区域发展战略不仅会作用于成都的经济发展，还可能会影响成渝两政府之间的关系，进而威胁本文的因果推断，故本文只选取党的十八大以前的样本。

本文主要用夜间灯光数据衡量经济发展状况，夜间灯光数据具有不可操纵的特点，且避免了由行政区划变更而导致统计口径改变的问题（Jia等，2021）。夜间灯光数据来自国家青藏高原科学数据中心，这是世界上第一套长时间序列（1984~2020年）的中国的人工夜间灯光数据集（PANDA）（张立贤等，2021）。人口数据主要来自第三次至第六次全国人口普查。地级市层面的数据来自《中国城市统计年鉴》。

四　实证分析

（一）基础回归结果

基准回归结果如表2所示，其中第（1）~（4）列为不加控制变量的结果，第（5）~（8）列为加入控制变量的结果。第（1）、（5）列为传统DID的回归结果，第（2）~（4）列和第（6）~（8）列为SDID的回归结果。在样本期间内，夜间灯光均值呈现右偏的分布，参考常见做法（Aihounton和Henningsen，2021；Cao和Chen，2022），本文对夜间灯光的均值做反双曲正弦变换（arcsinh），以避免极端值的影响、修正偏度。如表2所示，DID的估计结果表明，重庆市直辖使成都市的灯光亮度显著提高了22.9%~27.5%。用SDID方法修正偏差和标准误的估计结果表明，重庆市直辖使成都市的灯光亮度显著提高了25.7%。基础回归结果表明，重庆行政等级提升后，成都市经济增长更快。

表2　1992~2012年重庆市直辖对成都灯光亮度的影响

变量 Panel A	(1) 灯光亮度 DID	(2) 灯光亮度 SDID	(3) 灯光亮度 SDID	(4) 灯光亮度 SDID
Chengdu_did	0.275*** (0.064)	0.257*** (0.060)	0.257*** (0.047)	0.257*** (0.048)
样本量	1722	1722	1722	1722
R^2值	0.725			

续表

变量 Panel A	(1) 灯光亮度 DID	(2) 灯光亮度 SDID	(3) 灯光亮度 SDID	(4) 灯光亮度 SDID
统计方法		placebo	bootstrap	jackknife
控制变量	否	否	否	否

变量 Panel B	(5) 灯光亮度 DID	(6) 灯光亮度 SDID	(7) 灯光亮度 SDID	(8) 灯光亮度 SDID
Chengdu_did	0.229*** (0.057)	0.257*** (0.060)	0.257*** (0.047)	0.257*** (0.048)
样本量	1722	1722	1722	1722
R^2值	0.982			
统计方法		placebo	bootstrap	jackknife
控制变量	是	是	是	是

注：*、**、***分别表示在10%、5%、1%的水平上显著，括号内为标准误。DID标准误为聚类到区县层面的稳健标准误，SDID标准误对应统计方法中使用的方法。第（2）~（3）列和第（6）~（7）列在保留三位有效数字后一致。

（二）平行趋势检验

使用传统双重差分法需满足平行趋势假设，若处理组和对照组在事前就能保持不变的时间趋势，那这种时间趋势才很有可能延续到事后的反事实。图2a显示了处理组与对照组的夜间灯光均值。在重庆直辖前，成都市与其他省会城市的灯光亮度均值差可视作不随时间的推移而变化。图2b事件研究法的趋势图进一步证明，在1997年以前，处理组与对照组的灯光亮度无显著差异，两者高度可比。图2不能拒绝平行趋势的假设，说明本文使用传统DID模型具有合理性。特别是，在重庆行政等级提升后，成都市的灯光亮度显著高于对照组城市，验证了本文基础回归的稳健性。

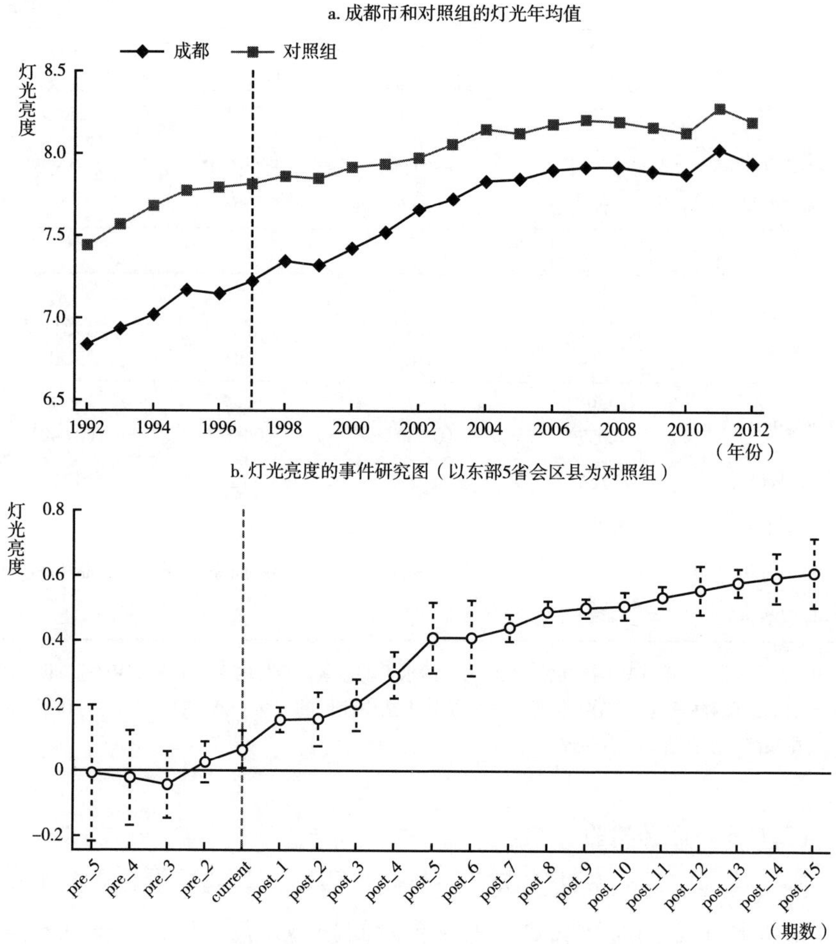

图2 夜间灯光亮度的平行趋势检验

SDID的平行趋势图及权重分布图如图3。图3a中，阴影三角表示时间权重的分布情况，表明时间权重主要集中在政策实施前3年，也就是说1994~1996年样本与处理后的时期更相似，进一步说明了本文没有选择1992年之前样本的合理性。图3a还表明，成都市与处理组在合成的事前趋势中满足了平行趋势假设。图3b反映了个体权重的分布情况。

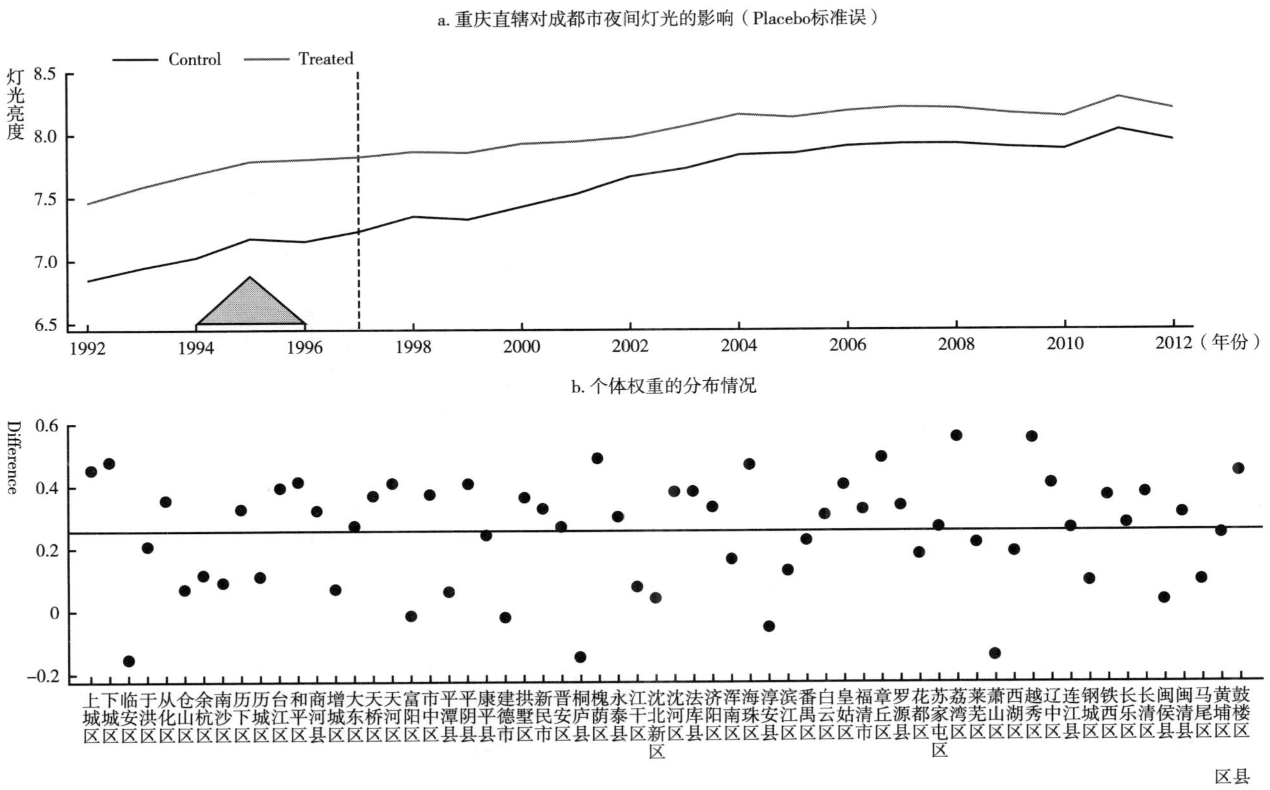

图3　SDID合成的趋势图和权重分布

（三）稳健性检验

1.使用合成控制法（SCM）进行稳健性检验

正文所使用的SDID是在合成控制法（SCM）和DID的基础上发展而来的。为验证基础回归的稳健性，本文统计了地级市层面的夜间灯光数据，使用SCM方法做进一步检验。被解释变量仍为灯光的反双曲正弦值，预测变量包括1992年人口密度（人/公里^2）、1992年末总人口数（万人）和1992年灯光的反双曲正弦值。图4中实线是实际的成都市灯光年均值图。图4a中的虚线是用东部5省会城市合成的成都市灯光年均值图，图4b中的虚线是用其他西部城市合成的成都市灯光年均值图，图4c中的虚线是使用中

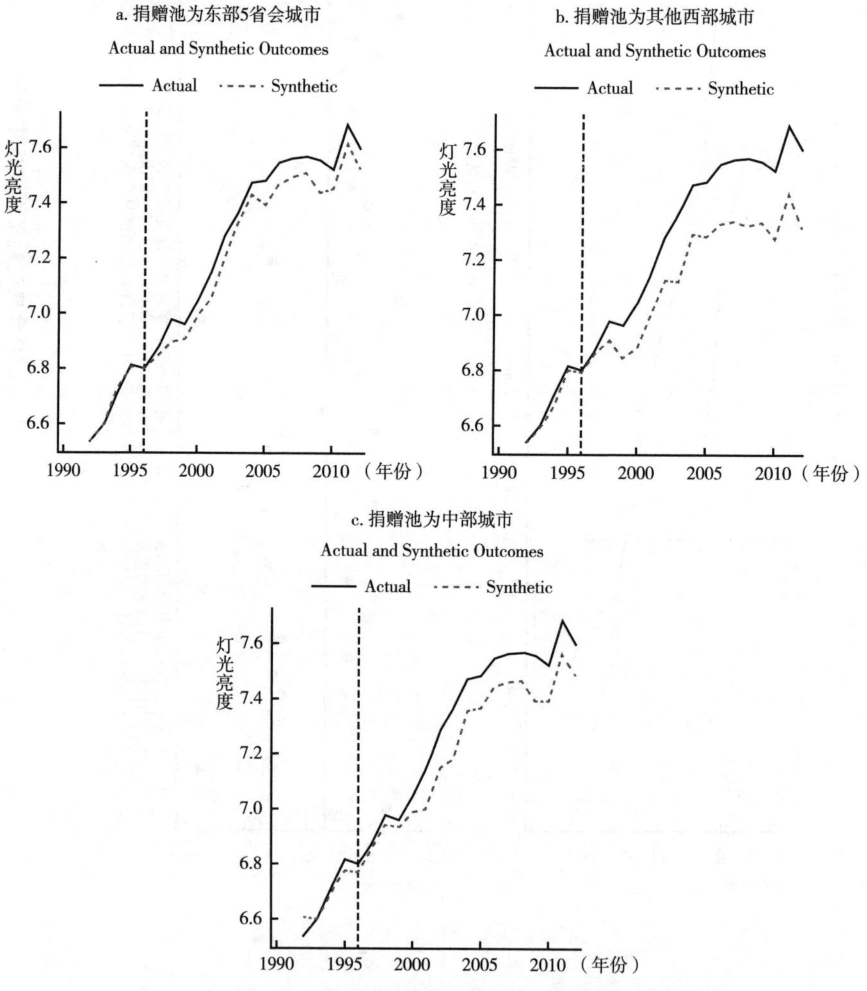

图4 成都市实际和合成的样本灯光亮度年均值

部城市合成的成都市灯光年均值图。从图4来看，在重庆直辖前，真实的成都市与合成的成都市拟合程度很高。重庆直辖后，实际成都市的灯光亮度都显著高于合成成都市。特别是当捐赠池为东部有计划单列省份的省会城市时，合成成都与真实成都在1997年以前几乎完全重叠，而且在1997年当年就出现了政策效应，进一步验证了基础回归的稳健性。

2.矩阵完成法估计

本文进一步使用矩阵完成法（MC）估计未观测的反事实，进行稳健性检验。结果表明，重庆市直辖使成都市的灯光亮度显著提升了27.66%，这与传统DID估计的系数相似。从图5平行趋势图来看，在1997年之前，处理组与对照组的灯光亮度无显著差异。而重庆市直辖以后，成都市的灯光亮度在当年就有了显著提升。

表3　使用矩阵完成法（MC）估计的ATT

ATT	样本量	标准差	Lower_Bound	Upper_Bound	P值
0.277	320	0.062	0.164	0.407	0.000

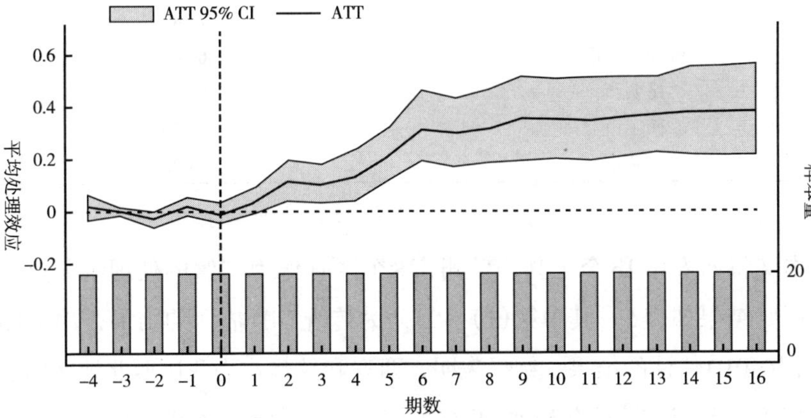

图5　使用矩阵完成法估计的趋势

3.排除西部大开发战略的影响

改革开放以来，我国一直深入推进区域发展战略。尽管本文已删除了

2012年之后的样本，避免“一带一路”倡议及“长江经济带”等其他区域发展战略对本文因果识别的影响。然而，2000年10月国务院发布了《关于实施西部大开发若干政策措施的通知》①。四川省是西部大开发战略的规划省份之一，且本文研究期间与西部大开发战略实施时间存在重叠，因此，本文结论仍可能受西部大开发战略的影响。为进一步证明成都的经济增长不是由西部大开发战略带来的，如表4所示，研究基于1992~1996年（基期）西部大开发省份11个省会城市的灯光亮度年均值，选择了与成都市灯光亮度最接近、社会经济发展状况最相似的西安市和兰州市作为安慰剂检验。

表4 1992~1996年（基期）西部大开发省会城市的灯光亮度均值情况

省会城市	基期灯光亮度年均值
西安市	7.995
成都市	7.548
兰州市	7.273
银川市	7.092
乌鲁木齐市	7.055
贵阳市	7.049
西宁市	7.043
呼和浩特市	6.644
昆明市	6.560
南宁市	6.050
拉萨市	3.022

本文将西安市13个区县、兰州市8个区县作为“假的处理组”进行回归，回归结果如表5。其中第(1)~(2)列为传统DID估计的结果，而第(3)~(4)列为SDID估计的结果。结果表明，西安和兰州作为我国西北地区的区域中心城市，与成都②具有相似的政治地位，又同样受西部大开发战略的影响，然而在重庆直辖后，与对照组相比并没有显著的灯光亮度提升。

① 《国务院关于实施西部大开发若干政策措施的通知》，http：//www.gov.cn/gongbao/content/2001/content_60854.htm，2000年10月26日。

② 成都市和重庆市是西南地区的区域中心城市。

表5 使用西安市和兰州市作为安慰剂的回归结果

变量	(1) 灯光亮度 DID	(2) 灯光亮度 DID	(3) 灯光亮度 SDID	(4) 灯光亮度 SDID
Xi'an_did	-0.055 (0.067)		-0.027 (0.056)	
Lanzhou_did		0.023 (0.096)		0.068 (0.067)
样本量	1575	1470	1575	1470
R^2值	0.672	0.672		
控制变量	否	否	否	否

注：*、**、***分别表示在10%、5%、1%的水平上显著，括号内为标准误。DID回归的标准误为聚类到区县层面的稳健标准误。SDID回归的标准误计算方式为placebo。

从图6直观来看，在1997年以前，成都市、西安市、兰州市3个城市与对照组城市都保持着相同的趋势。受重庆直辖的影响，1997年后，成都市夜间灯光亮度的增速显著高于对照组和安慰剂组城市。然而，1997年后，西安市、兰州市与对照组城市的灯光亮度均值差仍保持不变，且持续到2012年。虽然成都、西安、兰州3个城市都是西部城市，但在1997年后西安、兰州两市并没有表现出与成都市类似的经济增长趋势。而是维持着与对照组一致的增长趋势。这进一步说明本文基础回归的结果不是由西部大开发战略带来的。

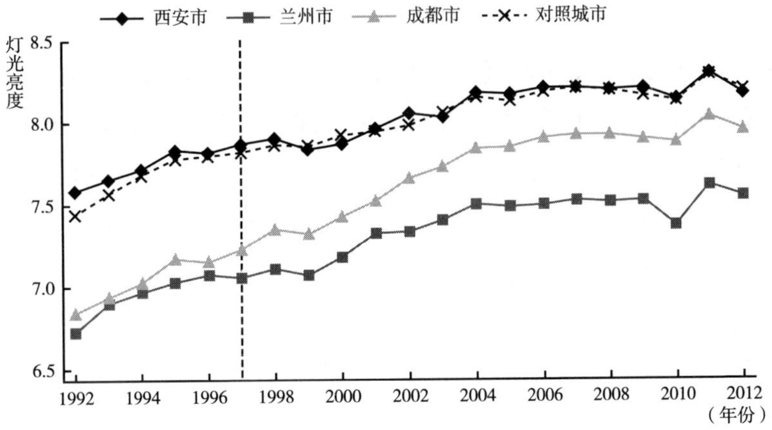

图6 1992~2012年西部主要城市与对照城市灯光亮度的年均值

为进一步证明研究系数在经济意义上的稳健性，本文将对照组替换为基期与成都市灯光亮度最接近的西部5省会城市（即西安市、兰州市、银川市、乌鲁木齐市、贵阳市）下辖的45个区县，回归结果如表6。表6第（1）列为DID的估计结果，第（2）列为SDID的估计结果。结果表明，相比于西部5省会城市，成都市在样本期间灯光亮度提升了20.6%，这与上文的估计系数25.7%是相似的。这进一步说明西部大开发战略对成都市灯光亮度提升可能仅贡献了5.08%，而本研究结论的20.59%都是由重庆市直辖所贡献的。如图7所示，事件研究法表明，以西部5省会城市为对照组时，平行趋势假设仍然不能被拒绝。

表6　使用西部5省会作为对照组回归的结果

变量	(1) 灯光亮度 DID	(2) 灯光亮度 SDID
Chengdu_did	0.204^{***} (0.069)	0.206^{***} (0.067)
样本量	1365	1365
R^2值	0.774	

注：同表5。

若从最保守的角度证明本文结论的稳健性，西部大开发战略的具体措施于2001年1月1日起正式实施。若成都市经济提速的时间在2001年以前，则至少可以说明，在西部大开发战略实施之前，重庆市行政等级提升确实给成都市经济发展带来了积极的影响。首先，根据上述的事件研究图本文发现，相比对照组——东部5省会城市，成都市灯光亮度早在2001年以前就显著提升。其次，当对照组为西部5省会城市时，图7展示了事件研究结果。结果表明，相比其他受西部大开发战略影响的省会城市，成都市的灯光亮度同样在2001年之前就有非常明显的提升。这进一步验证了本文结论的稳健性。

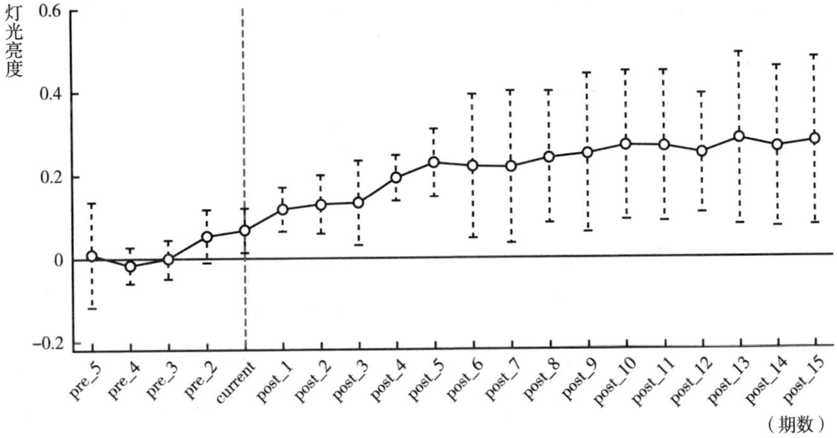

图7　灯光亮度的事件研究图（以西部5省会城市为对照组）

4.其他稳健性检验

重庆直辖当年，我国还实施了国有企业改革①。此次群体性失业给中国下岗家庭带来了相当大程度的财务困难和收入不确定性（Appleton等，2006），对国民经济造成了短期的负面冲击，这可能会威胁本文的因果识别。不过，成都市地处西南，在20世纪60~70年代的“三线建设”时期承担了大量军工、交通、通信等工业项目。这些项目提高了当地国有企业占比，持久地改变了西南地区的工业结构（林晨等，2022）。而对照组均位于东部地区，在“三线建设”时期搬出了大量国有工业企业，是民营经济发展较好的城市。据此背景推测，相比于对照组，1997年的下岗潮可能对成都市有更为负面的冲击。因此，国企改革不会高估本文回归结果，甚至可能低估本文回归结果。

此外，本文将被解释变量替换为夜间灯光的均值、夜间灯光的对数值，回归结果仍然成立。本文将样本期间扩展成1992~2015年②或者缩短为

① 1997年9月，党的十五大和十五届一中全会正式提出，国有大中型亏损企业要通过改革、改组、改造和加强管理，向现代企业转型。在本次改革中，“减员增效”是重要手段。1997~2000年，我国国有企业下岗职工达到2100万人。

② 《国家发展改革委　住房城乡建设部关于印发成渝城市群发展规划的通知》，https：//www.ndrc.gov.cn/xxgk/zcfb/ghwb/201605/t20160504_962182.html？code=&state=123。

1992~2006年[①]，回归结果也依然成立。这些都进一步验证了本文结果的稳健性。

五 机制分析

（一）成渝之间竞合关系改变

1.计划单列市与省会城市之间“通道”城市的发展

重庆直辖后，成渝两地协作进行经济建设的动机增强。然而，成渝并不接壤，两市进行经济交流、陆上人员往来和货物运输都必须途经遂宁市、资阳市和内江市这3个城市。以成渝为例，本文将连接省会与（原）计划单列市的城市定义为“通道”城市。成渝合作的加强可能会促进两地“通道”城市的交通网络建设和经济繁荣。因此，本文主要基于夜间灯光亮度和公路密度两个指标验证“通道”城市的发展状况；将遂宁市、资阳市和内江市这3个城市的13个区县作为处理组，将其他计划单列市与省会之间11个“通道”城市的76个区县作为对照组。对照组为广东省东莞市、惠州市的下辖区县，福建省泉州市、莆田市的下辖区县，浙江省嘉兴市、绍兴市的下辖区县，山东省潍坊市、淄博市的下辖区县，辽宁省营口市、鞍山市和辽阳市的下辖区县。

$$Y_{it} = \tau Mid\_treat_i \times Post_t + \lambda \mathbf{X}_i trend_t + \alpha_i + \beta_t + u + \varepsilon_{it} \tag{3}$$

$$Y_{ct} = \tau Mid_t\_treat_c + \lambda \mathbf{X}_c trend_t + \beta_t + u + \varepsilon_{ct} \tag{4}$$

对灯光亮度回归的模型如式（3）所示，Y_{it}为区县i在时间t的灯光亮度反双曲正弦值；若区县i位于处理组“通道”城市，Mid_treat_i则为1，位于对照组则为0；若年份t大于等于1997，$Post_t$为1，否则为0；其他变量含义如式（1）。表7的第(1)~(2)列、第(3)~(4)列分别为灯光亮度的DID和SDID回归结果。基于因果推断分析，重庆直辖后，相比于对照组，成渝之间的

① 《西部大开发“十一五”规划》，http：//www.scio.gov.cn/m/xwfbh/xwbfbh/wqfbh/2007/0301/Document/324548/324548.htm。

“通道”城市的灯光亮度至少提升了48.7%。对交通基础设施指标回归的模型如式（4）所示，Y_{ct}为地级市c在时间t的公路密度，其他指标含义同式（1）和式（3）。被解释变量公路密度=城市公路里程/城市总面积。其中，城市公路里程数据来自各地方统计局，城市总面积数据来自市政府官网。由于缺少事前的城市公路里程数据，本文并不能对“通道”城市的公路密度提升进行因果推断分析。此外，由于缺少在区县层面的公路里程数据，交通基础设施的回归只能在地级市层面操作。表7的第（5）~（6）列是对公路里程密度的回归，且控制了年份固定效应。结果表明，基于事后结果来看，成渝“通道”城市的道路密度比对照组城市平均高0.123~0.289公里/公里^2。

特别需要说明的是，遂宁市、资阳市和内江市这3个城市均位于四川省与重庆市的省界地带，而其他对照组城市均位于一省之内。重庆直辖后，成渝的“通道”城市作为省界城市，相较于其他省内“通道”城市，反而基础设施建设和经济发展水平更高。这进一步说明四川和重庆市两地实现合作共赢、共同发展。

表7　“通道”城市的经济效应

变量	（1） 灯光亮度 DID	（2） 灯光亮度 DID	（3） 灯光亮度 SDID	（4） 灯光亮度 SDID	（5） 公路密度 OLS	（6） 公路密度 OLS
Mid_did	0.753*** （0.100）	0.572*** （0.090）	0.487*** （0.050）	0.487*** （0.050）		
Mid_treat					0.289*** （0.057）	0.123* （0.073）
样本量	1869	1869	1869	1869	238	238
R^2值	0.976	0.979			0.568	0.699
年份固定效应	是	是	是	是	是	是
区县固定效应	是	是	是	是	否	否
控制变量	否	是	否	是	否	是

注：*、**、***分别表示在10%、5%、1%的水平上显著，括号内为标准误。表中第（1）~（2）列括号内为聚类到区县的聚类稳健标准误，第（3）~（4）列括号内为placebo标准误，第（5）~（6）列括号内为怀特稳健标准误。

2.成渝两市的产业协作加强

本文利用1992~2007[①]年工业企业数据库，构建了可随时变化的产业协作指数。

$$Index_{t,(i-n)} = \frac{\sum_{k}(Y_{itk} + Y_{ntk})}{\sum_{m}(Y_{itm} + Y_{ntm})} \tag{5}$$

式中，t为时间，$i-n$为省会城市i与计划单列市n的城市对。Y_{itk}为省会城市i在第t年k行业（3位代码）新设立企业的工业总产值，Y_{ntk}为计划单列市n在第t年k行业（3位代码）新设立企业的工业总产值；而Y_{itm}为省会城市i在第t年m行业（2位代码）新设立企业的工业总产值，Y_{ntm}为计划单列市n在第t年m行业（2位代码）新设立企业的工业总产值。其中，Y_{itk}、Y_{ntk}、Y_{itm}和Y_{ntm}均不为0，即仅考虑两地当年新增企业在同一行业存在交集的情况。式（5）的分子可以解释为，两个城市t年新成立的工业企业中，3位行业代码相同企业的总产值；分母可以解释为，两个城市t年新成立的工业企业中，2位行业代码相同企业的总产值。$Index_{t,(i-n)}$的取值范围为［0，1］，表示两地在行业大类相同的总产值中，细分行业存在重复建设的比例。当两地一体化水平较高、协作较强时，两地可能在同一行业大类（2位数行业）下开展协作，但细分行业往往会在一个城市独家生产（范剑勇，2004），表现为较低水平的$Index_{t,(i-n)}$。研究以成渝“城市对”为处理组，以沈阳—大连、济南—青岛、杭州—宁波、广州—深圳、福州—厦门5个“城市对”为对照组，进行DID回归[②]。表8的结果表明，相比于对照组的计划单列市—省会城市对，重庆直辖后，成渝两地在细分行业重复建设程度显著下降到21.5%，两地产业的分工协作加强。

① 聂辉华等（2012）指出，多数学者使用的工业企业数据在1999~2007年，本文遵循这一做法，使用2008年以前的工业企业数据。

② 由于使用SDID“合成”失败，这里只使用DID估计量。

表8　重庆直辖对成渝两市产业协作的影响

变量	(1) Index DID	(2) Index DID
Chengdu_did	-0.070^{***} (0.016)	-0.215^{***} (0.028)
样本量	96	96
R^2值	0.583	0.57
控制变量	否	是

注：***、**、*分别表示在1%、5%、10%的显著性水平，括号内为聚类到省会—计划单列市城市对层面的聚类稳健标准误。

（二）成都市对本省的凝聚力增强

1.成都市首位度上升

城市首位度体现了省会城市对本省的凝聚力，一般用省会城市的GDP占全省GDP的比重衡量（赵奎等，2021）。本文基于各省区市统计年鉴数据计算了6个省会的首位度。表9的第（1）~（2）列为DID的回归结果，第（3）~（4）列为SDID的回归结果。使用事件研究法的平行趋势检验结果表明，重庆直辖后，成都市首位度显著上升了11~12.2个百分点，且不能拒绝平行趋势假设，说明伴随着重庆行政等级提升，成都的省会功能得到了加强。

表9　重庆市直辖对成都市首位度的影响

变量	(1) 首位度 DID	(2) 首位度 DID	(3) 首位度 SDID	(4) 首位度 SDID
Chengdu_did	0.115^{***} (0.007)	0.110^{***} (0.012)	0.122^{***} (0.013)	0.121^{***} (0.013)
样本量	126	126	126	126
R^2值	0.948	0.958		
统计方法			placebo	placebo
控制变量	否	是	否	是

注：*、**、***分别表示在10%、5%、1%的水平上显著，DID的标准误为聚类到城市层面的稳健标准误。SDID回归的标准误计算方式为placebo。

2.成都市财政能力增加

关注央地关系的研究多是用省本级预算内财政支出占中央本级或全国财政预算内支出的比重衡量省份的财政分权（陈硕和高琳，2012）。由于本文侧重省份对所辖地级市的财政分权，使用“省会城市预算内财政支出/省本级财政预算内支出”衡量不同省份对本省省会城市的财政分权。这种比例形式排除了西部大开发战略对成都市专项转移支付的影响，而对照组是副省级省会城市①进一步差分了中央对副省级城市财政分权的影响。使用“支出指标”而不是“收入指标”是因为“支出指标”既能反映本地收入，又包括了中央或省份对省会城市的转移支付（陈硕和高琳，2012）。表10的第（1）~（2）列为DID的回归结果，第（3）~（4）列为SDID的回归结果。图8b为使用事件研究法的平行趋势检验。结果表明，重庆市行政等级提升后，成都市预算支出占全省的比重提高了4.3~5.2个百分点，且不能拒绝平行趋势假设。成都市获得本省的财政分权增加。

表10 重庆市直辖对成都市财政能力的影响

变量	(1) 财政能力 DID	(2) 财政能力 DID	(3) 财政能力 SDID	(4) 财政能力 SDID
Chengdu_did	0.043*** (0.007)	0.052*** (0.009)	0.045*** (0.016)	0.045*** (0.016)
样本量	126	126	126	126
R^2值	0.888	0.894		
控制变量	否	是	否	是

注：同表9。

① 福州市除外。

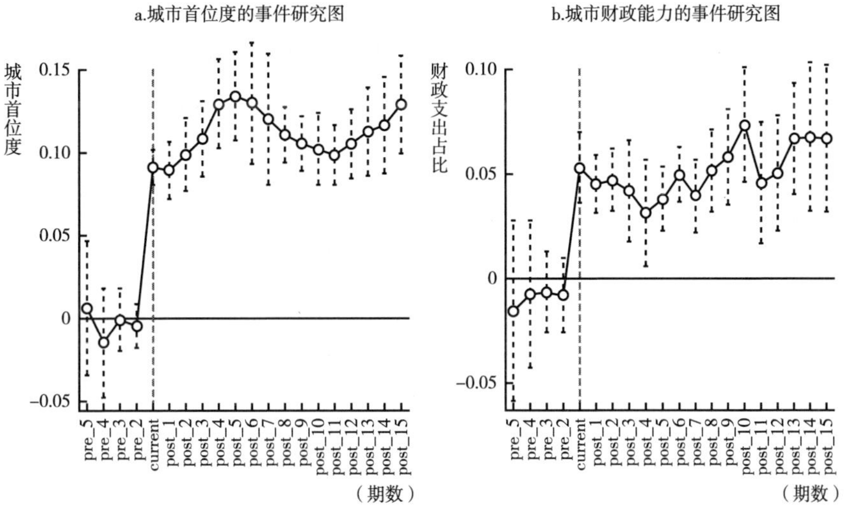

图8　验证成都市对本省凝聚力增强

3.成都市对本省人口吸引力增加的证据

人口是劳动力供给的基石，影响着一个地区的城市化进程和长久经济发展（蔡哲和王德文，1999；伍山林，2016）。从人口吸引的角度，成渝两市的文化背景和方言体系相似，在重庆行政等级提升前，两市对川内其他城市人口的吸引力可能是相当的，或者主要受人口流出地与两市之间地理距离的影响（鲁永刚和张凯，2019）。而重庆直辖后，四川省内其他城市人口在选择流入地时，不仅受地理距离的影响，还增加了跨省份流动的顾虑。基于2000年和2010年人口普查数据，有研究表明，大部分地级市的人口流入仍然以省内流动为主（鲁永刚和张凯，2019）。贾俊雪等（2021）的研究同样表明，重庆行政等级提升并没有导致四川人口向重庆迁移（Jia 等，2021），说明四川省非省会城市的人口流动，可能会优先选择位于本省的成都市，而不是重庆市。

由于我国并没有连续年份的人口普查数据，本文只能利用第三次至第六次全国人口普查数据来验证成都市对人口的吸引情况。如图9a所示，第三次和第四次全国人口普查结果显示，成都市的总人口低于沈阳市和广州市的总人口，但是第五次和第六次全国人口普查结果表明，成都市总人口远超对照组城市总人口均值，成为6个省会城市中人口最多的城市。由于缺少1997年数据，本研究分别使用1990年和2000年为处理时点，进行简单的2×2DID回归对因果效应进行粗略的估计，回归结果如表11所示。结果表明，重庆市直辖使成都市总人口显著提高了342.988万~462.867万人。利用第五次、第六次全国人口普查提供的人口流动数据进行进一步分析，本文发现：成都市外省流入人口与对照组省份保持着相同的增长幅度，但是其本省流入人口的增长幅度却远超对照组城市，这使成都市保持着较高水平的本省/外省人口流入比。这进一步说明在重庆直辖后，成都市大幅度的人口增长很有可能是由对本省人口的吸引力增加而带来的。

a. 6个省会城市人口普查数据年均值

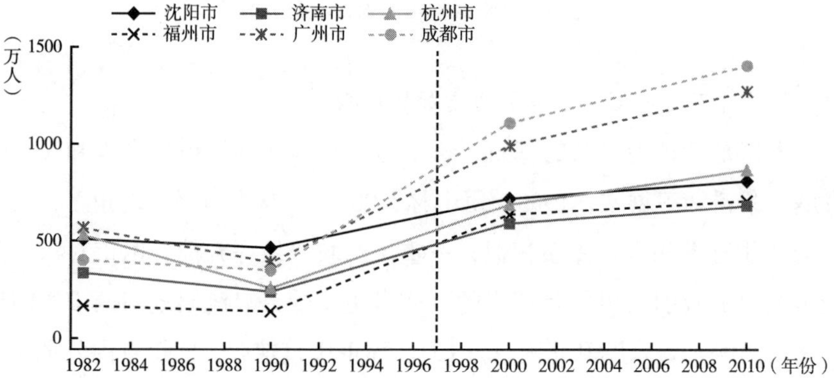

b. 处理组与对照组人口普查数据年均值

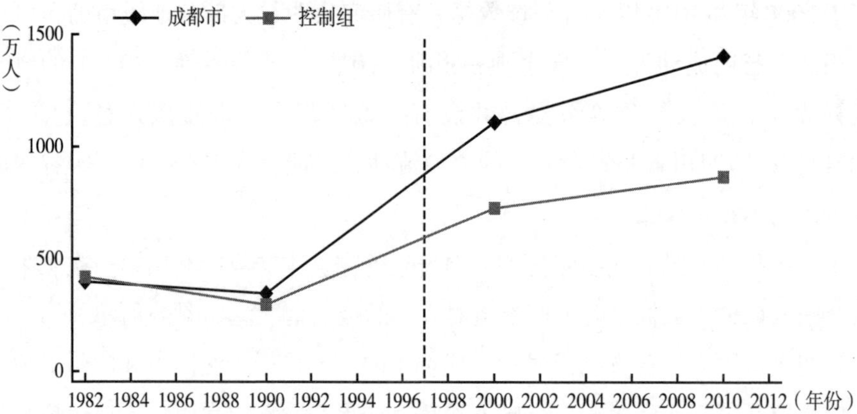

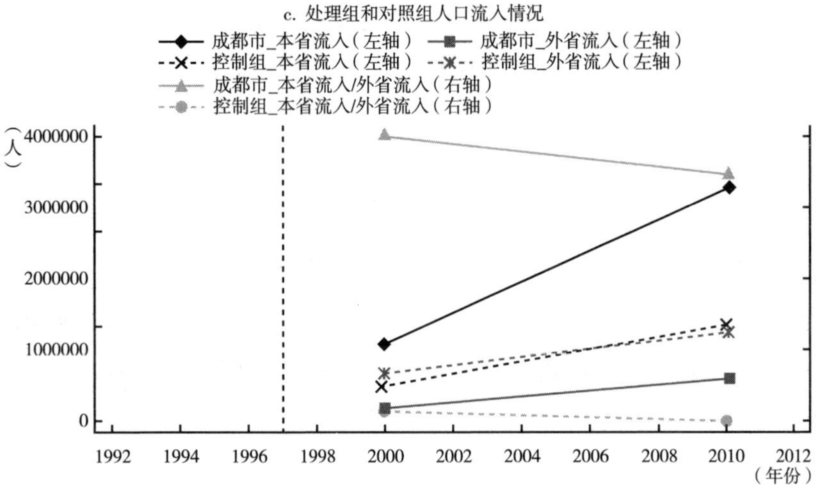

图9　人口普查数据的年均值

表11　重庆市直辖对成都市总人口的影响

变量	(1) 总人口数 DID	(2) 总人口数 DID	(3) 总人口数 SDID	(4) 总人口数 SDID
Chengdu_1990	342.988*** (53.286)		342.988*** (106.402)	
Chengdu_2000		445.475*** (72.528)		462.867*** (192.430)
样本量	24	24	24	24
R^2值	0.861	0.917		

注：同表9。

六　结论和政策建议

1997年重庆行政等级提升后，成渝两市经济均实现了高速增长。现有大量研究从分权角度解释了行政等级提升对重庆经济增长的影响，却鲜有研究对二者双赢局面和成都经济的迅猛增长现象做出解释。本文基于因果框架，谨慎评估了重庆行政等级提升对成都经济增长的真实效应，并从成渝两地竞合关系改变和成都省会功能增强的视角深入分析了成都市经济增长背后的原因。研究发现，重庆市直辖促使成都市的灯光亮度显著提高了25.7%。机制分析表明，成渝两地行政等级的差距促使两地转向“有竞有合”。相比其他计划单列市与省会之间的“通道”城市，成渝间的“通道”城市尽管位于省界地区，但仍表现出了更高水平的基础设施建设和经济发展；成渝两地产业重复建设现象也随之减少，同一行业大类下的分工协作加强。此外，在重庆市直辖后，四川省区域发展战略由“依托两市”调整为“依托一点”，极大地增强了成都市作为省会的凝聚力。相比对照组，成都市首位度大幅提高、财政能力增强，对本省人口的吸引力也提高。

本文基于对重庆直辖的分析，揭示了省会城市与本省计划单列市之间的复杂关系，本文的结论如下。

第一，坚持实事求是的原则促进区域合作。重庆从四川分离反而促进川渝合作的例子表明，行政区划合并并不是促进区域一体化的唯一办法。应坚持实事求是的原则，具体问题具体分析，在准确找寻不同区域地方政府间存在过度竞争原因的基础上，分门别类地采取差异化举措。

第二，在我国追求区域协调与一体化发展的现实诉求下，中央应适度调整对地方政府官员的考核与激励机制，引导地方政府追求经济增长质量提升，改变其过度追求经济总量的做法，使参与合作的地区都能享受到合作带来的红利，以实现共赢。

第三，要加强行政区划调整或区域发展战略的均衡分析。重庆从四川分离反而促进川渝合作，但本文并不认为要推广复制这一经验到其他“省会城市—计划单列市”。恰恰相反，本文认为应审慎调整行政区划。因为行政区划调整或区域发展战略不仅会直接影响到所覆盖城市，还会通过地理关联或经济关联影响到其他区域，本文的研究进一步发现在重庆行政等级提升、更具相对优势的情况下，四川省相应就提出要提升成都市在四川省区域规划中的地位。这增强了省会城市对本省资源的凝聚力，促进了当地经济发展。我国在进行行政区划调整或地方制定区域发展战略时，应充分考虑政策的全局影响，支持某一地发展的区域政策促进当地经济发展、产生局部最优的效果只是政策的基本要求，更需考虑政策对该地的支持是否意味着对其他区域的相对抑制，是否能起到优化资源配置、促进区域合作、达成全局最优的效果。

第四，“通道”城市在推动省界毗邻地区发展中能发挥重要作用。连接两大区域经济中心的“通道”城市承担着经济中心间物资、劳动力等生产要素跨区流动的重要功能，“通道”城市能在区域经济中心加强经济联系中受益，如成渝间遂宁市、资阳市和内江市这3个城市虽然成为川渝新省界上的省界毗邻地区，但受益于成渝合作的加强，相较于其他计划单列市与省会城市间的“通道”城市有更高的道路密度和灯光亮度。省界毗邻地区中的诸多城市如九江、赣州、襄阳、徐州、张家口和汉中等同时处于连接多省的交通要道上。地方政府如能充分重视这些城市连接多省的“通道”功能，将其打造为省域副中心城市，则有利于推动省界毗邻地区发展，加强省级经济联系，构建新发展格局。

参考文献

[1] 才国伟、张学志、邓卫广，2011，《“省直管县”改革会损害地级市的利益吗?》，《经济研究》第7期。

[2] 蔡晳、王德文，1999，《中国经济增长可持续性与劳动贡献》，《经济研究》第10期。

[3] 陈硕、高琳，2012，《央地关系：财政分权度量及作用机制再评估》，《管理世界》第6期。

[4] 丁如曦、刘梅、李东坤，2020，《多中心城市网络的区域经济协调发展驱动效应——以长江经济带为例》，《统计研究》第11期。

[5] 范剑勇，2004，《市场一体化、地区专业化与产业集聚趋势——兼谈对地区差距的影响》，《中国社会科学》第6期。

[6] 范颖，2005，《川渝人才资源建设研究》，重庆大学硕士学位论文。

[7] 傅强、朱浩，2013，《中央政府主导下的地方政府竞争机制——解释中国经济增长的制度视角》，《公共管理学报》第1期。

[8] 劳昕、沈体雁，2015，《中国地级以上城市人口流动空间模式变化——基于2000和2010年人口普查数据的分析》，《中国人口科学》第1期。

[9] 林晨、陈荣杰、徐向宇，2022，《外部产业投资与区域协调发展——来自“三线建设”地区的证据》，《经济研究》第3期。

［10］刘乃全、吴友，2017，《长三角扩容能促进区域经济共同增长吗》，《中国工业经济》第6期。
［11］鲁永刚、张凯，2019，《地理距离、方言文化与劳动力空间流动》，《统计研究》第3期。
［12］陆大道，2002，《关于“点-轴”空间结构系统的形成机理分析》，《地理科学》第1期。
［13］倪婷婷、王跃堂，2022，《区域行政整合、要素市场化与企业资源配置效率》，《数量经济技术经济研究》第11期。
［14］聂辉华、江艇、杨汝岱，2012，《中国工业企业数据库的使用现状和潜在问题》，《世界经济》第5期。
［15］强永昌、杨航英，2020，《长三角区域一体化扩容对企业出口影响的准自然实验研究》，《世界经济研究》第6期。
［16］尚天晓，2006，《区域政府间保护性竞争与合作机制研究》，重庆大学硕士学位论文。
［17］史宇鹏、周黎安，2007，《地区放权与经济效率：以计划单列为例》，《经济研究》第1期。
［18］唐为，2019，《分权、外部性与边界效应》，《经济研究》第3期。
［19］唐为、王媛，2015，《行政区划调整与人口城市化：来自撤县设区的经验证据》，《经济研究》第9期。
［20］陶然、陆曦、苏福兵、汪晖，2009，《地区竞争格局演变下的中国转轨：财政激励和发展模式反思》，《经济研究》第7期。
［21］王贤彬、聂海峰，2010，《行政区划调整与经济增长》，《管理世界》第4期。
［22］吴俊、杨青，2015，《长三角扩容与经济一体化边界效应研究》，《当代财经》第7期。
［23］吴青山、吴玉鸣、郭琳，2021，《区域一体化是否改善了劳动力错配——来自长三角扩容准自然实验的证据》，《南方经济》第6期。
［24］吴祥云、胡品生、钟磬，1997，《新四川的省情及经济发展战略认识》，《四川财政》第5期。
［25］吴意云、朱希伟，2015，《中国为何过早进入再分散：产业政策与经济地理》，《世界经济》第2期。
［26］伍山林，2016，《农业劳动力流动对中国经济增长的贡献》，《经济研究》第2期。
［27］徐现祥、李郇，2005，《市场一体化与区域协调发展》，《经济研究》第12期。
［28］徐现祥、李郇、王美今，2007，《区域一体化、经济增长与政治晋升》，《经济学（季刊）》第4期。

[29] 徐现祥、王贤彬，2010，《晋升激励与经济增长：来自中国省级官员的证据》，《世界经济》第2期。

[30] 许政、陈钊、陆铭，2010，《中国城市体系的“中心-外围模式”》，《世界经济》第7期。

[31] 闫昊生、王剑飞、孙久文，2023，《集体建设用地入市如何影响国有建设用地市场？——基于机器学习的新证据》，《数量经济技术经济研究》第6期。

[32] 余泳泽、杨晓章，2017，《官员任期、官员特征与经济增长目标制定——来自230个地级市的经验证据》，《经济学动态》第2期。

[33] 张立贤、任浙豪、陈斌、宫鹏、付昊桓、徐冰，2021，《中国长时间序列逐年人造夜间灯光数据集（1984-2020）》，国家青藏高原科学数据中心。

[34] 赵奎、后青松、李巍，2021，《省会城市经济发展的溢出效应——基于工业企业数据的分析》，《经济研究》第3期。

[35] 钟粤俊、梁超，2021，《行政区划调整与企业家时间配置：基于撤县设区的视角》，《财贸经济》第8期。

[36] 周黎安，2004，《晋升博弈中政府官员的激励与合作——兼论我国地方保护主义和重复建设问题长期存在的原因》，《经济研究》第6期。

[37] 周黎安，2008，《转型中的地方政府：官员激励与治理》，格致出版社。

[38] 周黎安、陶婧，2011，《官员晋升竞争与边界效应：以省区交界地带的经济发展为例》，《金融研究》第3期。

[39] 周黎安、赵鹰妍、李力雄，2013，《资源错配与政治周期》，《金融研究》第3期。

[40] Ades A. F., Glaeser E. L. 1995. “Trade and Circuses: Explaining Urban Giants.” *The Quarterly Journal of Economics* 110(1): 195-227.

[41] Aihounton G. B. D., Henningsen A. 2021. “Units of Measurement and the Inverse Hyperbolic Sine Transformation.” *The Econometrics Journal* 24(2): 334-351.

[42] Appleton S., Knight J., Song L., Xia Q. 2006. “Labour Retrenchment in China: Determinants and Consequences.” *China Economic Review* 13(2-3): 35-58.

[43] Arkhangelsky D., Athey S., Hirshberg D. A., Imbens G. W., Wager S. 2021. “Synthetic Difference-in-Differences.” *American Economic Review* 111(12): 4088-4118.

[44] Black D., Henderson V. 2003. “Urban Evolution in the USA.” *Journal of Economic Geography* 3(4): 343-372.

[45] Cao Y., Chen S. 2022. “Rebel On the Canal: Disrupted Trade Access and Social Conflict in China, 1650 - 1911.” *American Economic Review* 112(5): 1555-1590.

[46] Cuberes D., Desmet K., Rappaport J. 2021. “Urban Growth Shadows.” *Journal of Urban Economics* (123): 103-334.

［47］Fujita M., Mori T. 1997. "Structural Stability and Evolution of Urban Systems." *Regional Science and Urban Economics* 27(4): 399-442.

［48］Jia J., Liang X., Ma G. 2021. "Political Hierarchy and Regional Economic Development: Evidence From a Spatial Discontinuity in China." *Journal of Public Economics* (194): 104-352.

［49］Krugman P. 1993. "On the Number and Location of Cities." *European Economic Review* 37 (2-3): 293-298.

［50］Partridge M. D., Rickman D. S., Ali K., Olfert M. R. 2009. "Do New Economic Geography Agglomeration Shadows Underlie Current Population Dynamics Across the Urban Hierarchy?" *Papers in Regional Science* 88(2): 445-466.

［51］Tabuchi T. 1998. "Urban Agglomeration and Dispersion: A Synthesis of Alonso and Krugman." *Journal of Urban Economics* 44(3): 333-351.

［52］Volgmann K., Münter A. 2022. "Understanding Metropolitan Growth in German Polycentric Urban Regions." *Regional Studies* 56(1): 99-112.

（责任编辑：李兆辰）

行政区划调整、政府职能转型与人力资本积累

王耀辉　孙　鹏*

摘　要：本文以撤县设区为例考察了由行政区划调整带来的政府职能转型对人力资本积累的影响。使用2015年1%人口抽样调查微观数据并采用双重差分实证策略。研究发现，撤县设区会显著提高青少年接受高中教育的概率，可能的原因是，撤县设区后政府职能重心从经济建设转向公共服务，因此会加大财政教育支出，促进教育质量提升，表现为辖区生师比显著降低。异质性分析发现，撤县设区对女性以及人力资本存量较低、城镇化水平较低和距离市区较远的县的人力资本的影响更大。党的二十大报告明确指出，要"加快义务教育优质均衡发展和城乡一体化，优化区域教育资源配置"。本文的结论可以为地方政府在义务教育和中等教育领域制定优化区域教育资源配置的政策提供参考。

关键词：行政区划调整　政府职能转型　撤县设区　人力资本　财政教育支出

一　引言

改革开放以来，中国经济经历了40多年的高速增长后，已进入高质量增长阶段。中国之前的高速增长主要是由资本积累驱动的，现今依靠人力资本驱动的高质量增长已成为迫切需求。这意味着中国对高素质劳动力的需求日益增加。按照世界银行的标准，中国已经达到中高收入国家的顶部

*　王耀辉，讲师，山东师范大学经济学院，电子邮箱：wangyaohuink@126.com；孙鹏（通讯作者），博士研究生，中国人民大学劳动人事学院，电子邮箱：mr.pengsun@ruc.edu.cn。
感谢匿名审稿专家的宝贵意见，文责自负。

位置，接近高收入国家的门槛。党的二十大报告提出，到2035年，“全体人民共同富裕取得更为明显的实质性进展”。劳动力素质的提高可以助力我国跻身高收入国家行列，实现共同富裕的伟大目标。

作为衡量人力资本的重要指标，高中（含职业教育，下同）及以上教育指标决定着劳动者是否能掌握更高的劳动技能。尽管相比那些成功进入高收入行列的经济体（如韩国）和新兴发展中经济体（比如金砖国家），中国劳动者接受高中教育的比例仍偏低（Khor等，2016），但是近年来适龄青少年就读高中的比例快速提高，高中阶段的毛入学率从2005年的52.7%上升到2020年的91.2%。

面对上述事实，学术界感兴趣的问题是，什么原因推动着中国人力资本的快速提升？一个值得注意的现象是，在人力资本快速积累的同时，中国建设服务型政府的事业也在稳步推进中。2004年，温家宝总理正式提出“建设服务型政府”。随后，“建设服务型政府，强化社会管理和公共服务职能”的目标被写入历届党的代表大会报告，成为指导我国政府职能转型的纲领性要求。在这个过程中，建设人民满意的服务型政府，努力实现基本公共服务均等化成为各级政府的奋斗目标。国家财政用于教育、卫生和社保方面的支出大幅增长（郁建兴和高翔，2012）。基于这个背景，本文试图回答一个问题：中国地方政府从经济建设职能向公共服务职能的转型过程，是否对人力资本积累存在影响？对这个问题的回答有助于我们对地方政府的基本公共服务投入效果进行正确评估。

行政区划调整是政府优化公共服务供给结构的重要手段。即使政府调整行政区划不是为了公共服务，但常常在客观上提升了基本公共服务质量（叶林和杨宇泽，2017）。21世纪以来，伴随着快速的城市化，撤县设区成为地方政府调整行政区划的主要模式，这为我们提供了利用自然实验识别上述因果关系的机会。在中国，县的财政支出偏重于经济建设，而市辖区的财政支出偏重于公共服务。因此，撤县设区带来的政府职能重心转换会带来地方政府财政教育支出的增长，进而促进人力资本积累。利用2015年1%人口抽样调查微观数据，本文发现，撤县设区对人力资本积累具有显著的正向影响，使个体接受高中教育的概率提升大约5个百分点。这个结果在经过各种稳健性检验后依然成立。随后本文探讨了其内在机制。本文发现，撤县设区会使生均教育支出增加12.7%、生师比降低2.8个点。撤县设区后的政府职能转型带来的财政教育支出增加以及教育质量提升，是促进个体接受高中教育概率增加的重要原因。

利用撤县设区识别上述因果关系不可避免要遇到内生性问题。首先，经历过撤县设区的市辖区和没有撤县设区的县在各项特征上显著不同。例如，大多数经历过撤县设区的市辖区的人力资本存量可能本来就比普通县要高，单纯依据是否撤县设区对人力资本进行比较，或者单纯对撤县设区前后的人力资本进行比较，都会面临选择性偏误问题。其次，可能存在一种情况，人力资本水平高的地区城市化水平更高，更重视基本公共服务，地方政府推动撤县设区的意愿也更强，这会产生双向因果关系问题。不过，鉴于各地撤县设区的时点不同，这提供了使用双重差分进行因果识别的机会。在满足平行趋势假设的前提下，双重差分可以视为一种自然实验，其处理变量具有很强的外生性，有助于解决内生性问题。

本文至少可以丰富如下三类文献：首先，丰富了对行政区划调整进行政策评估的文献。学者们从不同角度考察了撤乡并镇（赖德胜等，2022）、撤地设市（Bo，2020）、撤县设市（唐为，2019）乃至省直管县（刘勇政等，2019；李广众和贾凡胜，2020）等对乡村振兴、工业生产率、中小城市发展和地方财政税收的影响，实证发现了行政区划调整的积极影响。在这类文献中，撤县设区是比较大的一个分支。文献认为，撤县设区会显著降低市辖区和县之间的边界效应，使公共投资的正外部性内部化，从而提高地方政府对基础设施的投资水平（唐为，2019；李郇和徐现祥，2015）。同时，撤县设区会弱化新设市辖区的征税努力，进而降低企业实际税率，这有助于增加企业销售收入和总利润（范子英和赵仁杰，2020）。撤县设区还可以产生城市聚集效应和市场融合效应（唐为和王媛，2015），优化城市内部资源配置（邓慧慧和潘雪婷，2020；倪婷婷和王跃堂，2022）。上述因素都会有效促进经济增长，进而提高当地人口增长率（魏守华等，2020）。撤县设区还会降低当地政府对企业的财政补贴，这有助于消除市场分割和贸易保护壁垒，促进政策公平（卢盛峰和陈思霞，2016、2017）。但是，撤县设区会导致地方政府通过低价用地政策吸引低效率企业入驻，尽管在短期内会促进经济增长，但长期来看反而可能会降低当地生产效率并加剧资源错配（邵朝对等，2018）。此外，撤县设区带来的政府功能转向公共服务转化还有助于减少辖区空气污染（张文赞等，2022）。从上述文献来看，目前针对撤县设区的政策评估主要有两个特点：第一个特点是多数文献通过财政收支这一通道来考察撤县设区带来的后续影响。本文仍沿用这一思路，考察撤县设区通过财政教育支出影响个体教育获得。第二个特点是大多数基于微观数据的相关研究是针对企业层面，而基于个体家庭层面的较少。因此，本文在研究角度方面与现有的文献有明显的不同。

其次，本文还可以与一批研究省以下政府间事权与支出责任的文献建立联系。文献认为，在分权改革中政府间事权与支出责任划分不清晰，导致教育、医疗和社会保障等服务性财政支出责任不断下移，同时地方政府为了招商引资也会加大生产性财政支出，这会加大地方政府的财政赤字风险（冀云阳等，2019），进而降低地方政府基本公共服务支出占比（孙开和张磊，2019），扭曲财政支出结构（李永友等，2021）。本文的结论可以算是该类文献的扩展，撤县设区在客观上重构了新设市辖区的事权与支出责任，提高了服务性支出比重，从而促进了教育事业发展。

最后，从更宽广的角度，本文还丰富了有关基础教育发展的公共政策的文献。这类公共政策大致分为两类。一类是直接与教育有关的公共政策，如义务教育法（刘生龙等，2016）、“国家贫困地区义务教育工程”项目（汪德华等，2019）、撤点并校（梁超和王素素，2020）、农村义务教育学生营养改善计划（蔡伟贤等，2022）和农村中小学远程教育工程（Bianchi等，2022）等。另一类是与教育无关的公共政策，但在客观上促进了个体教育获得水平的提高，如产假政策（鲁元平等，2019）、新农合（Huang和Liu，2023）等。本文的研究对象大致属于第二类政策，撤县设区不是为了教育，但其带来的基本公共服务水平提升客观上促进了地区教育获得感的提升。

本文的特色和边际贡献体现在以下几个方面：第一，首次从撤县设区的角度解释了政府职能转型对人力资本积累的促进作用，丰富了撤县设区政策评估方面的文献；第二，为地方政府增加基本公共服务支出的效果提供了经验依据；第三，目前多数涉及县域政策改革对公共服务影响的文献是基于县级宏观数据进行研究（贾俊雪和宁静，2015；卢盛峰等，2017），而本文使用了微观调查数据，可以得到更为全面的结论。

本文的后续安排如下：第二部分概述了撤县设区的政策背景；第三部分介绍了实证策略和所用数据；第四部分报告了基准结果；第五部分进行了稳健性检验；第六部分分析了内在机制；第七部分进行了异质性分析；第八部分是结论和政策建议。

二　政策背景

行政区划是国家为便于行政管理而分级划分的区域。中国共有四级行政区划：省（自治区、直辖市）、地市（自治州）、区县（县级市）和乡镇（街道）。改革开放以来，快速提高的城镇化水平对县制模式产生了持续的冲击。为了顺应城镇化的发展，国务院在1986年批转了民政部的《关于调整设市标准和市领导县条件报告的通知》，规定了成立县级市的标准。此后，撤县设市成为各地针对城镇化进行行政区划调整的主要模式。1986年，中国有184个县级市，至1997年底中国县级市数量达到442个。如今长期位于“百强县”前列的很多县级市，如昆山市、江阴市和晋江市等就是在这一时期成立的。但是，大规模的撤县设市也带来了一些“假性城镇化”的问题。很多新成立的县级市仍包含大量的农村地区，其非农产业比例与普通县并无区别。因此，中央政府在1997年基本冻结了撤县设市的申请。

尽管撤县设市进程停滞了，但是地方政府扩张城市的热情并未消失，并随着经济发展而日益高涨。于是，撤县设区成为地方政府调整行政区划的主要模式。改革开放后的第一批撤县设区发生在1983年的山东省，当时潍坊的潍县和烟台的福山县分别改成寒亭区和福山区。从第一批撤县设区开始，中国的撤县设区进程大致分成四个阶段：第一个阶段是1983~1999年。在这个阶段，各地陆陆续续进行了大约170次撤县设区。该阶段可以称为“平稳推进阶段”。第二个阶段是2000~2004年。在短短的5年中，全国进行了大约109次撤县设区。其中四个直辖市的大部分撤县设区都在此期间完成。该阶段可以称为“爆发阶段”。第三个阶段是2005~2009年。由于之前的实践中出现了城市粗放式发展和土地资源浪费等问题，中央严格控制了撤县设区的审批。这期间全国只进行了大约9次撤县设区。该阶段可以称为“低潮阶段”。第四个阶段是2010年至今。自2010年重启撤县设区审批到2020年底，全国共进行了大约145次撤县设区，其中2015年和2016年分别进行了28次和33次撤县设区。这一阶段可以称为“热潮阶段”。伴随着这股热潮，国内出现了一些“无县”城市。北上广深等国内一线城市的县全部改为市辖区。

但是，近年来撤县设区大潮存在过急过热的现象，撤县设区的必要性与科学性没有得到充分论证，反而出现了“假性城市化”和“城乡发展差距拉大”等新问题。因此从2022年开始，中央再次收紧了撤县设区的审批。国家发改委印发的《2022年新型城镇化和城乡融合发展重点任务》中明确指出，要“慎重从严把握撤县（市）改区”。自此，撤县设区的热潮开始降温了。中国的行政区划调整进程进入了新阶段。

作为行政区划调整的一种模式，撤县设区属于一个广义的概念，在具体实施中其形式并不是一成不变的，具体而言，大致可分为“整县改区”“撤市设区”“区县合并”“区县重组”“切块设区”等形式。“整县改区”就是通常意义上的撤县设区，是将市管县改为市辖区；“撤市设区”则是将由地级市代管的县级市转设为市辖区，如苏州市吴江市改为吴江区，广州增城市改为增城区等；“区县合并”是将县与市辖区合并的情况，如南京市江浦县并入浦口区，乌鲁木齐的米泉市和东山区合并成米东区等；“区县重组”是将原属县的部分乡镇、街道并入原来的市辖区，如河南省将原属安阳县的含曲沟镇、水冶镇并入安阳市殷都区；“切块设区”是将县的一部分乡镇析出，转设为市辖区，如泉州市将惠安县的七个镇析出转设为泉港区。

中国的城市实行区县二元管理体制（卢盛峰和陈思霞，2017；范子英和赵仁杰，2020）。区和县都属于地市管辖，但在产业结构、财政收支和管理权限方面有着明显的不同。首先，在产业结构方面，县的农村成分较多，农业人口比例较高。经济发展和官员绩效考核的重点也在农业方面。而市辖区的城市人口比例较高，经济发展和官员绩效考核的重点在第二三产业（陈科霖，2019）。其次，在财政收支方面，县是相对独立的预算单位，在财政收支方面有较强的决策自主性。而市辖区作为地市的组成部分，在财政体制方面与地市之间实行分税制或者分税制基础上的包干制。因此在财政收支方面的自主性较低。从财政收入角度来看，县级财政收入会更多地留在本地区，而市辖区的财政收入需要先上缴地市国库，然后统筹划分给市辖区。从财政支出角度来看，县具有独立财政支出权限，其财政支出的责任以经济建设为中心，重点促进农村地区经济发展。而市辖区的支出以公共服务支出为主。最后，在管理权限方面，目前随着省直管县的推广，县在社会经济管理和土地规划等方面有较强的自主权。而市辖区则要融入地市政府的统一规划，自主发展权受到限制。

地方政府撤县设区大致有两个动因。首先，撤县设区是地方政府适应城市化进程的结果。例如，唐为和王媛（2015）发现撤县设区会吸引流动人口迁入，从而显著提高新设市辖区的人口增长率。其次，撤县设区是市县利益博弈的结果。2009年财政部下发了《关于推进省直接管理县财政改革的意见》，目标是力争在2012年底前在全国除民族自治地区外全面推进省直接管理县财政改革。省直管县的本意是理顺政府间财政关系，降低地方行政成本，发展壮大县域经济。但是地市政府的目标是做大做强中心城市，发挥城市聚集效应，发展壮大地市经济。为此，地市政府会策略性地进行撤县设区。

不管地方政府撤县设区有何动因，客观上都会增加新设市辖区的教育投入，从而提升当地的人力资本水平，其原因如下：分税制改革后，中央政府更多地集中了财权，而地方政府承担了更多的支出责任，地方政府面临较大的财政支出压力。为了招商引资，增加财政收入，地方政府偏好基础设施投资。在中国式分权体制下，作为具有独立经济管理权限的县政府，其财政支出的重心是经济性支出。撤县设区后，市辖区的经济管理权限不再独立，其经济政策需要服从城市经济一体化的整体目标，因此市辖区的经济性支出的动机和能力弱化。同时，提供各项公共服务成为市辖区的首要工作（卢盛峰和陈思霞，2017）。因此，地方政府会降低经济性支出，转而增加民生性支出，如教育和社会保障等支出（张莉等，2018）。增加教育支出会提升辖区的教育质量，从而提升个体的教育获得感。

三 实证策略与数据

（一）实证策略

本文的主要观点是：撤县设区后，地方政府会增加教育支出，提升教育质量。教育质量的提升会使人们在义务教育阶段后更可能接受进一步的教育，从而增加人力资本。本文使用双重差分模型对该因果关系进行识别。我们使用两个维度的变异来构造双重差分：第一个是县级横截面维度，其变异来源于某县是否发生撤县设区；第二个是出生队列维度，其变异来源于某队列的教育获得是否受撤县设区的影响。

诺贝尔经济学奖得主赫克曼从大量的文献中总结出一条赫克曼曲线[①]（Heckman，2006）。该曲线显示，在人们生命周期早期进行人力资本投资的回报率要远远高于后期，这意味着如果撤县设区对人们的教育获得有影响的话，那么受到影响的应该是年龄较小的群体。此外，中国在1986年实施了《中华人民共和国义务教育法》，规定适龄儿童和少年需要接受九年制义务教育。这意味着在撤县设区发生时，处于义务教育阶段的大部分人尚未结束学业，其未来的教育获得可能会受到影响。而超过义务教育年龄的人有相当一部分已经离开了学校，结束了学业。留在学校的那部分群体也处于赫克曼曲线的右端，其教育获得受到撤县设区政策影响的可能性很小。考虑到大部分人是在6岁左右入学、15岁左右结束义务教育，本文将撤县设区时小于等于15岁的群体作为受政策影响的对象（以下简称“年轻队列”），将大于15岁的群体作为不受政策影响的对象（以下简称“年长队列”）。

综合上述考虑，本文建立的双重差分模型为：

$$edu_{itcp} = \alpha + \beta \times treat_c \times young_t + \boldsymbol{X}_{itcp}\boldsymbol{\theta} + \gamma_c + \boldsymbol{\lambda}_{tp} + Z_c \times f(t) + u_{itcp} \quad (1)$$

① 赫克曼曲线的形状类似于一条普通的无差异曲线，横轴是年龄，纵轴是人力资本投资回报率。

式中，edu_{itcp}表示p省c县出生在t年的个体i的教育获得变量。$treat_c \times young_t$为处理变量。$treat_c$表示c县是否发生撤县设区。$young_t$表示撤县设区时，出生在t年的队列是否受到影响。例如，假设A县在2000年撤县设区，那么该县出生于1985年及之后年份的队列在撤县设区时尚未完成义务教育，属于受政策影响的年轻队列，此时$treat_A \times young_{t \geqslant 1985} = 1$；该县出生于1985年之前的队列则属于不受政策影响的年长队列，此时$treat_A \times young_{t<1985} = 0$。B县在2001年撤县设区，那么该县出生于1986年及之后年份的个体进入年轻队列，此时$treat_B \times young_{t \geqslant 1986} = 1$；出生于1986年之前的进入年长队列，此时$treat_B \times young_{t<1986} = 0$。从上述设定来看，式（1）是标准的队列多期双重差分模型。

$\boldsymbol{X}$是一组影响教育获得的个体特征，包括是否男性、是否汉族和是否居住在农村等。区县固定效应γ_c控制了不随时间推移而变化的区县特征，如地理因素。省份—队列固定效应λ_{tp}控制了不同省份随时间推移而变化的异质性特征，如文化环境、高考难度等。此外，为了控制各区县的事前趋势，在基准回归中加入了各区县的基线教育获得变量Z_c，由各区县1961~1965年的结果变量的均值表示。由于Z_c是不随时间推移而变化的基线特征，借鉴Gentzkow（2006）的思路，将Z_c与时间趋势项的二阶多项式$f(t)$进行交互，以控制基线教育获得的时变影响。

（二）数据

1.个体微观数据

本文基准回归的主要数据来自2015年1%人口抽样调查微观数据库。该数据库是对2015年1%人口抽样调查原始数据进行再抽样获得，占总人口的比重为1%。数据库包含2977个县（市、区）432447个家庭，共1371252条个体信息。以2015年11月1日零时为标准时点的该项调查是中国进行的第四轮1%人口抽样调查，此前三轮分别开展于1987年、1995年和2005年。该调查包含了详细的个体教育信息，包括个体受教育程度和学业完成情况等信息，可以根据这些信息估算出个体受教育年限。但由于个体受教育年限存在估算成分，会存在一定误差。而使用受教育程度作为结果变量则较为可信。所以，在基准回归中将结果变量设定为“是否接受高中及以上教育”，把个体受教育年限放到稳健性分析中。

该数据还提供了详尽的个体居住地行政代码，这让我们除了可以识别个体所属的区县之外，还可以根据其包含的城乡划分代码段来识别户籍性质。此外，考虑撤县设区后，当地可能会吸引一些高学历的外来人口，从而导致样本选择问题，为了避免该问题，排除了所有户口登记地与居住地不同的个体。

我们还对数据进行了如下处理：首先，考虑到很多未成年个体的教育状态尚不稳定，将样本最晚出生年份设定为1995年，即最小年龄为20岁；其次，由于本文的实证策略是按照撤县设区时是否处于义务教育阶段划分处理组和控制组，为了保证样本中较早撤县设区的单位中有足够的控制组，本文将样本最早出生年份设定为1966年，即1986年《义务教育法》实施时的最大年龄为20岁。

2.行政区划调整数据

本文的撤县设区数据来源于“行政区划网”。该网站记载了新中国成立以来绝大部分行政区划调整的官方批复文件，包括每次区划调整前后的县（市）与区的名称。将批复的当年作为撤县设区改革的元年。同时，为了更加准确地与个体微观数据进行匹配，使用百度百科中的相关内容对“行政区划网”中的数据进行了校对。在2015年1%人口抽样调查微观数据中涉及的907个区中，共识别了1950~2014年的349次撤县设区。

由于本文的实证策略与义务教育法的实施息息相关，我们删除了1986年之前成立的所有的区。此外，由于中国的县域行政区划十分复杂，为了排除其他政策的干扰，我们还做了如下处理：首先，由于县级市在经济发展、工业化水平方面与县存在较大差异，因此删除了县级市、撤市设区的样本；其次，删除了其他非撤县设区改革形式成立的区，如行政区划面积发生较大变化的县（市）析（划）出乡镇设区（切块设区）、区县合并等；最后，删除了没有民政部县级代码的高新技术开发区、管理委员会等。这些单位通常为区县内部的一部分或横跨多个区县。

此外，考虑到省直管县、直辖市区县与普通区县的财税体系存在较大差异，也将其一并剔除。省直管县的名单基于北大法意网等整理。最终得到60个区和763个县作为基准回归的样本。样本中历年撤县设区的分布情况见图1。

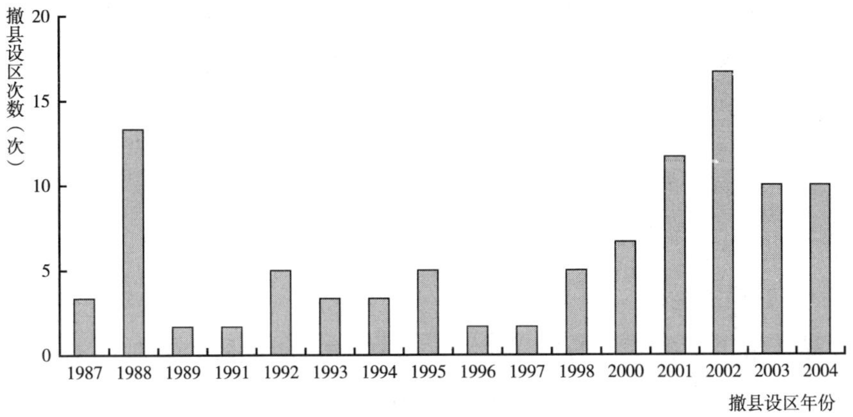

图1　撤县设区分布

资料来源：笔者经“行政区划网”整理。

经过上述处理，本文的控制组均为普通县，处理组均为由普通县撤县设区的市辖区。这保证了我们能准确地识别撤县设区的政策效应。

3. 地理、夜间灯光及其他数据

本文在稳健性分析中使用区县与所属地级市的政府驻地间直线距离构造了工具变量。政府驻地的经纬度由高德地图地理编码接口解析而得，政府驻地间距离由Arcgis软件计算得到。由于经纬度解析为实时坐标，而地级市、区县政府存在驻地迁移情况，按照行政区划网的政府驻地迁移信息将政府驻地位置调整为1985年前的状态。

本文在敏感性分析中使用的夜间卫星灯光数据来自美国国家地球物理数据中心发布的DMSP/OLS夜间灯光影像数据集，获得1992~2013年共34期影像。鉴于灯光数据最早的年份是1992年，使用该年份的夜间灯光作为基线变量。1992年和基线年份1986年间隔并不太远，因此并不会产生太大的误差。

稳健性分析中使用的扩权强县数据同样整理自北大法意网。机制分析中使用的生均教育支出和生师比数据来自EPS数据平台的中国区域经济数据库和《全国地市县财政统计资料》。机制分析中使用的2000年城镇化率数据来自EPS数据平台的中国人口普查与抽样数据库——第五次人口普查，2000年人均GDP来自EPS数据平台区域经济数据库。稳健性分析和异质性分析中使用的1986年城镇化率来自《中华人民共和国全国分县市人口统计资料1986》。

四 基准结果

（一）描述统计

表1给出了各变量的描述统计。按照2015年的区和县对样本进行了简单的均值比较。可以看到，经历过撤县设区的处理组的教育获得指标显著优于没有撤县设区的控制组。处理组的农村人口比例较低，但性别比例无差异。此外，处理组较控制组距离市中心更近。

表1 变量描述性统计

	（1）	（2）	（3）	（4）	（5）
	非撤县设区	撤县设区	总体	（2）-（1）	期间/样本量
Panel A 教育获得变量					
是否上过高中	0.215 [0.411]	0.391 [0.488]	0.235 [0.424]	0.175^{***} (0.004)	2015年 128493
教育年限	8.830 [3.122]	10.210 [3.082]	8.981 [3.147]	1.380^{***} (0.028)	2015年 128493
是否上过学	0.957 [0.203]	0.986 [0.118]	0.960 [0.196]	0.029^{***} (0.002)	2015年 128493
Panel B 控制变量					
是否为汉族	0.754 [0.431]	0.939 [0.239]	0.774 [0.418]	0.186^{***} (0.004)	2015年 128493
是否为男性	0.506 [0.500]	0.500 [0.500]	0.506 [0.500]	−0.006 (0.004)	2015年 128493
是否为农村户口	0.836 [0.370]	0.617 [0.486]	0.812 [0.390]	-0.220^{***} (0.003)	2015年 128493

续表

	(1) 非撤县设区	(2) 撤县设区	(3) 总体	(4) (2)-(1)	(5) 期间/样本量
Panel C 基准回归基线变量					
城镇化率	12.310 [33.368]	13.193 [10.528]	12.375 [32.251]	0.882 (4.327)	1986年 823
区县政府与所属地级市政府距离	84.724 [73.558]	12.427 [11.702]	79.454 [73.345]	-73.261^{***} (11.444)	1985年 801
夜间灯光	1.073 [2.089]	5.684 [8.815]	1.375 [3.221]	4.611^{***} (0.428)	1992年 810
Panel D 机制变量					
生均教育经费	7.073 [0.607]	7.136 [0.530]	7.074 [0.606]	0.064 (0.052)	2001~2007年 1194
生师比	18.217 [4.869]	19.424 [4.893]	18.230 [4.870]	1.207^{*} (0.730)	2001~2007年 590
Panel E 机制基线变量					
城镇化率	0.167 [0.100]	0.248 [0.096]	0.168 [0.100]	0.081^{***} (0.022)	2000年 1182
人均GDP	0.416 [0.295]	0.568 [0.376]	0.418 [0.297]	0.151^{*} (0.086)	2000年 1125

注：*、**、***分别表示在10%、5%、1%的水平上显著。方括号内是标准差，圆括号内是标准误。

（二）基准回归

表2报告了式（1）的回归结果。表2中第（1）列仅控制了固定效应，其系数0.071要远远小于表1中均值比较的结果。这表明简单均值比较存在严重的内生性，而双重差分消除了事前差异后，能在很大程度上消除内生性。第（1）列的结果意味着撤县设区会使个体接受高中及以上教育的概率增加7.1个百分点。鉴于样本中接受高中及以上教育的总体概率为23.5%，该政策效应还是比较可观的。

为了进一步消除可能存在的遗漏变量偏误，表2中第（2）列添加了性别、民族和户籍性质等控制变量，并控制了县级基线结果变量与时间趋势二阶多项式的交互项。此时处理效应进一步下降，从0.071下降到0.054，但下降幅度很小。这表明在双重差分的实证策略下，撤县设区对教育获得的影响具有较强的外生性。

表2 基准回归

	（1）	（2）	（3）	（4）	（5）
	高中及以上教育				
撤县设区	0.071***	0.054***	0.047**	0.054***	0.046**
	（0.018）	（0.017）	（0.019）	（0.017）	（0.019）
是否为汉族		0.024***	0.026***	0.025***	0.026***
		（0.007）	（0.007）	（0.007）	（0.007）
是否为男性		0.034***	0.034***	0.034***	0.034***
		（0.002）	（0.002）	（0.002）	（0.002）
是否为农村户口		−0.378***	−0.378***	−0.378***	−0.378***
		（0.009）	（0.009）	（0.009）	（0.009）
样本量	128489	128265	126237	128265	126237
R^2值	0.152	0.254	0.253	0.254	0.254
区县固定效应	是	是	是	是	是
省份×队列固定效应	是	是	是	是	是
教育基线	否	是	是	否	否
其他基线	否	否	是	否	否
教育基线×队列固定效应	否	否	否	是	是
其他基线×队列固定效应	否	否	否	否	是

注：*、**、***分别表示在10%、5%、1%的水平上显著。括号内为稳健标准误，按照区县聚类。

（三）有效性检验

本文的双重差分实证策略的有效性建立在这样的假设基础上：在控制了相关变量后，如果没有撤县设区的话，处理组和控制组各自的年轻队列的结果变量应该沿着平行趋势发展。基于这样的假设，尚未撤县设区的控制组的年轻队列的结果变量，加上撤县设区前处理组和控制组的年长队列的结果变量之差，就可以看作是处理组如果没有撤县设区的年轻队列的反事实（潜在结果）。我们在基准回归中估计出的处理效应0.054，是处理组经过撤县设区后的实际接受高中及以上教育的概率和其反事实之差。

由于我们无法直接观察到处理组没有经历撤县设区的反事实，上述假设无法直接得到检验。但是可以观察到撤县设区前处理组和控制组的年长队列的结果变量的变化趋势。如果该变化趋势没有显著差异的话，那么就可以合理地推测，如果没有撤县设区，二者的年轻队列也将保持平行的变化趋势。下文使用事件研究法对年长队列的平行趋势进行检验，同时考察年轻队列的动态效应。为此，建立如下模型：

$$edu_{itcp} = \alpha + \sum_{j \in J, j \neq 15} \beta_j \times cohort_j \times treat_c + \boldsymbol{X}_{itcp}\boldsymbol{\theta} + \gamma_c + \lambda_{tp} + Z_c \times f(t) + u_{itcp} \quad (2)$$

$$J: = \{ \geqslant 20, 19, \cdots, 6, \leqslant 5 \}$$

式中，$cohort_j$是表示撤县设区时年龄为j岁的队列的虚拟变量，其他符号与式（1）相同。将撤县设区时年龄为15岁的队列作为对照组。图2给出了式（2）中各β_j的估计结果。在结束义务教育的各年长队列中，撤县设区的处理组和没有撤县设区的控制组之间接受高中及以上教育的概率并无显著差异，这为假设成立提供了有力的证据。而在尚未结束义务教育的年轻队列中，处理组和控制组的结果变量有着显著的差异，并且大致呈现出随着年龄段的降低，政策效应越大的趋势。图2的结果与赫克曼曲线是一致的。

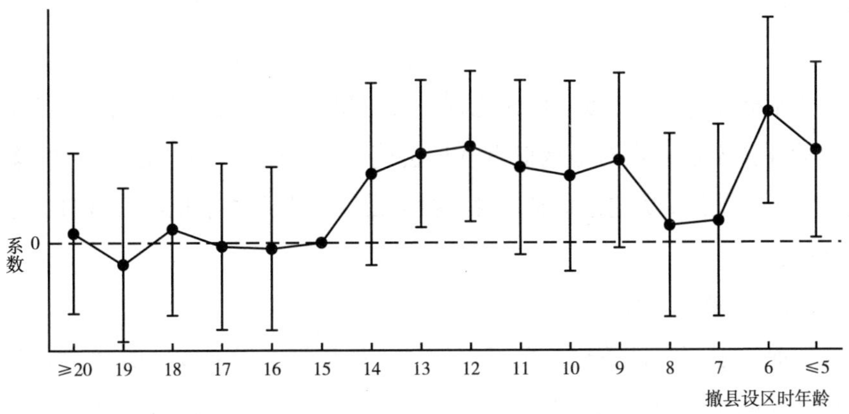

图2　平行趋势和动态效应

五 稳健性检验

（一）敏感性分析

在表2第（2）列中，通过控制个体特征变量和基线结果变量试图解决遗漏变量偏误问题，结果发现此时的估计系数趋向稳定。但是可能还有一些同时影响教育获得和撤县设区的混淆变量没有得到控制，从而对因果识别造成干扰。一般情况下，经济发达和城镇化率高的县更可能撤县设区（唐为和王媛，2015），并且这些地区的基础教育质量显然也会更好一些。因此，沿用第（2）列的方法，使用1986年各县的城镇化率和1992年的夜间灯光亮度与出生年份时间趋势的二阶多项式进行交互，构造了两组基线变量。第（3）列报告了控制基线变量的结果，此时估计系数几乎没有变化。

在表2第（2）列中，采用基线结果变量与出生年份时间趋势的二阶多项式进行交互的形式来控制事前趋势。下文沿用Chen等（2020）的思路，采用基线结果变量与出生年份固定效应进行交互的方式来构造事前趋势。从表2第（4）列来看，两种构造方式的拟合优度相同，估计系数几乎没有差异。表2第（5）列在第（4）列的基础上增加了城镇化率和夜间灯光亮度与出生年份固定效应的交互项。该列的估计结果与第（3）列差别不大。

综合表2的回归结果可以认为，撤县设区可以将个体接受高中及以上教育的概率提高5个百分点。作为比较，梁超和王素素（2020）针对撤点并校的政策评估发现，农村地区撤点并校会使个体接受高中及以上教育的概率提高1个百分点。从这个意义上说，撤县设区对人力资本积累的影响是比较显著的。

（二）安慰剂检验

如前所述，实证策略的关键假设是：如果没有撤县设区的话，那么处理组和控制组的年轻队列的潜在教育获得将按照平行的趋势发展。我们在之前的有效性检验中使用事件研究法对该假设进行了初步验证。但是，由于假设是建立在无法观测的潜在结果基础上的，年长队列的平行趋势是否能代表年轻队列的趋势必然平行还存疑。由于这个假设十分关键，下文通过安慰剂检验进一步来证明平行趋势假设是成立的。

1. 更换结果变量

前文的事件研究法可以看作是更换处理时间的安慰剂检验，下文将结果变量变更为不受撤县设区影响的指标，进一步考察处理组和控制组之间的平衡性。如果此时处理效应显著，那么处理组和控制组可能在一些影响年轻队列教育获得的未观测因素上存在系统性不同，年轻队列是否会按照平行趋势发展就值得怀疑。

由于义务教育法的存在，绝大多数适龄少年儿童都可以接受义务教育。例如，样本中上过学的比例为96%。可以预计撤县设区对义务教育阶段内教育获得的影响很小。表3第（1）列将被解释变量更换为是否上过学，估计系数并不显著。这进一步支持了平行趋势假设。

2. 置换处理组

前文通过更换处理时间以及更换结果变量进行的安慰剂检验有力地支持了平行趋势假设。下文再进行一项置换处理组的安慰剂检验。如果处理组和控制组的年轻队列的潜在教育获得是按照平行趋势发展的，那么将处理组更换为没有经过撤县设区的地区，处理效应就应该是不显著的。由于撤县设区是一个渐进的过程，将样本中撤县设区的年份随机分配给各区县，然后按照式（1）估计处理效应。不断地重复上述过程，就可以得到一个处理效应估计值的分布。然后可以根据式（3）得到基准回归的处理效应的非参数P值：

$$\hat{P}(\hat{\beta}) = \frac{1}{N}\sum_{n=1}^{N} I(\left|\tilde{\beta}_n\right| > \hat{\beta}) \tag{3}$$

式（3）中，$\hat{\beta}$是表2第（2）列的基准回归处理效应0.054。N是置换次数，这里设定$N = 999$。$I(\cdot)$是指示方程，$\tilde{\beta}_n$表示第n次置换后估计出的处理效应。

置换检验的结果见图3，直方图是$\tilde{\beta}_n$的分布情况，呈现出以0为中心的正态分布形态，说明大部分置换样本的处理效应都分布在0附近。图中虚线是基准回归的处理效应0.054，可以根据式（3）计算其对应的P值为0.001。这个结果一方面从另一个角度证明了基准回归结果的显著性，另一方面也给出了满足平行趋势假设的强有力证据。

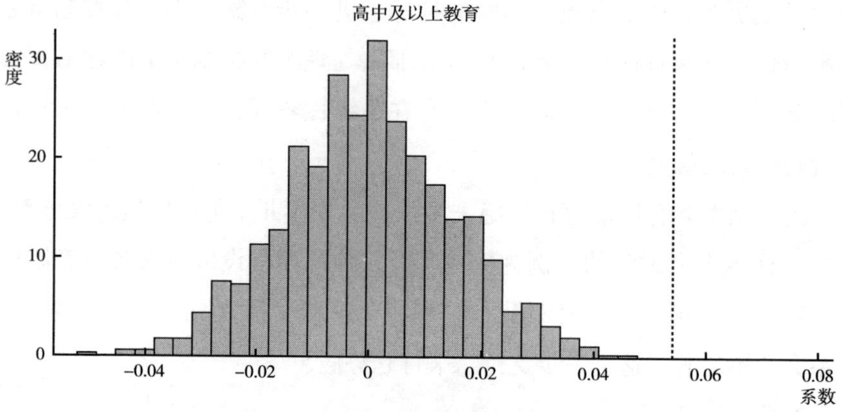

图3　安慰剂检验

（三）工具变量回归

本文使用区县政府驻地与其所属地级市政府驻地之间的直线距离作为撤县设区的工具变量。用政府驻地之间的距离作为工具变量主要有以下两个方面的考虑：首先，在其他条件相同的情况下，与核心城区之间的距离是决定撤县设区早晚的重要因素。假设E县和F县同属于一个地级市，而F县与地级市政府驻地之间隔着E县。那么在一般情况下，在E县尚未成为市辖区之前，F县不会先成为市辖区。该工具变量满足相关性要求。其次，距离是一个外生的地理因素，在一般情况下不会与个体的教育获得直接相关。该工具变量满足外生性要求。

由于距离只在截面维度上发生变异，沿用式（1）中构造基线结果变量的思路，将其与出生年份的二次多项式进行交互，从而构造一组（两个）工具变量。表3第（2）列报告了两阶段最小二乘法中第二阶段的估计结果。可以看到，使用工具变量估计的处理效应仍然是正向显著的，但是比基准回归的结果大很多。这可能与工具变量的局部平均处理效应性质有关。

由于构造了两个工具变量，可以使用过度识别约束检验来考察工具变量的外生性。表3第（2）列报告的Hansen J统计量的P值远远大于5%，表明工具变量符合外生性要求。此外，第一阶段回归的F统计量大于经验值10，表明工具变量也符合相关性要求。总的来看，工具变量估计的结果进一步支持了基准回归中撤县设区对教育获得具有正向影响的结论。

（四）排除溢出效应

本文的实证策略还隐含一个假设，即接受处理的个体不能对其他个体的潜在结果产生外溢影响。Rubin（1980）把该假设称为个体处理稳定性假设（Stable Unit Treatment Value Assumption，SUTVA）。如果撤县设区会使教育质量提高，那么可能会有一些普通县的学生通过择校等方式到那些撤县设区的地区就读。这种溢出效应可能会对SUTVA假设产生影响。有鉴于此，将经历过撤县设区的同一地级市中的普通县剔除后对式（1）进行估计，结果报告见表3第（3）列。尽管此时处理效应比基准回归稍大，但二者相差并不是很大。这表明溢出效应的影响有限，究其原因，本文将样本限定在户籍地和居住地一致的个体中，这在很大程度上可以排除溢出效应。

（五）连续型处理变量

在基准回归中将处理变量设置为撤县设区时是否小于等于15岁，也许这样设定有些粗糙，因为一个撤县设区时已经15岁的个体和一个撤县设区时只有6岁的个体，虽然都属于受影响的年轻队列，但其受影响的程度可能是不同的。有鉴于此，按照式（4）计算个体受撤县设区影响的强度：

$$exposure_{ct} = \begin{cases} 0 & if \quad \dfrac{15 - treat\_age_{ct}}{9} < 0 \\ \dfrac{15 - treat\_age_{ct}}{9} & if \quad 0 \leqslant \dfrac{15 - treat\_age_{ct}}{9} \leqslant 1 \\ 1 & if \quad \dfrac{15 - treat\_age_{ct}}{9} > 1 \end{cases} \tag{4}$$

式中，$treat_age_{ct}$表示c县撤县设区时，出生在t年的队列的年龄，例如，假设D县是2000年撤县设区，那么出生在1990年的队列的处理强度是$\frac{15-(2000-1990)}{9}=5/9$。而按照式（4）的设定，$D$县出生在1998年的队列的处理强度是1，出生在1984年的队列的处理强度是0。

表3中第（4）列报告了将（1）式中的$treat_c \times young_t$替换为式（4）中的$exposure_{ct}$后的估计结果。此时处理效应比基准回归中稍大，这可能与给撤县设区时更年幼的队列赋予更高的处理强度有关。

（六）排除扩权强县的影响

在逐步推进撤县设区的同时，各省份还相继实施了省直管县和扩权强县两项县域层面的改革（范子英和赵仁杰，2020）。省直管县属于财政分权改革，扩权强县属于行政分权改革（刘冲等，2014）。考虑到省直管县实施时间较早，可能对本文的因果识别和后文的机制分析造成干扰，在基准回归中剔除了所有的省直管县。但是扩权强县仍可能造成干扰：一方面，扩权强县会对市攫取县域资源造成影响，从而导致市在强县扩权之前强行撤县设区（胡彬和胡晶，2016）。扩权强县政策可能会对式（1）中的处理变量产生影响。另一方面，扩权强县也可能对结果变量产生影响。例如，扩权强县可以促进经济发展、增加财政收入，从而为当地公共教育提供更多的经费支持（王小龙和方金金，2014），进而影响个体的教育获得。

为了排除扩权强县的干扰，在式（1）中增加控制了反映扩权强县政策效应的双重差分项$treat_power_c \times young_t$，该项的含义类似于式（1）中的$treat_c \times young_t$。从表3第（5）列报告的回归结果来看，撤县设区的系数几乎没有变化。这表明扩权强县对本文的因果识别没有造成干扰。

（七）使用受教育年限作为结果变量

文献中常常使用受教育年限作为衡量人力资本的指标（Barro和Lee，1993）。可以使用2015年1%人口抽样调查数据中提供的个体受教育程度和学业完成情况等信息估算出个体受教育年限，具体的估算方法是：小学、初中、高中（含职业高中、中专等）、大专、本科和研究生的教育年限分别对应为6年、9年、12年、15年、16年和19年。如果学业完成情况是“肄业”或“其他”就减去1年，如果是“在校”或“辍学”则减去2年。表3第（6）列报告了针对受教育年限的估计结果。可以看到，撤县设区可以使个体受教育年限提高大约0.25年。但由于受教育年限存在估算成分，估计精度会有所下降，表现为标准误要远远大于基准回归结果。

（八）更换聚类标准误

在基准回归中对标准误按照区县进行聚类，以调整影响教育获得的其他未观测因素在区县层面的自相关问题。但是也许这些未观测因素也在队列层面存在自相关，所以对标准误进行双向聚类（Cameron等，2011）。表3第（7）列的方括号内报告了双向聚类后的标准误。该标准误与表2第（2）列报告的标准误相差不大。

中国各级教育发展状况在省际有较大的差异。例如，自2001年中央提出义务教育经费“省级统筹”以来，尽管各地财政教育支出的责任主体逐渐向省级政府转移，但是在实际执行细节中，各省份有较大的差异（李振宇，2019）。也许影响教育获得的未观测因素呈现出省份—队列的自相关模式。表3第（7）列的大括号内报告了按照省份—队列聚类的标准误。该标准误小于基准回归的标准误。

表3　稳健性检验

变量	（1）	（2）	（3）	（4）	（5）	（6）	（7）
	是否上过学	高中及以上教育				受教育年限	高中及以上教育
	安慰剂检验	工具变量	排除外溢	连续型处理变量	排除扩权强县	更换结果变量	更换聚类
撤县设区	−0.006 （0.004）	0.292^{***} （0.098）	0.071^{***} （0.019）		0.056^{***} （0.017）	0.250^{***} （0.096）	0.054 ［0.018］*** {0.012}***
撤县设区（连续型）				0.081^{**} （0.033）			
扩权强县					0.015 （0.016）		
样本量	128265	128265	64304	14044	128265	128265	128265

续表

变量	(1) 是否上过学 安慰剂检验	(2) 工具变量	(3) 高中及以上教育 排除外溢	(4) 连续型处理变量	(5) 排除扩权强县	(6) 受教育年限 更换结果变量	(7) 高中及以上教育 更换聚类
R^2值	0.262	0.110	0.284	0.284	0.254	0.377	0.254
Hansen J 检验		0.581					
F值		18.146					
控制变量	是	是	是	是	是	是	是
区县固定效应	是	是	是	是	是	是	是
省份×队列固定效应	是	是	是	是	是	是	是
教育基线	是	是	是	是	是	是	是

注：*、**、***分别表示在10%、5%、1%的水平上显著。括号内为稳健标准误，按照区县聚类。列（7）的方括号为队列与区县的双向聚类，大括号为省份—队列聚类。

六 机制分析

前文在基准回归和稳健性分析中证明了撤县设区会显著地提高个体接受高中及以上教育的概率，下文进一步分析其中的影响机制。在传统的教育生产函数中，影响教育结果的因素被分为三类：第一类是衡量学生个体能力的指标，如认知能力、进取心等；第二类是学校外影响学生教育的背景因素，如家庭背景等；第三类是学校内的环境因素，如教师的教学质量、学校的教学设施资源以及学生在校时间等（Bowles，1970）。从本文所考察的问题来看，在这三类因素中，撤县设区主要影响的是学校的环境因素。

从前文的政策背景分析可以得知，撤县设区会使辖区的财政支出重心从经济性支出转向公共服务支出。而教育支出是公共服务支出的重点内容之一。教育支出会在两个方面影响学生的教育获得：首先，从学校层面，人员经费增加不仅可以提高教师工资，吸引更优秀的人才加入教师队伍，还可以提供更多的教师岗位，降低生师比。公用经费增加，一方面可以给老师提供更多的培训，另一方面可以给学生提供图书、多媒体等优质的教学资源。这些都有助于提升教学质量。其次，从学生层面，学校可以通过采取免费课本、免费午餐和贫困生补助等措施来削弱家庭收入对学生学业的影响。

大量的研究表明，财政教育支出对教育获得有显著影响。Hedges等（1994）通过对38篇文献进行的分析发现，生均支出、教师的学历、薪水、生师比、学校行政经费投入和教学设施等因素都对学生的学业有显著的正向影响。Britton和Propper（2016）针对英格兰3000多所学校的研究发现，教师工资与当地劳动市场工资的差异会对义务教育阶段的教学质量产生影响。Krueger（1999）利用试验数据发现，缩小班级规模能显著提高学生的考试成绩。国内学者也有类似发现。胡咏梅和杜育红（2009）发现生均公用经费对学生成绩具有显著的正向影响。而李祥云和张建顺（2018）则认为教师数量和质量是影响学生考试成绩的两个最重要的因素。

基于上述考虑，构造如下双重差分模型来考察撤县设区对公共教育支出和教育资源的影响：

$$y_{tcp} = \alpha + \beta \times treat_c \times post_t + \gamma_c + \lambda_{tp} + Z_c \times f(t) + u_{tcp} \quad (5)$$

式中，y_{tcp}表示c县在t年的财政教育投入或者教育质量的结果变量。用生均教育支出（县级教育支出/中小学总生数）的对数作为财政教育投入的指标，用生师比（中小学总生数/中小学专任教师数）作为衡量教育质量的指标。$treat_c \times post_t$是双重差分的处理变量。为了消除可能存在的遗漏变量偏误问题，Z_c中控制了城市化率和人均GDP两个区县层面的基线变量。式（5）中的其他符号与式（1）相同。

由于中国区域经济数据库的数据存在大量的缺失，将样本期设定在2001~2007年。同时，按照基准回归中的处理方法剔除了相应的区县。表4第（1）列和第（4）列报告了没有控制基线变量的估计结果。可以看到，撤县设区会使生均教育支出增加12.7%、生师比降低2.8个点。考虑到样本中的生师比均值是18.2，降低2.8个点的生师比是较大的变化。表4第（2）列和第（5）列增加了两个可能会同时影响撤县设区和财政教育投入的基线变量城市化率和人均GDP后，处理效应变化较小，显示出撤县设区政策具有较强的外生性。

表4 机制分析

	(1)	(2)	(3)	(4)	(5)	(6)
	生均教育支出			生师比		
撤县设区	0.127*** (0.031)	0.140*** (0.029)		−2.786*** (0.489)	−2.510*** (0.487)	
撤县设区前			−0.054 (0.038)			0.031 (0.546)
撤县设区后			0.118*** (0.033)			−2.496*** (0.633)
样本量	8341	7769	7769	4109	3829	3829
R^2值	0.932	0.933	0.933	0.856	0.878	0.878
年份固定效应	是	是	是	是	是	是
省份×年份固定效应	是	是	是	是	是	是
基线变量	否	是	是	否	是	是

注：*、**、***分别表示在10%、5%、1%的水平上显著。括号内为稳健标准误，按照区县聚类。

同样，式（5）的有效性也建立在前述平行趋势假设的基础上。表4的第（3）列和第（6）列报告了有效性检验的结果。我们将撤县设区前一年作为基期。可以看到，在政策发生前的处理效应并不显著。综合来看，表4的估计结果验证了本文的逻辑链条（见图4）。

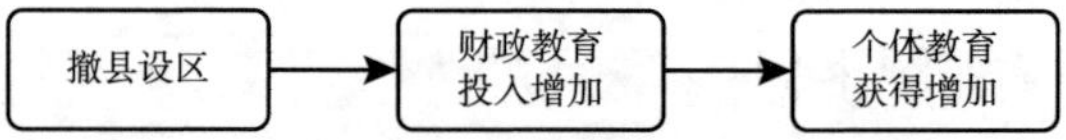

图4 逻辑链条

七 异质性分析

（一）按照性别分组

在经典的家庭资源配置理论中，由于男性的投资回报率高于女性，父母会优先将教育资源配置给男孩（Becker和Tomes，1979）。这种男孩偏好现象在农业社会更为常见（陆方文等，2017），教育的性别不平等问题在中国仍然存在（Zeng等，2014）。由于撤县设区属于农村行政单元（县）向城市行政单元（市辖区）转变的城市化进程，这个进程究竟会对教育获得的性别不平等现象造成什么影响，是值得考察的问题。表5中Panel A的前两列报告了按照性别分组的估计结果，第（2）列女性样本的估计系数几乎是第（1）列男性样本的两倍。这表明撤县设区带来的财政教育投入在一定程度上减小了家庭教育资源分配不平等对女性教育获得的负面影响。

（二）按照基线受教育水平分组

除了个体层面的异质性之外，初始教育获得的异质性也是值得考察的问题。作为发展中国家，我国的区域发展不平衡情况客观存在，导致教育获得的区域不平等现象普遍存在（唐远雄，2015）。因此，按照接受高中及以上教育的基线比例（1961~1965年的出生队列）的中位数将样本中的区县分为传统上教育较发达的地区和较不发达的地区。表5中Panel A的第（3）列和第（4）列报告了按照基线受教育水平分组的估计结果，其中第（4）列的低于中位数的地区的处理效应是第（3）列高于中位数的地区的两倍。这表明撤县设区带来的财政教育投入在一定程度上缓解了教育获得的地区不平等现象。

（三）按照城镇化率分组

除了地区间教育发展不平衡之外，在地区内部城乡也存在教育发展不平衡情况。例如，Khor等（2016）通过考察2010年第六次全国人口普查数据发现，在25~64岁的城市劳动人口中，受过高中及以上教育的比例大约为37%，而相同年龄段的农村劳动人口接受高中及以上教育的比例仅为7%。在与本文的样本有一定重合的25~34岁队列中，这一差距呈扩大的趋势。城市中受过高中及以上教育的比例为52%，农村为14%。按照1986年城镇化率的中位数将样本中的区县分为政策前农村成分较低的县和农村成分较高的县。从表5中Panel B的第（5）列和第（6）列来看，撤县设区对原本农村成分较低的县的个体的教育获得没有影响，而对原本农村成分较高的县有显著的影响。这表明撤县设区在一定程度上缓解了城乡教育不平等的趋势。

（四）按照与地级市政府驻地距离分组

下文考察由地理位置所产生的区位异质性。根据距离的中位数将样本分为距离较远的县和较近的县。从表5中Panel B的第（7）列和第（8）列来看，距离较远的县的处理效应远远大于距离较近的县，可能的原因是，距离较近的县与地级市联系得更紧密，本来就能优先获得财政资金支持，所以受撤县设区政策的影响会小一些。

表5 异质性分析

	（1）	（2）	（3）	（4）
	高中及以上教育			
Panel A				
	男性	女性	教育发达	教育欠发达
撤县设区	0.035*	0.074***	0.049***	0.103**
	（0.019）	（0.020）	（0.018）	（0.052）
样本量	64850	63396	49836	78412
R^2值	0.241	0.269	0.278	0.214
Panel B				
	（5）	（6）	（7）	（8）
	农村成分低	农村成分高	离市区近的县	离市区远的县
撤县设区	0.024	0.103***	0.033*	0.110**
	（0.019）	（0.027）	（0.018）	（0.053）
样本量	44278	90077	70028	58237
R^2值	0.296	0.254	0.252	0.250
区县固定效应	是	是	是	是
省份×队列固定效应	是	是	是	是
教育基线	是	是	是	是

注：*、**、***分别表示在10%、5%、1%的水平上显著。括号内为稳健标准误，按照区县聚类。

八 结论和政策建议

行政区划调整是政府适应城市化发展趋势、优化基本公共服务的重要手段。虽然有时地方政府调整行政区划的初衷可能与公共服务无关，但行政区划调整常常伴随着政府职能转型，客观上提高了基本公共服务质量。撤县设区是21世纪以来，地方政府调整行政区划的主要模式，因此本文利用撤县设区作为自然实验考察了行政区划调整带来的政府职能转型的效应。利用2015年1%人口抽样调查微观数据并使用双重差分方法，本文发现撤县设区会使适龄青少年接受高中及以上教育的概率显著提高5.4个百分点。这一结果在经历了各种稳健性检验后依然成立。同时，撤县设区也可以使个体受教育年限提高大约25个百分点。

随后本文探讨了其影响机制。研究发现，由于撤县设区会使辖区政府财政支出重心从经济性支出转向服务性支出，辖区的教育支出会显著增加，同时，生师比会降低。这表明撤县设区带来的财政投入增加会进一步提升教育质量，从而促进辖区人力资本积累。异质性分析发现，撤县设区对女性、教育水平较低的地区、城镇化水平较低的地区和距离市区较远的县的人力资本的影响更大一些。

本文的不足之处是，为了尽可能消除“用脚投票”带来的选择性偏误，使用的样本中排除了居住地与户口登记地不相符的个体。这在很大程度上避免了高估撤县设区对人力资本积累的影响。但是，很多受到撤县设区影响较大的个体，在教育获得提升后会选择到大城市就业，留在当地的可能是受撤县设区影响较小的个体。所以，本文的结果有可能会低估撤县设区对人力资本积累的影响。要解决这一问题，需要详细的流动人口户籍迁移信息，现有的数据无法满足这个要求。

从本文的机制和异质性分析结论可以看出，行政区划调整带来的政府职能转型主要通过增加教育支出来影响个体的教育获得。这说明增加教育支出确实是有效的。但是，在中央收紧撤县设区审批的新形势下，绝大多数县不再具备撤县设区的条件。因此，需要积极推进区县教育服务均等化。这不仅对促进地区经济发展具有重要意义，也有助于缩小贫富差距，实现共同富裕。为此，本文提出如下政策建议。

科学划分教育领域各级政府的事权的支出责任。分税制改革导致财权向中央上移，但是地方政府承担的事权却没有发生相应变化。目前我国的义务教育经费实行的是“省级统筹，以县为主”的管理方式，县级政府承担了大部分基础教育的事权和支出责任。因此，需要切实采取措施，以减轻县政府发展教育的财政负担。具体而言，可以考虑将义务教育的事权与支出责任上移，以减轻县政府经济性支出过多而对教育支出造成的压力，充分调动县发展教育事业的积极性和主动性。为此，首先，要完善教育经费“省级统筹”机制，逐步建立以省级政府为主的教育经费供给机制。省级政府一方面要确定县级政府的教育支出责任，另一方面要针对县级教育经费缺口进行转移支付。此外，还要对一些教育经费项目进行专项支持，并接受社会监督。其次，适度加强中央政府的支出责任。由前文分析可知，高中教育对劳动者素质的提高起到至关重要的作用。但是“以县为主”的机制使县级高中教育供给严重依赖县级财政收入水平，这会造成地区间高中教育经费不平衡现象。因此，一方面要加强中央政府在高中教育上的支出责任，另一方面可以考虑对特定群体进行中央直接补贴。这样可以通过上移支出责任，从而在全国范围内切实优化区域教育资源配置。

加强对区县教育经费的监督管理。在事权和支出责任上移后，需要在省级层面加强对区县教育经费的监督管理。首先，需要对各县的教育经费执行情况进行逐一审查评估，以确保其合规性和有效性。同时，需要制定详细的规范指导，引导县级政府在支出行为中按照规定执行。其次，需要建立教育财政支出公示制度，加强对县级教育经费的监督。这有助于提高财政教育支出的透明度和公正性，避免人为主观因素的干扰。最后，建立县级财政教育支出的问责制度。在省级范围内制定统一的评价指标和量化体系，确保县级教育经费的稳定和公平。

本文的异质性分析发现，撤县设区对女性教育的影响更大一些。这表明教育投入增加会减小家庭教育资源分配不平等对女性教育获得的负面影响。因此，可以采取如下措施鼓励县域女性教育：首先，建立县级女性教育发展基金。可以政府财政资金为主、社会捐赠为辅，建立女性教育发展基金。该基金主要针对高中及以上教育，并且重点资助来自贫困家庭的女生。其次，加强宣传，改变农村社会对女性教育的观念。充分利用互联网、电视和农村广播等形式开展宣传，增强农村家庭女性接受教育的意识。

参考文献

[1] 蔡伟贤、沈小源、陈淋铃，2022，《营养改善计划的人力资本提升效应研究——基于全国人口普查微观数据》，《数量经济技术经济研究》第10期。

[2] 陈科霖，2019，《中国撤县设区40年：回顾与思考》，《地方治理研究》第1期。

[3] 邓慧慧、潘雪婷，2015，《“大国大城”如何带动产业升级——来自撤县设区的经验证据》，《世界经济文汇》第6期。

[4] 范子英，2020，《财政转移支付与人力资本的代际流动性》，《中国社会科学》第9期。

[5] 胡彬、胡晶，2016，《“强县扩权”的体制困境：行政层级间的博弈》，《中国工业经济》第12期。

[6] 胡咏梅、杜育红，2009，《中国西部农村小学教育生产函数的实证研究》，《教育研究》第7期。

[7] 冀云阳、付文林、束磊，2019，《地区竞争、支出责任下移与地方政府债务扩张》，《金融研究》第1期。

[8] 贾俊雪、宁静，2015，《纵向财政治理结构与地方政府职能优化——基于省直管县财政体制改革的拟自然实验分析》，《管理世界》第1期。

[9] 赖德胜、张振、卜涛、唐代盛，2022，《撤乡并镇与乡村振兴：发展和治理的逻辑解释》，《中国工业经济》第12期。

[10] 李广众、贾凡胜，2020，《财政层级改革与税收征管激励重构——以财政“省直管县”改革为自然实验的研究》，《管理世界》第8期。

[11] 李郇、徐现祥，2015，《中国撤县（市）设区对城市经济增长的影响分析》，《地理学报》第8期。

[12] 李祥云、张建顺，2018，《公共教育投入对学校教育结果的影响——基于湖北省70所小学数据的实证研究》，《中南财经政法大学学报》第6期。

[13] 李永友、陈安琪、曹畅，2021，《分权时序与地方财政支出结构——基于中国省级权力下放实践的经验分析》，《财政研究》第7期。

[14] 李振宇，2019，《义务教育经费“省级统筹”政策执行分析》，《清华大学教育研究》第6期。

[15] 梁超、王素素，2020，《教育公共品配置调整对人力资本的影响——基于撤点并校的研究》，《经济研究》第9期。

［16］刘冲、乔坤元、周黎安，2014，《行政分权与财政分权的不同效应：来自中国县域的经验证据》，《世界经济》第10期。
［17］刘生龙、周绍杰、胡鞍钢，2016，《义务教育法与中国城镇教育回报率：基于断点回归设计》，《经济研究》第2期。
［18］刘勇政、贾俊雪、丁思莹，2019，《地方财政治理：授人以鱼还是授人以渔——基于省直管县财政体制改革的研究》，《中国社会科学》第7期。
［19］卢盛峰、陈思霞，2016，《政策偏袒的经济收益：来自中国工业企业出口的证据》，《金融研究》第7期。
［20］卢盛峰、陈思霞，2017，《政府偏袒缓解了企业融资约束吗？——来自中国的准自然实验》，《管理世界》第5期。
［21］卢盛峰、陈思霞、张东杰，2017，《政府推动型城市化促进了县域经济发展吗》，《统计研究》第5期。
［22］鲁元平、赵颖、石智雷，2019，《产假政策与子女长期人力资本积累》，《金融研究》第11期。
［23］陆方文、刘国恩、李辉文，2017，《子女性别与父母幸福感》，《经济研究》第10期。
［24］倪婷婷、王跃堂，2022，《区域行政整合、要素市场化与企业资源配置效率》，《数量经济技术经济研究》第11期。
［25］秦雪征、庄晨、杨汝岱，2018，《计划生育对子女教育水平的影响——来自中国的微观证据》，《经济学（季刊）》第3期。
［26］邵朝对、苏丹妮、包群，2018，《中国式分权下撤县设区的增长绩效评估》，《世界经济》第10期。
［27］唐为，2019，《经济分权与中小城市发展——基于撤县设市的政策效果分析》，《经济学（季刊）》第1期。
［28］唐为，2019，《分权、外部性与边界效应》，《经济研究》第3期。
［29］唐为、王媛，2015，《行政区划调整与人口城市化：来自撤县设区的经验证据》，《经济研究》第9期。
［30］唐远雄，2015，《教育扩展、地区差异与入学队列：教育不平等的分布逻辑》，《教育与经济》第4期。
［31］汪德华、邹杰、毛中根，2019，《“扶教育之贫”的增智和增收效应——对20世纪90年代“国家贫困地区义务教育工程”的评估》，《经济研究》第9期。
［32］王小龙、方金金，2014，《政府层级改革会影响地方政府对县域公共教育服务的供给吗?》，《金融研究》第8期。
［33］魏守华、杨阳、陈珑隆，2020，《城市等级、人口增长差异与城镇体系演变》，《中

国工业经济》第7期。

[34] 叶林、杨宇泽，2017，《中国城市行政区划调整的三重逻辑：一个研究述评》，《公共行政评论》第4期。

[35] 郁建兴、高翔，2012，《中国服务型政府建设的基本经验与未来》，《中国行政管理》第8期。

[36] 张莉、皮嘉勇、宋光祥，2018，《地方政府竞争与生产性支出偏向——撤县设区的政治经济学分析》，《财贸经济》第3期。

[37] 张文赞、江国传、武文杰，2022，《撤县设区改革与中国区域空气污染》，《中国经济学》第2辑。

[38] Barro R. J., Lee J. W. 1993. "International Comparisons of Educational Attainment." *Journal of Monetary Economics* 32 (3): 363–394.

[39] Becker G. S., Tomes N. 1979. "An Equilibrium Theory of the Distribution of Income and Intergenerational Mobility." *Journal of Political Economy* 87(6): 1153–1189.

[40] Bianchi N., Lu Y., Song H. 2022. "The Effect of Computer-Assisted Learning on Students' Long-Term Development", *Journal of Development Economics*(158): 102919.

[41] Bo S. 2020. "Centralization and Regional Development: Evidence from a Political Hierarchy Reform to Create Cities in China", *Journal of Urban Economics*(115): 103182.

[42] Bowles. S. 1970. "Towards an Educational Production Function." *National Bureau of Economic Researchc*3276: 11–70.

[43] Britton J., Propper C. 2016. "Teacher Pay and School Productivity: Exploiting Wage Regulation." *Journal of Public Economics* (133): 75–89.

[44] Cameron A. C., Gelbach J. B., Miller D. L. 2011. "Robust Inference with Multiway Clustering." *Journal of Business & Economic Statistics* 29(2): 238–249.

[45] Chen Y., Fan Z. Y., Gu X. M., Zhou L. A. 2020. "Arrival of Young Talent: The Send-Down Movement and Rural Education in China." *American Economic Review* 110(11): 3393–3430.

[46] Gentzkow M. 2006. "Television and Voter Turnout." *The Quarterly Journal of Economics* 121 (3): 931–972.

[47] Heckman J. J. 2006. "Skill Formation and the Economics of Investing in Disadvantaged Children." *Science* 312(5782): 1900–1902.

[48] Hedges L. V., Richard D. L., Rob G. 1994. "An Exchange: Part I: Does Money Matter? A Meta-Analysis of Studies of the Effects of Differential School Inputs on Student Outcomes." *Educational Researcher* 23(3): 5–14.

[49] Huang W., Liu H. 2023. "Early Childhood Exposure to Health Insurance and Adolescent

Outcomes: Evidence from Rural China." *Journal of Development Economics* (160): 102925.

[50] Khor N., Pang L., Liu C., Chang F., Mo D., Loyalka P., Rozelle S. 2016. "China's Looming Human Capital Crisis: Upper Secondary Educational Attainment Rates and the Middle-Income Trap." *China Quarterly* (228): 905-926.

[51] Krueger A. B. 1999. "Experimental Estimates of Education Production Functions." *The Quarterly Journal of Economics* 114(2): 497-532.

[52] Rubin D. B. 1980. "Randomization Analysis of Experimental Data: The Fisher Randomization Test Comment." *Journal of the American Statistical Association* 75(371): 591-593.

[53] Wang L., Li M. J., Abbey C., Rozelle S. 2018. "Human Capital and the Middle Income Trap: How Many of China's Youth are Going to High School?" *The Developing Economies* 56(2): 82-103.

[54] Zeng J. X., Pang X. P., Zhang L. X., Medina A., Rozelle S. 2014. "Gender Inequality in Education in China: A Meta-Regression Analysis." *Contemporary Economic Policy* 32(2): 474-491.

（责任编辑：张容嘉）

绿色金融与企业全要素生产率：一个倒“U”形关系

——来自中国上市公司的经验证据

臧传琴　林安冉　张晏瑞*

摘　要：党的二十大报告指出高质量发展是全面建设社会主义现代化国家的首要任务，而企业全要素生产率的提高是进一步优化资源配置、转变经济增长方式的重要内容，绿色金融发展则是提高企业全要素生产率、实现经济高质量发展的内在要求。因此，本文通过构建绿色金融发展水平综合指标，基于2007~2020年中国A股非金融类上市公司数据，实证分析了绿色金融对企业全要素生产率的影响。研究发现：地区绿色金融发展水平与企业全要素生产率之间存在倒“U”形关系，该基准结论在一系列稳健性检验后依然成立；当前中国绿色金融发展水平均值尚未突破拐点，推动绿色金融发展将有利于提高企业全要素生产率；技术创新和资源配置是绿色金融对企业全要素生产率产生倒“U”形影响的重要渠道；在不同环保属性企业、民营企业和东中部地区中倒“U”形关系显著，但绿色金融对环保企业影响更大，而对国有企业影响甚微，对西部和东北地区仅存在正向线性影响。这些独特的经验发现为今后绿色金融的发展和政策制定提供了有价值的参考依据。

---

*　臧传琴，教授，山东财经大学经济学院，电子邮箱：zcq187@163.com；林安冉（通讯作者），硕士研究生，山东财经大学经济学院，电子邮箱：linanran123@163.com；张晏瑞，硕士研究生，山东财经大学经济学院，电子邮箱：zyr08160254@163.com。本文获得国家社会科学基金项目（15BJY056）的资助。感谢匿名审稿专家的宝贵意见，文责自负。

关键词：绿色金融　全要素生产率　资源配置　高质量发展

一　引言

改革开放以来，在经历了40多年的高速增长“奇迹”之后，中国实现了从贫穷落后的低收入国家到世界第二大经济体的历史性转变，全面建成小康社会的第一个百年奋斗目标顺利完成。但是，随着工业化和城镇化的快速推进，中国的环境污染和资源约束问题也愈发严重，人口老龄化和资源报酬递减现象开始出现（蔡昉，2013），传统的高投入、高污染、低产出的经济增长模式不再具有可持续性，中国经济进入了中低速增长的新常态。在这一背景下，以低消耗、低污染、高效率等为特征的高质量发展成为必然选择。习近平总书记在党的十九大报告中明确提出，“我国经济已由高速增长阶段转向高质量发展阶段”，“必须坚持质量第一、效益优先，以供给侧结构性改革为主线，推动经济发展质量变革、效率变革、动力变革，提高全要素生产率”。党的二十大报告进一步指出“高质量发展是全面建设社会主义现代化国家的首要任务，是中国式现代化的本质要求”，“我们要坚持以推动高质量发展为主题……加快建设现代化经济体系，着力提高全要素生产率”。当前国际形势更加复杂多变，经济增长不确定性增加，要实现“把我国建成富强民主文明和谐美丽的社会主义现代化强国”的第二个百年奋斗目标，提高全要素生产率成为题中应有之义（刘伟和陈彦斌，2021）。因而，全要素生产率的衡量标准和影响因素成为重要的学术研究课题。

作为现代经济的核心，金融在经济活动中扮演着不可或缺的重要角色（陶锋等，2017），金融规模、金融产品的扩大和丰富不仅影响着经济增长，还影响着整个社会的发展进程。伴随着经济进入高质量发展阶段，源于20世纪70年代西方国家的绿色金融开始在中国兴起并迅速发展。绿色金融旨在使用金融工具引导资金流入绿色低碳领域，推动低碳产业发展，促进资源环境要素市场化配置，实现经济增长和低碳绿色共同发展。目前，学者们普遍认同绿色金融与经济增长高度相关的观点，但具体方向却未有定论。文书洋等（2021）基于跨国面板数据的研究发现，绿色金融对经济增长有显著的促进作用，绿色信贷政策能够增加企业的融资规模，不仅对环保企业产生融资激励，还有助于提升重污染企业绿色转型投资水平，增强其创新能力（舒利敏和廖菁华，2022），从而倒逼污染企业绿色转型（陈国进等，2021）。但王遥等（2019）认为，绿色金融作为行政命令型环境规制的补充，天然带有政策导向，过度的政府干预将造成新的资金错配，引起“绿色产能过剩”，对经济增长产生不利影响。王修华等（2021）的研究发现，绿色金融政策对整体企业发展有显著抑制作用，并未形成超过遵循制度成本的“补偿性收益”，企业全要素生产率并未提高。那么，绿色金融对企业全要素生产率的影响究竟如何，在企业高质量发展过程中其将扮演什么角色？实证研究绿色金融对企业全要素生产率的影响有利于深化对环境规制与经济增长、环境污染关系的理解，进一步优化绿色金融和货币政策工具，更好地促进经济高质量发展。

本文通过对绿色金融与中国非金融上市公司全要素生产率的关系的实证研究，试图回答以下三个问题：第一，绿色金融如何影响企业全要素生产率？第二，绿色金融对企业全要素生产率的作用渠道是什么？第三，绿色金融对企业全要素生产率的影响在不同企业、不同地区有着怎样的异质性表现？

本文的边际贡献如下：一是不同于以往多数研究将绿色信贷单一指标作为绿色金融的代理指标，本文构建了较为完善的绿色金融综合指标体系，重点考察绿色金融对企业全要素生产率的影响，在微观企业层面探讨绿色金融产生的经济效果。二是丰富了绿色金融的经验研究。既有研究关于绿色金融对企业全要素生产率的影响并未达成共识，对于二者关系的判断一般是利用线性模型检验，鲜有文献探讨两者的非线性关系。本文认为适度的绿色金融有助于企业全要素生产率的提高，但过度追求金融绿色化，可能导致资金偏向和资本错配问题，对企业全要素生产率产生负面影响。因此，探寻与经济增长和企业发展相适应的适度绿色金融规模及其拐点是必要的，也是重要的。三是探讨了绿色金融影响企业全要素生产率的作用渠道。

本文其余部分安排如下：第二部分为文献综述与理论分析；第三部分为实证设计；第四部分为实证结果及分析；第五部分对拐点、作用渠道、异质性展开了进一步分析；第六部分为结论与建议。

二 文献综述与理论分析

（一）绿色金融与企业全要素生产率的关系

企业是经济活动主体，其创新活动是社会创新的重要体现，在原有资源投入型发展模式不可持续的背景下，企业全要素生产率将成为经济增长的动力源，同时也是绿色金融发展的体现。学者们对绿色金融如何影响微观企业展开了研究，但结论不一。

部分研究认为绿色金融对企业全要素生产率有着积极影响，主要表现在三个方面：一是绿色金融可以改善环保企业的融资条件，使其增加研发支出，提高自身的技术创新能力和市场竞争力（Li等，2018），从而提高企业全要素生产率。二是绿色金融显著降低了污染企业的商业信用，使其面临的融资环境进一步趋紧、融资条件更加苛刻。融资成本上升会对企业的市场竞争力产生负面影响，企业面临的外部压力增加。日益严苛的融资环境和融资条件，加之与绿色金融相应的政策优惠诱惑，会迫使污染企业在倒逼机制下进行绿色技术创新和转型（刘和旺等，2016；刘志洋和杨璐，2022）。三是绿色金融能够优化资源配置，引导资源从低效率、高污染企业流向高效率、环保企业（张小可和葛晶，2021），从而带动企业乃至整个社会生产率的提高。

也有研究认为绿色金融对企业全要素生产率有着消极影响，主要原因是过度追求金融绿色化可能因引发新的金融资源错配问题而降低企业全要素生产率。金融的本质功能在于为适应经济社会发展需要而融通资金，完善的金融市场和强大的金融功能有利于提高实体经济的资本配置效率（李青原等，2013）。但是，金融本身不能创造社会财富，当金融发展超过合理界限时，其对经济的影响会从促进转变为抑制（Arcand等，2015）。绿色金融是政府为了促进经济社会绿色发展而实施的环境规制政策，旨在通过政府补贴的方式降低企业融资成本，鼓励企业积极发展绿色项目，更好地保护环境、节约资源，在实现一定经济目标的同时，实现环境质量的改善。但是，根据帕累托最优原则，资源配置面临一个合理化问题。如果资源配置合理，则能有效提升资源使用效率，进而提升微观经济体和整个社会的经济效率；反之，如果资源配置不合理，则会降低经济效率。现实中，可以发现，许多企业为了获得政府补贴，没有进行充分的市场调研就纷纷盲目申请资金上项目，导致受到绿色金融支持的项目资金供给充裕，甚至出现资金冗余现象；而有些企业则融资约束趋紧，特别是污染企业研发支出不足、创新能力下降，企业全要素生产率降低（王修华等，2021）。资金配置不合理，不仅浪费了有限的资源，更降低了资源配置效率和社会福利。更有甚者，部分污染企业为获取信用授权，享受绿色金融优惠政策，可能多言寡行（李哲和王文翰，2021），增加企业道德风险。

此外，绿色金融过度发展可能会影响金融机构的积极性。绿色金融发展的初衷是节约资源和保护环境，相对于其他金融产品而言，绿色金融的环保公益性特征较为明显，不仅投资周期长、投资额大，而且回报率较低，有时甚至没有经济收益。为了推动经济社会可持续发展，各国政府都在积极发展绿色金融，但是随着向市场投放的绿色研发项目资金占比增加，这种低收益、高风险项目过多将严重挫伤金融机构承担环境责任的积极性（徐枫和马佳伟，2019），导致社会总信贷规模缩减，企业融资成本上升，最终不利于企业全要素生产率的提高。

由此可见，绿色金融适度发展能够促进企业全要素生产率提高，但绿色金融过度发展可能会对企业全要素生产率增长产生负面影响。

假说1：绿色金融对企业全要素生产率增长具有先促进后抑制的倒“U”形影响。

（二）绿色金融对企业全要素生产率影响的机制分析

绿色金融对企业的主要影响就是改变其外部融资条件。绿色金融发展，使得环保企业和绿色项目的融资渠道更加多元，融资成本更低，融资条件得到改善；而那些不受绿色金融支持的企业和项目，将会受到“惩罚”或“歧视性对待”，融资成本增加，融资渠道缩减，融资环境变得恶劣。随着融资条件的改变，企业对资源配置的决策也会发生变化，如是否增加研发支出、是否改变资本投入等，这会直接影响企业技术创新和资源配置效率，进而影响企业全要素生产率。因此，本文将从技术创新和资源配置效率两个方面探讨绿色金融对企业全要素生产率的作用渠道。

技术创新是促进企业全要素生产率提升的关键。那么，绿色金融如何影响企业技术创新呢？可能的路径是绿色金融通过改变企业融资约束，影响企业研发投入决策，从而影响企业技术创新。企业的创新活动容易受到外部融资环境的影响。企业创新需要大量且持续的资金投入，而企业资金的来源无非是内源性融资和外源性融资两种，内源性融资通常是有限的，为此，企业的研发投入主要依靠外部资金。但是，企业的研发和创新活动是内部活动，难以被市场监管，且具有不确定性，市场投资的积极性不高，尤其是中小企业和绿色项目较不容易获得金融支持。而绿色金融的出现可以很好地缓解环保企业和绿色项目面临的融资约束，增加企业外部融资的可得性和便利性，使得企业能够增加研发投入，开展技术创新活动。但是，当绿色金融过度发展时，金融供给将会过度偏向绿色项目和行业，这会导致部分企业可获得的金融资源超过其正常发展需要，出现过度负债和重复建设问题。企业负债水平越高，面临的财务风险就越大。此时，企业倾向于降低研发投入以支付不断增长的资金使用成本，从而抑制创新活动（蔡庆丰等，2020），传统金融中的"金融资源的诅咒"现象将可能出现。当然，绿色金融也会使非环保企业和非绿色项目面临更强的融资约束，增加其研发投入成本。但是，众多学者的研究已经验证了国内"波特假说"的存在，即适当的环境规制（尤其是市场型环境规制）会促进企业创新（李青原和肖泽华，2020）。此外，若绿色金融过度发展，非环保企业可能会因研发投入不可持续而终止创新活动。因此，绿色金融适度发展会促进企业技术创新，反之则会抑制企业技术创新。

除了技术创新外，资源配置效率也是影响企业全要素生产率的重要因素。绿色金融影响企业资源配置效率的可能路径是通过影响企业融资约束改变企业可用资金量，使得企业需要重新配置资源，这将改变企业的资源配置效率。高效率的企业资源配置是指企业通过合理配置资本来获取各类生产要素以实现利润最大化的方式（Almeida和Wolfenzon，2006）。绿色金融不仅会影响资本在市场上的流向，也会影响企业内部资本分配。通常情况下，当企业面临的融资约束发生改变时，企业受利润最大化的驱使，会进行财务调整，在重新配置资本的过程中，企业的内部管理也会优化，这将有助于提高资本利用率。但是，绿色金融本身是非对称性政策，存在信息不对称、政策扭曲、不完全契约等问题，这些金融摩擦阻碍着资本要素在企业间的流动（张四灿等，2022），从而使得各类企业不能获得与其资本最优配置相应的资本量。因此，当绿色金融过度发展时，必然会产生新的资源错配问题。一是环保企业资本充足，缺乏资本有限性约束，容易产生资源冗余、资金配置效率降低等问题。二是污染企业受到的融资约束加剧，不得不削减一些有利于创新研发和技术进步的投资项目，影响企业全要素生产率。

假说2：技术创新和资源配置是绿色金融影响企业全要素生产率的渠道。

（三）绿色金融对企业全要素生产率影响的异质性分析

首先，绿色金融对企业全要素生产率的影响会因企业环保属性的差异而不同。人类社会逐渐由工业文明转向生态文明，生态环保理念越来越深刻地影响着经济社会的各个方面。在此背景下，绿色环保无疑代表了未来的生产和消费发展方向。随着各国政府环境规制力度的增强，绿色金融在环境保护事业中发挥着举足轻重的作用。如前所述，绿色金融的兴起，在很大程度上是为环保企业解决融资难问题。在国家环境政策支持下，大量低成本的资金优先流入环保企业，有效缓解了企业绿色项目投资不足和融资难问题，也使得企业有了更多资金投向技术研发，从而有利于提高企业技术水平，进而提高企业全要素生产率（Taghizadeh-Hesary和Yoshino，2020）。相对而言，污染企业属于绿色金融否定类企业，面临着与环保企业完全不同的融资约束。随着更多的资金被流入环保企业，污染企业面临的融资条件更加严苛、融资更加困难。在这种情况下，污染企业面临两种选择：一是缩减生产经营规模，甚至退出市场；二是适应经济社会发展要求，积极转型，走绿色发展之路。如果选择前者，那么随着污染企业生产经营规模的缩减甚至退出市场，环保企业面临的生存与成长环境将更加宽松，社会资源将更多地流入环保企业，更有利于环保企业提高全要素生产率；如果选择后者，污染企业走绿色发展之路，那么其将会获得政策支持，绿色金融发展将会对污染企业的绿色转型提供支持，帮助企业进行技术研发。不过，污染企业的绿色转型是一个缓慢的、循序渐进的过程。因此，相对于环保企业，绿色金融对污染企业技术创新的支持较为滞后，企业全要素生产率的提升较为缓慢。此外，如前文所言，绿色金融过度发展会使那些不具备融资条件的环保企业或“飘绿”企业获得与之不匹配的金融资源，扭曲了市场的金融资本配置，阻碍了企业全要素生产率的提高。

假说3：绿色金融对环保企业全要素生产率的影响大于对污染企业的全要素生产率的影响。

其次，绿色金融对企业全要素生产率的影响会因企业所有权性质不同而呈现一定的差异性。从产权性质的角度看，国有企业与民营企业有着不同的资源禀赋，具有异质化发展条件。相对于民营企业而言，国有企业有着明显的市场优势：第一，国有企业实力雄厚，特别是许多国有企业在诸多领域处于垄断地位，资金充裕，融资需求相对较小。第二，国有企业有着较好的技术基础和人才优势，更容易获得一些国家科研项目的资金支持，研发经费相对充沛。第三，国有企业能够享受政府提供的隐形担保，融资环境更加宽松，更容易获得金融机构的大规模、低成本融资机会（Luo等，2011）。第四，国有企业受政府行政干预相对较多（杨洋等，2015；Carman和Dominguez，2001），加之其全民所有的固有属性，不仅承担了一定的经济发展责任，更承担了包括环境保护在内的较多社会责任。国有企业的环境保护投资、环境保护水平高于社会平均水平。因此，绿色金融项目对国有企业的影响并不明显。我国的民营企业这些年在国家一系列鼓励支持政策下实现较快发展，在国民经济中的地位不断提高，但与国有企业相比，在技术水平、人力资本、资金实力等方面仍存在较大差距。融资难、融资成本高等问题一直困扰着民营企业。特别地，民营企业由于发展资金短缺，在环境保护方面的投资更显不足，这在很大程度上影响了企业的发展潜力和市场竞争力。在此背景下，绿色金融无异于雪中送炭，不仅在一定程度上缓解了民营企业的资金短缺难题，有利于民营企业技术水平和生产率的提高（张璇等，2017；陈国进等，2021），更有助于推动民营企业的绿色转型与健康发展。然而，在经济转型过程中往往存在大量寻租活动，在以绿色信贷为主的绿色金融发展过程中，企业有动机采取上述行为获取融资机会，同时绿色金融带来的超额收益越大，企业越有动机将资金用于寻租活动和“飘绿”活动，从而影响了企业创新投资。因此，绿色金融对民营企业全要素生产率有着显著的倒“U”形影响效应。

假说4：绿色金融对民营企业全要素生产率有倒“U”形影响效应，而对国有企业全要素生产率影响不显著。

最后，绿色金融对企业全要素生产率的影响也会因地理位置的不同而有所差异。就东、中部地区而言，一方面，经济社会发展水平相对较高，得益于产业结构升级、能源结构优化和技术进步等，污染物排放相对较少，对环保投入的需求相对较小；另一方面，由于经济发展水平较高，资金较为充裕，企业面临着较为宽松的融资环境。不仅如此，东、中部地区的市场化程度较高，融资渠道更多元，企业更容易筹集到发展所需资金。因此，绿色金融对东、中部地区的影响可能并不突出。但是，西部和东北地区的金融生态环境与东、中部地区不同（周立和胡鞍钢，2002），这两个地区自然资源丰富，长期以来经济发展主要依靠对石油、煤炭等资源的开发利用，这种单一的经济结构严重影响了地区发展潜力，而且化石能源的大量开采和使用，也带来了严重的环境污染。因此，在“西部大开发”和“振兴东北老工业基地”战略背景下，为了避免走“先污染后治理”的发展道路，国家在集中大量人力、物力、财力促进这两个地区经济发展的同时，也制定了较中、东部地区同一发展水平下更为严格的环境规制政策。经济相对落后的西部和东北地区本身就承担着追赶发达地区的发展重任，加上严格的环境规制要求，其发展资金更是捉襟见肘。绿色金融无疑受到了西部和东北地区的欢迎，其将对促进这两个地区的技术进步和企业全要素生产率的提高发挥更为显著的作用（史代敏和施晓燕，2022）。

假说5：绿色金融对企业全要素生产率的倒“U”形影响效应主要体现在东、中部地区，对西部和东北地区的企业全要素生产率主要起到促进作用。

三　实证设计

（一）模型构建

为了考察绿色金融对企业全要素生产率的影响，构建以下计量模型：

$$\ln TFP_{m,i,t} = \beta_0 + \beta_1 \ln GF_{m,t-1} + \beta_2 \left(\ln GF_{m,t-1}\right)^2 + \gamma X + \sigma_i + \varphi_t + \mu_{m,i,t} \tag{1}$$

其中，m代表省份，i代表企业个体，t代表年份，ln*TFP*为被解释变量，代表企业全要素生产率；ln*GF*为核心解释变量，代表地区绿色金融发展水平；考虑到绿色金融发展水平对企业全要素生产率可能产生非线性影响，加入绿色金融发展水平的平方项$(\ln GF)^2$来加以检验；为使数据更加平稳，消减模型共线性和异方差影响，本文对*TFP*和*GF*取对数处理；X为一组控制变量，包含企业层面和地区层面两类；β_0为截距项，β_1、β_2和γ为待估系数；σ_i为企业固定效应；φ_t为年份固定效应；μ为随机扰动项。

（二）变量设定

1.被解释变量：企业全要素生产率

借鉴Levinsohn和Petrin（2003）的方法（LP法），并参考鲁晓东和连玉君（2012）、任曙明和吕镯（2014）、宋敏等（2021）的研究思路，依据本文研究目的将企业的环保属性引入模型（2）中：

$$\begin{aligned}\ln Y_{i,t} = {} & \beta_0 + \beta_l \ln L_{i,t} + \beta_k \ln K_{i,t} + \beta_m \ln M_{i,t} + \beta_h Green_{i,t} + \beta_a Age_{i,t} \\ & + \beta_s Soe_{i,t} + \sum_j \delta_j Year_j + \sum_n \lambda_n Reg_n + \sum_k \gamma_k Ind_k + \varepsilon_{i,t}\end{aligned} \tag{2}$$

其中，i和t分别表示企业和年份；Y为产出，用营业收入衡量；L为劳动投入，用企业在职员工人数衡量；K为资本投入，用固定资产净值衡量；M为中间投入，由营业收入减去增加值表示①（刘莉亚等，2018）；*Green*是

① 参照任曙明和吕镯（2014）、刘莉亚等（2018）、宋敏等（2021）的研究，增加值从初次分配的角度进行核算，为固定资产折旧、劳动者报酬、生产税净额和营业盈余四项之和。其中，劳动者报酬用“应付职工薪酬”表示，生产税净额用“应交税费”与“补贴收入”的差值表示，营业盈余用“营业利润”表示。

环保企业①虚拟变量，环保企业取值为1，其他企业取值为0；*Age*为企业存续年限，由当年年份减去企业成立年份加1获得；*Soe*是股权性质虚拟变量，国有企业取值为1，民营企业取值为0；*Year*、*Reg*和*Ind*分别为年份、地区②和行业固定效应；β_0为截距项，β_l、β_k、β_m、β_h、β_a、β_s为待估系数；δ_j、λ_n、γ_k为固定效应变化截距项；ε为随机扰动项。依照全要素生产率定义，可得*TFP*的相对值为$\ln TFP_{it} = \beta_0 + \varepsilon_{it}$，由此可测算*TFP*绝对值，记为*TFP_LP*。

上述LP法是两步估计法，即先估计劳动投入（自由变量）的系数，再估计资本投入（状态变量）和中间投入（中间变量）的系数。但Ackerberg等（2006）认为，LP法的假设太过严格，如该方法假设：各要素投入可以得到及时无条件的调整，这与现实并不完全相符，可能导致第一步估计中的*M*（中间变量）和*L*（自由变量）产生共线性问题。为此，Wooldridge（2009）提出了进一步改良的方法，即用资本投入和中间投入的滞后期值作为工具变量，建立矩阵回归模型，一步估计出劳动投入和资本投入系数。因此，为了保证和提升研究结论的可靠性，本文借鉴Wooldridge（2009）提出的方法，使用广义矩估计（Generalized Method of Moments，GMM）再次测算了企业全要素生产率，记为*TFP_W*，并将其纳入基准回归中作为基准结论的对照和印证。

2.核心解释变量：绿色金融发展水平

绿色金融涉及金融机构对环保、节能、清洁能源、绿色交通、绿色建

① 关于环保企业的识别，我们依据2012年银监会发布的《绿色信贷指引》和国家发改委等七部门联合印发的《绿色产业指导目录（2019年版）》，借鉴王康仕等（2019）的做法，采用文本分析法，使用字段模糊匹配公司主营业务类型，将以节能环保、清洁生产、清洁能源、生态农业、生态保护及修复、绿色基础设施建设运营和绿色服务等为主营业务的企业以及高新技术产业定义为环保企业。

② 本文按照惯例将全国划分为东、中、西部和东北四个地区。其中，东部地区包括北京、天津、河北、上海、江苏、浙江、福建、山东、广东、海南10个省份；中部地区包括山西、安徽、江西、河南、湖北、湖南6个省份；西部地区包括内蒙古、广西、重庆、四川、贵州、云南、陕西、甘肃、青海、宁夏、新疆11个省份；东北地区包括辽宁、吉林、黑龙江3个省份；因西藏、香港、澳门、台湾地区数据缺失，排除在外。行业分类标准：上证行业分类（2012）。

筑等领域的项目投融资、项目运营、风险管理等提供的金融服务。当前，学者们通常用绿色信贷单一指标来衡量绿色金融发展水平，主要原因是：绿色信贷是起步最早、规模最大且体系最完整的绿色金融产品和业务。但是，根据绿色金融的内涵，除绿色信贷之外，其产品和业务还应包括绿色保险、绿色基金、绿色证券、碳金融等，且这些新型绿色金融产品和业务近年来在我国不断涌现并迅速发展。因此，单一使用绿色信贷这一指标来衡量绿色金融发展水平不够客观，所得出的结论难免有失偏颇。由此，根据人民银行等七部门于2016年发布的《关于构建绿色金融体系的指导意见》中有关绿色金融的定义，借鉴中央财经大学绿色金融国际研究院的《地方绿色金融发展指数与评估报告》和张莉莉等（2018）的方法，将客观性、可比性、经济性、科学性、全面性作为指标选取原则，构建了地区绿色金融发展水平指标体系，包括绿色信贷、绿色证券、绿色保险、绿色投资、碳金融5个一级指标和9个二级指标。为了剔除指标规模的影响，除绿色股票①外，其余指标都进行了相对化处理，具体指标说明见表1。

表1 地区绿色金融发展水平指标体系

一级指标	二级指标		
	指标	说明（单位）	方向
绿色信贷	绿色信贷	环保企业贷款额/金融机构贷款总额（%）	+
绿色证券	绿色股票	环保企业IPO与股权再融资（万元）	+
	绿色债券	绿色债券发行量/债券总发行量（%）	+
绿色保险	绿色保险*	农业保险收入/农业总产值（%）	+
绿色投资	政府环保支出	财政环境保护支出/一般预算支出（%）	-
	环境基础设施建设	生活垃圾处理量/总人口（吨/人）	+
	企业环保投资	企业环保项目投资/固定资产投资（%）	+
	企业创新投资	企业创新支出/固定资产投资（%）	+
碳金融	碳排放交易	碳交易金额/地区生产总值（%）	+

注："*"在指标测算中，关于企业层面的数据全部按照地区进行了汇总。绿色保险涉及产业较多，但除农业以外份额较少，且统计数据难以获得，因此，此处仅用农业保险作为绿色保险代理变量。

① 因绿色股票相对化处理后数值较小，反而抹平了不同地区间的发展差异，故对该指标保留绝对值处理。

绿色金融发展水平评价指标体系确定之后，接下来的核心问题是赋予各指标合理的权重。为避免受主观因素的影响，本文选取客观赋权法中的熵值法计算绿色金融发展水平（见表2）。从得分情况看，除个别年份（2009年）外，我国绿色金融发展水平总体呈增长趋势。2009年我国绿色金融发展水平之所以出现2.29%的增速下滑，主要是受2008年美国次贷危机引发的全球性金融危机影响，但这并没有从根本上改变我国绿色金融长期增长的态势，特别是2012年银监会发布《绿色信贷指引》，明确提出银行业金融机构应加大对绿色经济、低碳经济、循环经济的支持力度，由此带来了绿色金融在2013~2015年年均58.75%的高速增长；2017年，中国人民银行等颁发《重庆市建设绿色金融改革创新试验区总体方案》，决定在全国五省八地设立“绿色金融改革创新试验区”，绿色金融又迎来新一轮的快速发展，2018年增速达30.66%。这也表明我国绿色金融发展主要是由政策驱动，受政策影响较大，且政策效果存在一定的滞后性。

表2　2007~2020年绿色金融发展水平得分情况

年份	得分	增速（%）	年份	得分	增速（%）
2007	0.010	–	2014	0.047	37.90
2008	0.013	29.70	2015	0.086	82.45
2009	0.013	−2.29	2016	0.100	15.99
2010	0.018	38.28	2017	0.102	2.29
2011	0.021	20.90	2018	0.134	30.66
2012	0.022	2.80	2019	0.141	5.75
2013	0.034	55.91	2020	0.147	4.17

3. 中介变量：技术进步与资源配置

（1）技术创新ln*Tech*为企业研发支出对数值。（2）资源配置效率*Distk*用资本错配表示，在测算时借鉴了才国伟和杨豪（2019）的研究方法，计算公式为：$Distk_{ij} = MRPK_{ij}/P_{Kij} - 1$，其中资本的边际产出收益$MRPK_{ij} = \alpha Y_{ij}/K_{ij}$，$\alpha$是基于行业的产出、资本、劳动力对数数据测算得出，$Y_{ij}$为企业产出，$K_{ij}$为企业资本，$P_K$设定为10%。

4.控制变量

为了控制那些既影响绿色金融发展水平又影响企业全要素生产率的因素，参考宋敏等（2021）、陈中飞和江康奇（2021）的研究，引入如下控制变量：企业成长性*Growth*（营业收入增长率）、企业规模*Size*（期末总资产）、企业相对价值*T_Q*（托宾Q值）、杠杆率*Lev*（资产负债率）、固定资产率*Fix*（固定资产净值/期末总资产）、盈利能力*Roa*（资产收益率）、治理结构*Gov*（高管持股比例）、产权性质*Soe*（是否国有企业）等公司层面特征，以及经济发展水平*EcoDev*（人均GDP）等地区层面特征。此外，考虑到绿色金融对企业全要素生产率的作用可能受到企业环保属性（是否是环保企业）的影响，本文控制了企业环保属性*Green*特征。为了减小异方差对估计结果的影响，将所有以绝对数值度量的变量取对数处理。

图1是绿色金融与企业全要素生产率散点图分布，可以看出绿色金融与企业全要素生产率增长的关系呈现出先上升后下降的倒“U”形趋势。此外，还可以看出绝大多数地区的绿色金融发展水平尚未达到拐点，在后文的拐点分析中还会展开进一步描述。

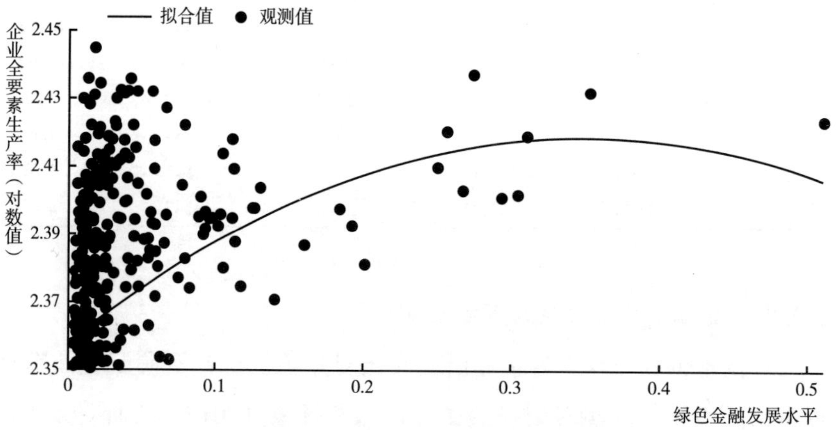

图1　绿色金融与企业全要素生产率散点图

（三）样本选取与数据来源

为进一步强化环境规制，更好实现经济社会的绿色高质量发展，我国

2007年出台了《关于落实环保政策法规防范信贷风险的意见》和《关于环境污染责任保险工作的指导意见》两份指导性文件，首次提出绿色信贷政策和绿色保险制度，要求环保部门与金融部门协调配合，提高金融机构和企业的防范环境风险能力，这标志着中国金融开始进入绿色发展阶段。鉴于2007年为中国绿色金融元年，本文以2007~2020年中国A股非金融类上市公司为样本，实证测度绿色金融对企业全要素生产率的影响。为了保障结果的有效性，在选择样本时，仅保留了状态为“正常上市”的公司，剔除上市时间不满一年、金融类、ST类、数据严重缺失的公司样本，同时剔除了工业增加值、固定资产、从业人员等数值小于等于0，以及属地非国内的公司样本。为消除价格影响，本文对涉及的所有经济货币类变量均以2007年为基期进行价格平减。同时，为避免异常值影响，对相关连续变量进行1%的两端缩尾处理。根据以上处理方法，本文共获得23038个企业样本。

表3　主要变量的描述性统计（N：23038）

变量	均值	标准差	5分位数	中位数	95分位数
ln*TFP_LP*	2.376	0.098	2.219	2.373	2.54
ln*TFP_W*	2.466	0.097	2.313	2.461	2.637
GF	0.075	0.104	0.007	0.030	0.316
ln*Tech*	17.742	1.629	15.056	17.766	20.338
Distk	16.390	598.452	−36.260	18.256	130.738
Growth	0.446	1.296	−0.308	0.137	1.922
ln*Size*	22.141	1.341	20.350	21.949	24.614
T_Q	2.075	5.380	0.992	1.601	4.322
Lev	0.430	0.204	0.107	0.426	0.770
Fix	0.224	0.170	0.013	0.189	0.559
Roa	0.058	0.720	0.005	0.043	0.128
Gov	0.091	0.170	0.000	0.000	0.499
Soe	0.423	0.494	0.000	0.000	1.000
Green	0.132	0.338	0.000	0.000	1.000
ln*EcoDev*	10.920	0.561	9.849	10.989	11.802

企业的主营业务、建立年份、上市年份、股权性质、所属行业、所属地区、贷款额等基本信息以及金融机构贷款总额、环保企业IPO与股权再融资、债券发行量、农业保险收入等数据来自Wind数据库，企业的营业收入、在职

员工人数、固定资产净值、固定资产折旧、应付职工薪酬、应交税费、补贴收入、营业利润等企业财务数据和企业环保项目投资、企业创新支出、碳金融交易额等数据来源于CSMAR数据库，农业总产值、一般预算支出、生活垃圾处理量、总人口固定资产投资、地区生产总值宏观数据来自历年《中国统计年鉴》，财政环境保护支出数据来源于历年《中国环境统计年鉴》。

变量数据的描述性统计如表3所示。ln*TFP_LP*和ln*TFP_W*的均值分别为2.376和2.466，中位数分别为2.373和2.461，表明数据无明显偏态。绿色金融发展水平*GF*（以下简称"绿色金融"）的均值0.075和中位数0.03差距较大，说明数据存在右偏问题。因此，本文在回归时对*GF*值进行加1后取对数处理，并在基准回归模型中使用ln*GF*表示。产权性质*Soe*均值为0.423，说明国有企业约占总样本数的42.3%。企业环保属性*Green*均值为0.132，说明环保企业约占总样本数的13.2%。其他变量统计信息均与既有研究相似。

四 实证结果及分析

（一）基准回归

为减弱遗漏变量问题，本文采取逐步加入控制变量的方法进行估计。另外，为控制变量间潜在的互为因果关系，本文对绿色金融指标及控制变量进行了滞后一期处理。表4汇报了基准回归结果。参考陈中飞和江康奇（2021）的研究，本文对每列回归都使用企业聚类效应对标准误进行了修正。①表4第（1）、（4）列分别为仅引入ln*GF*和$\ln GF^2$的估计结果，第（2）、（5）列分别为引入控制变量和企业固定效应后的回归结果，第（3）、（6）列为进一步控制年份固定效应后的回归结果。可以看出，不论在何种方式下，ln*GF*的估计系数都显著为正，而$\ln GF^2$的估计系数都显著为负，说明绿色金融与企业全要生产率之间呈倒"U"形关系。当绿色金融处于合理范围时，其较好地满足了企业的技术创新，特别是绿色技术创新的资金需求，提高了企业技术水平，生产要素使用效率得到提升的同时

① 本文进行了相关关系检验，因篇幅限制，未在此回报检验结果，需要的读者可向笔者索取。

还减少了污染物排放，企业全要素生产率提升，实现了“波特假说”所言的环境与经济“双赢”。但当绿色金融过度发展且超过一定临界点时，企业全要素生产率受到负面影响。由此，假设1得到验证。

表4　绿色金融对企业全要素生产率影响的基准回归结果

变量	ln*TFP_LP*			ln*TFP_W*		
	(1)	(2)	(3)	(4)	(5)	(6)
ln*GF*	0.669***	0.070***	0.043**	0.663***	0.056***	0.037*
	(63.453)	(3.794)	(2.017)	(33.328)	(3.384)	(1.910)
lnGF^2	−1.016***	−0.128***	−0.092***	−1.003***	−0.110***	−0.084***
	(−40.547)	(−4.137)	(−2.581)	(−26.260)	(−3.964)	(−2.653)
常数项	2.353***	1.367***	1.442***	2.444***	1.414***	1.442***
	(4668.079)	(56.533)	(21.690)	(2809.772)	(64.181)	(23.721)
控制变量	否	是	是	否	是	是
企业固定效应	否	是	是	否	是	是
年份固定效应	否	否	是	否	否	是
样本数	23038	23038	23038	23038	23038	23038
调整后的R^2	0.090	0.518	0.520	0.223	0.571	0.573

注：*、**、***分别代表10%、5%、1%的显著水平，括号内为t值，回归检验过程中进行了企业层面的cluster聚类标准误调整。

（二）有效性检验

一般地，识别（倒）“U”形关系的普遍做法是在标准回归模型中添加一个二次项，若一次项和二次项的系数均显著，且符号方向相反，则可认为自变量与因变量之间存在（倒）“U”形关系。但Lind和Mehlum（2010）认为，当变量间关系为凸的且在对应取值上单调时，模型估计可能错误地产生一个极端值，从而做出错误的（倒）“U”形关系估计。为此，本文在借鉴Lind和Mehlum（2010）的方法的基础上，参考任天驰等（2021）的做法进行了U检验和边际效应检验，以判断回归结果的有效性。

1.U检验

若绿色金融与企业全要素生产率的关系为倒“U”形，需要满足三个条件：

（1）式（1）中ln*GF*的估计系数β_1显著为正，而lnGF^2的估计系数β_2显

著为负；

（2）极值点在取值范围内；

（3）端点斜率较为陡峭，即$\beta_1 + 2\beta_2 \ln GF_{max} < 0 < \beta_1 + 2\beta_2 \ln GF_{min}$，$\ln GF$取值范围为$[\ln GF_{min}, \ln GF_{max}]$。

其中，条件（1）已在基准回归结果中得到验证，条件（2）和（3）需要进行U检验。为增强结论的信服力，本文对基准回归中的六种情况逐一进行检验，并将极值点的Fieller区间置信水平设为99%。检验结果如表5所示。根据U检验结果，ln*GF*的取值范围为[0.001，0.511]，极值点均在取值范围内，下端点斜率均为正，上端点斜率均为负，条件（2）和（3）得到验证，说明基准回归结果可信。

表5　U检验结果

变量	ln*TFP_LP*			ln*TFP_W*		
	（1）	（2）	（3）	（4）	（5）	（6）
极值点	0.330	0.273	0.236	0.330	0.254	0.218
端点斜率（方向）	[+，-]	[+，-]	[+，-]	[+，-]	[+，-]	[+，-]
T值	21.750	3.700	2.010	15.970	3.380	1.910
P>|t|	0.000	0.000	0.022	0.000	0.000	0.028

注：ln*GF*取值范围为［0.001，0.511］，极值点*Fieller*区间置信水平为99%。

2.边际效应分析

为进一步验证绿色金融对企业全要素生产率的影响方式，分别测算了六种情况下绿色金融对企业全要素生产率的边际效应，并绘制出了边际效应图。从图2可以清晰地看出，尽管曲线的斜率和转折点出现的位置不同，但绿色金融对企业全要素生产率的边际效应均呈现出明显的由正转负的特征。在转折点之前，边际效应为正值，说明绿色金融在前期发展过程中对企业全要素生产率产生了促进作用，但这种正向效应不断递减，并在转折点处减为0；越过转折点后，边际效应变为负值，说明当绿色金融超出合理限度后，将对企业全要素生产率产生抑制作用，并随着绿色金融水平不合理程度的增加而增加。基准回归结果再次得到验证。

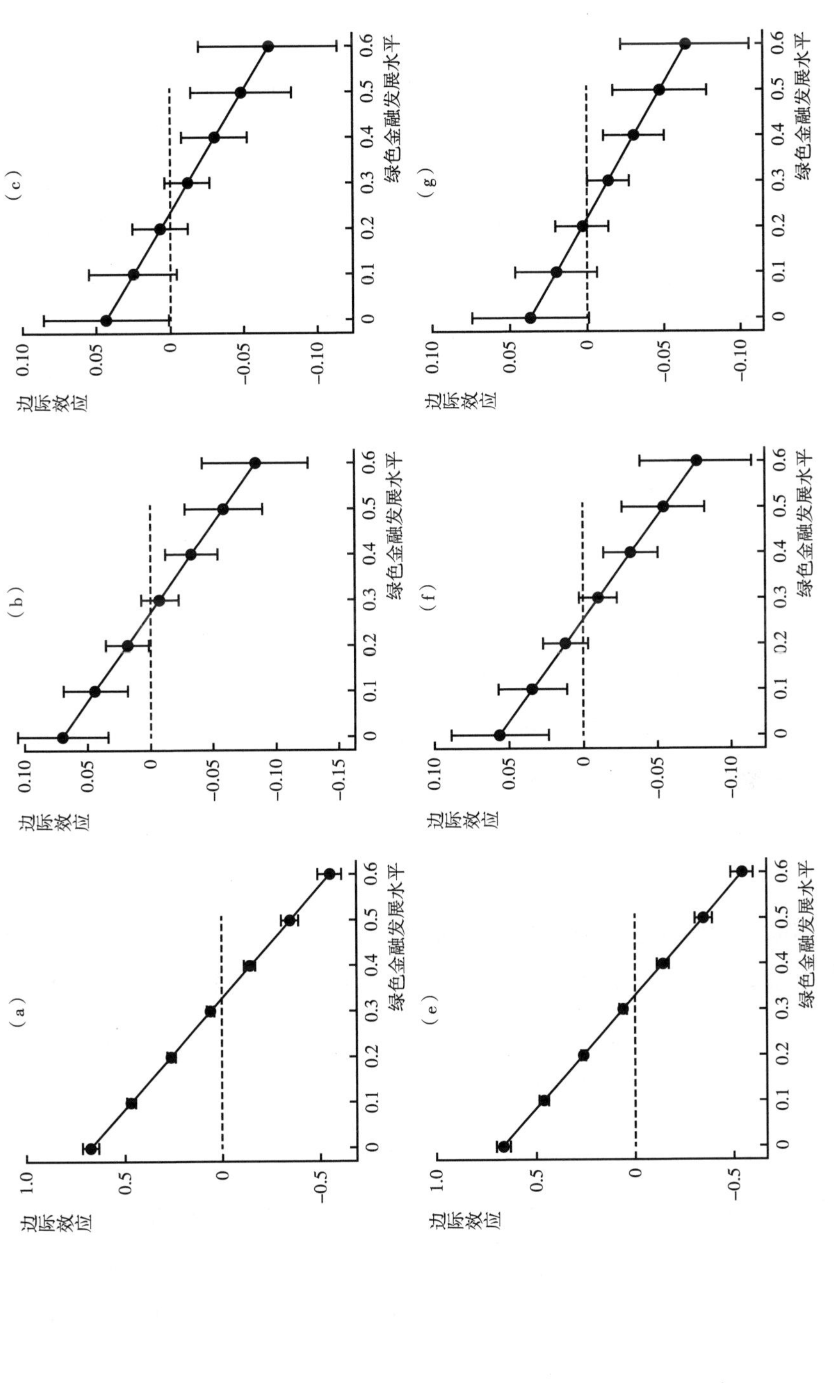

图 2　绿色金融对企业全要素生产率的边际效应

（三）内生性处理

在基准回归模型中，本文尽可能控制能够同时影响绿色金融和企业全要素生产率的因素，如对绿色金融指标、二次项及控制变量进行了滞后一期处理，并同时控制了企业和年份固定效应，力求消除潜在的内生性问题对回归结果的影响。毋庸讳言，模型仍有可能因样本选择偏误、遗漏某个或某些重要变量而导致估计结果有偏。为此，接下来采用断点回归进行验证。此外，如前所述，绿色金融发展会影响企业全要素生产率，但反过来，企业全要素生产率也可能会对绿色金融发展产生影响。当企业全要素生产率较低时，特别是随着政府环境规制的加强，企业进行绿色技术创新的压力增大，参与绿色金融活动的动机增强，从而促进绿色金融发展，即绿色金融与企业全要素生产率可能存在反向因果关系，本文使用工具变量法来解决这一内生性问题。另外，企业全要素生产率通常存在序列相关性，即前期的企业全要素生产率是影响本期的企业全要素生产率的重要因素。为此，本文建立了动态面板模型，并使用系统广义矩估计（GMM）回归，进一步验证研究结论的可靠性（肖文和薛天航，2019）。为解决影响绿色金融与企业全要素生产率的不可观测因素间的相关性问题，本文借鉴王维国等（2022）的做法构建广义结构方程模型（Generalized Structural Equation Model，GSEM）来同时估计绿色金融和企业全要素生产率模型。通过一系列内生性处理，基准回归结果仍然成立。

1.断点回归

依据断点回归思想，参考Rieger和Klarmann（2022）的做法，根据表4的估计系数计算绿色金融转折点，并在转折点处生成新的预测值，以检验回归结果是否与预测的曲线形状具有一致的斜率（Nelson和Simonsohn，2014）。本文构建以下断点回归模型：

$$\ln TFP_{i,t} = \alpha_0 + \alpha_1 \ln GF_{low} + \alpha_2 \ln GF_{high} + \alpha_3 high + \tau X + \sigma_i + \varphi_t + \mu_{i,t} \qquad (3)$$

其中，$\ln GF_{low}$表示当$\ln GF$小于转折点时，$\ln GF$与转折点的差值；$\ln GF_{high}$表示当$\ln GF$大于转折点时，$\ln GF$与转折点的差值；$high$为虚拟变量，当大于等于转折点时，取值为1，否则为0；X、σ、φ、μ分别代表控制变量、企业固定效应、时间固定效应和误差项。

表6的第（1）列汇报了断点回归的估计结果。在两组回归结果中，$\ln GF_{low}$的系数均显著为正，$\ln GF_{high}$的系数均显著为负，表明绿色金融在断点左侧对企业全要素生产率的提升起促进作用，在断点右侧对企业全要素生产率的提升起到抑制作用，说明在缓解潜在内生性后，本文结论依然成立。

表6　内生性处理回归结果①

变量	RD $\ln TFP\_LP$ (1)	$\ln GF$ (2)	IV $\ln TFP\_LP$ (3)	$\ln TFP\_LP$ (4)	GMM $\ln TFP\_LP$ (5)	GSEM $\ln TFP\_LP$ (6)
$\ln GF_{low}$	0.037** (2.258)					
$\ln GF_{high}$	-0.019* (-1.791)					
high	-0.002* (-1.656)					
IV		-0.414*** (-16.414)	-0.010 (-0.677)			
$\ln GF$			0.035* (1.831)	0.777*** (4.329)	0.046*** (2.773)	0.050** (2.159)
$\ln GF^2$			-0.084*** (-2.636)	-2.235*** (-4.646)	-0.063** (-2.323)	-0.106*** (-2.624)
L.$\ln TFP\_LP$					1.057*** (21.652)	
常数项	1.447*** (21.876)	0.629*** (3.449)	1.445*** (23.715)	1.432*** (18.376)	0.041 (0.362)	1.200*** (14.951)
控制变量	是	是	是	是	是	是
年份固定效应	是	是	是	是	是	是
企业固定效应	是	是	是	是	否	是
样本数	23038	23038	23038	23038	23038	23038
调整后的R^2	0.520	0.462	0.573	0.521		

注：*、**、***分别代表10%、5%、1%的显著水平，括号内为t值或z值，并在回归检验过程中进行了企业层面的cluster聚类标准误调整；2SLS估计中，Kleibergen-Paap rk LM统计量为163.67，Kleibergen-Paap rk Wald F统计值为127.95，Cragg-Donald Wald F统计值为131.13，Stock-Yogo临界值中，10%、15%、20%、25%的maximal IV size分别为7.03、4.58、3.95、3.63；系统GMM估计中，AR(1)-P值为0.00，AR(2)-P值为0.17，Hansen-P值为0.13。

① 由于篇幅所限，本文仅呈现了$\ln TFP_LP$的回归结果，$\ln TFP_W$的回归结果与$\ln TFP_LP$的回归结果一致，但未展示，需要的读者可向笔者索取。

2.工具变量法

合适的工具变量需要同时满足两个条件：相关性和外生性（林伯强和谭睿鹏，2019），这就要求所选取的工具变量不仅可以解释绿色金融的变化，而且它们不能通过其他途径直接或间接地影响企业全要素生产率。为此，本文选取毗邻省份的绿色金融发展水平的平均值（*IV*）及其平方项（*IV_sq*）作为地区绿色金融发展水平及其平方项的工具变量，原因是：一是通常情况下金融发展水平较高的地区会对周边地区金融资源产生虹吸效应，毗邻省份在绿色金融发展中可能存在竞争关系；二是当前绿色信贷在绿色金融中处于主导地位，由于信贷融资存在地域分割性，临近地区的绿色金融难以通过信贷融资渠道影响本地企业全要素生产率。因此，本文选取的两个工具变量满足相关性和外生性要求。

表6第（2）列呈现了工具变量的第一阶段回归结果。工具变量与绿色金融显著负相关，符合上述预期。此外，$\ln GF$和$\ln GF^2$的第一阶段F值分别为363.10和310.71，均大于10%偏误下的Stock-Yogo临界值19.93，说明工具变量满足相关性要求。在回归时，借鉴了丁守海和冀承（2023）的方法，将绿色金融与工具变量同时作为解释变量进行回归，表6第（3）列结果显示$\ln GF$和$\ln GF^2$仍然在10%的水平上分别显著为正和负，而工具变量系数不显著，说明工具变量只能通过影响绿色金融来影响企业全要素生产率，满足外生性约束。表6第（4）列为第二阶段回归结果，可以看出绿色金融与企业全要素生产率仍存在显著的倒“U”形关系。与基准回归相比，$\ln GF$和$\ln GF^2$系数显著增大，拐点与基准回归结果相差0.08，这可能源于工具变量回归结果为局部处理效应。

3.GMM和GSEM估计

表6第（5）列报告了系统GMM的回归结果，$\ln GF$和$\ln GF^2$的系数在5%显著水平上分别显著为正和负，表明在控制了滞后一期的企业全要素生产率及其导致的内生性问题后，绿色金融对企业全要素生产率先促进后抑制的作用依然存在。表6第（6）列报告了GSEM的回归结果，依然支持基准结论，进一步增强了研究结论的可信度。

（四）稳健性检验

为了考察上述基准回归结论的稳健程度，还需证明一些可能对企业全要素生产率造成影响却未被纳入计量模型的变量或因素不会对估计结果产生显著影响。

1.剔除特殊样本

一是缩短样本区间。2008年国际金融危机使得本就存在较多不确定性因素的金融市场更加波动，市场预期下降，悲观情绪滋长，企业发展遭到了强烈的负向外部冲击，这一特殊时期产生的金融波动可能影响估计的稳健性。为此，本文将样本区间缩短为2009~2020年，以检验基准回归的可靠性。二是剔除直辖市样本。中国绿色金融主要起始于直辖市，存在发展时间短、不平衡问题，而这可能会造成回归结果有偏。鉴于此，本文剔除了直辖市的样本，对基准回归结果做进一步验证。三是剔除迁徙企业样本。受多种因素的影响，各地区的环境规制强度存在差异。根据“污染避难所”假说，污染企业可能为了躲避严格的环境规制而从环境规制强度高的地区迁出，而绿色环保企业则可能为了享受绿色金融带来的政策优惠而迁入，由此对实证结果产生一定影响。因此，本文删除了统计期间注册地址跨地级市变动的企业样本，对基准结论做进一步检验。回归结果如表7第（1）~（3）列所示，ln*GF*及其二次项的估计系数依然显著，系数符号方向不变，且系数绝对值明显增大，说明在剔除可能影响回归结果的样本后，绿色金融与企业全要素生产率之间仍然呈倒“U”形关系，且影响程度增加，本文的基准回归结论是值得信赖的。

2.控制地区金融发展水平

绿色金融显然受到传统金融影响，因此，进一步控制了传统金融发展对估计结果的影响，用金融业增加值占GDP比重作为金融发展水平的代理变量，并将其作为控制变量加入基准模型（1）中再次进行回归检验，结果见表7第（4）列。可以看出，在排除地区间的传统金融水平差异后，除了估计系数的绝对值有微小变化外，系数方向和显著性保持不变，这与基准回归结论基本一致。

3.加入高阶项

为了检验绿色金融与企业全要素生产率是否存在更复杂的曲线关系，本文进一步在基准模型（1）中加入了ln*GF*的三次项，回归结果见表7第（5）列。尽管ln*GF*三次项的估计系数为正，但是不显著，基准回归结论仍然成立。

表7 稳健性检验

变量	缩短样本区间 （1）	剔除直辖市 （2）	剔除迁徙企业 （3）	控制金融发展水平 （4）	加入高阶项 （5）
ln*GF*	0.052** （2.464）	0.140*** （4.081）	0.134*** （3.911）	0.124*** （3.666）	0.192 （1.677）
$\ln GF^2$	−0.103*** （−2.954）	−0.342*** （−3.271）	−0.307*** （−2.959）	−0.265*** （−2.605）	−0.836 （−1.107）
$\ln GF^3$					1.312 （0.849）
常数项	1.424*** （18.666）	1.260*** （15.757）	1.240*** （13.807）	1.213*** （13.348）	1.237*** （13.238）
控制变量	是	是	是	是	是
企业/年份固定效应	是	是	是	是	是
省份固定效应	是	是	是	是	是
样本数	22013	18391	17945	17945	17945
调整后的R^2	0.510	0.538	0.544	0.544	0.544

注：*、**、***分别代表10%、5%、1%的显著水平，括号内为t值，并在回归检验过程中进行了省份层面的cluster聚类标准误调整

五 进一步分析

（一）拐点分析

由回归分析结果可知，绿色金融与企业全要素生产率呈倒“U”形关系，那么当前中国绿色金融发展水平处于倒“U”形曲线的什么位置？持续

推动绿色金融发展是有利于还是不利于企业全要素生产率的提升？本文利用前文测算结果和检验结果，借鉴丁守海和冀承（2023）的分析方法进行拐点分析。

根据构建的绿色金融发展水平指标体系计算得到绿色金融发展水平（见表2），以及U检验和边际效应检验结果（见表5和图2）可以看出，以LP法衡量的企业全要素生产率，绿色金融发展水平拐点为0.24；以GMM法衡量的企业全要素生产率，绿色金融发展水平拐点为0.22。但是，按照描述性统计，样本期间中国绿色金融发展水平均值为0.07，2020年均值为0.15（见表2），说明当前中国绿色金融平均发展水平处于倒“U”形曲线的左侧。通过筛选样本，发现仅有北京、天津、广东三个地区的绿色金融发展水平超过拐点值，其余绝大部分省份离拐点尚有很大距离，说明在今后一段时期推动绿色金融发展仍将有助于提高企业全要素生产率，这与中国现实是相符的。

（二）机制检验

为验证技术创新和资源配置是不是绿色金融影响企业全要素生产率的作用渠道，我们进行了机制检验。这一部分，借鉴了何凌云和祁晓凤（2022）的处理方法，以绿色金融对企业全要素生产率的倒“U”形关系拐点为分组标准，将全样本分为两组，影响机制作为被解释变量引入模型，借助现有文献和理论梳理，回归验证了倒“U”形关系形成的促进机制和抑制机制。

机制检验结果如表8所示，表8第(1)列lnGF估计系数显著为正，第（2）列lnGF估计系数显著为负，说明在拐点左侧，绿色金融可以促进企业技术创新，并提高资本配置效率；表8第(3)列lnGF估计系数为负，第（4）列lnGF估计系数为正，表明在拐点右侧，绿色金融可以阻碍企业技术创新，并影响资本配置效率，结果不显著的原因可能是样本量过少，但是根据前文的理论阐述，可以认为绿色金融过度发展对技术创新和资源配置起到负面影响。因此，验证了技术创新和资源配置是绿色金融对企业全要素生产率倒“U”形关系的形成机制，即假说2得到检验。

表8 绿色金融对企业全要素生产率影响的机制检验

变量	ln*Tech* (1)	ln*Tech* (2)	*Distk* (3)	*Distk* (4)
ln*GF*	0.613** (2.381)	-0.134* (-0.473)	-180.042* (-1.810)	152.048 (0.884)
常数项	16.425*** (322.580)	17.845*** (144.325)	39.481** (2.486)	15.945 (0.163)
控制变量	是	是	是	是
年份固定效应	是	是	是	是
企业固定效应	是	是	是	是
样本数	15381	1717	21115	1923
调整后的R^2	0.292	0.176	0.155	0.136

注：*、**、***分别代表10%、5%、1%的显著水平，括号内为t值，并在回归检验过程中进行了企业层面的cluster聚类标准误调整。

（三）异质性检验

为了更加细致地刻画绿色金融对企业全要素生产率的影响，本文从企业环保属性、产权性质、地区分类三个视角进一步进行分样本分析。

1.不同环保属性的异质性影响

为了深入分析绿色金融对不同环保属性的企业全要素生产率的差异化影响，将全部样本划分为环保企业和污染企业两类，重新进行回归分析。表9的第（1）、（2）列的回归结果显示，无论是环保企业还是污染企业，ln*GF*系数均显著为正，$\ln GF^2$系数均显著为负，绿色金融和企业全要素生产率之间均存在显著的倒“U”形关系。但是，两者的差异也很明显：一是从ln*GF*和$\ln GF^2$估计系数值来看，环保企业的绝对值（0.138和-0.191）高于污染企业（0.051和-0.108），说明环保企业的全要素生产率对绿色金融更敏感，受影响更大。二是从倒“U”形曲线的拐点来看，环保企业（0.36）明显大于污染企业（0.24），说明适度绿色金融对环保企业全要素生产率的积极影响更为有效和持久。可能的解释是，环保企业属于政策支持类企业，绿色金融的推出有效改善了其融资约束，保障了研发经费，特别是绿色项目的资金供给，有效促进了其全要素生产率的提升。另外，环保企业在环保人才、环保设施、环保技术等方面有着较好的基础，因此绿色金融对其全要素生产率的积极影响更为显著和持久。而污染企业属于政策抑制类企业，绿色金融短期内会恶化其融资约束，对其负面影响会迅速表现出来。即使污染企业最终选择绿色转型，但由于其前期环保要素基础较差，转型之路也会较为坎坷、漫长，绿色金融对污染企业的积极影响滞后且不突出。验证了假说3。

2. 不同产权性质的异质性影响

依据产权性质，将全部样本划分为民营企业和国有企业两类，分组回归结果见表9第(3)~(5)列。民营企业的ln*GF*估计系数在5%置信水平上显著为正，lnGF^2估计系数在10%置信水平上显著为负，绿色金融与企业全要素生产率之间呈典型的倒“U”形关系。而国有企业ln*GF*与lnGF^2的估计系数虽然符合预期方向，但均不显著，说明绿色金融对国有企业全要素生产率的影响并不明显。为进一步探寻绿色金融对国有企业全要素生产率的影响，本文又回归了仅含ln*GF*一次项的模型，结果仍不显著［见表9第（5）列］，表明绿色金融对国有企业全要素生产率影响甚微，可能的原因是，国有企业一般实力雄厚，融资需求不如民营企业迫切，加之背后有政府的隐形担保，即使有融资需求，国有企业面临的融资环境也较为宽松，融资成本较低。因此，国有企业对绿色金融不够敏感。反之，我国民营企业尽管改革开放以来迅速发展，但在金融市场上面临融资难、融资成本高等约束。因此，绿色金融及其附带的政策优惠很大程度上缓解了民营企业的融资难问题，有效推动了其全要素生产率的提高。由此，验证了假说4。

3. 不同区域的异质性影响

如表9第(6)~(8)列所示，绿色金融对不同地区企业全要素生产率的影响存在明显差异。东、中部地区企业的ln*GF*估计系数在1%置信水平上为正，lnGF^2估计系数在1%置信水平上为负，绿色金融与企业全要素生产率之间存在显著的倒“U”形关系。然而，西部和东北地区的ln*GF*与lnGF^2的估计系数虽符合预期方向，但均不显著。进一步，仍以西部和东北地区企业为样本，分析了仅含有ln*GF*一次项的回归模型，结果见表9第（8）列，可以看出，ln*GF*的估计系数在5%的水平上显著为正，且系数值为0.254，说明绿色金融对西部和东北地区的企业全要素生产率有正向作用，这与东、中部地区的倒“U”形曲线明显不同，主要原因是：东、中部地区经济发展水平较高，资金供给相对充裕，再加上市场化程度较高，企业筹资渠道更趋多元化，资金筹集成本更低，因此绿色金融的推出对企业全要素生产率的影响不是很大。但西部和东北地区则相反，由于经济发展水平较低，资金供给相对紧张，用于环境保护方面的资金更为短缺。随着国家环境规制力度不断增强，企业对环保资金的需求更为迫切，绿色金融发展很大程度上缓解了企业的融资约束，并有效促进了企业全要素生产率的提升，加之西部和东北地区的绿色金融发展水平仍处于倒“U”形曲线的左侧，因此绿色金融与企业全要素生产率之间呈现出显著的正相关关系，这与史代敏和施晓燕（2022）研究结论相符，因此，假说5成立。

表9 绿色金融对企业全要素生产率影响的异质性

变量	环保企业	污染企业	民营企业	国有企业		东中部地区	西部和东北地区	
	（1）	（2）	（3）	（4）	（5）	（6）	（7）	（8）
lnGF	0.138**	0.051**	0.060**	0.049	0.007	0.060***	0.254	0.254**
	（2.400）	（2.188）	（2.073）	（1.128）	（0.414）	（2.583）	（0.737）	（1.978）
lnGF^2	−0.191**	−0.108***	−0.087*	−0.101		−0.111***	−0.853	
	（−2.220）	（−2.768）	（−1.816）	（−1.467）		（−2.972）	（−0.175）	
常数项	0.928***	1.384***	1.464***	1.327***	1.343***	1.332***	1.410***	1.440***
	（3.630）	（16.667）	（10.752）	（10.751）	（10.726）	（14.291）	（7.597）	（7.473）
控制变量	是	是	是	是	是	是	是	是
企业固定效应	是	是	是	是	是	是	是	是
年份固定效应	是	是	是	是	是	是	是	是
样本数	2893	19524	12738	9679	9679	18330	4087	4087
调整后的R^2	0.560	0.528	0.546	0.487	0.486	0.541	0.510	0.510

注：*、**、***分别代表10%、5%、1%的显著水平，括号内为t值，并在回归检验过程中进行了企业层面的cluster聚类标准误调整。

六 结论与建议

绿色金融已成为全球金融发展的重要趋势，本文基于2007~2020年沪深A股上市公司数据和中国宏观数据，测算了中国省级绿色金融发展水平，实证检验了绿色金融对企业全要素生产率的影响，研究发现：绿色金融与企业全要素生产率之间呈显著的倒“U”形关系，这一结论通过了有效性检验，在考虑内生性问题以及一系列稳健性检验后依然成立。我国绿色金融发展水平总体不高，并呈现出东高西低态势，除北京、广州、天津等城市在个别年份越过拐点（0.24）外，其余绝大部分地区绿色金融发展水平处于较低位置，位于倒“U”形曲线拐点的左侧，绿色金融的发展将对企业全要素生产率产生积极的正向影响。技术创新和资源配置是绿色金融与企业全要素生产率倒“U”形关系的形成机制。此外，环保企业全要素生产率的提升幅度显著大于污染企业。绿色金融有效提高了民营企业的全要素生产率，但对国有企业影响甚微；相对于东、中部地区，绿色金融对西部和东北地区企业全要素生产率的影响更加积极显著。

根据实证结果，提出以下政策建议：第一，不断完善绿色金融体系，逐渐改善当前我国绿色金融体系中绿色信贷占比过高（90%以上①）而绿色保险、碳金融、绿色证券等发展迟缓的现状，充分发挥各种金融工具的特色优势，搭建融通银行融资、一级市场和二级市场的多层次全方位的绿色金融体系，为企业全要素生产率的提升和经济高质量发展提供多方位的保障和支持。第二，进一步提高绿色金融市场化水平。我国的绿色金融是在政府自上而下的推动下发展起来的，其优点是发展迅速，能够更快捷地实现政策目标。但是，行政干预过多却可能带来金融资源配置扭曲问题。下一步应逐渐提高绿色金融市场化水平，充分发挥市场的资源配置功能，提高绿色金融直接融资占比，使得绿色金融产品更能反映金融资源供求状况，提高资源使用效率，通过提高绿色金融市场化水平促进资源环境要素市场化配置。第三，实施差异化的绿色金融政策。相关部门在制定绿色金融政策时要因地制宜，根据不同环保属性、不同所有权性质、不同区域企业的不同特点，实施有针对性的绿色金融政策，循序渐进，切合当地实体经济发展需求，不能搞“一刀切”和“同质化”发展，兼顾好经济目标和环境目标的实现。第四，加快构建支持企业绿色发展的相关机制。为了推动绿

① 数据来源：《中国绿色金融发展研究报告2021》。

色金融可持续发展，提高市场资本配置效率，政府部门应联合金融机构建立企业绿色发展信息披露机制，完善企业绿色技术创新激励机制，以促进地区绿色金融资源合理配置，提高企业全要素生产率。

参考文献

[1] 蔡昉，2013，《中国经济增长如何转向全要素生产率驱动型》，《中国社会科学》第1期。

[2] 蔡庆丰、陈熠辉、林焜，2020，《信贷资源可得性与企业创新：激励还是抑制？——基于银行网点数据和金融地理结构的微观证据》，《经济研究》第10期。

[3] 陈国进、丁赛杰、赵向琴、蒋晓宇，2021，《中国绿色金融政策、融资成本与企业绿色转型——基于央行担保品政策视角》，《金融研究》第12期。

[4] 陈中飞、江康奇，2021，《数字金融发展与企业全要素生产率》，《经济学动态》第10期。

[5] 丁守海、冀承，2023，《企业数字化与劳动收入份额新变化》，《科学学研究》第3期。

[6] 李青原、李江冰、江春、Kevin X.D. Huang，2013，《金融发展与地区实体经济资本配置效率——来自省级工业行业数据的证据》，《经济学（季刊）》第2期。

[7] 李青原、肖泽华，2020，《异质性环境规制工具与企业绿色创新激励——来自上市企业绿色专利的证据》，《经济研究》第9期。

[8] 李哲、王文翰，2021，《“多言寡行”的环境责任表现能否影响银行信贷获取——基于“言”和“行”双维度的文本分析》，《金融研究》第12期。

[9] 林伯强、谭睿鹏，2019，《中国经济集聚与绿色经济效率》，《经济研究》第2期。

[10] 刘和旺、郑世林、左文婷，2016，《环境规制对企业全要素生产率的影响机制研究》，《科研管理》第5期。

[11] 刘莉亚、金正轩、何彦林、朱小能、李明辉，2018，《生产效率驱动的并购——基于中国上市公司微观层面数据的实证研究》，《经济学（季刊）》第4期。

[12] 刘伟、陈彦斌，2021，《“两个一百年”奋斗目标之间的经济发展：任务、挑战与应对方略》，《中国社会科学》第3期。

[13] 刘志洋、杨璐，2022，《货币政策、融资约束与企业绿色技术创新》，《中国经济学》第4期。

[14] 鲁晓东、连玉君，2012，《中国工业企业全要素生产率估计：1999—2007》，《经济

学（季刊）》第2期。

[15] 任曙明、吕镯，2014，《融资约束、政府补贴与全要素生产率——来自中国装备制造企业的实证研究》，《管理世界》第11期。

[16] 任天驰、张洪振、杨汭华，2021，《农业保险保障水平如何影响农业生产效率：基于鄂、赣、川、滇四省调查数据》，《中国人口·资源与环境》第7期。

[17] 史代敏、施晓燕，2022，《绿色金融与经济高质量发展：机理、特征与实证研究》，《统计研究》第1期。

[18] 舒利敏、廖菁华，2022，《末端治理还是绿色转型？——绿色信贷对重污染行业企业环保投资的影响研究》，《国际金融研究》第4期。

[19] 宋敏、周鹏、司海涛，2021，《金融科技与企业全要素生产率——“赋能”和信贷配给的视角》，《中国工业经济》第4期。

[20] 陶锋、胡军、李诗田、韦锦祥，2017，《金融地理结构如何影响企业生产率？——兼论金融供给侧结构性改革》，《经济研究》第9期。

[21] 王康仕、孙旭然、王凤荣，2019，《绿色金融发展、债务期限结构与绿色企业投资》，《金融论坛》第7期。

[22] 王维国、付裕、刘丰，2022，《生育政策、生育意愿与初育年龄》，《经济研究》第9期。

[23] 王修华、刘锦华、赵亚雄，2021，《绿色金融改革创新试验区的成效测度》，《数量经济技术经济研究》第10期。

[24] 王遥、潘冬阳、彭俞超、梁希，2019，《基于DSGE模型的绿色信贷激励政策研究》，《金融研究》第11期。

[25] 文书洋、张琳、刘锡良，2021，《我们为什么需要绿色金融？——从全球经验事实到基于经济增长框架的理论解释》，《金融研究》第12期。

[26] 肖文、薛天航，2019，《劳动力成本上升、融资约束与企业全要素生产率变动》，《世界经济》第1期。

[27] 徐枫、马佳伟，2019，《中国商业银行执行环境风险管理政策对其经营绩效的影响——以赤道原则为例》，《宏观经济研究》第9期。

[28] 杨洋、魏江、罗来军，2015，《谁在利用政府补贴进行创新？——所有制和要素市场扭曲的联合调节效应》，《管理世界》第1期。

[29] 张莉莉、肖黎明、高军峰，2018，《中国绿色金融发展水平与效率的测度及比较——基于1040家公众公司的微观数据》，《中国科技论坛》第9期。

[30] 张四灿、李自磊、高帆、张云，2022，《企业借贷成本异质性、资本配置扭曲与全要素生产率——基于双重金融摩擦视角的动态随机一般均衡分析》，《中国经济学》第1期。

[31] 张小可、葛晶，2021，《绿色金融政策的双重资源配置优化效应研究》，《产业经济研究》第6期。

[32] 张璇、刘贝贝、汪婷、李春涛，2017，《信贷寻租、融资约束与企业创新》，《经济研究》第5期。

[33] 周立、胡鞍钢，2002，《中国金融发展的地区差距状况分析（1978—1999）》，《清华大学学报（哲学社会科学版）》第2期。

[34] Ackerberg D.A., Caves K., Frazer G. 2015. "Identification Properties of Recent Production Function Estimators." *Econometrica* 83(6):2411-2451.

[35] Almeida H., Wolfenzon D. 2006. "Should Business Groups be Dismantled? The Equilibrium Costs of Efficient Internal Capital Markets." *Journal of Financial Economics* 79(1):99-144.

[36] Arcand J.L., Berkes E., Panizza U. 2015. "Too Much Finance?" *Journal of Economic Growth* 20(2):105-148.

[37] Carman J. M., Dominguez L. V. 2001. "Organizational Transformations in Transition Economies: Hypotheses." *Journal of Macromarketing* 21(2):164-180.

[38] Levinsohn J., Petrin A. 2003. "Estimating Production Functions Using Inputs to Control for Unobservables." *Review of Economic Studies* 70(2):317-341.

[39] Li Z.H., Liao G.K., Wang Z.Z., Huang Z.H. 2018. "Green Loan and Subsidy for Promoting Clean Production Innovation." *Journal of Cleaner Production* 187(12):421-431.

[40] Lind J.T., Mehlum H. 2010. "With or Without U? The Appropriate Test for a U-shaped Relationship." *Oxford Bulletin of Economics and Statistics* 72(1):109-118.

[41] Luo Y., Zhao H., Wang Y., Xi Y. 2011. "Venturing Abroad by Emerging Market Enterprises." *Management International Review*(51):433-459.

[42] Nelson L.D., Simonsohn U. 2014. "Thirty-somethings are Shrinking and Other U-shaped Challenges." Retrieved from http://datacolada.org/27.

[43] Rieger V., Klarmann M. 2022. "The Effect of Cooperative Team Culture on Innovation." *Journal of Business Research* 144(5):1256-1271.

[44] Taghizadeh-Hesary F., Yoshino N. 2020. "Sustainable Solutions for Green Financing and Investment in Renewable Energy Projects." *Energies* 13(4):788.

[45] Wooldridge J. M. 2009. "On Estimating Firm-Level Production Functions Using Proxy Variables to Control for Unobservables." *Economics Letters* 104(3):112-114.

（责任编辑：陈星星）

Table of Contents & Summaries

Practical History and Major Achievements of Chinese Path to Modernization

AN Bowen[1] XU Peiyuan[1] XIAO Yi[2]
(1.College of Economics and Finance, Huaqiao University; 2.College of Business, Chengdu University of Technology)

Summary: Chinese-style modernization is a socialist modernization led by the Communist Party of China, which encompasses both the common features of modernization in various countries and the distinctive Chinese characteristics based on its national conditions. Based on the new starting point of comprehensively building a moderately prosperous society and at a crucial moment in the pursuit of the Second Centenary Goal, it is of significant reference value to summarize the practical process and major achievements of Chinese-style modernization for enhancing China's international discourse power, constructing a socialist modernized and strong country, and realizing the Chinese Dream of national rejuvenation. This article, building upon a comprehensive and in-depth study of the spirit of the 20th National Congress of the Party, takes Chinese-style modernization as the central theme throughout the reports of successive Party Congresses, annual government work reports, and five-year plans since the establishment of the People's Republic of China, focusing on the four questions of "why, how, what, and how to do it in the future."

This article comprehensively expounds on the historical context of "Chinese-style modernization," the developmental trajectory of socialist modernization with Chinese characteristics, and the strategic initiatives for constructing a socialist modernized China in the new era. Following the principle of "letting data tell China's story," this article explores the dimensions of Chinese-style modernization based on five aspects: modernization with a large population size, modernization that ensures common prosperity for all people, modernization that balances material civilization and spiritual civilization, modernization that promotes harmonious coexistence between humans and nature, and modernization that follows the path of peaceful development. It examines the developmental achievements of innovation capacity, educational scale, grain production, energy production, healthcare coverage, employment scale and wage levels, trends in income growth, development trends towards common prosperity among people in different regions, development trends towards common prosperity between urban and rural areas, development trends towards common prosperity among different income groups, trends in consumption structure, the scale of cultural and sports industries, the scale of charitable donations, the coordinated development of the "energy-economy-environment" system, the coordinated development of the "urbanization-farmland-grain" system, the coordinated development of the "water resources-energy-grain" system, the scale of foreign trade, the scale of foreign aid, the scale of national defense and military construction, China's actions in world peacekeeping and international rescue, and China's role in global governance. It combines quantitative analysis using non-equilibrium panel data to explore the practical journey and significant achievements of Chinese-style modernization.

Historical data shows that since the establishment of the People's Republic of China, the construction of socialist modernization with Chinese characteristics has been continuously advancing. It has achieved a series of remarkable accomplishments in the fields of material civilization, social civilization, spiritual civilization, ecological civilization, and the civilization of great harmony. It has created a new form of human civilization, breaking the myth that modernization belongs solely to Western capitalism. Historical experience has demonstrated that the Communist Party of China is committed to the people, proactive in pursuing development, consistent in its policies, harmonious in its coexistence with nature, and advocates shared destiny with the world. Chinese-style modernization must

start from China's national conditions, prioritize the well-being of the people, and steadfastly uphold the leadership of the Communist Party of China while maintaining a systematic approach.
Drawing lessons from history and forging ahead to create a better future, through dedicated and determined efforts. Chinese-style modernization must adhere to the leadership of the Communist Party of China, unite all forces that can be united, mobilize all positive factors that can be mobilized, and adhere to the combination of Marxism and China's specific conditions. Building on the existing foundation, by the middle of this century, China will undoubtedly become a prosperous, strong, democratic, civilized, harmonious, and beautiful socialist modernized country. The great rejuvenation of the Chinese nation will ultimately be realized.

Keywords: Chinese Modernization; Socialism with Chinese Characteristics; China's Development Path; National Rejuvenation

JEL Classification: A14; B23; E66; Z13

Industrial Convergence, Cost Effects and Comparative Advantage Enhancement

ZHANG Tongbin[1] CHEN Tingyu[2]

(1.School of Economics, Dongbei University of Finance and Economics; 2.School of Economics, Hangzhou Dianzi University)

Summary: The global economy is in the process of transforming from an "industrial economy" to an "industrial-service economy" and a "service economy". The boundary between manufacturing industry and service industry continues to weaken, and the trend of industrial convergence is becoming increasingly apparent. Integrating service elements into the input side can reduce production and management costs in the manufacturing industry, promote specialization and refinement in production division, and at the same time, the service industry can also generate technological spillover effects, promoting innovation capacity and productivity in the manufacturing industry. The real effect may vary depending on the type of industrial convergence. Therefore, the key to smooth domestic circulation and achieve a higher level of domestic and international dual circulation lies in understanding the comparative advantage enhancement mechanism of China's manufacturing industry, which can enrich the research system of industrial convergence.

This paper constructs a general equilibrium model with the manufacturing sector as the core, setting the service industry as the intermediate production sector to provide substitutable intermediate products. Based on different "connection costs" and product quality, this paper distinguishes the domestic service convergence and foreign service convergence, explores the theoretical basis for the cost effect of industrial convergence. Subsequently, this paper accurately calculates the degree of service industrial convergence and comparative advantage variables of China's manufacturing industry based on the international input-output table, empirically tests the impact of different types of service inputs on the comparative advantage of China's manufacturing industry. In addition, this paper also analyzes the mediation role and action path of industrial convergence on comparative advantage from the dual perspectives of cost effect and quality effect.

The contribution of this paper is mainly reflected in three aspects. Firstly, the research scope is limited to the examination of the comparative advantage of manufacturing and its closely related cost effect combined with dual perspectives of domestic and foreign perspectives. Secondly, this paper adopts a combination of theoretical and empirical research methods, following the research framework of "phenomenon-mechanism-reflection",explains the cost effect and comparative advantage enhancement of industrial convergence systematically. Finally, in the process of mechanism analysis and phenomenon explanation, this paper not only examines the mediation effect of average cost in the comparative advantage of industrial convergence impact, but also examines the moderation effect of the industry's technology spillover level, technology absorption capacity and the position of the industrial chain. This paper provides a reference for the transformation and upgrading of China's manufacturing industry towards the mid

to high end of the global value chain.
This paper finds that the convergence of manufacturing and service industry is of great significance for enhancing the comparative advantage of China's manufacturing industry and constructing the new development pattern. The benchmark regression results show that the convergence of the overall service industry and foreign service industry with China's manufacturing industry effectively promote the comparative advantage of China's manufacturing, while the domestic industrial convergence has a significant inhibitory effect on it, resulting in the phenomenon of "industrial convergence paradox", which is related to factors such as the lower end of the existing advantageous industries in the manufacturing industry and the insufficient connection between domestic service industry and foreign market. Further mechanism testing results indicate that the convergence of domestic service and manufacturing industry can reduce the average cost of manufacturing and increase its average profit, while factors such as technological gap and industry chain position are not conducive to the manufacturing industry benefiting from the convergence process with domestic service industry. The overall effect depends on the joint influence of "cost effect" and "quality effect". The government should further promote the supply side structural reform of China's service industry, promote the free flow of service industry elements and optimize the configuration structure to improve the quality of service products, and fundamentally urge China's manufacturing industry to take domestic service industry as its priority choice for industrial convergence. In the process of convergence into the world production network, China's manufacturing industry should pay attention to improve domestic production network, break the low-end lock in the global value chain by attracting external resources to supplement internal resources and promoting external resources through internal resources, use domestic circulation to drive external circulation, achieving dual circulation coordinated development.

Keywords: Industrial Convergence; Comparative Advantage; Average Cost; Mechanism Test

JEL Classification: L60; O41; C67

Government's Digital Concern and Enterprise's Digital Innovation: Evidence from Text Analysis of Government Work Report

LIU Maotao[1] FANG Xubing[2] LI Guangqin[3]

(1. School of Public Economics & Administration, Shanghai University of Finance & Economics; 2. School of Business, Nanjing Normal University; 3. School of International Economics and Trade, Anhui University of Finance and Economics)

Summary: The effective promotion of enterprise digital innovation at the policy level is a matter of great concern. This paper delves into the impact of government digital attention on enterprise digital innovation, utilizing attention theory and analyzing data from Chinese listed companies in Shanghai and Shenzhen A-shares spanning the period from 2001 to 2020. The study uncovers significant evidence that government digital attention plays a vital role in enhancing corporate digital innovation, with the findings corroborated through rigorous robustness tests. The research reveals that government digital attention has a substantial positive effect on enterprise digital innovation. Moreover, this effect is particularly pronounced in technology-intensive industries, small-scale enterprises, non-state enterprises, as well as in the group of growth and mature enterprises. These findings have important implications for policy formulation to fully leverage the potential of government digital attention in stimulating digital innovation and driving digital innovation-led development. Mechanism tests conducted in the study shed light on the pathways through which government digital attention influences enterprise digital innovation. One key mechanism identified is the digital transformation of enterprises, which amplifies the promotional effect of government digital attention on innovation. Enterprises that have embarked on digital transformation initiatives are more likely to benefit from the government's attention and support, leading to increased digital innovation activities. Furthermore, the study highlights that government digital attention promotes enterprise digital innovation through various means. Firstly, it manifests in increased government subsidies directed towards fostering digital innovation. These financial incentives encourage companies to invest in research and development (R&D) activities, thereby enhancing their innovative capabilities. Secondly, government digital attention is reflected in heightened government investments in digital initiatives and infrastructure. Such investments create a conducive environment for enterprises to pursue digital innovation by providing them with the necessary resources, technological infrastructure, and supportive ecosystems. Lastly, the research finds that government digital attention stimulates corporate R&D investment. Recognizing the significance of digital innovation, companies are spurred to allocate more resources to R&D efforts, enabling them to explore new digital technologies, improve existing processes, and develop innovative digital solutions.

In conclusion, this study underscores the pivotal role of government digital attention in driving enterprise digital innovation. The empirical analysis demonstrates that government focus on the digital economy, as reflected in attention to digital initiatives, yields substantial benefits for corporate innovation efforts. Policymakers are urged to leverage these findings to inform the formulation of policies that effectively harness government digital attention to promote digital innovation across industries. By doing so, economies can unlock the full potential of government digital attention, stimulate digital innovation-driven development, and ensure their competitiveness in the global digital landscape.

By capitalizing on the insights provided by this research, policymakers can design strategies tailored to the needs of different sectors, such as technology-intensive industries, small-scale enterprises, and non-state enterprises. These targeted approaches will enable governments to optimize their support measures, including subsidies, investments, and partnerships, to further catalyze enterprise digital innovation. Ultimately, by unlocking the full potential of government digital attention, economies can foster digital innovation-driven development, stimulate economic growth, and remain competitive in the global digital landscape.

Keywords: Digital Economy; Government Digital Concerns; Enterprise Digital Innovation; Digital Transformation; Government Grants

JEL Classification: O32; O38

The Trade Cost Effects of Restrictive Policies on Cross-border Data Flows: Based on the Perspective of Tariff Equivalence

YAO Tingting

(School of Economics,Hainan University)

Summary: Cross-border data flow is attracting the common attention of the global developed and developing economies, and restrictive policies on cross-border data flow have become a key variable affecting the development of digital trade. This paper not only provides a theoretical explanation of the trade cost effect of restrictive policies on cross-border data flow, but also conducts an empirical study on it based on the empirical data of 27 countries around the world from 2014 to 2017. The research results show that whether it is based on linear assumptions or non-linear assumptions, the restrictive policies on cross-border data flows implemented by both trading parties will indeed significantly increase the cost of bilateral trade. Moreover, the less flexible the substitution of digital service products, the more sensitive the bilateral trade costs to restrictive policies on cross-border data flow. Restrictive policies on cross-border data flow will inhibit digital trade imports and exports by increasing the cost of bilateral trade. Whether it is the direct inhibitory effect of cross-border data flow barriers on digital export trade, or the indirect inhibitory effect of cross-border data flow trade barriers on digital export trade by boosting bilateral trade costs, both the inhibitory effect of restrictive policies of cross-border data flow on digital export trade are more significant than digital import trade. From the perspective of China's participation in the governance of cross-border data flows and promoting export growth in digital trade, this paper extracts the relevant policies from the conclusions of empirical research.

Keywords: Restrictive Policies on Cross-Border Data Flow; The Cost Of Bilateral Trade; Digital Trade

JEL Classification: O24; K24; F14

The Influence of Urban Credit System Reform on the Level of Entrepreneurship: A Quasi-natural Experiment

ZHOU Wenyi[1] TAO Yitao[2]

(1. School of Economics and Management,Xiangnan University; 2. China Center for Special Economic Zone Research,Shenzhen University)

Abstract: The construction of urban credit system is not only an important part of evaluating the maturity and development of local market economy, but also an important part of promoting high-quality economic development. The report of the 20th CPC National Congress in 2022 will improve the basic market economic systems such as property rights protection, market access, fair competition and social credit, and optimize the business environment as an important part of building a high-level socialist market economic system. As the core main body of the social credit system, the construction of urban credit system connects with the national top-level design and meets the front-line needs of citizens, which is an important means for the government to improve the business environment and stimulate entrepreneurial vitality.

This paper examines the role of urban credit system construction on entrepreneurship from two aspects of business environment and financing constraints. Although there are many factors that affect entrepreneurship, the business environment and financing constraints are undoubtedly the most important and direct factors. First of all, the construction of urban credit system simplifies the examination and approval process and reduces the threshold for entrepreneurship through "tolerance and acceptance". Secondly, the construction of urban credit system provides preferential and convenient bank loans for trustworthy individuals through policies such as "credit and easy loan". Provide credit support for entrepreneurs.

Taking the demonstration city of social credit system construction as the quasi-natural experiment, and based on the data of prefecture-level cities from 2003 to 2018, this paper uses the double difference method to study the impact of urban credit system construction on entrepreneurial level. The results show that: i. the construction of urban credit system increases the entrepreneurial level of the city by about 6%. ii. the construction of urban credit system helps to improve the business environment and ease financing constraints, and then improve the level of urban entrepreneurship. iii. in the areas where clan culture and Confucian culture are strong, the construction of urban credit system has a greater impact on entrepreneurial level, showing the complementary effect of clan culture and Confucian culture on urban credit system. Urban credit system and market formal system play a substitute role, and the entrepreneurial effect of urban credit system construction is greater in areas with low level of marketization. iv. the entrepreneurial level of labor-intensive industries and start-ups and cities with small average size of existing enterprises is more affected by the construction of urban credit system.

To a certain extent, this paper provides empirical facts for supporting the construction of national urban credit system. Based on the conclusion of this paper, we can get the following enlightenment: first of all, break the current situation of "multiple supervision" of credit rating agencies and melt the barriers of credit information segmentation by technical means in the process of urban credit system construction. Achieve the interconnection of credit information between different departments (in the case of protecting personal information and privacy), so that those who break their promises will be punished and those who keep their promises will be rewarded, so as to provide a good business

environment for entrepreneurial activities.
Secondly, construct a new supervision mechanism with social credit as the core, and establish systematic trust through the screening and evaluation of social communication media based on technical analysis and information collection (including money, knowledge and rights, etc.). The system trust helps to simplify the process of information collection and analysis in impersonal social interaction and strengthen the role of informal systems such as social credit system. Use the security of urban credit system construction to replace the lack of information, and then give entrepreneurs a stable attitude towards the complex environment, so as to reduce the threshold of entrepreneurship, reduce the uncertainty faced by entrepreneurs, and stimulate entrepreneurship.
Third, cultivate a new credit culture, while carrying forward the fine tradition of "honesty and trustworthiness" of Chinese culture, make use of the positive and negative examples of the construction of social credit system, to form a situation of "economic blow" and "ideological education" to break faith, which makes trustworthiness become a rational choice, improve the honesty consciousness of enterprises and residents, and create a good credit environment. In addition, by promoting social unity and social identity among various classes and groups, group trust is expanded into universal social credit, making it a new path for the construction of social credit system.

Keywords: City Credit System Reform; Level of Entrepreneurship; Business Environment; Financing Constraints

JEL Classification: M21; R58

Spatially Targeted Policy and Regional Economic Resilience: Evidence from the Strategy for the Rise of Central China

ZHOU Zonggen[1] CHENG Luyi[2]
(1.School of Finance, Jiangxi Normal University; 2.School of Economics, Liaoning University)

Summary: Worldwide, Spatially Targeted Policy is expected to improve regional economic incoherence and curb excessive regional economic fragmentation, both in developing countries, which are busy catching up, and in developed countries, which are staying ahead. However, the long-term effects of Spatially Targeted Policy may be limited by structural dilemmas such as slowing economic growth and regional economic differentiation, which are important challenges in shifting economic and social development towards quality. Indeed, in the process of regional economic differentiation, regional long-term economic development depends to a large extent on the ability to withstand economic shocks on the one hand, and to recover growth from them on the other (Yang Xianming and Shao Sujun, 2022). These two capacities together constitute the economic resilience of a region and determine its long-term development trends. The 19th Party Congress first proposed the implementation of a coordinated regional development strategy, and the 20th Party Congress further proposed that efforts should be made to promote coordinated regional development, so as to drive the economy to achieve effective qualitative improvement and reasonable quantitative growth. Research on regional economic resilience has mostly considered negative external shocks, with less attention paid to positive shocks incidental to inclusion policies, and has focused on cities and countries, with very little attention paid to Spatially Targeted Policy linking the national and local levels. In this context, studying the impact of Spatially Targeted Policy on regional economic resilience provides a new path for promoting regional coordinated development in China, and also helps to identify the effects of policy responses in regions with different resilience bases, facilitating the subsequent formulation of differentiated regional development policies.

This paper uses the urban panel data of 72 old industrial bases in six central provinces included from 2004 to 2016 in the National Old Industrial Base Adjustment and Transformation Plan (2013-2022) to effectively analyze the PSM-DID and QDID method on the long-term impact of Spatially Targeted Policy. The findings show that: There is insufficient evidence that Space Intervention Policies enhance regional economic resilience, and the results are robust in various scenarios such as changing different matching methods and placebo tests. The QDID empirical results further suggest that the policy effects of the Central China's Rising Strategy are not insignificant across the target implementation regions, but differ. The ultimate beneficiaries of the Spatially Targeted Policy are not consistent with the expectations. Regions with a poor resilience base do not improve regional economic resilience because of the implementation of the central region rise strategy. On the contrary, the manifestation of policy effects is more reflected in the regions with relatively high regional economic resilience foundation.Industrial diversification, per capita fixed asset investment and per capita GDP have an asymmetric impact on regions with different resilience base quintiles, especially on regions with low resilience bases. In the process of economic and social transformation, governments need to develop local-based intervention policies to curb regional economic differentiation, to maintain an interregional balance while focusing on growth. The regional economic resilience can be further decomposed into the industrial structure component and the regional competitiveness component. The regional economic resilience of the central region is mainly determined by the industrial structure, but it is also limited by the regional competitiveness of the industry, and the industrial structure has a strong path dependence. The absence of previous Spatially Targeted Policies in regional economic resilience revealed in this paper provides new ideas and empirical evidence for the implementation of the regional coordinated development strategy and the formulation and adjustment of regional policies.

Based on the results of the empirical analysis, this paper argues that the relationship between Spatially Targeted Policy and regional coordinated development should be viewed from the perspective of regional economic resilience. In particular, against the backdrop of the new epidemic, by incorporating "strengthening the economic resilience of targeted regions" into the policy framework of regional development strategies, the effectiveness of macro policies such as regional development strategies in dealing with external shocks in the long term can be enhanced, and this can be used as an opportunity to reverse the pattern of comparative advantage that has persisted since the reform and opening up of various regions. In this way, the long-term policy objective of endogenous regional growth can be achieved. Specifically, in the future, the differences between different regions should be managed in a refined manner, relying on the construction of functional cities, and shifting from a generalised "implementation of the same development policies within a large regional context" (Xiang Guanhu and Lu Ming, 2022) to a precise "implementation of differentiated development policies within a large economic geography". It is important to note that regional economic resilience does not emphasize the "decoupling" of economic levels between regions, but rather, breaking down market barriers between regions, industries and enterprises and deepening intra-regional and inter-city cooperation is the way to enhance regional economic resilience.

Keywords: Spatially Targeted Policy; Regional Coordinated Development; Regional Economic Resilience; Central China's Rising Strategy

JEL Classification: O11; R11

Administrative Area Adjustment and the Development of 'Twin Star' Cities: Evidence from Chongqing's Administrative Level Upgrade

JING Zheng[1] XIE Zeyu[2]

(1. College of Economic and Management, Wuhan University;
2. Research Institute for Eco-civilization, Chinese Academy of Social Sciences)

Summary: City administrative level is an important factor affecting the development of a city's economy. In the Chinese context, studies have found that an upgrade in the city's administrative level promotes local economic development. However, these studies only focus on the reform of the city's own development, ignoring the relationship between the reformed city and its surrounding cities. Simply promoting the economic development of one city is difficult to meet the people's demands for fair development, and the "point-axis" model, in which multiple core cities lead together, is an effective means of coordinating regional development. Due to the complex political and economic game between core cities within the same market scope, the externality of administrative level upgrade will also be more apparent in the core city that the reform city is benchmarking. Exploring the impact of administrative level upgrade on other core cities in the region is important for the overall development of the region. In 1997, Chongqing was directly controlled as municipality, making Chongqing the highest administrative level city in the Southwest region and changing the " Twin Star " city pattern of original Sichuan Province. This paper takes Chongqing's administrative level upgrade impact on Chengdu's economic growth as an example, exploring how the change in city administrative level triggers dynamic game effects. Its conclusion has important policy implications for clarifying the competitive and cooperative relationship between independent-planning cities and their provincial capital cities, promoting the development of regional city clusters.

Before becoming a directly controlled municipality, Chongqing was an "independent-planning city" in Sichuan province. The independent-planning city belongs to the jurisdiction of the provincial government but has economic management power equivalent to that of the provincial level. During China's First Five-Year Plan, the country established its first five independent-planning cities with the main aim of supporting the planned economic system and developing industry. Since then, the scope of independent-planning cities has gone through several adjustments. In 1993, the central government reduced the original 14 independent-planning cities to 6, which is the most recent adjustment until now. The relationship between independent-planning city and the capital city in the same province is complex and involves competition for financial support and political power. In 1997, Chongqing became a municipality, separating itself from the inter competition between Chongqing and Chengdu in Sichuan province. However, the other five provincial capital cities and their respective independent-planning cities still remain in competition within the province, providing a good opportunity for this study to find an appropriate control group.

This paper uses 20 counties in Chengdu as the treatment group and 62 counties under the jurisdiction of the provincial capital cities (Shenyang, Jinan, Hangzhou, Fuzhou, and Guangzhou) belonging to the same province as the independent-planning cities as the control group. Based on county-level nighttime lighting data from 1992 to 2012, the DID and SDID models are used to carefully assess the impact of Chongqing's promotion to a municipality on the economic development of its competitor Chengdu. We found that after the upgrade of Chongqing's administrative level, the brightness of night lights in Chengdu increased by 25.7%. The parallel trend indicates that the growth trend of the brightness of night lights in Chengdu and the control group cities was consistent before the treatment stage, but there was a significant difference immediately after 1997, which not only indicates the rationality of the control group selection in this paper, but also implies that the conclusion of this paper is not threatened by the Great Western Development Strategy. The study further used Lanzhou and

Xi'an, two central cities in the northwest region, as placebos, replaced the control group with five western provincial capital cities, and eliminated the interference of the Great Western Development Strategy. In addition, after changing the empirical model, the conclusion of this paper remains robust.

Why did Chengdu, the competitor of Chongqing, achieve economic growth after Chongqing became a directly-administered municipality? This paper explains from two perspectives, political economy and new economic geography. First, from a political economy perspective, in a simplified "two-player game" model, the game relationship between two officials in different places is a "zero-sum game." If one person advances, it means the other person loses. At this time, officials tend to make "self-interest at the expense of others" behaviors, and will not choose cooperation that can achieve a win-win outcome. Because cooperation will benefit the competitor and make their own net benefits insufficient. In a more complex reality, officials at the same level often face multi-person competition. At this time, regions will form alliances to compete with other urban groups, that is, "competition in a cooperative group way." However, cooperation between two or more places will only be easier when it does not change the relative positions of local officials. After Chongqing became a directly-administered municipality, the gap in the city's administrative level between Chongqing and Chengdu became larger. At this time, the economic cooperation between the two places did not change the relative positions of officials in the two places. Chongqing and Chengdu have shifted from the "zero-sum game" under the "two-player game" model to the "positive-sum game" under the "competition in a cooperative group way", which has promoted the economic development of Chengdu. Second, based on the new economic geography. After the promotion of Chongqing's administrative level, the agglomeration effect of a big city may cause Chengdu to suffer from "growth shadows." In this context, the Sichuan provincial government proposed a regional development route to enhance the capital function and vigorously develop Chengdu, which also promoted the development of Chengdu. This paper verifies the mechanism of cooperation between Chengdu and Chongqing from two perspectives: the development of the cities acting as a passageway between Chengdu and Chongqing, and the reduction of industry duplication between the

two places. Second, this paper verifies the Sichuan province's strategy of "strengthening the capital" from three perspectives: the rise of urban primacy, the increase in financial capability, and the increase in attraction of population in the province.
This article reveals the complex game between the capital city and the independent-planning city of the province based on the analysis of Chongqing municipality. The conclusion shows: first, the separation of Chongqing from Sichuan has actually promoted the cooperation between Sichuan and Chongqing, indicating that administrative consolidation is not the only way to promote regional integration. When there is excessive competition within the province or the division of the provincial boundary leads to significant cultural differences among different regions, division of the region may not be a means of promoting regional integration. Second, in response to the reality of pursuing regional coordination and integrated development in China, the central government should adjust the assessment and incentives of local government officials appropriately so that the participating regions can enjoy the benefits from cooperation, leading to a win-win outcome under the "positive sum game." Third, administrative level adjustments and decentralization should not only focus on reforming cities, but also carefully consider the impact on the relevant stakeholders and protect the interests of the vested interest.

Keywords: Chongqing's Promotion to a Municipality; Promotion Tournament for Officials; The Chengdu-Chongqing Dual-City Economic Circle; Synthetic Difference-in-Differences (SDID)

JEL Classification: H77; O12; R11

Administrative Division Adjustment, Government Function Transformation and Human Capital Accumulation

WANG Yaohui[1] SUN Peng[2]
(1.School of Economics, Shandong Normal University; 2.School of Labor and Human Resources, Renmin University of China)

Summary: Since the reform and opening up, the level of urbanization in China has been rapidly increasing, which has had a continuous impact on China's traditional county system. To adapt to this development, China has initiated a wave of administrative division adjustments. Administrative division adjustment is an important means for the government to optimize the supply of public services. Even if the government's primary purpose for adjusting administrative divisions is not related to public services, it often objectively improves the quality of basic public services. Therefore, this article aims to answer the following question: Does the upgrade of public services brought about by administrative division adjustment have a positive impact on human capital accumulation? The answer to this question can provide a reference for local governments in formulating policies to optimize regional education resources. China's administrative division adjustments mainly include withdrawal of township and establishment of town, withdrawal of counties and establishment of cities, withdrawal of counties and establishment of districts(city-county merger), and the county administrated by province. Among these adjustments, city-county merger has been the main mode of administrative division adjustment since the new century. Therefore, this article examines the impact of administrative division adjustment on human capital accumulation from the perspective of city-county merger.

In China, cities implement a dual management system comprising districts and counties. While both districts and counties fall under the jurisdiction of cities, they exhibit distinct differences in terms of industrial structure, fiscal revenue and expenditure, and management authority. Counties tend to allocate a significant portion of fiscal expenditure towards economic development, whereas urban districts prioritize public services. Consequently, the shift in government functions resulting from city-county merger is expected to increase local government spending on education, thereby enhancing human capital accumulation. This article adopts a cross-sectional difference-in-differences model for empirical analysis, leveraging variations in two dimensions to construct a double difference. The first dimension is the cross-sectional variation at the county level, which stems from whether a county has undergone the transition to a district. The second dimension is the birth cohort dimension, where variation arises from whether the educational attainment of a cohort is affected by city-county merger. Specifically, this study considers individuals aged 15 or below at the time of the district establishment as the group affected by the policy, while those older than 15 are considered the unaffected group.

In response to the above conclusions, this article proposes the following policy recommendations: Firstly, it is recommended to scientifically allocate the expenditure responsibilities of governments at all levels in the field of education. Specifically, consideration should be given to transferring the power and expenditure responsibility for compulsory education to higher levels of government. This will help alleviate the economic burden on county governments and effectively mobilize their enthusiasm and initiative to develop education. Secondly, there is a need to strengthen the supervision and management of education funds at the district and county levels. After the transfer of power and expenditure responsibilities, it is necessary to improve the oversight and management of education funds at the provincial level. This will ensure greater accountability and transparency in the utilization of funds. Lastly, measures should be taken to encourage female education in county areas. This includes establishing a county-level fund for the development of female education and implementing awareness campaigns to raise the acceptance of female education among rural families.

The distinctive features and contributions of this article are as follows: Firstly, it provides a novel perspective by examining the role of government function transformation in promoting human capital accumulation through the city-county merger, enriching the literature on the evaluation of county-level policy reforms. Secondly, it offers empirical evidence for the impact of increasing basic public service expenditures by local governments. Lastly, while most existing literature on the effects of county-level policy reforms on public services relies on macro-level data, this study utilizes micro-level survey data, allowing for more nuanced conclusions.

Keywords: Administrative Division Adjustment; Government Function Transformation; City-County Merger; Human Capital Accumulation; Fiscal Education Expenditure

JEL Classification: H52;I25;R23

Green Finance and Total Factor Productivity: An Inverted U-Shaped Relationship

ZANG Chuanqin[1] LIN Anran[1] ZHANG Yanrui[1]

(1.School of Economics, Shandong University of Finance and Economics)

Summary: The improvement of the total factor productivity of enterprises is an important part of further optimizing the allocation of resources and changing the mode of economic growth, while the development of green finance is an inherent requirement to improve the total factor productivity of enterprises and achieve high-quality economic development. Traditional high-input, high-pollution, low-yield. The emerging economic growth model is no longer sustainable, and the Chinese economy has entered a new normal of low-to-medium growth. In this context, high-quality development characterized by low consumption, low pollution, and high efficiency has become an inevitable choice. Therefore, the measurement standard and influencing factors of total factor productivity have become an important academic research topic. So, can green finance improve the total factor productivity of enterprises?

In this paper, we first construct a comprehensive indicator of the development level of green finance, which is used to measure the development level of each province. We then collect the data of A-share non-finance companies list on the Shanghai and Shenzhen Stock Exchanges from 2007 to 2020, and established an empirical model. We aim to study the impact of green finance on the total factor productivity of enterprises. We find that green finance and the total factor productivity of enterprises have an inverted "U"-shaped relationship. This means that when the level of green finance development is moderate, firms will have higher productivity; conversely, when the level of green finance development is excessive, firm productivity will be destroyed. Technological innovation and resource allocation as a mechanism for the "inverted U-shaped" relationship between green finance and firms' total factor productivity. We also find that the impact of green finance on the total factor productivity of environmental protection enterprises and private enterprises is significantly higher than that of polluting enterprises and state-owned enterprises; the development level of green finance is still on the left side of the inverted "U" curve in the western and northeastern regions. It has improved the total factor productivity of enterprises in the Northwest and Northeast regions, but has a weak impact on the central and eastern regions.

The marginal contributions of this paper are as follows: i. Unlike most previous studies that have used a single indicator, green credit, as a proxy for green finance, this paper constructs a more comprehensive system of green finance indicators, focusing on the impact of green finance on the total factor productivity of enterprises and exploring the economic effects generated by green finance at the micro-firm level. ii. The empirical research on green finance is broadened. There are no consistent findings on the impact of green finance on the total factor productivity of enterprises, and most studies have used linear models to determine the relationship between the two, while few have explored the non-linear relationship between the two. However, this paper argues that while appropriate green finance can help improve the total factor productivity of enterprises, excessive pursuit of financial greening may lead to capital bias and capital mismatch problems, which in turn may have a negative impact on the total factor productivity of enterprises. Therefore, it is necessary and important to explore the appropriate scale of green finance and its inflection point that is compatible with economic growth and enterprise development. iii. The channels through which green finance affects the total factor productivity of enterprises are dissected.

Based on the above research findings, we offer the following policy recommendations. Firstly, we should continuously improve the structure of the green financial system, gradually adjust the current situation that the proportion of green credit in China's green financial system is too high (over 90%), while the development of green insurance, carbon finance and green securities is slow, give full play to the characteristic advantages of various financial instruments, build a multi-level and all-round green financial system that integrates bank financing, primary market and secondary market, and provide multi-faceted protection and support for the total factor productivity of enterprises and high-quality development. This will provide multi-faceted protection and support for the enhancement of total factor productivity and high-quality development of enterprises. Secondly, we should further improve the marketability of green finance. China's green finance was formed and developed under the top-down promotion of the government, which has the advantage of rapid development and the ability to achieve the government's policy objectives more quickly. However, too much administrative intervention may bring about distortions in the allocation of financial resources. The next step should be to gradually improve the marketisation of green finance, give full play to the market's resource allocation function, increase the proportion of direct financing in green finance, so that green financial products can reflect both the government's policy intentions and the supply and demand of financial resources, improve the efficiency of resource use, and promote the market allocation of resource and environmental factors by improving the marketisation of green finance. Third, implement differentiated green financial policies. When formulating green financial policies, the relevant departments should tailor their policies to local conditions, implement targeted green financial policies according to the different environmental attributes, the nature of ownership and the different characteristics of enterprises in different regions, make gradual progress and meet the needs of local real economic development, and not engage in "one-size-fits-all" and "homogeneous" development. We should take into account both economic and environmental objectives. Fourthly, we should accelerate the construction of mechanisms to support the green development of enterprises. The service targets of green finance are mainly low-carbon and environmentally friendly green enterprises, which are characterized by price discrimination. In an economic environment of information asymmetry, it is inevitable that green finance will "float green" for non-supported enterprises and excessive financing for supported enterprises. Therefore, for the sustainable development of green finance and to improve the efficiency of capital allocation in the market, government departments should work together with financial institutions to establish an information disclosure mechanism for green development of enterprises and improve the incentive mechanism for green technological innovation of enterprises, so as to promote the reasonable allocation of green financial resources in the region and improve the total factor productivity of enterprises.

Keywords: Green Finance; Total Factor Productivity; Resource Allocation; High-quality Development

JEL Classification: G20; O16; O47

《中国经济学》稿约

《中国经济学》（Journal of China Economics， JCE）是中国社会科学院主管、中国社会科学院数量经济与技术经济研究所主办的经济学综合性学术季刊，2022年1月创刊，初期为集刊。《中国经济学》被评为社会科学文献出版社“优秀新创集刊”（2022），以及中国人文社会科学学术集刊AMI综合评价期刊报告（2022）“入库”集刊。

本刊以习近平新时代中国特色社会主义思想为指导，以研究我国改革发展稳定重大理论和实践问题为主攻方向，繁荣中国学术、发展中国理论、传播中国思想，努力办成一本具有“中国底蕴、中国元素、中国气派”的经济学综合性学术刊物。立足中国历史长河、本土土壤和重大经济社会问题，挖掘中国规律性经济现象和经济学故事，发表具有原创性的经济学论文，推动中国现象、中国问题、中国理论的本土化和科学化，为加快构建中国特色哲学社会科学“三大体系”贡献力量。

《中国经济学》以“国之大者，经世济民”为崇高使命，提倡发表重大问题的实证研究论文（但不提倡内卷式、思想重叠式的论文），注重战略性、全局性、前瞻性、思想性的纯文字论文，特别关注开辟新领域、提出新范式、运用新方法、使用新数据、总结新实践的开创性论文。本刊主要发稿方向包括习近平经济思想、国家重大发展战略、中国道路、国民经济、应用经济、改革开放创新重大政策评估、交叉融合问题、经典书评等。来稿注意事项如下。

1. 来稿篇幅一般不少于1.8万字。摘要一般不超过600字，包含3~5个关键词。请提供中英文摘要、3~5个英文关键词和JEL Classification。

2. 稿件体例详见中国经济学网站（http：//www.jcejournal.com.cn）下载

栏中的“中国经济学模板”。不需邮寄纸质稿。

3. 投稿作者请登录中国经济学网站作者投稿查稿系统填写相关信息并上传稿件。投稿系统网址：http：//www.jcejournal.com.cn。

4. 作者上传的电子稿件应为word（*.doc或者*.docx）格式，必须上传匿名稿（务必去掉作者姓名、单位、基金等个性化信息）和投稿首页，首页须注明中英文标题、摘要、作者姓名、工作单位、职称、通讯地址（含邮编）、电话和电子邮箱等。欢迎作者提供个人学术简介，注明资助基金项目类别和编号，欢迎添加致谢辞。

5. 稿件将实行快速规范的双向匿名审稿流程：初审不超过3周，盲审流程一般不超过2个月，编辑部电话：（010）85195717，邮箱：jce@cass.org.cn。

6.《中国经济学》定期举办审稿快线，每届审稿快线评出1篇《中国经济学》审稿快线“最佳论文”和2~4篇“优秀论文”。

7. 本刊不向作者以任何名义收取版面费，录用稿件会按照稿件质量从优支付稿酬，每年将评出3~5篇“《中国经济学》优秀论文”。

《中国经济学》杂志诚邀广大经济学专家、学者和青年才俊惠赐佳作。

关于《中国经济学》鼓励作者自愿公开论文原始数据及程序代码的公告

尊敬的各位作者和读者朋友：

为营造公开、透明的学术论文发表环境，传播高质量研究成果，自2023年第3辑（总第7辑）起，本刊鼓励作者自愿在《中国经济学》官网（https：//www.jcejournal.com.cn）、微信公众号和中国知网学术辑刊（增强出版）公开所刊发论文的原始数据、程序代码及因篇幅所限未能刊登的附件（如数理公式推导过程）等资料。

本刊在充分尊重和保护作者对数据、程序等原创内容的知识产权基础上做好数据自愿公开工作，旨在进一步提升论文学术质量，促进国内外学术交流和学术生态建设，为加快构建中国特色哲学社会科学“三大体系”贡献力量。

期待广大作者和读者朋友继续支持本刊，共同为繁荣和发展中国经济学做出贡献。欢迎不吝赐稿！

《中国经济学》编辑部

2023年7月27日

图书在版编目(CIP)数据

中国经济学. 2023年. 第3辑 : 总第7辑 / 李雪松主编. -- 北京 : 社会科学文献出版社, 2023.9
ISBN 978-7-5228-2230-3

Ⅰ. ①中… Ⅱ. ①李… Ⅲ. ①中国经济-文集 Ⅳ. ①F12-53

中国国家版本馆CIP数据核字(2023)第138788号

中国经济学 2023年第3辑(总第7辑)

主 管 / 中国社会科学院
主 办 / 中国社会科学院数量经济与技术经济研究所
主 编 / 李雪松

出 版 人 / 冀祥德
组稿编辑 / 邓泳红
责任编辑 / 吴 敏
责任印制 / 王京美

出 版 / 社会科学文献出版社
地址:北京市北三环中路甲29号院华龙大厦 邮编:100029
网址:www.ssap.com.cn
发 行 / 社会科学文献出版社(010)59367028
印 装 / 三河市龙林印务有限公司

规 格 / 开 本:787mm×1092mm 1/16
印 张:23.5 字 数:360千字
版 次 / 2023年9月第1版 2023年9月第1次印刷
书 号 / ISBN 978-7-5228-2230-3
定 价 / 128.00元

读者服务电话:4008918866